洞见人和时代

何俊 主编

王阳明与现代新儒家

四川人民出版社

图书在版编目（CIP）数据

王阳明与现代新儒家 / 何俊主编. -- 成都 : 四川人民出版社, 2024.10. -- ISBN 978-7-220-13798-3
Ⅰ. B248.25; B244.05

中国国家版本馆CIP数据核字第2024V97H72号

WANGYANGMING YU XIANDAI XIN RUJIA
王阳明与现代新儒家

何　俊　主编

出 版 人	黄立新
策划统筹	封　龙
责任编辑	冯　珺
封面设计	周伟伟
版式设计	张迪茗
责任印制	周　奇

出版发行	四川人民出版社（成都市三色路238号）
网　　址	http://www.scpph.com
E-mail	scrmcbs@sina.com
新浪微博	@四川人民出版社
微信公众号	四川人民出版社
发行部业务电话	（028）86361653　86361656
防盗版举报电话	（028）86361661
照　　排	四川胜翔数码印务设计有限公司
印　　刷	成都东江印务有限公司
成品尺寸	140mm×210mm
印　　张	18.125
字　　数	380千
版　　次	2024年10月第1版
印　　次	2024年10月第1次印刷
书　　号	ISBN 978-7-220-13798-3
定　　价	89.00元

■版权所有·侵权必究
本书若出现印装质量问题，请与我社发行部联系调换
电话：（028）86361656

目 录

引　言 .... 何　俊 001

第一章　马一浮与阳明心学 .... 何　俊　洪德取 037
　　第一节　马一浮的学思之路 037
　　第二节　马一浮"六艺论"与《群经统类》 064
　　第三节　马一浮心学思想的来源 097
　　第四节　多样的统一：马一浮心学思想的构建 117

第二章　熊十力与阳明心学 .... 徐　鹏 147
　　第一节　熊十力生平学术中的心学线索 149
　　第二节　纠偏心学末流，回应时代关切 175
　　第三节　对阳明心学的批判继承和深入阐发 194
　　第四节　结语 252

第三章　梁漱溟与阳明心学 .... 张亚军 255
　　第一节　梁漱溟与阳明心学的渊源 255

第二节　梁漱溟对阳明心学的继承阐发............ 267
　　第三节　梁漱溟对阳明心学的补充完善............ 298
　　第四节　行其所知：梁漱溟对阳明心学的践履........ 320

第四章　冯友兰与阳明心学...............洪德取 352
　　第一节　冯友兰学术生平简介................ 352
　　第二节　冯友兰的问题意识与学术路径............ 375
　　第三节　冯友兰与梁漱溟的交游............... 396
　　第四节　冯友兰对阳明心学的研究.............. 410
　　第五节　冯友兰对阳明心学的批评.............. 431
　　第六节　结语........................ 449

第五章　贺麟与阳明心学................何泽昕 454
　　第一节　贺麟的学术生平.................. 454
　　第二节　贺麟对阳明心学的研究............... 472
　　第三节　贺麟的"新心学"思想............... 512

后　　　记......................何　俊 571

引　言

　　现代新儒学是1919年至1949年二十世纪前半叶中国现代学术中重要的哲学探索与创造，其代表人物是马一浮（1883—1967）、熊十力（1884—1968）、梁漱溟（1893—1988）、冯友兰（1895—1990）、贺麟（1902—1992）。二十世纪的中国现代学术整体上是在西学的范导下开辟与建立起来的，由于哲学是西学的基石，而传统中国知识体系中没有"哲学"，故建构现代中国学术，哲学的奠定成为不可或缺的核心基础。现代新儒学在新的知识视野中致力于儒家哲学精神的传承与现代转化，不仅开辟出了现代中国哲学的砥砺之路，而且建立起了意义深远的丰碑。

　　现代新儒学直接承传的是清学。依照王国维的评断，清学由初期之大，经中期之精，转为晚期之新。现代新儒学之"新"正延续了晚期清学求新的基调。当然，晚期清学之新无疑彰显于睁眼看世界的西学引入，而在现代新儒学，与引入西学的同时，返本开新已成为重要内涵。只是，返本的具体对象呈现出多样与复杂。胡适（1891—1962）1925年写成《戴东原的哲学》，"决心不怕艰难，选择那纯粹理智态度的崎岖山路，继续九百年来致知穷理的遗风，用科学的方法来修正考证学派的方法，用科学的知识来修正颜元、戴震的结论，而努力改造一种科学的致知穷理的中国哲学"，但他同时指出：

> 近年以来，国中学者大有倾向陆王的趋势了。有提倡"内心生活"的，有高谈"良知哲学"的，有提倡"唯识论"的，有用"直觉"说仁的，有主张"唯情哲学"的。倭铿（Eucken）与柏格森（Bergson）都作了陆王的援兵。"揣度近似之词，影响之谈"，国中很不少了。①

毫无疑问，现代新儒学并非都像胡适那样作出非此即彼的明确选择，但"倾向陆王的趋势"显然以不同的形式深刻影响了他们的思想探索与创造。本书的主题就是试图具体地梳理与分析这一影响。为了方便读者，这里对于本书所涉的五位新儒学代表人物及其与王阳明心学的关系略作一点简单说明，以为全书引言。

先谈马一浮。现代新儒学的五位代表人物可以分为两组：马一浮、熊十力、梁漱溟为一组，冯友兰与贺麟为一组。依据是比较简单的，后者经过正规的现代教育，并留学西方，

---

① 胡适：《戴东原的哲学》，安徽教育出版社，1999，第138页。

获得学位,前者则是由传统学问转出,对西学是通过自修获得的。但是,如果再进一步,那么在马、熊、梁三位中,马一浮与熊、梁二位又可作出区分,依据同样也是简单的,三人中只有马一浮参加过传统科考中举,并为榜首,同时作为清廷职员曾赴美工作。这一简单的经历,实质上已足以为后来马一浮不同于冯、贺,也不同于熊、梁作出背书。借用贺麟的话,马一浮"兼有中国正统儒者所应具备之诗教礼教理学三种学养,可谓为代表传统中国文化的仅存的硕果"。[①]这里,马一浮诗教与理学的学养不待赘言,唯礼教可举其一端以为说明,同时也印证他与其余四位的区别。正统儒者自然取入世之道,具淑世情怀,但出处进退自有礼教,即"有道则见,无道则隐"。辛亥后,蔡元培出任教育总长,聘马一浮为秘书长,但马一浮见道不行,飘然退隐,从此自外于现代体制。无论在民国,还是在新中国,即便获得政府礼遇,但始终以隐者自居。这样的行止在价值方面姑且不论,但足以判识马一浮礼教上的学养。礼形诸外而据于理,落在具体个体,最终则坐实在心上工夫。由此亦可窥见马一浮的理学学养。当然,这个理学是涵盖了心学的。

作为自外于时流与体制的隐逸之士,马一浮不满于对西学乃至西方制度的肤浅认识与拙劣模仿,尝发愿全面系统梳理西学,之后经过深思熟虑,提出"六艺论"以求返本开新。他的

---

① 贺麟:《当代中国哲学》,胜利出版社,1945,第16页。

思想在西学视野的映照下，根于六艺，借用佛学，而直接接续的是理学，阳明心学的影响随之而融入，并构成了马一浮新儒学的重要内涵。

马一浮的新儒学思想集中反映在他的"六艺论"。在早年泛观西学，以及了解西方社会的基础上，马一浮重返旧学，遍览四部，旁参佛学，基于传统目录学的分类理念，经过长期酝酿，于1938年抗战流亡时期，借助浙江大学开设"国学讲座"的契机，提出了他的著名论断："六艺该摄一切学术。"这一论断的基本内涵包含三层旨义：一是就传统中国固有的知识体系而论，六艺统摄诸子与四部；二是就知识的性质而论，形式上呈以客观外在知识的六经，在本质上统摄于人心；三是就知识的外延而论，六艺足以统摄代表着新的知识系统的西学。这三层含义，基础在第一层，把传统中国的知识归藏于六艺，可谓返本；要义在第二层，阐明六艺的性质，作为手段的知识合乎于人的目的；气象在第三层，六艺为根本，但六艺是知识的一种分类，其内容并无限止，而是随时代而扩充，西学便是现代植入六艺的延伸，完全可以视为六艺的开新。"六艺该摄一切学术"的提出与论证，表征着马一浮不只是传统的学问家，自限于历史的释证，而完全是现代的思想家，所致力的是继往开来的建构。其中，上述第二层含义，即六艺统摄于人心，可以理解为马一浮对心学精神的继承。

前文述及，现代新儒学是直接承续清学的。清学主流虽然是在知识形态上发展成以经史考证为特征的朴学，并因此而有理学之反动的汉宋之争，但因其考证的背后蕴含着义理，故本质上仍是理学的延续。理学大而化之，有程朱理学与陆王心学之分，后世亦多判为迥异的二途，彼此争讼，至现代仍未了，前引胡适所言即为典型。理学与心学的分歧往细处讲，几乎涉及从本体到工夫的各个层面，但落到现代，知识的问题获得凸显，因此呈现为客观知识的理与表征主体存在的心的关系究竟如何安顿，便成为取舍或调适理学与心学的关键。

总体而论，马一浮强调"说理须是无一句无来历，作诗须是无一字无来历，学书须是无一笔无来历，方能入雅"，①很在乎知识上的博闻强记，故无论是在思想上，还是在意趣上，都是以朱子为宗的。但是，马一浮同样深受阳明心学的影响，引心学于理学之中，既化解了理学与心学的冲突，又阐明了他的新思想，其标志就是前述六艺论的第二层旨义"六艺统摄于一心"。请举马一浮论"格物"以见之。马一浮讲：

> 向来先儒说《大学》"格物"，各明一义，异执纷然。大略不出两派：一宗朱子，一宗阳明。朱子释"格物"为穷至事物之理，"致知"为推极吾心之知。知者，知此理也。知具于心，则理不在心外明矣，并非打成两橛。不善会者，往往以理为外。阳明释知善知恶是"良知"，为善去恶是"格物"。不善会者，亦遂以物

---

① 《远游写本自跋》，《马一浮全集》第二册（上）《文集》，浙江古籍出版社，2013，第106页。

为外。①

朱子与阳明的分歧，名为理学与心学之别，但落于经典，便在《大学》"格物"的诠释。对此，马一浮当然非常清楚，故上引语录是紧扣了核心来议论的。但此一议论，马一浮显然是引阳明心学于朱子理学，从而阐明他的"六艺统摄于一心"。阳明"四句教"原本即是兼顾利根之人与中下之人的，后两句虽然是落在知与行，但终究不至于动摇阳明"心外无物"的根本思想；"格物"在阳明那里，更因为阳明"致良知"的要义在致良知于事事物物，因此根本上也还是在心上做工夫。马一浮以"四句教"的后两句，指出阳明心学同样存在"以物为外"的可能，其实主要是为了化解阳明与朱子的冲突，因为前面对朱子的阐释显然是有问题的。朱子当然自有心上工夫，但"格物"还是要去物上格的。朱子在《中庸章句序》中讲得很清楚，每个人的心都有虚灵知觉的功能，可以去认识理，但理却是呈现于对象性的事物中的。马一浮以"知具于心"，进而推断朱子以为"理不在心外明矣"，虽然与"心即理"的论断尚有一间之隔，但与阳明"心外无物"的命题是很相似了。故他接着说：

> 今明心外无物，事外无理，即物而穷其理者，即此自

---

① 《马一浮全集》第一册（上）《语录》，第90页。

心之物而穷其本具之理也。此理周遍充塞，无乎不在，不可执有内外。（学者须知儒家所言"事物"，犹释氏言"万法"，非如今人所言"物质"之物。）①

这就在朱子格物穷理的基本理论框架中将阳明心外无物的思想融合进去了。一切知识都是对事物之理的把握，这些知识都是人类文明在自然世界中展开的前提，也就是手段，但马一浮强调所有这些知识又须是具于人的内心的，也就是它们都应该是合乎人的目的的，否则这些知识就不成其为知识。如此，"六艺统摄于一心"便得以证成。

马一浮的六艺论以"六艺统摄于一心"继承了阳明心学的合理性，这个合理性的核心就是在科学日渐成为现代文明的基本理念与追求时，赋予了作为工具与手段的科学必须合乎人的目的，也就是力图使工具理性与价值理性统一起来。在阐明了这一思想后，马一浮还是回到朱子的思想。接着上段语录，马一浮继续讲：

阳明"致良知"之说，固是直指，然《大学》须还他《大学》。教有顿渐，《大学》说先后次弟，明是渐教；《中庸》显天人一理，"君子笃恭而天下平"，中和即位育，方是顿教。（儒者不言顿渐，然实有是理。）阳明是

---

① 《马一浮全集》第一册（上）《语录》，第90页。

> 就自家得力处说，朱子却还他《大学》元来文义，论功夫造诣是同，论诠释经旨却是朱子较密。①

"论功夫造诣是同"，似乎对朱子与阳明都是肯定，但"论诠释经旨却是朱子较密"，终是表达了马一浮根本上是以朱子为宗来融合阳明的。"功夫造诣"是因人而异的，虽不乏有利根之人自明上达，但对于大多数普通人，终究还须通过经典的正确诠释来明白儒学的宗旨，因此"朱子较密"就意味着朱子的思想更为著实有益。

需要指出的是，无论对朱子与阳明取何种意义上的接续与传承，马一浮的新儒学相对于理学都已是在"接着讲"，换言之，马一浮是有所超越于理学的。这个超越当然首先表现在他返本于六艺，同时也表现在他对西学的认识，以及对佛学的借用，在前引语录中间，马一浮尝插有一段话：

> 学者须知儒家所言"事物"，犹释氏言"万法"，非如今人所言"物质"之物。若执唯物之见，则人心亦是块然一物质耳，何从得有许多知识？②

这话很平白，也很简明，但马一浮根柢于儒学，假借于佛学，映照于西学的思想总貌是显见的。只是，这里我们着眼于

---

① 《马一浮全集》第一册（上）《语录》，第90—91页。
② 《马一浮全集》第一册（上）《语录》，第90页。

王阳明心学在马一浮新儒学中的影响，故不作展开了。

再谈熊十力、梁漱溟、贺麟，他们三位是王阳明心学在现代新儒学中的自觉接续者，而思想风格又迥异。

熊十力无疑是现代新儒学的五位代表人物中极具意趣的思想家，正如梁漱溟对他的批评：

> 如此土凡夫熊升恒（熊十力另一名）……其既不能硁硁固据其世间之礼教，又不能归依正法以出世，而唯贪着五欲，不舍世间，窃无违碍之谈，饰其放逸之行，则是黠滑之所为，非吾释子之所有。①

也许正是因为这样的性情，使得熊十力在人生定位与思想追求上没有任何包袱。在投入清末民初多年革命之后，他能重新定位自己的人生志业，"自察非事功之材，不足领人，又何可妄随人转？于是始决志学术一途"。虽然也曾幼承庭训，读儒家经史，但却"六经诸子，视之皆土苴也，睹前儒疏记，且掷地而詈"；②同样，虽进南京内学院苦读两年，但佛家的出世安顿无法见容于自己骨子里的入世情怀，便定要别造他的新唯识学以破斥佛家的唯识学。毫无疑问，熊十力是一位拿得

---

① 梁漱溟：《究元决疑论》，《梁漱溟全集》第一卷，山东人民出版社，2005，第19页。
② 熊十力：《十力语要》，《熊十力全集》第四卷，湖北教育出版社，2001，第111页。

起、放得下的人物;同时,"不足领人,又何可妄随人转"之语虽然有一个"妄"字作限定,但仍无法掩饰熊十力是一位极具领袖欲的人物。这种领袖欲在事功上得不到实现,总是要于别处有所呈现,因此他的"决志学术一途",很难去认同别人的思想,一定要有所创造,正如他著述自署"造"一样,而一旦有所造,自然也是"确乎其可不拔"。

总体上看,作为现代新儒学的代表,熊十力的思想要比马一浮更显得有哲学味,因为马一浮的六艺论是将自己的思想涵摄于知识的形态中,而熊十力是直接用力于"本体"的创造,即如郭齐勇所讲,"熊十力的全部工作,简要地说,就是面对西学的冲击,在传统价值系统崩坏的时代,重建本体论,重建人的道德自我,重建中国文化的主体性"。[1]其实,"人的道德自我"与"中国文化的主体性"根本上是现代新儒学共同追求的,并非熊十力所特有,但熊十力的思想贡献在他的"重建本体论"上确实有格外的彰显,并进而冀由他的"本体"来开拓他的外王论说。无论是本体的创造,还是由本体到外王的展开,都是充满了个体主观性的论说,尽管这些论说都可能基于种种思想资源。这些充满了个体主观性的论说自然是一种思想的创造,即便不能为人所接受,但却足以开启与激发人的思考,从而别有创造。如果撇开历史境遇与个人因素,熊十力门下高弟徐复观(1903—1982)、唐君毅(1909—1978)、牟宗

---

[1] 郭齐勇:《熊十力哲学研究》,人民出版社,2011,第23页。

三(1909—1995)能够在当代推进新儒学,与熊十力的思想风格是具有高度相关性的。

熊十力的整个哲学体系是在充分接续了宋明理学中的心学一脉基础上展开的,这基本上是学界共识。正如贺麟早在《五十年来的中国哲学》书中就指出的,熊十力对王阳明的"本心""致良知""即知即行"等思想均有所发挥,其中,熊十力"本体"学说为"陆、王心学之精微化系统化最独创之集大成者一点"。①故这里仅就熊十力的本体论与王阳明心学的关系略作申说,以窥斑见豹。

王阳明在回答徐爱的提问时,尝具体阐发身、心、意、知、物的关系。阳明讲:"身之主宰便是心,心之所发便是意,意之本体便是知,意之所在便是物。"②阳明此处都是从本体意义上立论的,他说"身之主宰便是心",此"心"就是他在别处提到的"本心",也是陆象山所强调的。"本心"首先表现为对人身具有主宰的作用。阳明认为"心之所发便是意",从本体的层面看,人的意识活动就是"本心"的发用,如此似可反过来以为,"意之本体便是心";但是阳明却讲"意之本体便是知",这表明"知"与"心"具有某种内在关联。从阳明心学看,这里的"知"指的是"良知"。换言之,可以作为"意之本体"的"知"只能是"良知",而不是其他

---

① 贺麟:《五十年来的中国哲学》,上海人民出版社,2019,第12页。
② 王阳明:《传习录》(上),《王阳明全集》,上海古籍出版社,2011,第6页。

见闻、知识之知。阳明常说"吾心之良知",显然,"知"与"心"的等值置换是在于,也仅在于,"良知"是"本心"。"意之所在便是物"是指外在事物不能脱离"本心"所发动的意识而独立存在,"物"是意识活动的指向物,故阳明提倡"心外无物"。由此,阳明的本心理论展开为一种"心-意-物"的结构,"心"是本体,对人有主宰的作用,具体表现为"意"的发动,发动的指向便是"物"。"心"借助"意"与"物"同构,心、意、物三者同在一个结构当中,这个结构具有过程性,其中的每个环节都不可缺失,合起来形成了从本体到现象的完整结构。

熊十力继承了阳明的心本体思想,同时又有进一步的创造与发挥。首先,熊十力基本认同阳明的良知本心说,他说:"知是心之本体,便是良知。"[1]

熊十力认为"本心"是绝对的本体,在此基础上,他更进一步以"心""意""识"三个不同的名称来区分"本心"。熊十力强调"心""意""识"三者"各有涵义,自是一种特殊规定。实则,三名亦可以互代。如心亦得云识或意,而识亦得云心或意也。又可复合成词,如意识,亦得云心意或心识也"。[2]

对于三者的各自内涵与特殊规定,熊十力以为,首先,"心"是万物的主宰,但它本身并不是某一物质实体,即不会

---

[1] 熊十力:《读经示要》,《熊十力全集》第三卷,第656页。
[2] 熊十力:《新唯识论》(语体本),《熊十力全集》第三卷,第431页。

物化，他称其"恒如其性"，指具有恒常性和普遍性的心不是具体的物质实体，而是主宰万物的本体。在阳明那里，心首先是作为身的主宰得以体现，心通过身而与物发生关系，熊十力虽然肯定了阳明提倡的心作为本体所具有的主宰意义，但他进一步的发挥是把心的主宰范围直接扩展至万物。①

其次，相对于"心"是万物的主宰，"意"有定向的意思，熊十力称这个定向"恒常如此"，其定向的主宰是吾身。熊十力在确立了"心"作为万物的主宰之后，为什么还要另外设立一个"意"作为吾身的主宰呢？他说：

> 然吾身固万物中之一部分，而遍为万物之主者，即主乎吾身者也。物相分殊，而主之者一也。今反求其主乎吾身者，则渊然恒有定向。②

这当然表明熊十力确立的"意"具有"反求吾身"的特性，"意"的形成过程具有方向性选择，这个方向便是仁。只

---

① 杨国荣在《王学通论：从王阳明到熊十力》（华东师范大学出版社，2003）中指出"王阳明将吾心与普遍之理融合为一，旨在将天理的外在强制转化为良知的内在制约"。（《引论》，第2页）阳明的良知本心是个体性（吾心）与普遍性（天理）双重品格的统一。与程朱理学更加强调普遍性的天理不同，阳明的发挥在于强调个体性的吾心，但阳明仍然不能摆脱理学家受天理束缚的特点。因此，阳明思想中的良知本心始终存在二重性的矛盾。熊十力对此是自觉的，他把心视为绝对本体便首先肯定心的普遍性，为消解作为本体的本心的二重性矛盾跨出了第一步。
② 熊十力：《新唯识论》（语体本），《熊十力全集》第三卷，第430页。

是,这是更进一步的问题,这里不再展开。

再次,"识"指感识、意识。心、意二名是从体上讲,识是从用上讲。熊十力特意区分自己所说的识和佛教的识不同,前者是本体的发用,后者好比于他所说的习。熊十力思想受佛学的影响,又从佛学转出。在他看来,识分为感识和意识。感识指"渊寂之体,感而遂通,资乎官能以了境者",①即感识是人通过眼耳鼻舌身等感觉器官同外物接触而获得的直接经验;意识指"动而愈出,不倚官能,独起筹度者",②意识是不依靠感觉器官接触外物而获得的,它在运用感识经验材料的同时,又超越于感觉材料,熊氏形容它为"再现起"。意识类似于纯粹的思维活动,熊氏认为意识的特点是"常有极广远、幽深、玄妙之创发",③颇近似于精严的逻辑、科学的发明、哲学的超悟。

总之,熊氏继承阳明的心本体学说,又有进一步的创造,他将"本心"区分出"心""意""识"三个各有偏向而又可以互相代替的别名。毫无疑问,从内涵上看,熊十力要比阳明提出的"心-意-物"本体到现象的结构更加细致,理论性似乎也更强,他的区分以体用的框架在某种程度上消解了阳明良知本体的个体性与普遍性的矛盾。④从外延上看,熊十力的本心

---

① 熊十力:《新唯识论》(语体本),《熊十力全集》第三卷,第430页。
② 熊十力:《新唯识论》(语体本),《熊十力全集》第三卷,第430页。
③ 熊十力:《新唯识论》(语体本),《熊十力全集》第三卷,第431页。
④ 参见杨国荣《王学通论:从王阳明到熊十力》,第226—227页。

说也宽泛得多,此诚如贺麟所讲,熊十力的思想"已超出主观的道德的唯心论,而为绝对的唯心论"。①

梁漱溟应该是现代新儒学的五位代表人物中最被标识"特立独行"的一位。相比于其他几位,梁漱溟不仅是思想上"特立",更在行动上"独行"。在思想上,梁漱溟"想不空想",②凡所有想皆为探究人生问题而殚精竭虑;在行动上,他"动不盲动",③凡有所行皆为解决中国问题而奔波劳攘。在山河破碎、国家分裂的艰难时代,与马一浮近乎归隐的生活方式不同,他用双脚丈量中国广大的农村社会,以出家的精神做入世的事业。他不愿以书生的身份见于人,而更愿成为一名社会改造运动者,马一浮"行劳天下,比于禹、墨"正是对他最为中肯的评价。

在对待中国传统文化的理解上,梁漱溟也与熊十力偏向哲思的玄想不同。梁漱溟认为世间的学问可以分为科学技术、哲学思想、文学艺术以及特殊的第四类"修养",即"特指反躬在自己身心生活上日进于自觉而自主,整个生命有所变化提高的那种学术",④而中国文化则特别擅长于第四类学问。因此,梁漱溟对于传统文化中的心性修养功夫尤为着眼,行持精严,日有长功,如陈来所评价"在新儒家诸老中算是修己工

---

① 贺麟:《五十年来的中国哲学》,第26页。
② 《梁漱溟全集》第三卷《中国文化要义》,山东人民出版社,2005,第5页。
③ 《梁漱溟全集》第三卷《中国文化要义》,第5页。
④ 《梁漱溟全集》第七卷《东方学术概观》,第367页。

夫甚严的学者"。① 也正因此，他对熊十力遽改古说，创立新学，不遵古训，沉浸于哲学世界里的概念游戏痛下针砭：

> 口口声声以"内证离言""体神化不测于人伦日用之间"为哲学旨归，而实则自己不事修证实践，而癖好着思想把戏。②

梁漱溟对熊十力的批评代表着他本人的学问归趣，也从侧面反映出熊十力擅长的哲学建构来自"癖好着思想把戏"的日积月累；而梁漱溟志不在此，故其思想体系的呈现并非以逻辑缜密的哲学形式出现，而是以朴实的语言随事指点，并与其实践行为密不可分，如他自己所说，"以哲学家看我非知我者"。③

总之，梁漱溟一生只为解决"人生问题"与"中国问题"而拼命奔赴，是一个名副其实的问题中人。为了解决问题，他出入东西方文化，评百家争鸣；阅尽古今巨变，钩玄决疑。心中道义与肩上责任促使他自觉承担沟通古今中西文化的使命；而兼收并蓄与博采众长则帮助他创立新心学，直面时代问题，为心学的现代转化不遗余力。如果说熊十力、冯友兰、贺麟等人是对宋明理学家学问的接着讲，梁漱溟则更像是"接

---

① 陈来：《现代儒家哲学研究》，北京大学出版社，2018，第 250 页。
② 《梁漱溟全集》第七卷《读熊著各书书后》，第 756 页。
③ 《梁漱溟全集》第三卷《中国文化要义》，第 5 页。

着做"；他不仅在学理上归趣阳明心学，更在践履上以之为圭臬，他可以说是五人中最像阳明心学"传承者"的那位。

梁漱溟对阳明心学的继承，最直接的缘起在泰州学派王艮。王心斋对阳明学问的活泼诠释与积极的事上作为，都对梁漱溟灌注了醍醐妙味，帮助他进一步深入了解阳明心学的精神。梁漱溟思想成熟时期提出了"理性"概念，其来源既参照了佛家的本体思想、儒学的本心思想，还兼顾了柏格森的生命哲学与罗素的灵性理念，并在此基础上建立人类生命"理性-理智-本能"的体系。在梁漱溟的语境下，理性即是生命本性，居于主宰地位，相当于王阳明的心之本体-良知。理性与理智不同，"理性为体，理智为用"，理性的具体内容是无私的感情，而理智则是人类的意识思维能力。梁漱溟进一步区分了情感的具体内涵：私情、常情与无私的感情，而直以无私的感情来表达理性；无私的感情自成理致则称之为情理，意识打量事物演变规律所得称之为物理，也就是说理性把握的是情理，而理智认识的是物理，情理与物理各有其认识主体，此情理、物理之分的学说颇为后来梁漱溟解释知行合一以及弥合朱王之争而张本。

需要指出的是，梁漱溟的情本思想并非独创，而是源自儒家传统，如孟子的四端之心，《中庸》的中和之情，以及阳明所说"良知只是个是非之心，是非只是个好恶。只好恶就尽了是非,只是非就尽了万事万变",①在这里,阳明直接使用人的好恶之情来诠释良知,十分简洁明了,梁漱溟于此深有契会,并进一步作理论说明:

> 盖于此情理的认识原不同乎物理;认识物理依靠后天经验,有待冷静观察,而情理却本乎人心感应之自然,恰是不学不虑的良知,亦即我前文所说"无私的感情"。②

梁漱溟从情感出发,证成良知与理性实为同体而异名,并用现代的语言赋予了良知不同角度的解释,在语词变换之中,完成了对良知学说的现代转化。不仅如此,梁漱溟以"情理""物理"的划分勾勒出儒家仁智并称的理想:即本乎情理以运用物理,从而实现对儒家"内圣外王"理想的接续与转化,并且避免朱熹穷尽事物之理的偏误与阳明只管性情的疏忽。

梁漱溟对阳明心学思想最集中的探讨在于"知行合一"的问题上。阳明的"知行合一"历来误解纷呈,而最大的问题出在对"知"与"行"的理解上。梁漱溟认为"知""行"在阳明那里都有特定的意味,他首先针对"知"区分了情理之知与物理之知:情理之知是主观上有意味的知,能够发生行为,即良知;而物理之知则是客观静态的知识,不能使人直接发生行

---

① 《传习录》(下),《王阳明全集》,第126页。
② 《梁漱溟全集》第三卷《人心与人生》,第625页。

为。如阳明说"见好色属知，好好色属行"，①梁漱溟认为，此"见"字亦非单独的视觉作用。单独的视觉作用只能见色，而不能见"好色"，"好色"是一种价值判断，其来源只能根于直觉。故而此"见"实包含视觉与直觉两种作用，已超出冷静的视觉范畴，带上了有情味的价值判断，即情理之知。同时，见好色时，即是好好色时，不是见了以后又立个心去好。由此可见，知行合一所指向的是情理之知与其应有的行为而言，有主观上真切情味的知，便会有相应的行，如影之随形，如响之应声。而"行"在梁漱溟那里又分为心念之行与身体之行，真正的"行"是那具有情意指向的心念之行，而身体之行是心念之行的外在显现。倘若心念之行，念念相续，念念真诚，则一定会自然而然地发展出由貌言视听、举手投足等肢体动作配合而成的身体之行。

总之，梁漱溟认为阳明知行合一的"知"是一种主观上有意味的情理之知，而行则是主观上有情意的心念之行，两者皆统摄于主观上之一念。知行是一念中的两个面向，知在行上，行在知上，本然一体，不可分离，这是知行的本来面目。但人们由于常常陷入两种误区而导致知行的不合，一种是由情理之知与身体之行的牵连，一种是由情理之知与物理之知的错混。梁漱溟认为，情理之知如果不受私意阻隔，自然而然会发生身体之行；但在实践过程中，人们往往因为第二或者第

---

① 《传习录》（上），《王阳明全集》，第4页。

三念的私意阻断了前念的良知，就会导致身体之行的缺失，而此时人们因不见身体之行便斥其知行不合，实际上便忽略了他那第一念的"知行合一"，"盖就其一念之知，以责其作为之行耳"，①这是因情理之知与身体之行之间的牵连而导致的不合。第二种即情理之知与物理之知的错混，以为物理之知可以发生行为，便责其以物理之知发动相应身体之行，凡此皆是以为人心中的种种美德是一种静态的物理知识，习得之后便能转换成道德行为，这是由错混而导致的知行不合。此两种误解遍行于知行问题之中，是人们理解知行合一的关键点。

梁漱溟细腻的分析为阳明言简意赅的表述做足了注脚，真正的知行合一是由蕴含情理的良知产生，良知常在，知行便常合一，良知不在，则不知不行，因此"致良知"成为功夫重点，也顺应了阳明在提出"知行合一"之后便紧接"致良知"的讲学安排。

作为自觉传承阳明心学的现代新儒家，梁漱溟在继承阳明精神的同时，也开辟出了属于自己的新心学。他的新心学体系如他沟通古今中西文化的使命一样，既回应了现代性的问题，以现代语言转化传统智慧，又容纳佛学、哲学、心理学等诸多学问，在儒学的现代转型中作出了富具创见的探索。

贺麟是现代新儒学的新心学代表，但相比于梁漱溟、熊十力所坚持的"德行优先"的理论立场，贺麟更注重纯粹的知识

---

① 《梁漱溟全集》第四卷《评谢著〈阳明学派〉》，第719页。

立场，这显然与他对于西方哲学有着极深造诣有关。贺麟不仅注重运用概念分析来处理中国哲学的范畴体系，而且自觉尝试为陆王心学奠定道德可能乃至科学可能的知识论基础，即论者以为的"贺麟哲学代表了现代新儒家第一次真正尝试在哲学内容上扩展心学从而赋予认知理性以本体地位的理论努力"。①但遗憾的是，由于历史原因，在现代新儒家中最晚出的贺麟未能彻底完成"体系的著作"，其相关思想均散见于"一些长短不等深浅各异的论文"。②然诚如贺麟自己所言，这些论文虽没有"分章分节地作为系统的形式排列起来，但它们之间确是代表一个一致的态度，一个中心的思想，一个基本的立场或观点"，即"从学派的分野来看，似乎比较接近中国的儒家思想，和西洋康德、费希特、黑格尔所代表的理想主义"。③

不过，贺麟虽然充分肯定了中国哲学的主体性问题，但他不仅不固守宋明理学内部的门户之见，反而矢志"消融""程朱陆王间矛盾"。④这就很自然地带来一个疑问，贺麟为什么最终又选择宗主陆王呢？在贺麟看来，原因主要有两点：

（一）陆王注重自我意识，于个人自觉、民族自觉的

---

① 方克立、李翔海：《现代新儒学发展的逻辑与趋向》，载《中国社会科学院研究生院学报》1995年第3期，第46页。
② 张学智：《贺麟的"新心学"》，载《中国社会科学》1992年第5期，第177页。
③ 贺麟：《序言》，收入氏著《文化与人生》，上海人民出版社，2019，第8页。
④ 贺麟：《王船山的历史哲学》，收入氏著《文化与人生》，第256页。

新时代,较为契合。因为过去五十年,是反对传统权威的时代,提出自我意识,内心直觉,于反抗权威,解脱束缚,或较有帮助。(二)处于青黄不接的过渡时代,无旧传统可以遵循,无外来标准可资模拟。只有凡事自问良知,求内心之所安,提挈自己的精神,以应付瞬息万变的环境。庶我们的新人生观,新宇宙观,甚至于新的建国事业,皆建筑在心性的基础或精神的基础上面。①

也正因为如此,贺麟遂以陆王心学为标准而重审了从甲午惨败到抗战胜利的这五十年间的中国哲学史,并进一步建立了他自己的"新心学"。

总体上看,贺麟的"新心学"主要涵盖了"逻辑的心即理"的本体论、"后理智的直觉"的认识论、"自然的知行合一论"的知行论、"儒化西洋文化"的中西文化观、"儒者气象"的人生观。不消说,贺麟的"新心学"的五个方面均与阳明心学有着不解之缘。这里且就贺麟的知行论与阳明心学的关系为例,略作申说。

贺麟指出,"知行合一"说本是阳明心学的基本内容之一,然因其"表面上与常识抵触,而易招误解,但若加正当理解,实为有事实根据,有理论基础,且亦于学术上求知,道德上履践,均可应用有效的学说",故"无论在中国的新理学或

---

① 贺麟:《中国哲学的调整与发扬》,收入氏著《五十年来的中国哲学》,第31页。

新心学中,在西洋的心理学或知识论中,均有重新提出讨论,重新加以批评研究的必要"。①

一方面,贺麟秉持严谨、客观的哲学史家态度,梳理了阳明的"知行合一"说。据贺麟研究,"阳明的知行合一说,本有两个含意",②其中的第一个含义是"补偏救弊说的知行合一"。③他引用阳明的原话作为立论依据:

> 行之明觉精察处,便是知;知之真切笃实处,便是行。若行而不能明觉精察,便是冥行,便是"学而不思则罔",所以必须说个知;知而不能真切笃实,便是妄想,便是"思而不学则殆",所以必须说个行:元来只是一个工夫。凡古人说知行,皆是就一个工夫上补偏救弊说,不似今人截然分作两件事做。某今说知行合一,虽亦是就今时补偏救弊说,然知行体段亦本来如是。④

阳明的意思是:实践行为如果没有良知的明察监督,那么就是盲目的"冥行";求知活动如果最终没有付诸认真笃实的践行,那么就是虚幻的"妄想"。故贺麟认为,"补偏救弊说的知行合一"正是为治"冥行"或"妄想"才发明的。他讲:

---

① 贺麟:《知行合一新论》,收入氏著《五十年来的中国哲学》,第137页。
② 贺麟:《知行合一新论》,收入氏著《五十年来的中国哲学》,第152页。
③ 贺麟:《知行合一新论》,收入氏著《五十年来的中国哲学》,第152页。
④ 《文录三·答友人问》,《王阳明全集》,第186页。

所谓补偏救弊的说法，即是勉强将知行先分为二事，有人偏于冥行，便教之知以救其弊；有人偏向妄想，便教之行以救其弊。必使他达到明觉精察之行，真切笃实之知，或知行合一而后已。①

当然，"补偏救弊说的知行合一"只是一种"勉强将知行先分为二等事"的权宜之计，终究无法算作阳明知行学说的真意。于是，贺麟拈出了"知行合一"的第二个含义，即"本来如是的知行合一，或知行本来的体段"。②他再次引用《传习录》的记载作为立论依据：

爱曰："如今人尽有知得父当孝、兄当弟者，却不能孝、不能弟，便是知与行分明是两件事。"先生曰："此已被私欲隔断，不是知行的本体了。未有知而不行者，知而不行，只是未知。圣贤教人知行，正是要复那本体，不是着你只恁的便罢。故大学指个真知行与人看，说'如好好色，如恶恶臭'。见好色属知，好好色属行。只见那好色时已自好了，不是见了后又立个心去好。闻恶臭属知，恶恶臭属行，只闻那恶臭时已自恶了，不是闻了后别立个心去恶。③

---

① 贺麟：《知行合一新论》，收入氏著《五十年来的中国哲学》，第152页。
② 贺麟：《知行合一新论》，收入氏著《五十年来的中国哲学》，第152页。
③ 《传习录》（上），《王阳明全集》，第3—4页。

借助人见好色时自能好、闻恶臭时自能恶的例子，阳明断定"知行合一"乃知行本来如是、本该应有的状态；反之，如果"知而不行"，便是未能真正把握知行本体。对此，贺麟更进一步解释道：

> 他主张即知即行，知行之间没有长远的距离，当知道时直接即发为行为。一念之动就是行。学问思辨本身即是行为，不是在学问思辨之外或之后，另有所谓行为。同时孝父、事兄、从政的行为中本身即包含有学问思辨。他举例说，好好色，恶恶臭，皆是于见好色闻恶臭之时当下即发出好好色、恶恶臭的行为。犹如看见老虎当下即发出逃避的行为，推之见父自知孝，见兄自知敬，都是良知，也都是当下知行便是合一的。知行不合一，一定有了蒙蔽或阻碍，是我们须得克服的病态。①

贺麟认为，不同于将"知"和"行"打作两橛的"补偏救弊说的知行合一"，"本来如是的知行合一"则主张"即知即行"或曰"当下知行便是合一"，遂彻底贯通了学问思辨和笃实力行之间的隔阂。贺麟强调，这种见父自知孝、见兄自知悌的"本来如是的知行合一""既非高远的理想，亦非自然的冲动，更非盲目的本能"，而是道德主体"自动的、率真的、不

---

① 贺麟：《知行合一问题——由朱熹、王阳明、王船山、孙中山到〈实践论〉》，收入氏著《五十年来的中国哲学》，第205页。

假造作的自会如此的知行合一"。①

另一方面，贺麟站在哲学家的立场，对阳明的"知行合一"说作了新的阐发。贺麟认为，考虑到阳明的"知行合一"说中的"知""行"范畴"几纯属于德行和涵养心性方面"，②而不是知识论意义上的"知识"和"实践"，故阳明的"知行合一"说应该被归入侧重从"应如此"的价值的角度去考察"知行合一"的"价值的知行合一论"。③有鉴于此，贺麟又从"是如此"的自然事实的角度入手，提出了"新心学"的"知行合一新论"，即"自然的知行合一论"。④

首先，贺麟对"知""行"的内涵加以明确界定。他讲：

> "知"指一切意识的活动。"行"指一切生理的活动。任何意识的活动，如感觉、记忆、推理的活动，如学问思辨的活动，都属于知的范围。任何生理的动作，如五官四肢的运动固属于行，就是神经系的运动，脑髓的极细微的运动，或古希腊哲学家所谓火的原子的细微运动，亦均属于行的范围。⑤

---

① 贺麟：《知行合一新论》，收入氏著《五十年来的中国哲学》，第155页。
② 贺麟：《知行合一新论》，收入氏著《五十年来的中国哲学》，第157页。
③ 需补充说明的是，贺麟又将"价值的知行合一论"细分为"理想的知行合一"和"直觉的知行合一"，并把阳明的"知行合一"说归入"直觉的知行合一"。关于这个问题，因篇幅限制，这里不再展开。
④ 贺麟：《知行合一新论》，收入氏著《五十年来的中国哲学》，第143页。
⑤ 贺麟：《知行合一新论》，收入氏著《五十年来的中国哲学》，第138页。

由此可见，这里所说的"知"，囊括了主体的一切感性认识、知性认识、理性认识；这里所说的"行"，囊括了主体的一切生理反应和物理运动。显然，"知""行"虽性质不同，但均为一种"活动"。故贺麟不赞成常人"知静行动"的观点，而主张"知""行"皆有动静。他讲：

> 知行虽是两种性质不同的活动。但知与行皆同是活动。因此，我们不能说，行是动的，知是静的。只能说行有动静，知也有动静。但是我们承认任何学问思辨或意识心灵的活动都有生理的条件、物质的变化相伴随。①

然后，贺麟以阳明的"知行合一"说为核心，参以斯宾诺莎的"身心平行"论及现代西方心理学知识，详细介绍了"自然的知行合一论"：

> 就消极方面讲来，"合一"不是"混一"。……持知行合一说的人，既不一味说知行是合一的或混一的，亦不一味说知行是对立的，二元的；他要看出知行关系的分中之合，又要看出知行关系的合中之分。……第二，知行合一乃知行同时发动（coincident）之意。据界说，"知"是意识的活动，"行"是生理的活动，所谓"知行合一"

---

① 贺麟：《知行合一新论》，收入氏著《五十年来的中国哲学》，第138页。

就是这两种活动同时产生或同时发动。在时间上,知行不能分先后。不能说知先行后,亦不能说知后行先。……第三,知行合一乃指与行为同一生理心理活动的两面(two aspects of the same psycho-physical activity)而言。……知行两面说,认知行合一构成一个整个活动。对此同一的活动,从心理方面看是知,从生理或物理方面看是行。也可以说用两个不同的名词,去形容一个活动的历程。第四,知行合一又是"知行平行"的意思。平行说与两面说是互相补充的。……任何一种行为皆含有意识作用,任何一种知识皆含有生理作用。①

简言之,"自然的知行合一论"即指"知""行"在逻辑上是对立统一的,在时间上是不分先后的,在同一心理生理活动上是互相"平行"的"两面"。贺麟认为,"自然的知行合一论"已经超越了过往专注于伦理道德的"价值的知行合一论",从而把对"知行合一"问题的研究引入追溯自然事实之真理的知识论领域。

平实地说,由于历史原因,贺麟的"新心学"必定存在着为数不少的理论罅漏,但贺麟欲融中西哲学为一体而促成阳明心学研究之知识论转向的问题意识,无疑给中国哲学的现代转型提供了一种非常宝贵的镜鉴。换言之,在当今中国,贺麟对

---

① 贺麟:《知行合一新论》,收入氏著《五十年来的中国哲学》,第139—142页。

阳明心学的哲学拓展，依旧值得我们去批判地继承。

最后谈冯友兰。冯友兰的新儒学思想与熊十力、梁漱溟、贺麟的"倾向陆王的趋势"有根本的不同。熊十力、梁漱溟、贺麟的学问路径虽然不同，他们大体上都是在宋明理学中的心学一脉基础上展开的，而冯友兰作为现代新儒学中的新理学代表，他的基本思想自然是接续朱子学的，事实上冯友兰对阳明心学也主要是持批判态度。但是，冯友兰与同样倾向朱子学的马一浮也有所不同。马一浮虽是理学一脉的立场，但是心学在他的思想中得到了较为圆融的安顿，马一浮的六艺论主张"六艺统摄于人心"，便是他这一安顿的表征；同时，马一浮可以说是在世界视野中坚持中国传统学术思想本位，这种坚持不仅是一种姿态，而且更呈现在具体的内容与方法上，而冯友兰的思想体系与方法更与胡适的相似，是致力于"科学的致知穷理的中国哲学"。由此可见，冯友兰在五位现代新儒家代表中显得有些特殊。然而尽管如此，并不等于阳明学对冯友兰不具有影响。相反，冯友兰对阳明学的批判从另一个维度恰恰表明阳明学对现代新儒家的影响具有多样性，同时也充分表征现代新儒家这个群体在学术路径与思想特点上的丰富性。

冯友兰的学术路径是明确区分"照着讲"与"接着讲"。传统的学问范式大多是学者将自己的思想融入对经典文本的诠释中，"照着讲"与"接着讲"是合二为一的，而冯友兰进行的"接着讲"不是传统的注疏工作，而是进行一项现代化的工程。之所以选择承接宋明理学，而对心学持批判的立场或许主要与两个因素有关。第一，作为胡适的学生，冯友兰在北京大学求学期间可能深受其影响。虽然梁漱溟也是冯友兰在北大哲学门的老师，但是从种种细节来看，这一时期的冯友兰受到胡适的影响更多。根据北大哲学门的要求，在上学期间，冯友兰需要选定三个研究项目。这三个项目分别是：欧美最近哲学之趋势（导师：胡适），逻辑学史（导师：章士钊），中国名学钩沉（导师：胡适）。①一共三个研究课题，其中两个都选择了胡适作为指导教师。根据北大的规定，选定研究课题后，学生要定时与导师进行沟通。或许因为如此，冯友兰早年的学术生涯颇受胡适的影响。冯友兰早期与胡适私交甚好。毕业后凡是去北京，基本上都会去拜会胡适，并且在留学、择业等人生重大选择的问题上，都会征求胡适的建议。虽然二人在后来的人生中有种种异见，但无疑在北大求学时期，冯友兰的思想是深受胡适影响的。包括冯友兰选择哥伦比亚大学求学，也是充分听取了胡适的建议。第二，与冯友兰的问题意识有关，这是更加主要的因素。前文提及，现代新儒学之"新"延续了晚期清学求新的基调，这彰显于西学的引入。然而，西学的引入，便自然引发了古今中西文化的交流乃至碰撞。如何处理好这个问题，是那个时代知识分子所要面临的巨大问题，冯友兰也不例外，他在回忆中提到：

---

① 蔡仲德编：《冯友兰先生年谱长编》，中华书局，2014，第32页。

> 我生在一个不同文化的矛盾和斗争的时期，怎样理解这个矛盾，怎样处理这个斗争，以及我在这个矛盾斗争中何以自处，这一类的问题，是我所正面解决和回答的问题。①

1895年，冯友兰出生于河南唐河县祁仪镇的一个书香世家。他的父亲冯台异是晚清的进士，伯父叔父也都是秀才。因此冯友兰较早就受到比较完整、系统的传统经典教育。但是1905年，晚清便废除了科举。冯友兰的求学也经历了私塾与新式学校。生活在那样一个充满张力的时代，冯友兰的哲学从一开始就带有那个时代的特征。在这样充满文化矛盾的时期，怎样理解和处理那个时代的挑战，以及在不同的思想的激荡下，如何安顿他自身以及他的学问？冯友兰六十年的学术生涯，正是本着这样的问题意识而进行哲学建构与哲学史的梳理。他在北京大学哲学门接受过系统的传统哲学训练，同时又在美国哥伦比亚大学有着完整的西方哲学的浸润。因此，冯友兰以新方法开始对哲学史进行梳理，并且为回应时代的关切进行了哲学体系的建构，即对新理学体系的建构。这是冯友兰学术思想的特征与定位，清楚了这一点，我们再去看在这样的学术体系中，他是如何安顿阳明心学的？

---

① 冯友兰：《三松堂学术文集·自序》，北京大学出版社，1984，第2页。

"冯友兰是中国当代最具方法论自觉的哲学家之一。"①他在《新知言》开篇便指出:"一门学问的性质,与它的方法,有密切底关系"。②冯友兰本着方法自觉,以"正底方法"与"负底方法"对中国哲学与西方哲学进行分析。"正底方法"是以逻辑分析法讲形上学。冯友兰在《新知言》中讲:

> 正底方法,以逻辑分析法讲形上学,就是对于经验作逻辑底释义。其方法就是以理智对于经验作分析、综合及解释。这就是说以理智义释经验。这就是形上学与科学的不同。科学的目的,是对于经验,作积极底释义。形上学的目的,是对经验作逻辑底释义。③

科学的目的,是对"经验"进行一个"积极底"阐释;形上学的目的,是对"经验"进行一个"逻辑底"阐释。那么,什么是"积极底"阐释,什么是"逻辑底"阐释?冯友兰解释,"积极底"一词是相对于"逻辑底"而言的概念,不能用通常意义上的"消极底"或者"否定底"等概念的反面来理解。所谓"积极底",也就是"实质底""有内容底";所谓"逻辑底",事实上是"形式底",也就是"没有内容

---

① 李景林:《正负方法与人生境界——冯友兰哲学方法论引发之思考》,《中国社会科学》2010年第6期。
② 冯友兰:《三松堂全集》第五卷,河南人民出版社,2001,第149页。
③ 《三松堂全集》第五卷,第150页。

底""空底"的意思。①

"负底方法"就是讲形上学所不能讲。冯友兰说：

> 负底方法是讲形上学不能讲，讲形上学不能讲，亦是一种讲形上学的方法。犹之乎不屑于教诲人或不教诲人，亦是一种教诲人的方法。孟子说："不屑于教诲者，是亦教诲之而已矣。"②

冯友兰用"烘云托月"的例子进一步诠释了"负底方法"的内涵。"烘云托月"是画家画月亮的一种手法，指的在画云朵的时候，留出一个圆形或者半圆形的空白，这个空白的地方就是月亮。用"正底方法"讲形上学，好比用线条或者颜料描绘一个月亮；而用"负底方法"讲形上学，就好比"烘云托月"，他所画的月亮，正好是他没有画的地方。"讲其不讲亦是讲"，这就是"负底方法"。

冯友兰认为，真正的"形上学底命题"，有着"一片空灵"的特征。"空是虚空，灵是灵活。"③他认为，根据学问空灵的程度，可以对学问的好坏进行判断。中国哲学所长在"负底方法"，不足之处在"正底方法"。西方哲学相反，所长在"正底方法"，不足之处在"负底方法"。但是，他同

---

① 《三松堂全集》第五卷，第150页。
② 《三松堂全集》第五卷，第150页。
③ 《三松堂全集》第五卷，第154页。

时指出，在进入"空灵"之前，好的哲学必须先进行"正底方法"的逻辑推演，而终于"负底方法"的"空灵"。他说："在使用负的方法之前，哲学家或学哲学的学生必须通过正的方法；在达到哲学的单纯性之前，他必须通过哲学的复杂性。"①中国哲学恰恰缺乏这种"正底方法"与复杂性。因此他认为中国哲学遗留下来的一大任务便是强化以及构建中国哲学"正底方法"一面。正由于如此，他选择了接着宋明理学来讲。在中国哲学传统中，宋明理学的知识建构与逻辑分析要强于心学传统。

在冯友兰看来，中国哲学在"负底方面"已经非常成熟，当代哲学界需要做的努力便在于将"正底方法"运用于中国哲学，那么未来的中国哲学可以说是兼具"正底方法"与"负底方法"两种特色，能够为未来的哲学作出贡献。这种努力在近代哲学史的发展过程中无疑是具有开创性意义的。从这个角度来讲，我们也更加清晰了解，为什么冯友兰在"接着讲"的时候，选择了程朱理学一脉，而非陆王心学。在宋明道学的传统中，程朱理学一脉的思想成果更加符合"正底方法"的特征，更符合中国哲学的现代化之路。而阳明心学的"正底方法"上不足，难以担当这个任务。这并非说阳明心学本身对于中国哲学贡献不大，而是阳明心学所长在"负底方法"，而中国哲学进行现代化之路，要去补全劣势的一面，也就是"正底方法"

---

① 《三松堂全集》第六卷，第288—289页。

的一面。程朱理学更加符合"正底方法"的特征，因此冯友兰选择"接着讲"程朱理学来建构他的新理学体系。根据冯友兰的逻辑，如果选择了阳明心学，则必将延续中国传统哲学的老路，无法完成完整的、现代化的哲学的构建。因此，从冯友兰关切的问题意识来看，他不仅仅是一个中国哲学史家或中国哲学家，而是一个具有世界哲学发展视野的哲学家和哲学史家。他不仅要为中国传统哲学在当代世界哲学的发展中寻找一个地位，并且要通过"正底方法"与"负底方法"为世界哲学的未来描述一种可能。

如此一来，在冯友兰的哲学体系中，阳明心学的处境则略显尴尬。从"正底方法"而言，阳明心学在逻辑推演等方面不及程朱理学，不能担当中国哲学融入世界哲学中强化"正底方法"的重任；从"负底方法"而言，冯友兰认为中国哲学的代表是禅宗与老庄等，甚至王阳明的心学不及程颢、陆九渊等哲学那般"空灵"。他批评阳明心学"拖泥带水"：

> 用禅宗的话说，他的形上学是有点"拖泥带水"。用我们的话说，他的形上学对于实际，太多肯定。[1]

换言之，阳明心学一方面来说相对不重视逻辑推演、概念辨析与知识的构建，另一方面又太过执着于相，不及禅宗、老

---

[1] 《三松堂全集》第五卷，第124页。

庄等"空灵",有些"拖泥带水"。因此,阳明心学既无法担任中国哲学现代化的重任,也无法代表中国哲学"负底方法"的最高水平。这并非说阳明心学对于中国哲学没有贡献,也不是说冯友兰对阳明心学是持完全否定态度的,而是冯友兰处于古今中西思想交汇的历史背景下,有着他的问题意识与哲学使命。在这种情况下,冯友兰一方面要发扬中国哲学传统中最具"负底方法"的一面,另一方面也要从中国哲学传统中承接最具"正底方法"的一面以完成中国哲学的现代化或未来哲学的构建问题。从这个问题意识出发,阳明心学显然不能发挥最重要的作用,因此冯友兰的哲学体系对阳明心学是批评的。

综而言之,王阳明心学对于现代新儒学的影响是丰富而复杂的,这种丰富与复杂既来自王阳明心学本身的张力,更来自现代新儒学思想家们的自身背景与精神关怀,以及对于未来的判识与愿景。由此,现代新儒学呈现出风格迥异的思想样态,从而为当代的儒学发展提供了重要的思想基础与精神资源。

何 俊

第一章
马一浮与阳明心学

第一节　马一浮的学思之路

一、马一浮简介

马一浮（1883—1967），名浮，字一浮，号湛翁，别号蠲戏老人，通常学者称之为马一浮。①他是现代新儒家的重要代表人物之一，被现代新儒家的另一代表人物梁漱溟（1893—1988）盛赞为"千年国粹，一代儒宗"。②马一浮长时间隐居，但即便如此也掩盖不了他的名气，他在世时便享有很高的社会地位和学术地位。辛亥革命后，蔡元培（1868—1940）任民国教育总长，便请马一浮担任教育部秘书长。后来蔡元培任北京大学校长时，又请马一浮担任北京大学文科学长，

---

① 马一浮有许多别号，包括蠲叟、太渊等，不一一列举。详见吴光《马一浮全集编校说明》，《马一浮全集》第一册（上）《语录》，浙江古籍出版社，2013，第1页。
② 丁敬涵：《马一浮先生交往录》"梁漱溟"条，《马一浮全集》第六册（上）《附录》，第165页。

被马一浮谢绝。后来的北大校长陈百年（1886—1983）也几次函电邀请马一浮，马一浮同样婉言谢绝。浙江大学校长竺可桢（1890—1974）经过多次相邀，才请到马一浮。①中华人民共和国成立后，1950年时任上海市市长的陈毅（1901—1972）写信给时任浙江省主席谭震林（1902—1983）时便提到马一浮是当代的"名儒"，在学界有很高的地位。②1957年，周恩来（1898—1976）总理陪同苏联最高苏维埃主席团主席伏罗希洛夫（1881—1969）到蒋庄访问时，称马一浮为"我国当代的理学家"。③可见马一浮在当时的社会地位与学术地位之高。熊十力（1885—1968）称赞"马先生道高识远"。④贺麟（1902—1992）认为马一浮"兼有中国正统儒者所应具备之诗教、礼教、理学三种学养，可谓为代表传统中国文化的仅存的硕果"。⑤从种种的评价来看，马一浮都是二十世纪思想界中一道亮丽的风景线。在西学昌盛的背景下，他却宗主六艺，倡导复性。如果说他是一位顽固的守旧者，那么如何解释他六艺体系对于西学的包容？关于马一浮其人其学的定位，学界

---

① 马镜泉、赵士华：《马一浮评传》，百花洲文艺出版社，2010，第32—35页、71页。
② 丁敬涵：《马一浮先生年谱简编》，《马一浮全集》第六册（上）《附录》，第73页。
③ 丁敬涵：《马一浮先生年谱简编》，《马一浮全集》第六册（上）《附录》，第80页。此处要说明的是，《马一浮全集》的原文对伏罗希洛夫先生的称呼为"苏联最高苏维埃主席团主度"，"主度"一词疑似有误，因此行文中用"主席"。
④ 《十力语要》第四卷《与贺昌群》，《熊十力全集》第四卷，第269页。
⑤ 贺麟：《当代中国哲学》，第16页。

有不少讨论。马一浮到底是佛家,是道家,还是儒家?在儒家内部,他是程朱,还是陆王?学界也都提出了不少看法。①或许马一浮先生自己并不喜欢后人给自己定位。他认为,读书要"通而不局","通则曲畅旁通而无门户之见"。②而且,他在给自己题写的墓辞上说:"身与名俱泯兮,曾何有去留。"③或许后人如何评价,他并不十分在乎。这是从马一浮本人的角度而言。如果我们后人,为了更好地了解马一浮其人,尝试给马一浮一个总体性的评价,或许也未尝不可。在中国传统学问内部言,他宗主儒家之"仁",并以"仁"为本开出他的"六艺"体系。他有着老庄一样的生活情趣,同时灵活运用佛家名相。从超出中国传统学问内部言,他早期游学美国,博览群书,终其一生对西学都有很高的包容度。无论如何,六艺总是马一浮思想的一个核心。他以"六艺之学"来楷定"国学"一词的内涵。因此,依着马一浮自身思想的逻辑展开,我们认为将马一浮看作"国学大家"是比较合适的。当然,这个称呼要依着马一浮自身的思想体系去理解。因此从大体上讲,马一浮其人是致力于六艺的开明的学人,马一浮其学是以六艺为宗主的思想体系。这是马一浮区别于同时代其他思想家的关键所在。

---

① 例如郭齐勇、邓新文等学者都对这个问题有过高度的关注。见郭齐勇《马一浮的人格境界与哲理诗》,《中国文化》第九期;邓新文《马一浮六艺一心论研究》第一章第四节"马学的显著特点及其定位问题",第50—66页。
② 《复性书院讲录》,《马一浮全集》第一册(上)《语录》,第106页。
③ 《豫制自题墓辞》,《马一浮全集》第二册(上)《文集》,第279页。

二、浸润西学：旅美时期的学思历程与思想特征

1903年5月下旬，二十岁的马一浮与清政府代表团一起离开上海，前往美国参加世博会。7月3日，他首次踏上美国的领土，来到了圣路易斯。他的身份是作为1904年第十二届世界博览会中方代表团的工作人员以及清政府驻美大使馆留学生监督公署的工作人员。①这次来到美国，给了马一浮广泛接触西方世界和西学的机会。②

马一浮在1903—1904年旅居美国期间习惯每天记日记，给后世留下了宝贵的《一佛之北米居留记》。这本重要的文献记载了马一浮在美国期间的日常生活、工作、交游、读书等情况，除了少数几天空白之外，为我们呈现了一段较为完整的马一浮早年的学思历程。这一时期的马一浮广泛接触西方学问，这本日记对于理解马一浮今后的学术视野而言是一面重要的镜子。本节以马一浮旅美期间的日记为中心，考察马一浮早期思想的特征及其中对西学的关怀。

1. 广泛接触西学

马一浮旅美期间，有意识地广泛接触西学。我们可以在他

---

① 见丁敬涵《马一浮先生年谱简编》，《马一浮全集》第六册（上）《附录》，2013，第6页。
② 关于马一浮旅居美国的始末，可以参见林桂榛《马一浮游学北美述略》一文，《马一浮全集》第六册（上）《附录》，第400—428页。本文讨论的内容侧重于该时期马一浮的学思历程及其所反映的思想特征。

的日记中看到他对于西方商业、国际形势、戏剧文化、工业、美国社会、西方知识等各个方面的关注。

1904年1月26日,马一浮不厌其烦地摘录了某份报纸中的一份报告:

> 于报中见某人之报告书云:"巴黎华货之通销甚盛,惜无人自营之。法人买茶,印度计八,中国计二,无专商也。里昂织丝所岁需蚕丝……古磁器,可获一倍之价,且磁器在二百年以上者,得免税,生丝亦免税。某人现拟招股四十万,设华货转运公司于巴黎云。"嗟乎!世界之可营之商业止巴黎邪?我国人自弃之耳。①

这份报告讲述的是在法国巴黎华货畅销的情况。从中我们可以看到马一浮对商业的关注。他的视野是非常宽广的,他认为世界这么大,适合商业的当不止于巴黎这个地方。国人没有能够在商业上成功,是"自弃"而已。

马一浮对国际局势等情况也非常关注。1904年2月14日,他记载道:

> 闻美政府宣告欧洲各国,言各国应共保中国对于日俄之战得局外之安全。日俄战争不论如何结果,不得侵害中

---

① 《一佛之北米居留记》,《马一浮全集》第五册《日记·辑佚》,第39—40页。

国之领土。嗟乎！此可恃耶？①

此时的马一浮虽身处美国，但是非常关注日俄战争的进展及其可能给中国带来的影响。但是令马一浮痛心的是，侵害不侵害中国的领土，竟然要美国政府发声，这让他感慨万分。

马一浮去美国的一个重要身份就是清政府世界博览会代表团的工作人员，这让他也有机会接触了西方最新工业技术的发展。例如1904年3月8日，他便在日记中记载了到博览会场参观电气馆、变化工业馆的事情。②

或许因为身处美国，马一浮对美国社会的情况也表现出了兴趣。在1904年4月12日的日记中，马一浮详细摘录了美国人口调查表。该调查表主要记载了美国除夏威夷及其他领岛的人口与纽约、芝加哥、圣路易斯等一些城市的人口情况，文繁不引。③

但是总的来说，马一浮最关注的恐怕还是西方世界的知识。读书可以说是马一浮生活中最重要的组成部分。他甚至说"舍书无可自遣者"。④林桂榛《马一浮游学北美述略》一文详细整理了马一浮在美国购买和阅读的主要书目，并大致

---

① 《一佛之北米居留记》，《马一浮全集》第五册《日记·辑佚》，第42—43页。
② 《一佛之北米居留记》，《马一浮全集》第五册《日记·辑佚》，第47页。
③ 《一佛之北米居留记》，《马一浮全集》第五册《日记·辑佚》，第53页。
④ 《一佛之北米居留记》，《马一浮全集》第五册《日记·辑佚》，第17页。

分为三类：①第一，政治与历史类，例如斯宾塞的《社会平权论》、卢梭《民约论》等；第二，哲学、社会学类，例如《近世哲学史》、康德《纯理批判》等；第三、文学与艺术类，例如《谢克斯比集》（即莎士比亚）、《但丁诗》等。②他购买和阅读的书目在一百种以上，并尝试对其中一些书籍进行翻译。

由此可见，后来被誉为"一代儒宗"的马一浮先生，早在二十岁的时候便已经广泛地接触西学，包括西方学问以及西方（以美国为主）社会文化等各个方面。

2. 自觉的中西对比

马一浮几乎每天都有读报的习惯，时时刻刻在关注着国内国外发生的大事。但他除了关注之外，还会经常自觉地对中外的一些方面进行对比。从这些对比中，我们看到了更加激进的马一浮。1903年12月12日，马一浮在日记中记载了一件令他感到十分悲哀的事情。这一天他通过读报得知美国圣路易大学与东圣路易大学竟然为了是否应该分割中国而演说讨论。

> ……闻此间圣路易大学与东圣路易大学皆以分割中国之当否为问题，令诸生演说。东圣路易大学生主张分割，而圣路易大学颇反对之，以为美国当守孟鲁Monroe主义，

---

① 书名与作者均采用马一浮日记的原文。
② 详细书目可以参见林桂榛《马一浮游学北美述略》一文，《马一浮全集》第六册（上）《附录》，第410—411页。

分割中国之行动,为破坏国际上之道德。嗟乎!人之欲分之者,皆熟计深论,攘臂而呼,我国之全部之大半,尚瞢然不觉也。哀哉!①

美国的大学竟然以是否应该瓜分中国而组织学生讨论演说,这让年轻的马一浮感慨万分。自己故土的命运竟然被异国他乡的大学生激烈讨论着,而自己祖国的大部分人民还不知道这个事情。此外,美国人为了是否瓜分他国都"熟计深论",可见其公共意识。凡此种种,难怪马一浮发出了"哀哉"的感叹。然而就在同一天,马一浮见到了中国留学生"中国学生会"的一个广告,其中有一句话是"我学生当造成辅佐朝廷之资格",在这种强烈的对比下,马一浮的内心产生了极大的不平衡。他在第二天(1903年12月13日)的日记中用极为愤慨的语气记录了这件事情:

> 颇思为书致中国学生会,稍稍鼓动之。彼辈将于今月之末基督诞日开演说于金山,昨见其广告,尚有"我学生当造成辅佐朝廷之资格"之语。嗟乎!至于今日,苟尚有一点人血者,尚忍作此语耶?因又念此种崇拜暴主政体,天赋之贱种,直不足与语也。哀哉,我同胞乎!入自由国,受自由教育,而奴性之坚牢尚如是,吾族富有豸耶!

---

① 《一佛之北米居留记》,《马一浮全集》第五册《日记·辑佚》,第30页。

阅纽育《太阳报》载：日本议会之讼内阁甚激烈，反对执政对于露西亚之延缓政策。Temporizing policy驳其天皇之演案。嗟乎！日本民族之于露国问题之判决，百折不挠，生气勃勃，可敬哉！吾族能不愧死！①

　　马一浮在这一天的记录中释放了更加不满的情绪。我们在这篇日记中看到了马一浮对清政府的不满。他认为但凡"有一点人血"的，怎么甘心崇拜清政府的"暴政主义"，甘当清廷的"辅佐"？可见他当时的思想是革命的，而非改良的。虽然身为清政府的雇佣人员，又作为旧时科举县试的榜首，马一浮所体现出来的是仰慕西方文化同时又激进的思想。

　　我们要注意的是，在这两篇日记中，马一浮对中外的一些重要方面进行了有意识的对比。首先，将美国学生与中国留美学生进行对比。当时美国的大学生对于国际事务非常关心，对于这些事情的讨论后面有相应的人文社会科学知识作支撑。例如不赞成分割中国的学生即用孟鲁主义作为辩论的立脚点。②反观中国的留学生，他们没能超越在清廷做官的思维。于是马一浮批评他们没有血气，这与他对留学生的期望产生了巨大的反差。在同年11月21日，马一浮在报纸上看到了一批年轻人

---

① 《一佛之北米居留记》，《马一浮全集》第五册《日记·辑佚》，第30—31页。
② 孟鲁主义（Monroe Doctrine），通常译作门罗主义。关于门罗主义的性质与作用等问题，参考韩承文、徐云霞《世界近代史诸问题》（增订本），河南人民出版社，1982，第135页。

来留学，便在日记中称赞"此辈青年殊可嘉"，可见他对留学生是满怀着殷切期望的。①然而中国学生会的留学生显然是让他失望的，以至于马一浮在日记中使用了"贱种""我同胞乎""奴性""豕"等谩骂的字眼。如果不看他今后的人生发展轨迹，当真很容易认为马一浮就是一位激进的革命家。他后来在复性书院讲《论语大义》中的"礼乐教"时，就明确推崇"不争""无怨"等礼乐精神。②前后对比，判若两人。不过虽然马一浮采用了如此强烈的字眼，但他还是对事不对人，对学生会还是很关心。第二年（1904年）1月18日便"寄银五圆为学生会之义务捐"。③

这个时期的马一浮，清醒地认识到清政府的落后以及中国留学生与美国大学生存在的差距。同时，我们也可以很清楚地看到，马一浮的这种认识是强烈的、激进的。按照一般逻辑，马一浮很可能成为一名革命家。

3. 对西学的学习与应用

马一浮不光有革命的激情，在知识上也主动去接触西学。除了阅读报刊，他在美国生活的一项重要内容便是读书。上文已经提到，马一浮在日记中提到的书有一百种以上。此外，他还积极学习外语并且尝试对一些西方作品进行翻译。在诗歌创作上，他也尝试融入了西方的元素。

---

① 《一佛之北米居留记》，《马一浮全集》第五册《日记·辑佚》，第26页。
② 《复性书院讲录》，《马一浮全集》第一册（上）《语录》，第153页。
③ 《一佛之北米居留记》，《马一浮全集》第五册《日记·辑佚》，第38页。

马一浮在美国短短不到一年的时间里，阅读了大量西方政治历史、哲学社会、文学艺术等方面的著作。这些西学的思想无疑对马一浮今后思想的形成产生了重要的影响。在这样巨大的阅读量的映衬下，我们可以说马一浮后来提出的"六艺论"是对中西文化双重关怀下提出的理论，并非拘泥于传统的"骨董"，不是刻意"安排出来"的。①

关于马一浮对西方知识的学习，有一个细节值得关注，据说他是我国第一个引进马克思《资本论》的人。②1904年3月17日，马一浮在日记中也详细介绍了得到《资本论》的喜悦："下午得马格士《资本论》一册，此书求之半年矣，今始得之，大快，大快！胜服仙药十剂！予病若失矣。"③如果翻阅前几天的日记，就会发现马一浮正饱受着病痛的折磨，身体与心理都承受着巨大的痛苦与压力，甚至可以说"厌苦欲死"。④这更加凸显了马一浮对于得到一册英译本《资本论》的巨大快乐，也侧面反映了这个时期的他对西方知识的喜爱。

值得一提的是，上文马一浮日记中虽然很少提到关于西方

---

① 《泰和宜山会语》，《马一浮全集》第一册（上）《语录》，第15页。
② 根据吴光先生的研究，马一浮于1904年5月将一本德文版的《资本论》带回国内，准备交给上海某社翻译。但是这本书后来辗转又回到了马一浮手里，马一浮在抗战期间，赠浙江大学图书馆收藏。但是吴光先生向浙江大学图书馆、档案馆多次查证，均没有找到这部德文版的《资本论》。详细过程请参考吴光《千年国粹　一代儒宗——马一浮先生小传》，《马一浮全集》第六册（上）《附录》，第309—310页及310页脚注。
③ 《一佛之北米居留记》，《马一浮全集》第五册《日记·辑佚》，第50页。
④ 见1904年3月14日的日记，《一佛之北米居留记》，《马一浮全集》第五册《日记·辑佚》，第49页。

科学的书，但是我们依然可以从他的记载中看出他对西方现代科学的关心。1904年1月9日，他在日记中记载了无线电设备的铺设、英国雷电发电站的介绍。他非常赞叹电的使用，认为"电之能事毕矣"。他还不胜其烦地讲解了"避电衣"的制作方法与原理。① 此外，在1904年2月22日的日记中，他还对孔德论科学进行了详尽的描述。② 由此可见，自然科学与技术亦在马一浮的学术视野之内。所以，当他认为六艺之中的"易"可以统摄"凡研究自然界一切现象者"时，当不是空穴来风。③ 后来浙江大学校长竺可桢在听完马一浮论西学统摄六艺的那一讲后，在日记中写道：

……以《易》为自然科学之源，而《春秋》为社会科学之源。盖《春秋》讲名分，而《易》讲象数。自然科学均以数学为依归，其所量者不外乎数目Number、数量Quantity、时间与空间，故自然科学之不能逃于象数之外，其理亦甚明显……④

除了对西学进行学习外，对于自己敬佩的西方学人，马一浮还想亲自去拜访。1903年12月12日，他在阅读报纸时，发现

---

① 《一佛之北米居留记》，《马一浮全集》第五册《日记·辑佚》，第36—37页。
② 《一佛之北米居留记》，《马一浮全集》第五册《日记·辑佚》，第45页。
③ 《泰和宜山会语》，《马一浮全集》第一册（上）《语录》，第18页。
④ 竺可桢：《竺可桢日记》第六卷，上海科技教育出版社，2005，第519页。

著名哲学家斯宾塞（1820—1903）于12月8日去世了。他在日记中记载：

> 予读其书，常冀走伦敦幸获一见，此志已矣。使予在伦敦，尤当持华以送其葬，以表敬慕之意，惜不得往也。美国各报皆为作传记、评论，占其报篇幅之大半，可谓荣矣。①

根据日记的记载我们可以看到斯宾塞的巨大影响力。身为英国哲学家，去世后却被大洋彼岸美国的报纸用大半的篇幅来报道，这种影响力实属罕见。从中我们也可以看到，马一浮对这位哲学家的敬慕之情，甚至想不远万里去伦敦拜见，并在日记中称他为"环球最有名之哲学家"。②可惜斯宾塞去世了，马一浮一句"此志已矣"。不过有趣的是，他在这一天的日记写下了"予之学若天假以年，或可造至斯氏之地"一句，体现了青年马一浮的远大志向。

除了对西方文化的学习，马一浮还进行了探索性的实践与运用。

首先，马一浮尝试对一些外文著作进行翻译。例如1903年7月22日下午，翻译《独逸史》两千字。③又如在接下来的一天

---

① 《一佛之北米居留记》，《马一浮全集》第五册《日记·辑佚》，第30页。
② 《一佛之北米居留记》，《马一浮全集》第五册《日记·辑佚》，第30页。
③ 《一佛之北米居留记》，《马一浮全集》第五册《日记·辑佚》，第5页。

（7月23日）翻译《政治罪而论》三百多字。①关于马一浮翻译西方著作的记载还有很多。总之，我们可以看到马一浮不仅自己在自觉地学习西方文化，还认为当时的国人也有必要接触西方文化，因此努力翻译西方的著作。这与他来美国前办翻译杂志的思想是一以贯之的。又如在1904年1月9日的日记中，马一浮说要"发心"翻译三本书：《日耳曼之社会主义史》《露西亚之虚无主义史》以及《法国革命党史》。②"发心"是佛家立志奉献的表达，马一浮用在此处，正表明他沟通中西文化的志向。要做好翻译，必须提高自身的英文水平。我们在马一浮的日记中也可以看到，马一浮花了大量的时间来学习英语、研究英语语法，通常一天两个小时。③并且，他还曾经一度花钱向一位美国人学习英文。他在1903年7月10日的日记中说："往视米国一女子Miss Codela 歌德纳，将以二十日诣彼，从之读书，每一小时金半圆，日读两小时……"④但是后来他对这位女教师的教学与为人颇不满意，便没有继续了。但是无论如何，我们可以看到的是马一浮为了学好英语，确实下了很大的功夫。

马一浮在美国期间的一大精神寄托便是给亲友写信。在马一浮写信的对象中，特别值得注意的是谢无量（1884—

---

① 《一佛之北米居留记》，《马一浮全集》第五册《日记·辑佚》，第5页。
② 《一佛之北米居留记》，《马一浮全集》第五册《日记·辑佚》，第36页。
③ 例如1903年7月12日、22日等，见《一佛之北米居留记》，《马一浮全集》第五册《日记·辑佚》，第3、5页。
④ 《一佛之北米居留记》，《马一浮全集》第五册《日记·辑佚》，第2页。

1964）。谢无量与马一浮是总角之交，谢无量的父亲和马一浮的岳父是至交，谢无量与马一浮的友谊长达六十多年。① 马一浮在旅居美国期间，曾多次写信给谢无量，并经常在日记中写下"忆无量甚苦""不知无量亦忆余否"等思念之语。② 有的时候，马一浮直接以诗歌代书信，寄托思念之情。例如1903年11月25日，他给谢无量写了一首长诗。但是有趣的是，马一浮在这首古体诗中加入了很多西方元素。下文为该诗的一个片段：

……金戈玉冕庄严相，惟在伦敦剧院中。浮世那堪重回首，但须痛饮尊中酒。黄金散尽烧著书，名字要随泥土朽。巴黎女儿绝世娇，东欧大侠堪结交。刺杀群帝不快意，更令美人射海潮。十丈氍毹看妙舞，宝衣名剑光如土。饿吞北极千年冰，睡驾南非黄额虎。投足只应天地客，伴狂醉死亦良得。何不踏浪游十洲，人间休问兴亡孽。我居球底君球面，头颅未落终相见。报君一尺李陵书，望断胡天数行雁。③

---

① 关于马一浮和谢无量两人的友谊，可以参考丁敬涵《马一浮先生交往录》，《马一浮全集》第六册（上）《附录》，第199—201页；以及林桂榛《马一浮游学北美述略》一文，《马一浮全集》第六册（上）《附录》，第401—402页。
② 见马一浮1903年10月9日、11月6日的日记，《一佛之北米居留记》，《马一浮全集》第五册《日记·辑佚》，第19、25页。
③ 《一佛之北米居留记》，《马一浮全集》第五册《日记·辑佚》，第27页。

这首诗大量使用了世界著名的城市、地区等地理元素，例如伦敦、巴黎、东欧等，可见当时的马一浮心中是有一幅世界地图的。再如，他还使用了"北极千年冰""南非黄额虎"与"我居球底君球面"等元素，说明他具备了一定的世界地理与生物的知识。在诗歌创作方面，马一浮也尝试采纳西方元素融入固有的文学体裁中。从这首诗中我们也可以看到，这个时候的马一浮是很关心天下事的。

在美国期间，他曾经还想写《新民约论》以唤醒国人良知。他说："念须益以科学的智识，徐当整齐之，使成一书，以为中国之新民约论，作社会上之大喊声，次弟其条理以为致笔之张本，不知何日始得就也。"①虽然后来马一浮并没有写成《新民约论》，但我们可以发现马一浮心中已经有学习西学之后的创作热情了。这在几年后（1907）他给舅舅何稚逸的信中也可以看到："欲综会诸家国别、代次，导源竟委，为《西方学林》，辅吾儒宗，以竢来者。又欲草《西方艺文志》，著其类略，贫不能多得书，病撢绎未广，汔未可就。"②他想模仿中国传统目录学的体例，对西方的思想学术进行一番归纳与整理。由此可见，这个时期的马一浮对于西学是倾注了很多关怀的。

---

① 《一佛之北米居留记》，《马一浮全集》第五册《日记·辑佚》，第10页。
② 《马一浮全集》第二册（上）《文集》，第294页。

三、由西返中的学思历程与世界文明视域下六艺体系的建构

早年马一浮的种种言行都体现出他是个非常仰慕西方思想与西方社会的人,对于传统文化的褒奖还比较少。如果单单按照这种模式发展下去,中国近代史可能会多一位西学家而少一位融合中西且又不失中国立场的伟大学者了。有学者指出,早年的马一浮"与许多受西学政治理论鼓动且倾向民主革命的青年一样","心中理想的政体范型是西方的共和制"。① 马一浮后来被赞为"千年儒宗",成为新儒家最有代表性的人物之一。他的这一转变对于当代如何在世界文明视域下重新审视不同文明之间的交流互鉴的理念、方法、态度、立场等都很有启发意义。本节将梳理马一浮由西返中的学思历程,介绍马一浮"六艺一心"的理论内涵以及马一浮如何在世界文明的视域下将中国学术以及西方学术统摄到他的六艺体系中。

1. 马一浮由西返中的学思历程

1904年从美国回来后,马一浮还去过日本,与谢无量、马君武等人一起学习日文、德文,研究西方哲学文艺等,其中还从事一些翻译活动。1905年,马一浮与谢无量在镇江读书养性近一年。这一期间,依然从事一些翻译活动,包括翻译《堂吉

---

① 时嘉琪:《从"慕西"到"归隐"——论青年马一浮政治姿态的转变及原因》,《首都师范大学学报(社会科学版)》2019年第1期。

诃德》。1906年,马一浮住西湖广化寺,阅读文澜阁《四库全书》,做了大量的读书笔记。《马一浮先生年谱简编》称马一浮先生"致力于训诂考据之学"。《四库全书》收录了截止清代中国主要的典籍,从文献上讲,《四库全书》可以说是中国传统学问的象征之一。这个时期的马一浮,开始同时大量关注东西方学术。但是,从马一浮这一年写的《岁暮书怀在广化寺》《岁暮怀归》等诗作中可以看出,他仍有"彷徨之惑"。[①]那么马一浮是如何从西学转入中学,而后超脱于中学西学的局限,渐渐开创自己的学术体系的呢?[②]各类文献对于这一转变的过程描述得都比较模糊。事实上,从马一浮的言行可以推测出,马一浮的转变是渐变的,从长期中、西学的浸润中,他慢慢地找到了人生的方向。在这个过程中,有彷徨,也有疑惑。这其中有"量"的积累,当积累到一定"量"的时候,马一浮的思想渐渐坚定下来。1907年,马一浮给舅父何稚逸的两封信中,我们可以看到,这一时期的马一浮渐渐坚定了他的学术与人生目标。

首先,马一浮给舅父的信中提到,自己"夙嗜文史","性慕幽遁"。[③]当时的历史背景,可谓内忧外患不断。对比孔子、司马迁、扬雄、范仲淹等古人,马一浮想通过文化工作

---

① 《马一浮全集》第六册(上)《附录》,第10页。
② 时嘉琪《从"慕西"到"归隐"——论青年马一浮政治姿态的转变及原因》一文[《首都师范大学学报(社会科学版)》2019年第1期]详细讨论了青年马一浮在政治姿态方面的转变,对本文有很大的启发。
③ 《马一浮全集》第二册(上)《文集》,第292页。

实现自己对社会的贡献。这个时期的马一浮，性情比之几年前在美国期间要温和很多，但是他通过学术贡献社会的方法没有发生根本变化。而此时，他的目的已经比较明确。他对舅父说："甥虽不敏，窃有志于二宗。欲为儒宗，著秦汉以来学术之流派；为文宗，纪羲画以降文艺之盛衰。"①马一浮此时有两个目的，一是对秦汉以来的学术史进行总结归纳；二是将从伏羲时代以降的中国文化做一个整理。不仅对中国学术是如此，他还希望系统整理西方的学问，这在前文已有述及。②

马一浮是站在世界文明的视域下来审视中西方学术的。他在给舅父何稚逸的信中进一步指出：

> 若夫文学之运，甥以为《诗》流荡为剧曲，《春秋》穷为章回，中土之文至元而尽矣。元以后文章，其在欧洲乎？希腊古歌诗，洒然有《风》《骚》之遗，英法诸家篇什所祖。德最晚起，制作斐备，尔雅深厚，乃在先唐之上。尝欲纂《欧洲文学小史》《诗人传》，皆未竟。③

从这段文字中可以看出，马一浮不是故步自封式的文化保守主义者。对于传统文化中不好的方面，他敢于诚实面对。对于西方文化中可取之处，毫不吝惜赞美之词。虽然马一浮的具

---

① 《马一浮全集》第二册（上）《文集》，第293页。
② 参见《马一浮全集》第二册（上）《文集》，第294页。
③ 《马一浮全集》第二册（上）《文集》，第295页。

体观点我们可以进一步商榷，但是他对待中西文化的这种态度却非常值得深思。尤为可贵的是，马一浮写这段文字的时候是在1907年，当时清王朝的统治尚未结束，而马一浮也只是个二十多岁的青年学子。马一浮的志向是对中国文明与西方文明的兴衰得失进行系统的梳理。这一时期他的志向很高远，同时也很朴实。要知道，在当时的历史条件下，仅凭一己之力想要对中西方学术都进行一个学术史式的梳理，是一个非常庞大的人类文化工程。虽然这几部书马一浮都没有编成，但是已经埋下了运用世界文明视域来审视不同文明的方法的种子。

2. 马一浮的六艺体系

经过不断探索，马一浮一步步建立起他的六艺体系。六艺虽是先秦儒家的学术体系，但是马一浮在其中找到了他心目中的普世价值。他保留六艺的核心，同时又打破了六艺固有的藩篱，将中西文化都纳入他的六艺体系中。有学者指出，马一浮的治学是"独立而开放"的，"在中西比较的视野中来立足中学本位，引西学辅吾儒宗"。[1] 洵为的评。

他的六艺体系可以说是对他早年学术理想的提升与哲学的提炼。中西方文化学术史的编纂固然具有巨大的意义，但如果能在这么庞大的工程中提炼一个更简洁、更明确的理论体系，无疑具有更大的重要性。理论从实践而来，系统化的理论也能进一步指导实践、反映实践。马一浮的六艺体系即具有这个

---

[1] 何俊：《马一浮论学书信札记》，《杭州师范大学学报（社会科学版）》2019年第6期。

价值。

马一浮的六艺体系包含三个维度：一是六艺统摄于一心；二是六艺统摄一切中国学术；三是六艺统摄一切西方学术。

（1）六艺统摄于一心

马一浮在系统讨论他的六艺体系之前，先讨论了"国学"的定义。马一浮认为，"国学"一词，当时用的人很多，但是知道意思的人却很少。事实上，"国学"一词在古代类似于国立学府的意思，与后来人们所理解的国学意义并不相同。之所以将中国已有的学问称为"国学"，是为了区别于外国的学术。马一浮找了很久，最终找到了"六艺"一词。他认为，"六艺"最能代表中国固有文化的精神。六艺，指的是《诗》《书》《礼》《乐》《易》《春秋》。[1]他认为，如果用一个词语而能该摄其他学术精神的，只有六艺了。他认为六艺"广大精微，无所不备"。[2]从用词中可以看出马一浮对六艺的极度推崇。那么，他对六艺理论的信心源自何处？我们认为，马一浮对六艺的信心源自对人性的信心。[3]

马一浮提出："学者须知六艺本是吾人性分内所具的事，不是圣人旋安排出来。"[4]他认为，六艺是人性中本来就具有的东西，这些内容不是圣人刻意安排创造出来的。人性所包含

---

[1] 《马一浮全集》第一册（上）《语录》，第8页。
[2] 《马一浮全集》第一册（上）《语录》，第9页。
[3] 邓新文《马一浮六艺一心论研究》（上海古籍出版社，2008）一书，对马一浮先生整个六艺体系的建构有独到的、详细的分析，可资参考。
[4] 《马一浮全集》第一册（上）《语录》，第15页。

的内容非常广大，美好的德性都在人的本性中。六艺只不过是人性中本有德性的流露，不是刻意安排的。马一浮的六艺论与西方哲学的先验论与"回忆说"颇有相似之处。"性德本来具足"①是马一浮整个思想理论的哲学源头。马一浮没有去证明为什么人性中本来就含有这些性德。但是在阅读了无数古圣先贤的学问后，他选择了去相信这个命题，选择了去相信人的本性。马一浮的视野是国际的，但他的学术根源是中国的。他的文化自信源于他对六艺之学的自信；他对六艺之学的自信源于对人心的自信。中国文化的宝贵之处在于相信人心。

从德性上来说，马一浮认为一个"仁"字便可以概括这一切。但是展开来说，又可以分成"知""仁""圣""义""中""和"六种德性。这几种德性可以理解为"仁"的一种体现。比如"知"（智慧）就是"仁中之有分别者"（"仁"中具有分别彼此的功能的德性），"义"就是"仁中有断制者"（"仁"中具有裁决功能的德性），"圣则通达之称，中则不偏之体，和则顺应之用"，马一浮认为这些都是"吾人本心本具的"。②而六艺与这些德性是一一对应的。马一浮说："《诗》主仁，《书》主知，《乐》主圣，《礼》主义，《易》明大本是中，《春秋》明达道是和。"③《诗》所体现的特点是"仁"；《书》记载古代的政治智慧，在马一浮看来

---

① 《马一浮全集》第一册（上）《语录》，第15页。
② 《马一浮全集》第一册（上）《语录》，第15页。
③ 《马一浮全集》第一册（上）《语录》，第17页。

属于"知";《乐》因其通达的特点属于"圣";《礼》对人们言行有个节制,属于"义";《易》是一部"哲学"书,阐述形而上的"体",属于"中";《春秋》是对具体历史场景的概括,与"体"相对,是"用",是"达道",属于"和"。通过一系列的阐述,马一浮讲他的六艺体系建立在对人性的相信之上。他认为,世界文明丰富多样,但是多样性背后有个统一性,就是人心。正是人心的流露与开发呈现了世界文明的丰富多样。

(2)六艺统摄一切中国学术

马一浮认为,六艺能够统摄一切中国学术。这包括两个层面,一是六艺统摄诸子百家;二是六艺统摄经史子集。

马一浮指出,先秦的诸子百家都是从六艺中出来的。但是对于六艺的继承并不是全盘的,而是有得有失。[①]马一浮认为,六艺本身是没有流失的。之所以有流失,是因为人的积习。只要人的积习有所偏重,那么就会把中心放在那一侧,不关注的地方就会有所遗失。例如墨家得益于《礼》,但是"墨家兼爱,不识分殊,则倍于礼;简而无节,其道太觳,则乖于乐"。[②]六艺的一个重要特点在于中庸。马一浮批评墨家虽然在礼方面做得很好,但是主张一刀切式的兼爱,不知道相同中蕴含不同。而且在节俭方面也过了一定的度,照顾到"礼"

[①] 洪德取的硕士论文《多样的统一:马一浮礼乐思想研究》(杭州师范大学,2018)以礼乐为判教依据对名家、法家、墨家、道家各有讨论,可资参考。
[②] 《马一浮全集》第一册(上)《语录》,第265页。

的节制的特定,却遗失了"乐"的和乐、融洽的特性。又如道家,马一浮认为道家得益于《易》甚多,但是"道家清虚夷旷,近于乐,其流至任诞废务,是有乐而无礼也"。[①]我们知道,道家文化主张清静无为,常给人一种淡泊平和的感觉。从这一点来讲,道家既有《易》的深刻,又有《乐》的和乐。但是它的流弊在于没有把握一个合适的"度"的平衡,使得乐的精神超过了一定的限度,直接导致了放荡不羁、不受拘束,以至于旷废职务。因此马一浮一方面肯定道家的精神,另一方面又对道家的不圆满提出了批评。此外,诸如法家等,马一浮也一一进行了分析。对于诸子百家,他得出一个结论,即诸子百家的思想都有可取之处。他们或多或少得益于六艺的精髓。但是诸子百家往往厚此薄彼,不能达到中正平和的状态。甚至是儒家的荀子,虽然身通六艺,但是没有从根本上相信人心,主张性恶论,因此也是有很多流弊的。但是总的来说,诸子百家的学术思想没有超出六艺之外,皆能统摄于六艺之中。

其次,六艺统摄四部。所谓四部,是指古代的一种目录学分类方法,指的是经史子集。第一,六艺统摄经部。经部包括十三经、四书等。六艺所体现的六部经典也称六经。此外,马一浮认为六经的宗旨散见于《论语》而集中体现于《孝经》。《孟子》的义理非常纯粹,可以与《论语》并列而不被纳入子部中。因此,六艺统摄经部。第二,六艺统摄史部。司马迁的

[①] 《复性书院讲录》,《马一浮全集》第一册(上)《语录》,第265页。

《史记》自附于六艺的《春秋》，这一点被后来的史学家班固所沿袭。纪传体虽然是司马迁所创，但是其中兼用编年的方法，而且多采用了诏令、奏议等文献。这从原理上与《书》《春秋》是相通的。《地理志》《职官志》等题材的史学作品本源于《礼》。诸如此类，可以证明六艺统摄史部。第三，六艺统摄子部。关于这部分内容，上文已经讨论过。马一浮认为，诸子百家皆源于六艺。只不过这部分特别重要，因此在"六艺统摄四部"之外，又专门阐述了他对"六艺统摄诸子"的理解。第四，六艺统摄集部。所谓"集"，可以理解为文学作品。马一浮认为，文章体制的发展虽然纷繁多样、丰富多彩，但是本其源头，皆可以追溯到《诗》与《书》。《诗》在于感发志向，《书》在于陈述分析事情。后世文学作品虽然多样，但是基本上没有超出这两点的。因此六艺统摄集部。

（3）六艺统摄一切西方学术

马一浮认为，六艺除了能够统摄一切中国学术，还可以统摄一切西方学术。从大体上来讲，自然科学可以统摄于《易》，社会科学可以统摄于《春秋》。马一浮认为，《易》在中国传统学术体系中是研究"天道"的，也就是研究自然界的规律的。虽然中国古代所理解的自然界与西方科学所理解的自然界有所不同，但原理是相通的。因此马一浮认为"凡研究自然界一切现象者皆属之"。[①]《春秋》在于明晰人与事，因

---

① 《马一浮全集》第一册（上）《语录》，第18页。

此马一浮认为"凡研究人类社会一切组织形态者皆属之"。[①] 马一浮认为，数学、物理是基本科学，与《易》的象数观念是相通的。但是这里须要注意的是，相通不是相同。人类社会所经过的由野蛮到文明、兴衰治乱等事，正是《春秋》所关注的焦点，因此社会科学可以统摄于《春秋》。如果将西方学科进一步细分，马一浮认为文学、艺术可以统一于《诗》与《乐》；政治、法律、经济等统摄于《书》《礼》等；宗教也可以统摄于《礼》；哲学的本体论与《易》接近，认识论与《乐》接近，经验论与《礼》接近，唯心论是《乐》偏失的结果，唯物论是《礼》偏失的结果。

总而言之，马一浮认为："学者当知六艺之教，固是中国至高特殊之文化……故今日欲弘六艺之道，并不是狭义的保存国粹，单独的发挥自己民族精神而止，是要使此种文化普遍的及于全人类，革新全人类习气上的流失，而复其本然之善，全其性德之真，方是成己成物，尽己之性，尽人之性，方是圣人之盛德大业。若于此信不及，则于六艺之道尤未能有所入，于此至高、特殊的文化尚未能真正认识也。"[②] 马一浮对于世界文明的认识于此段文字可见一斑。首先，他有十分坚定的文化立场与文化自信。马一浮是怀着全人类的"成己成物"的事业，也可以说是以一种世界文明的视域来审视不同文化的。在大量阅读中西方典籍之后，他发现中国古代的六艺体系是至

[①] 《马一浮全集》第一册（上）《语录》，第18页。
[②] 《马一浮全集》第一册（上）《语录》，第19页。

高无上的、特殊的文化。其次，虽然心怀巨大的文化自信，但是马一浮不是在狭义地保存国粹。发挥中华民族的精神十分重要，但是要更进一步，使得优秀的文化能够惠及全人类。马一浮认为，人心是有巨大潜能的，但是习气的遮蔽，使人丧失了本性中的天真与能量。而六艺之道正好可以帮助人类开发心性，复归本然之善。马一浮的这种精神与当下所倡导的"人类命运共同体"有相契合之处。最后，马一浮提到了一个知识分子应该有的担当。他认为，尽全力成就自己、成就他人，这才是圣人伟大的事业。但是他也隐隐约约感觉到，自己的理论可能得不到一些人的理解。因此最后提醒读者，如果对于他的理论有怀疑，可能是对于六艺的理解还不够。

马一浮的思想体系有着他自身的缺陷，但是这并不妨碍马一浮的贡献与价值。马一浮思想源头的立据值得进一步推敲，他对于六艺能够统摄中国一切学术以及西方一切学术的观点在具体阐述中不免还是存在生硬之处。我们有理由去怀疑马一浮论证的缜密性，同时也要警惕自身是否对于六艺的思想有彻底的了解。本文的重心并非在于阐述马一浮思想内容的科学性，而是更加关注马一浮思想体系所体现的对待不同文明成果的态度以及马一浮在促进人类文明成果交流互鉴上所作的努力。这种努力无疑是有价值的，值得后世学界去思考。随着全球化的发展，人类文明交流互鉴的理论也要与时俱进，跟上时代的步伐。但是我们今天的理论成果是建立在前人的基础上的。依照着肯定-否定-否定之否定的路径，我们的理论工作不断自我更新，适应时代的发展。那么，越是如此，越应该对前人所做的理论成果怀有一种温情与敬意。

第二节　马一浮"六艺论"与《群经统类》

二十世纪寇乱军兴，马一浮流亡蜀中，因政府敦请，感于时难，遂于乐山创设复性书院。创院之初，即于《复性书院简章》中申明要编刻《群经统类》，以收先儒说经主要诸书。① 这一设想不仅贯彻着马一浮对于传统中国学术的根本认识，而且提示了理解宋明儒学的别样路径，以及对中国传统学术思想创新转型的启示。作为现代新儒学的代表人物，马一浮于传统中国学术思想极富学养与识见。他的探求成果无论对于理解现代新儒学接续宋明理学的新创造，还是对于认识宋明理学本身，都具有很重要的启示。而他开列的《群经统类》目录，更是为本书的研究主题提供了重要的路径。在学界关于马一浮的现有研究，几乎没有涉及他的古籍选目，而说明这个问题，又必然涉及马一浮的精神以及"六艺论"。因此，接续前章关于知识观念的分析，此章特述马一浮的精神以及"六艺论"，并聚焦于《群经统类》，从而为后续进入"正篇"讨论作出铺垫。

---

① 《马一浮全集》第四册《杂著》，第44页。

一、马一浮的精神

马一浮的一生经历了大时代的动荡,他的生平可谓丰富而淡泊,跌宕而宁静,如他自己所撰的联对"乘化而游,归全顺正",①既与潮流相呼应,又和而不流,中立而不倚,成为他那个时代特立独行的标杆,"代表着中国传统文化的'活底精神'"。②

光绪二十四年(1898),年仅十六岁的马一浮绍兴县试夺魁,但他对晚清兴起的新知识已充满向往。1901年马一浮游学于上海,学习英文、法文,与谢无量等创设"翻译会社",出版《二十世纪翻译世界》。1903年更是"万里来寻独立碑",③受聘为清政府主办留美学生监督公署中文文牍兼筹办世博会,赴美国圣路易斯工作一年。这一年,马一浮留下了详尽的《一佛之北米居留记》。由此日记,可以看到他的读书范围与数量。马一浮的阅读与记忆能力显然非常强,他县试夺魁的文章便是全用古人文句集成,④丰子恺(1898—1975)也亲

---

① 《散曲·联对》,《马一浮全集》第三册(下)《诗集》,第811页。关于马一浮的生平事迹,详略可参见丁敬涵《马一浮先生年谱简编》《马一浮先生交往录》,吴光《千年国粹 一代儒宗——马一浮先生小传》,《马一浮全集》第六册(上)《附录》,此处不再赘述,而重在述其精神。
② 徐复观:《如何读马浮先生的书》,《马一浮全集》第六册(下)《附录》,第473页。
③ 《一佛之北米居留记》,《马一浮全集》第五册《日记·辑佚》,第28页。
④ 袁卓尔:《一代儒宗高山仰止》,《马一浮全集》第六册(上)《附录》,第387页。

自见证过马一浮读书"一目十行"与"过目成诵"的天资,[①]因此基于此前的积累,加上美国一年的博闻强记,已使得马一浮对西学建立起了他自己的理解。1907年在给舅舅何稚逸的信中,马一浮有一个非常清楚的陈述:

> 甥所收彼土论著百余家,略识其流别。大概推本人生之诣,陈上治之要。玄思幽邈,出入道家。其平实者,亦与儒家为近。文章高者拟于周末诸子,下不失《吕览》《淮南》之列。凡此皆国人所弃不道,甥独好之,以为符于圣人之术。知非当世所亟,未敢辄放论,取不知者疑怪。欲综会诸家国别、代次,导源竟委,为《西方学林》,辅吾儒宗,以竢来者。又欲草《西方艺文志》,著其类略,贫不能多得书,病撑绎未广,汔未可就。[②]

在信中,马一浮还讲到在美国时,曾学过德文,慕其学术,希望日后能游学欧洲。马一浮后来虽然没能实现此一愿望,但他还是变卖家产,去日本住了半年余,与谢无量等学习日文、德文,共同研读西学。不过,在同一封信中,马一浮已坦陈他对晚清社会关于西学认知的彻底不满:

> 见当世为西学者,猎其粗粕,矜尺寸之艺,大抵工师

---

① 丰子恺:《桐庐负暄》,《马一浮全集》第六册(上)《附录》,第342页。
② 《马一浮全集》第二册(上)《文集》,第294页。

之事，商贩所习，而谓之学。稍贤者，记律令数条，遂自拟萧何；诵章句不敌孺子，已抗颜讲道，哆口议时政。心异其矜炫，而盈国方驰骛以干要路、营世利，甥实未知其可，故宁暗然远引，不欲以言自显。

可以说，在晚清西学东渐的大潮中，马一浮一方面是积极顺应时代的潮流，倾心投身于西学的研读，但另一方面他对西学的识见又迥然不同于时流。

甚至在制度层面，马一浮也表现出与时代相呼应，但又绝不盲从的立场。一方面，马一浮"万里来寻独立碑"，他对美国的独立、自由、民主充满了敬意与仰慕，对清政府深恶痛绝，甫至美国，即"截辫改服"，虽遭同伴讪笑而不顾，并且指出：

中国自二千年来无一人知政治之原理、国家之定义。独夫民贼相继，坐此且亡国，犹漠然不知悟，岂不哀哉！夫政府有特权，用以媚外保衣食，不复知有人民土地，人民亦竟任弃之若无事。嗟乎，惨哉！①

另一方面，他又不认同当时人们对西方制度的理解与搬取。在前引书信中，马一浮讲：

---

① 《一佛之北米居留记》，《马一浮全集》第五册《日记·辑佚》，第3、10页。

> 时人盛慕欧制,曾不得其为治之迹,惊走相诧,徒以其器耳。上所以为政,下所以为教,谓能一变至道,甥不敢知也。①

亦因此,马一浮虽对辛亥革命热诚欢迎,但却与民国现实的政教系统都保持了疏离的状态。1912年初,蔡元培出任南京临时政府教育总长。蔡长马一浮十五岁,与马一浮的岳父,民国浙江首任都督汤寿潜是好友,又与马一浮有同乡之谊,对马一浮颇为赏识,邀三十岁的马一浮任教育部秘书长。马一浮欣然赴任,但三个月即辞归;后来蔡元培出任北京大学校长,又请马一浮出任文科学长,马一浮辞谢。其中的根本原因,就在于理念的分歧,马一浮反对废止读经,同时劝设通儒院,培养中西兼通"可与世界相见"的"中土学者",为蔡不取。②后来马一浮受聘于浙江大学,开设国学讲座,实因军兴逃难,无奈而托蔽于机构。即便在乐山接受国民政府支持,创办复性书院,但马一浮的办学前提仍是自外于当时现行的教育体制,坚持独立自主的办学模式。

由于坚持自己的识见与立场,马一浮早年即自甘幽遁,虽有志于学术以及相关事业,如办学与刻书,但都取随遇而安、勉力而为的态度。马一浮曾有几次鹜字,都是出于不得已,在复性书院难以为继而停止办学,专心刻书,资金不足时所为。

----

① 《马一浮全集》第二册(上)《文集》,第294页。
② 《语录类编·师友篇》,《马一浮全集》第一册(下)《语录》,第687页。

后来刻书亦难,他又改书院为图书馆。1953年,在政府同意自由研究,并且不到馆工作的前提下,马一浮才答应出任浙江省文史研究馆首任馆长。①终其一生,马一浮坚守着他的这份开放中的独立、宽容中的自在。

这种坚守,在马一浮的论学中呈现得更加显明。1938年,马一浮为抗战流亡中的浙江大学在泰和开设"国学讲座",需要对国学有一个明确的界定。马一浮以为:

> 于一切事物表里洞然,更无瞹隔,说与他人,亦使各各互相晓了,如是乃可通天下之志,如是方名为学。

据此,凡学应是普遍的,并无所谓的国学。"今人以吾国固有的学术名为国学,意思是别于外国学术之谓。此名为依他起,严格说来,本不可用",只为随顺时语而暂用之。但即便如此,也觉"广泛笼统,使人闻之,不知所指为何种学术"。为了讲学方便,"须楷定国学"。②

"楷定"的表述,既非随意所用,更非故意立异,而是马一浮在概念使用上的严谨,正体现了他在论学上对开放而独立、宽容而自在的坚守。马一浮在随文自注中指出,楷定是借自佛教义学中的术语,"义学家释经用字,每下一义,须有法

---

① 参见丁敬涵《马一浮先生年谱简编》,《马一浮全集》第六册(上)《附录》,第76页。
② 《泰和会语》,《马一浮全集》第一册(上)《语录》,第7—8页。

式，谓之楷定"。马一浮对概念的使用非常注重学术上的渊源，他尝讲：

> 说理须是无一句无来历，作诗须是无一字无来历，学书须是无一笔无来历，方能入雅。①

同时又强调概念的准确。他在自注中专门通过"楷定"与"确定""假定"的比较，以阐明"楷定"之义。他讲：

> 何以不言确定而言楷定？学问，天下之公，言确定则似不可移易，不许他人更立异义，近于自专。今言楷定，则仁智各见，不妨各人自立范围，疑则一任别参，不能强人以必信也。如吾今言国学是六艺之学，可以该摄其余诸学，他人认为未当，不妨各自为说，与吾所楷定者无碍也。又楷定异于假定。假定者，疑而未定之词，自己尚信不及，姑作是见解云尔。楷定则是实见得如此，在自己所立范畴内更无疑于义也。②

马一浮虽然对西学有系统的了解，对民国后的新制度有诚挚的接受，但由于他坚持自外于民国以降的新学术潮流与新学术体制，因此在当时及后世即被人视为迂顽。熊十力自以察识

---

① 《远游写本自跋》，《马一浮全集》第二册（上）《文集》，第106页。
② 《泰和会语》，《马一浮全集》第一册（上）《语录》，第8页。

为胜，并认为独有马一浮"能实指我现在的行位"，但仍以为马一浮"谨守程、朱，颂其精华，亦吸其糟粕"。①一般知识界更不在话下，大致都视马一浮为旧式的学问家，"理学宗师"就是一个显著的标签。其实，由对"楷定"的说明，足见马一浮论学是完全现代的。他弃用"确定"与"假定"，一方面承认学术在整体上的多样性，另一方面强调学术在自家上的自洽性。他明示"楷定"旨义，与现代学术对预设概念的明确是一致的。

在概念的确定上如此，在具体的论述上同样如此。马一浮对《汉书·艺文志》虽有高的肯定，但他论诸子，不取《汉志》的诸子出于王官说，而取《庄子·天下篇》的诸子出于六艺说，以示学术源自学人自由的学与思，独立于官吏。马一浮曾通过批评章学诚，对此作了阐明：

> 吾乡章实斋作《文史通义》，创为"六经皆史"之说，以六经皆先王政典，守在王官，古无私家著述之例，遂以孔子之业并属周公，不知孔子"祖述尧、舜，宪章文、武"，乃以其道言之。……"以吏为师"，秦之弊法，章氏必为回护，以为三代之遗，是诚何心！今人言思想自由，犹为合理。秦法"以古非今者族"，乃是极端遏制自由思想，极为无道，亦是至愚。……惟《庄子·天下

---

① 熊十力：《复马一浮函》《致胡适函》，《马一浮全集》第六册（上）《附录》，第333—334页。

篇》则云:"古之道术有在于是者,(某某)墨翟、禽滑釐闻其风而说之。"乃是思想自由自然之果。所言"道德不一,天下多得一察焉以自好","各为其所欲焉以自为方","道术将为天下裂",乃以"不该不遍"为病,故庄立道术、方术二名。(非如后世言方术当方伎也。)是以道术为该遍之称,而方术则为一家之学。谓方术出于道术,胜于九流出于王官之说多矣。与其信刘歆,不如信庄子。实斋之论甚卑而专固,亦与公羊家孔子改制之说同一谬误。且《汉志》出于王官之说,但指九家,其叙六艺,本无此言,实斋乃以六艺亦为王官所守,并非刘歆之意也。①

这一长段论述充分反映了马一浮的论学性质,他对学术思想的主体性与自主性具有非常清晰而自觉的认定。事实上,从他对"公羊家孔子改制之说"的否定,以及对国学"照一般时贤所讲,或分为小学(文字学)、经学、诸子学、史学等类,大致依四部立名"②不以为然,可以足证,他将国学楷定为六艺之学,并非自呓,而是对晚清以降学术的回应,前者无疑针对康有为,后者大致是针对章太炎及其学派。③至于更新一代

---

① 《泰和会语》,《马一浮全集》第一册(上)《语录》,第11页。
② 《泰和会语》,《马一浮全集》第一册(上)《语录》,第8页。
③ 龚鹏程断言,"这时贤,指的便是章太炎"。关于马一浮与章太炎的比较,参见氏文《章马合论》,《马一浮全集》第六册(下)《附录》,第574—603页。

的胡适等，马一浮以为尚在中国学术的门外，不足以论。①

马一浮十一岁丧母，十九岁失父，二十岁妻子又病故，三位姐姐除了大姐外，二姐三姐都早早逝世，生死之于马一浮实有常人难有的体会。马一浮终其一生未曾再娶，除了抗战时期短暂的讲学，他几乎过着隐居的简素生活，同时又没有专事著述，只是在诸多答问、书信、序跋，尤其在他的诗中表达他的思想，而且自觉地借助佛学阐明儒学，没有在形式上袭用西学，因此使人误以为他保守。其实，马一浮完全是在出入于中西②与佛学的基础上来建构他的思想。马一浮不是旧式的学问家，而是新式的思想家，只是如他自己所讲：

我为学得力处，只是不求人知。③

马一浮对中国文化的前途深怀自信，对于传统中国学术究竟如何面对西学，实现传承创新，有其识见与坚守。1952年马一浮《题严几道先生诫子诗》二首：

一代苍生误富强，时人数典必西方。

---

① 马一浮1938年讲："今则西人欲治中国学术者，文字隔碍，间事移译，纰缪百出，乃至聘林语堂、胡适之往而讲学，岂非千里之缪耶？"《语录类编·师友篇》，《马一浮全集》第一册（下）《语录》，第687页。
② 马一浮大致能使用英、法、德、日，以及拉丁、希腊文来研究问题，并非常注重概念的界定与语义分析。参见《社会主义考》，《马一浮全集》第四册《杂著》，第313—314页。
③ 《语录类编·政事篇》，《马一浮全集》第一册（下）《语录》，第683页。

独标门津①存经训,始信丹山有凤皇。

悬解无闻特操亡,片言犹得起膏肓。
流传谬种滋讹误,可笑蚍蜉不自量。
（先生译《群己权界论》谓:"民必有特操而其群始进,无自繇则无特操。"其言至精。）②

将此晚年二诗与前引1907年给舅舅何稚逸的信前后对比,足以见证马一浮自始至终坚信自己的判识而持守,虽世事不由人,但心未曾动摇。

二、六经该摄一切学术

马一浮对于传统中国学术的定见,就是1938年他在流亡于江西泰和的浙江大学开设"国学讲座"时的著名论断:"六艺该摄一切学术。"这一论断的基本内涵包含着三层旨义:一是就传统中国固有的知识体系而论,六艺统诸子与四部;二是就知识的性质而论,形式上呈以客观外在知识的六经,在本质上统摄于人心;三是就知识的外延而论,六艺足以统摄代表着新的知识系统的西学。三层含义,基础在第一层,把传统中国的知识归藏于六艺;要义在第二层,阐明六艺的性质;气象在第

---

① 《马一浮全集》作"律"字,疑"律"有误,今改。
② 《蠲戏斋诗编年集》,《马一浮全集》第三册（下）《诗集》,第435—436页。

三层，六艺与西学的关系。"六艺该摄一切学术"的提出与论证，表征着马一浮不只是传统的学问家，自限于历史的释证，而完全是现代的思想家，所致力的是继往开来的建构。①

"六艺该摄一切学术"的提出，当时就引发许多争议，马一浮亦自知，他讲："今言六艺统摄一切学术，言语说得太广，不是径省之道。颇有朋友来相规诫，谓先儒不曾如此，今若依此说法，殊欠谨严，将有流失，亟须自己检点。"②甚至"或诮其空疏，或斥以诞妄"，但马一浮表示"吾皆不辞"，③他强调：

> 义理无穷，先儒所说虽然已详，往往引而不发，要使学者优柔自得。学者寻绎其义，容易将其主要处忽略了，不是用力之久，自己实在下一番体验工夫，不能得其条贯。若只据先儒旧说搬出来诠释一回，恐学者领解力不能集中，意识散漫，无所抉择，难得有个入处。所以要提出

---

① 汤一介认为："马一浮先生可以说是经学家。'经学家'与'经学史家'不同，'经学史家'可以是学术大师，而'经学家'不仅是'学术大师'，而且是'思想理论大师'。"（《马一浮全集》序）马一浮的思想固然是基于六经建构理论，但不必限为"经学家"，犹如宋儒基于《周易》建构理论不必称为"易学家"一样。六经固然被马一浮确认为圆满的系统，但正如马一浮在《泰和宜山会语·卷端题识》开篇就阐明的言与理的关系，一切言语都只是明理的工具，"徒取言而不会理，是执指为月，不唯失月，抑且失指"。将马一浮界定为"经学家"，固然肯定了其中的思想理论性质，但终不免"执指为月"。
② 《泰和宜山会语》，《马一浮全集》第一册（上）《语录》，第20页。
③ 《泰和宜山会语》，《马一浮全集》第一册（上）《语录》，第2页。

一个统类来。……今举六艺之道,即是拈出这个统类来。统是指一理之所该摄而言,类是就事物之种类而言。①

很显然,马一浮对传统中国学术的阐发,决不是"据先儒旧说搬出来诠释一回",他是要将自己"用力""体验"得来的"义理""条贯"性地阐明,是完全消化后的建构。

由此,亦足以理解马一浮对"大致依四部立名",将"国学""分为小学、经学、诸子学、史学等类"的"一般时贤"不以为然。马一浮非常清楚,"四部之名本是一种目录,犹今图书馆之图书分类法耳";②他也研究过目录学,对《汉志》与《隋志》进行过比较,尤其是充分运用目录学进行传统中国学术的研究,他从美国与日本回来后不久,就隐居于杭州外西湖的广化寺研阅《四库全书》,目录学是他最重要的方法,甚至于他想编《西方学林》《西方艺文志》,以及指导贺昌群研究玄学、佛学,都以目录学为门径,③但是,这是学问家的路径,并非思想家的建构。马一浮视四部分类为一种图书分类,同时也意识到是一种知识的分类以及知识构成,他提出"一切学术该摄于六艺",凡诸子、史部、文学之研究皆以诸经统之的思想,以及《群经统类》的编目设定,正是知识分类的一种

---

① 《泰和宜山会语》,《马一浮全集》第一册(上)《语录》,第20—21页。
② 《泰和宜山会语》,《马一浮全集》第一册(上)《语录》,第8页。
③ 见《书札·何稚逸二》《书札·贺昌群》,《马一浮全集》第二册(上)《文集》,第294—295页、第二册(下)《文集》第553—556页。

运用,他的"六经该摄一切学术"其实可以说是从传统经学路径中转出的创新。换言之,马一浮是由传统目录学进入,复又转出,从而提出他对传统中国学术的"楷定"。这是马一浮的思想创新,是他作为现代意义的思想家的表征。

那么,马一浮的"用力""体验",在方法上是否有所呈现呢?马一浮明确指出,如果依四部目录所示,"各有专门,真是皓首不能究其义","一部十七史从何处说起"?①马一浮正面阐释了六经统诸子与四部,六艺统摄于一心,以及六艺可以统摄西学,但没有具体说明如何由传统目录学所引导的繁杂的知识世界建立起"一个统类来",也就是如何转到新思想的建构。不过,丰子恺抄录的一段马一浮有关艺术的谈话,似乎可以体会到马一浮的思想方法。这是抗战时丰子恺与马一浮避难桐庐时的谈话,由马一浮的学生王星贤记录:

> 十二月七日丰君子恺来谒,先生语之曰:辜鸿铭译礼为arts,用字颇好。Arts所包者广。忆足下论艺术之文,有所谓多样的统一者。善会此义,可以悟得礼乐。譬如吾人此时坐对山色,观其层峦叠嶂,宜若紊乱,而相看不厌者,以其自然有序,自然调和,即所谓多样的统一是也。②

---

① 《泰和宜山会语》,《马一浮全集》第一册(上)《语录》,第8页。
② 丰子恺:《桐庐负暄》,《马一浮全集》第六册(上)《附录》,第343页。

四部所示的传统知识世界，便似"层峦叠嶂，宜若紊乱"的多样山色，观者如迷于此现象，即便是看得再仔细，知晓得再多，也谈不上是见得了真理。只有把握到了这乱山的"自然有序，自然调和"，才谈得上是真正的见道。"多样的统一"，这是马一浮思想建构的关键。他在泰和开讲国学中，于"六艺统摄一切学术"的论述后，专辟一节阐明"举六艺明统类是始条理之事"，正是这个"多样的统一"的具体展开。马一浮取荀子的"统类"概念来表达"多样的统一"，指出"统是指一理之所该摄而言，类是就事物之种类而言"，思想的建构不是"只据先儒旧说搬出来诠释一回"，[①]而是要运用"思"。他强调："大凡一切学术，皆由思考而起，故曰学原于思。"[②]因此，思想的建构是在观察的基础上，经过自己的思考，从而揭示出存在于事物中的条理，并最终通过名相表达出来。这也正是马一浮在后续的国学讲座中，全部集中在他认为足以表征传统中国学术的若干义理名相的阐发，从理气、知能，到视听言动、居敬与知言、涵养致知与止观、止、矜，[③]这实际上是建构起了他的思想。

　　顺着马一浮的思想方法，自不难理解他关于六艺统摄诸子与四部，进而统摄西学，以及六艺统摄于人心的论述。六艺统

[①]《泰和宜山会语》，《马一浮全集》第一册（上）《语录》，第20—21页。
[②]《泰和宜山会语》，《马一浮全集》第一册（上）《语录》，第7页。
[③] 在《宜山会语》中，马一浮讲解了《涵养致知与止观》《说止》《去矜上》几个专题，参见《宜山会语》。

摄中学与西学，相当于是对"多样山色的统一"，即统类；而六艺统摄于人心，则表征这个统类的过程是合乎人的目的的结果。

前已述及，马一浮"楷定""国学"，"唯六艺足以当之"。他强调，此六艺是《诗》《书》《礼》《乐》《易》《春秋》六经，不是礼、乐、射、御、书、数六艺能。六经为什么能够统摄一切学术？马一浮以为基于两点。一是作为知识而言，六经构成了圆满的系统。①马一浮引《庄子·天下篇》讲的"《诗》以道志，《书》以道事，《礼》以道行，《乐》以道和，《易》以道阴阳，《春秋》以道名分"，以为佐证。整个知识系统，传统中国以"道"概之，故马一浮称"庄子之言是以道说"。标示了六经的道的完整性以后，马一浮便循传统目录，以六经统诸子与四部。

在六艺与诸子之间，马一浮强调六艺本身圆融一体，没有偏失，但学者由于心习所累，有所偏重，遂成流失，这就延异出诸子。马一浮进一步分析，《汉志》讲"诸子十家，其可观者九家"，但他认为"其实九家之中，举其要者，不过五家，儒、墨、名、法、道是已"。其中，儒家自应通六艺，"墨家统于《礼》，名、法亦统于《礼》，道家统于《易》……观于五家之得失，可知其学皆统于六艺，而诸子学之名可不

---

① 关于传统中国的知识观念以及知识系统演化，参见何俊《中国传统知识谱系中的知识观念》，《中国社会科学》2016年第9期。

立也"。① 马一浮的六艺统诸子，既非六艺取代诸子，也非诸子没有价值，而是从"学"的类别上讲，诸子所论无出于六艺的整体范围。马一浮完全是在知识的分类意义上强调"知类通达"，指出诸子是对六艺的延异。

四部也是如此。依六艺与诸子的关系，子部之名可以不立。至于经部，马一浮以为可以借用佛教义学判教的方法，"定经部之书为宗经论、释经论二部，皆统于经，则秩然矣。……如是则经学、小学之名可不立也"。关于史部，马一浮以为：

> 司马迁作《史记》，自附于《春秋》，班《志》因之。纪传虽由史公所创，实兼用编年之法；多录诏令奏议，则亦《尚书》之遗意。诸志特详典制，则出于《礼》……。纪事本末则左氏之遗则也。

换言之，史部的全部著述就其知识形态而论，完全没有溢出《书》《礼》《春秋》，故"史学之名可不立也"。而集部，"文集体制流别虽繁，皆统于《诗》《书》。……'《诗》以道志，《书》以道事'，文章虽极其变，不出此二门。……知一切文学皆《诗》教、《书》教之遗，而集部之名可不立也"。②

---

① 《泰和宜山会语》，《马一浮全集》第一册（上）《语录》，第10—12页。
② 《泰和宜山会语》，《马一浮全集》第一册（上）《语录》，第10—14页。

依据同样的知识观念，西学虽完全自成系统，但其作为"学"，具有同样的性质。马一浮讲：

（西学）举其大概言之，如自然科学可统于《易》，社会科学（或人文科学）可统于《春秋》。

从马一浮的知识"统类"出发，自然科学如数学、物理学，在方法与目的上就是由象数推导出制器，这与《易》的性质没有本质区别。社会科学处理的是人类社会的问题，其研究无外于分类认知与原因分析，从性质上讲，与《春秋》的比事与属辞是同样的知识活动。如此进而考量具体的类别，"文学、艺术统于《诗》《乐》，政治、法律、经济统于《书》《礼》……克实言之，全部人类之心灵，其所表现者不能离乎六艺也；全部人类之生活，其所演变者不能外乎六艺也"。①

马一浮"六艺该摄一切学术"的观点，乍看不免以为疏阔，但马一浮强调面对多样的知识，"不可不先识得个大体，方不是舍本而求末，亦不是遗末而言本"。从他的知识观念，"六艺该摄一切学术"，不仅无可厚非，而且具有合理性，故完全接受西方科学训练的浙江大学校长竺可桢在听了马一浮的论西学统于六艺的那一讲后，在日记中讲：

---

① 《泰和宜山会语》，《马一浮全集》第一册（上）《语录》，第17—18页。

听马一浮讲"西方近代科学出于六艺"之说,谓《诗》《书》为至善,《礼》《乐》为至美,《易》《春秋》为至真。以《易》为自然科学之源,而《春秋》为社会科学之源。盖《春秋》讲名分,而《易》讲象数。自然科学均以数学为依归,其所量者不外乎数目Number、数量Quantity、时间与空间,故自然科学之不能逃于象数之外,其理亦甚明显。惜马君所言过于简单,未足尽其底蕴。①

所言简单,是因为这不是马一浮要深入的问题。马一浮关心的,要阐明的,只是六艺之学的整体性与一贯性。

二是基于人而言,六经完整地对应了人的需要。马一浮引以佐证的是《礼记·经解》所引的孔子的话:

> 入其国,其教可知也。其为人也,温柔敦厚,《诗》教也;疏通知远,《书》教也;广博易良,《乐》教也;洁静精微,《易》教也;恭俭庄敬,《礼》教也;属辞比事,《春秋》教也。

一切知识因人而起,亦为人所用,人是知识的中心。知识之于人,呈现人类文明的教化,这是知识的功能,而六经是完整的、系统的。马一浮引孔子语,便是从功能说明知识以人为

---

① 1938年5月14日,《竺可桢日记》第六卷,第519页。

归，"故孔子之言是以人说"。① 由此而可推知，马一浮楷定的国学，既非纯粹客观的知识，又非纯粹主观的见识，而须是呈现于对象世界而又印证于人的精神的"义理"，是经过人对客观世界的多样性作出统一安顿后的结果。

人之于知识的重要性，马一浮显然给予了极其重要的地位，因此才会专辟"论六艺统摄于一心"的讲题。马一浮一方面强调六艺之学"不是勉强安排出来的道理，是自然流出的"，是"法象本然"，"不可私意造作，穿凿附会"，但另一方面坚持六艺之学"不是凭藉外缘的产物，是自心本具的"，应"向内体究，不可徇物忘己，向外驰求"。② 这表明，在马一浮看来，人在世界万物中所见到的真理，其实只是人心在对象世界中的呈现，"故一切道术皆统摄于六艺，而六艺实统摄于一心，即是一心之全体大用也"。③ 显然，马一浮并没有抹去知识客观性的意图，他在坚持"法象本然"的同时，点出"自心本具"，旨在彰显"学"是人心的产物，一切知识与思想都基于人的主体性。这与前述他否定《汉志》的诸子王官说和章学诚的六经皆史说，在根本上是一贯的，目的就在于凸显人的地位。马一浮在泰和开讲时，首先特将张载"为天地立心，为生民立命，为往圣继绝学，为万世开太平"四句教拈出，以为学生立志，并且专门说明，"须信实有是理，非

---

① 《泰和宜山会语》，《马一浮全集》第一册（上）《语录》，第9页。
② 《泰和宜山会语》，《马一浮全集》第一册（上）《语录》，第3—4页。
③ 《泰和宜山会语》，《马一浮全集》第一册（上）《语录》，第16页。

是姑为鼓舞之言也",①诚有他思想上"六艺统摄于一心"的确信。

正是基于六艺统摄于一心,学术具有主体性这样的观念与逻辑,故马一浮强调:

> 六艺之道是前进的,决不是倒退的,切勿误为开倒车;是日新的,决不是腐旧的,切勿误为重保守;是普遍的,是平民的,决不是独裁的,不是贵族的,切勿误为封建思想。②

因为人心永远是活泼泼的,与时偕行的。不仅于此,而且由于六艺之教涵摄人类的全部生活,所以具有"至高"的属性,可以推行于全人类。只是因为六艺之教存于人类的全部生活之中,日用而不知,故未能被世人所了解,遂又有一种"特殊"的属性。阐明六艺之道,"是要使此种文化普遍的及于全人类,革新全人类习气上之流失",这是中国文化与思想的使命。人们因为眼前的困顿而自舍家珍,拾人土苴,实是"至愚而可哀"的事情。马一浮确信,在根本的意义上,"世界人类一切文化最后之归宿必归于六艺,而有资格为此文化之领导者,则中国也","若使西方有圣人出,行出来的也是这个六

---

① 《泰和宜山会语》,《马一浮全集》第一册(上)《语录》,第7页。
② 《泰和宜山会语》,《马一浮全集》第一册(上)《语录》,第19页。

艺之道，但是名言不同而已"。①

三、《群经统类》及其意义

基于"六艺统摄一切学术"的"国学""楷定"，马一浮沿着两个维度展开他的学术工作。一是以六艺的框架，建构他的思想体系。此项工作除了《泰和宜山会语》外，集中在《复性书院讲录》，分散在马一浮的众多答问、书信、序跋以及诗等文字中。由于马一浮的思想建构在形式上取经说形式，论述上借佛学概念，方法上融西学思维，整个论说虽然创发良多，堪称现代儒学的重要代表之一，但理解与诠释仍是颇为困难的，误解更是难免。马一浮在刊刻《复性书院讲录》的《题识》里，曾针对已有和将有的批评，"自简其过"。这虽然是马一浮的自评，兼有自谦与自讽、反驳与不屑诸义，但会心者实可引为路径，以窥马一浮的思想。本文宗旨不在马一浮思想的完整研究，故照引于此，以为示要。马一浮讲：

> 判教之言，实同义学，不明统类，则疑于专己，一也。摄事归心，务存要约，无取依文，迥殊前轨，二也。玄义流失，直指斯兴，禅病既除，儒宗乃显，原流未晰，将以杂糅见诃，三也。世方盛谈哲学，务求创造，先儒雅

---

① 《泰和宜山会语》，《马一浮全集》第一册（上）《语录》，第19—20页。

言,弃同土梗,食芹虽美,按剑方瞋,四也。胸襟流出,不资獭祭,针石直下,不避瞑眩,旧师恶其家法荡然,异论诋为闭门自大,五也。①

二是以六艺的分类,梳理传统的学术。马一浮在《复性书院简章》中明示:

> 书院以综贯经术、讲明义理为教,一切学术该摄于六艺,凡诸子、史部、文学之研究皆以诸经统之。②

因此,他在《复性书院讲录》中专辟"通治群经必读诸书举要",首列《四书》《孝经》类著作,以为入门,然后开列六经类著作,续以诸子、史部、文学类著作。

对于整个儒学的源流,如果取人物,马一浮以"孟、荀、董、郑、周、二程、张、朱、陆、王"为主线,以为"不读十一子之书,亦不能通群经大义也";③但如以六经为本,则视野自应更开阔。因此马一浮在复性书院创办之初,在《复性书院简章》中就拟定:

> 书院宜附设编纂馆及印书部。编定《群经统类》(先

---

① 《马一浮全集》第一册(上)《语录》,第126页。
② 《马一浮全集》第四册《杂著》,第41页。
③ 《复性书院讲录》,《马一浮全集》第一册(上)《语录》,第121页。

儒说经主要诸书）、《儒林典要》（汉、宋以来诸儒著述之精粹者）、《诸子会归》（先秦、两汉、六朝、唐、宋著述在子部者），并得修订通史，渐次印行，以明文化渊源、学术流别，使学者知要能择。①

其中，先儒说经主要诸书无疑是核心，《群经统类》的设定、编目与刊刻，即是具体的落实。由于《群经统类》的设定突破了人物的限制，而又以宋明时期的著述为主，因此对于理解宋明儒学，提供了六经维度下的别样视角。

《群经统类》的名目虽然在筹办复性书院之初就已拟定，但具体的著作并没有明确。1945年底马一浮写了《复性书院拟先刻诸书简目》，首列《〈群经统类〉拟先刻诸书简目》算是最明确的目录，但由标题中"拟先刻"便知并非全部。后来复性书院停办，马一浮虽曾鬻字坚持刻书，但最终力不能支而结束，仅此"拟先刻简目"所列著作也未全部刊刻。这里且以《复性书院拟先刻诸书简目·〈群经统类〉拟先刻诸书简目》为本，辅以马一浮别处提及的说经著作，略作说明。

马一浮在《〈群经统类〉拟先刻诸书简目》中列目凡八类共四十四种，②具体如下：

---

① 《马一浮全集》第四册《杂著》，第41页。
② 《复性书院拟先刻诸书简目》，《马一浮全集》第四册《杂著》，第356—358页，书中误合计为四十二种，不知印刷错误，还是底本原误。

第一，《易》类五种：

（宋）程　颐《伊川易传》四卷

　　　朱　震《汉上易传》十一卷、《附录》四卷

　　　杨　简《慈湖易传》二十卷

　　　王宗传《童溪易传》三十卷

　　　胡方平《易学启蒙通释》

第二，《书》类五种：

（宋）苏　轼《东坡书传》十三卷

　　　吕祖谦《东莱书说》三十五卷

　　　胡　瑗《洪范口义》一卷

　　　杨　简《五诰解》四卷

（明）黄道周《洪范明义》四卷

第三，《诗》类八种：

（宋）欧阳修《诗本义》十六卷

　　　苏　辙《苏氏诗集传》十九卷

　　　王　质《诗总闻》二十卷

　　　辅　广《诗童子问》十卷

　　　严　粲《诗辑》三十六卷

　　　袁　燮《毛诗经筵讲义》四卷

（明）季　本《诗说解颐》四十卷

（清）李光地《诗所》八卷

第四，三《礼》类八种：

（宋）王安石《周礼新义》十六卷、《附考工记解》二卷

叶　时《礼经会元》四卷

　　李如圭《仪礼集释》三十卷

（元）敖继公《仪礼集说》十七卷

　　吴　澄《仪礼逸经传》二卷

（宋）卫　湜《礼记集说》一百六十卷

（明）黄道周《儒行集传》二卷

（清）江　永《礼书纲目》八十五卷

第五，《春秋》类十种：

（唐）陆　淳《春秋微旨》三卷

（宋）孙　复《春秋尊王发微》十二卷

　　刘　敞《春秋权衡》十七卷

　　孙　觉《春秋经解》十五卷

　　张大亨《春秋五礼例宗》七卷

　　吕大圭《春秋或问》二十卷、《附春秋五论》一卷

（元）吴　澄《春秋纂言》十二卷、《总例》二卷

　　赵　汸《春秋集传》十五卷

　　赵　汸《春秋属词》十五卷

　　赵　汸《春秋金锁匙》一卷

第六，《孝经》类一种：

（明）黄道周《孝经集传》四卷

第七，《四书》类五种：

（梁）皇　侃《论语义疏》十卷

（宋）张九成《孟子传》二十卷

朱　熹《论孟精义》三十四卷

戴　溪《石鼓论语答问》三卷

袁　甫《蒙斋中庸讲义》四卷

第八，《乐》类二种：

（宋）陈　旸《乐书》二百卷

（明）朱载堉《乐律全书》四十二卷

上述经说著作，有些卷数与通行本或有出入，比如胡瑗的《洪范口义》通行本为二卷，马一浮所列是一卷，可能是版本问题，也可能是笔误。另外，马一浮所列书目基本上依朝代先后，但偶有例外，比如《礼》类中的宋儒卫湜的《礼记集说》列在元儒著述后，这也许有马一浮的判识在其中。这份简目虽然专为复性书院开列，但据马一浮1945年12月写在《复性书院拟先刻诸书简目·〈诸子会归〉总目并序例》的跋语，知后者最初草于清宣统二年（1910），虽然不能由此断定《群经统类》也草于同时，但考虑到前此马一浮正是潜心阅读四库，并有心阐明秦汉以降的学术与文学流变，因此可以断定这份简目不是一时编定，而是基于他的多年研究与体会。

除了这份简目外，在1939年12月的《提议从速成立董事会增广师生及刻书与讲学并重两种办法》中，马一浮曾开列了"第一次择要刊刻书目"共十五种，其中涉及经说类著作是《四书纂疏》《孝经集传》《诗缉》《东莱书说》《易学启蒙通释》《礼记集说》《春秋胡氏传》七种，比对前引简目，可知《四书纂疏》《春秋胡氏传》二种在简目之外。但《春秋胡氏传》1943年4月已刊刻,①说明最后开列简目时已完成。赵顺孙的《四书纂疏》,马一浮一直予以高度重视,早在1925年的《四书纂疏札记跋》中就指出:

> 经义如日月,朱注如江河,无俟于赘言,独赵氏之书,其有功于朱子,譬犹行远之赖车航,入室之由门户。②

故此书应当列入,不必置疑。

真正比《群经统类》更大的一份目录,是马一浮在《复性书院讲录》"通治群经必读诸书举要"中所列举的说经著作。虽然他强调"所举,约之又约,此在通方之士,或将病其陋略",但就其所列,不仅增设了"小学类"与"群经总义类",仅比较前引简目八类,也增了一倍强,总数达九十六种。这说明,《群经统类》是更精细的一个选择,这可以从马一浮的相关说明中得到佐证。以选书最少的《孝经》类为例。在"通治群经必读诸书举要"中,马一浮列举了三种:唐玄宗的《孝经注疏》、吴澄的《孝经章句》、黄道周的《孝经集解》。在跋语中马一浮讲:

---

① 《重印宋本春秋胡氏传序》,《马一浮全集》第二册(上)《文集》,第32—35页。
② 《马一浮全集》第二册(上)《文集》,第74页。

> 玄宗注依文解义而已。吴草庐合今古文刊定，为之《章句》，义较长，然合二本为一，非古也。唯黄石斋作《集解》，取二《戴记》以发挥义趣，立五微义、十二显义之说，为能得其旨。今独取三家，以黄氏为主。①

故在《群经统类》中，只选了黄道周的《孝经集传》四卷。

总的来讲，《群经统类》反映了马一浮对于宋明儒学在经学的维度上对儒学作出发展的认识，这份目录是经过深思熟虑的，但又不是全部。在根据马一浮的《群经统类》来进行宋明儒学的阐发时，还应该综合考虑马一浮提及的其他著作，比如前已述及的《春秋胡氏传》《四书纂疏》，以及《群经统类》没有列入而实际于1944年已刊刻的《周易系辞精义》。此书旧题吕祖谦编，但向有怀疑，四库馆臣更据陈振孙《书录解题》的托名之说而断"殆必有据"，将之划入"存目"。②但马一浮颇不以为然，他在《重刊周易系辞精义序》中运用材料辨正，通过逻辑分析，进行了很有力的考证。尤其值得重视的，是他在这篇序文中明晰地指出了说经的体例，并通过比较，阐明朱子宋学的高明，而贬斥清儒治学的偏狭。他讲：

> 从来说经不出两例。自为一家之学，无取参会异说，

---

① 《马一浮全集》第一册（上）《语录》，第112—113页。
② 《四库全书总目上》壹，河北人民出版社，2000，第187页。

一例也。兼采众说，而不专主一家，又一例也。……朱子于《诗集传》取后例，于《易本义》取前例，若其注四书，则兼用之。其于前人之说义苟有当，无敢或遗，若在所疑，必加料简。故于《精义》之外，又草《或问》，以明其去取之所由。说经至此，用无遗憾。清儒犹以义理为空疏，好以汉学标榜。或张皇家法，轻诋异义，或惟务该洽而迷其指归，是由先有成见，遂阙精思。故矜创获者其失则固，贵折中者其失则肤，后之治经者必改是。因刻《系辞精义》，明旧说之不可轻弃，泛论及此，庶学者知切己体会而慎所择焉，毋徒以龂龂考辨为能事也。①

结合前引《孝经》类的跋语，以及《重印宋本春秋胡氏传序》《四书纂疏札记跋》，足以看到，马一浮选择先儒说经著作的一个重要标准，重在"义趣"，重在思想理论上对于儒学的阐发，虽然版本考据等技术性前提同样重视。在学术取径上，马一浮继承的主要是朱子为代表的宋学，但他并不偏狭，不仅对陆、王心学非常重视，注意理学与心学的圆融，而且对朱子直接批评的学者，如张九成，甚至对向被排斥于理学之外的王安石也同样重视。《群经统类》收录了张九成的《孟子传》，还收录了王安石的《周礼新义》，并特别注明：

---

① 《马一浮全集》第二册（上），第42页。

> 王氏新经义，向为洛闽诸儒所诟病。今特存之，以广异义，示不以一废百。①

具体的说经著作，此处不作一一说明。这里专就《群经统类》对于宋明儒学研究以及儒学现代创新的意义略作阐明，以为本章结尾。

首先，《群经统类》能使宋明儒学的研究范式获得探索性突破。宋明儒学的全部实际展开都是基于传统经典与新经典的诠释与阐明来实现的，但是受禅宗灯录体及其谱系思想的影响，宋儒也开始出现了朱子的《伊洛渊源录》。此后，从元代《宋史·道学传》到明末清初《明儒学案》和《宋元学案》，直至当下，以人物为对象、以学派为归趣，构成了宋明儒学最基本的研究范式。这一研究范式，当然有它重要的价值，即旨在借助学派的建构以判明思想的异同，但缺陷也是明显的，即淡化或消解了儒家思想的整体性，而这正是马一浮"六艺论"的精神所在。反观宋明儒学，事实上无论是大量说经著作的存在，还是语录体的呈现，历史中的宋明儒学始终没有溢出六经的整体性来思考，这种整体性对于历史中的儒者而言，几乎是共同的不言而喻的知识与精神背景。因此，当他们引入谱系学的观念时，这种背景依然强烈地映衬着他们的思考。现代人已完全失去了这样的精神背景，因此在某些分析上虽然显得很有

---

① 《马一浮全集》第四册《杂著》，第357页。

合理性，殊不知已可能完全误读了宋明儒者的思想，二十世纪以来映照在西学之下的宋明儒学研究完全彰显了这一特性。[①]马一浮从根本上否定这种瓜裂儒学的研究方法。马一浮并不是对各家各派没有深刻的了解，相反，他是在深入其中之后，始终以六艺整体的儒家观念来透视各家各派，从而断其流弊，正如他讲先秦诸子对六艺的延异一样。因此，《群经统类》足以让研究者跳出既有窠臼，跳出现有的以人物为对象、以学派为归趣的范式，可以在相当程度上回归到宋明儒学历史展开的原生形态中去重新认识。这样的范式改变，不仅将使具体的研究方法根据宋明儒学的实际展开而产生许多大的改变，导致出现在这一领域研究方法上的新探索，而且将会更真切地呈现中国学术传统探求与表达真理的方法，重新建立起中国学术的新自觉与新自信。

其次，能使研究对象与研究文献获得基本性拓展与基础性夯实。以人物为对象的研究范式，使得宋明儒学的研究长期聚焦于代表性人物，顺及其传人。这当然是非常重要的，但同时也带来了负面性，即不仅忽视了作为思想文化复兴运动的宋明儒学参与者的广泛性，更主要的是碎化了宋明儒学的整体系统性，淡化了宋明儒学的系统结构、内在关系及其思想展开。返归以经典系统为核心对象，就在于力图通过经典而聚焦对宋明儒学的整体性认识，同时也以经典来涵盖更多的参与者。事实

[①] 参见何俊《西学映照下的宋明哲学与思想史研究——20世纪中国学术史的几帧剪影》，《杭州师范大学学报》2012年第5期。

上,从《群经统类》的目录可知,相当多的学者没有进入现代研究的视野。由此,研究文献也获得基础性夯实。当然,当研究对象由人物转向经典,最直接面临的挑战是如何在浩繁的经部著述中确定有代表性的文献。《群经统类》应该说是提供了一个很好的依据。这一选目,一方面反映了马一浮的学养与卓识,代表了二十世纪对于宋明儒学的独特认识,另一方面本身内容系统完整,既包含了从宋至明,尤其是学界较为忽视的元代学者,兼及若干种与宋明儒学高度相关的宋以前与清代文献,又涵盖了六经与四书,兼及《孝经》,为宋明儒学研究夯实了新的文献基础。关于四书与《孝经》,这里尚需略作说明。按照马一浮的六艺论,此二类不在其中,但在《复性书院讲录》"通治群经必读诸书举要"中,马一浮作有说明,即汉儒确立的传统,"《论语》《孝经》,圣人言行之要,宜究其意",以此二书为进入六经的门径,四书则是由《论语》延展而成,此又是继承了宋儒的新传统。[①]

最后,能使研究目标获得创新性诉求。宋明儒学是中华优秀思想与文化传统在直面外来佛教与本土道教的巨大冲击下,充分吸收精华而实现的有效创造。当研究超越具体的人物,而从整体系统来分析儒学的演化,力求探明作为有机整体的宋明儒学,其实现传统儒学传承与创新的内在机理和实现路径,不仅在于对历史中的宋明儒学获得深刻的认识,而且在于期望由

---

① 《马一浮全集》第一册(上)《语录》,第112—113页。

此彰显中华优秀传统文化亘古弥新的内在动因，直接启发当下中国民族精神的弘扬和中华优秀传统文化的传承与创新。马一浮不认同对儒学整体性的淡化或消解，这也正是他的"六艺论"的精神所在。马一浮非常清楚，儒学在现代的转型创新，必有待于思想者的开辟，但是儒学如果失其精神的圆融，不仅乖张四起，而且失其根本。"道术为天下裂"也许是思想兴起的显象，但并不足以否定马一浮在整体继承儒学圆融性基础上的创新追求。相反，在二十世纪整个传统中国学术完全西学化的潮流中，知识已完全专门化，如何真正体会传统学术以人为目的的圆融整合，从而在自己的传统上开放性地重建新的学术话语与思想，这是越来越显得重要的诉求。从"六艺论"到《群经统类》正是马一浮此一毕生努力的见证，折射出弥久愈新的思想与学术光芒，充满了对当下的启示。

第三节　马一浮心学思想的来源

一、陆象山、王阳明与佛教

六艺论是马一浮思想的核心体系，他认为六艺的核心在于"心"。可以说，马一浮的思想极具心学的特色。"心"的概念在马一浮思想体系中处于核心的地位。邓新文先生指出："从圣人施教一方面而言，'六艺'皆由'一心'所显；从学者从学一方面而言，修习'六艺'要在指归'一心'。心为六艺之源，亦为六艺之归。"①马一浮对于"心"的地位与功能十分赞叹：

> 更无心外法能与心为缘，是故一切法皆心也。是心能出一切法，是心遍摄一切法，是心即是一切法。圣贤千言万语只明此义，说性命之理乃是显此心之本体，说三才之道乃是显此心之大用，所以作《易》垂教，只是要人识得此心耳。若不知性命之理，则此心之体不显，寻常日用只是随顺习气，全无自由分，是谓失其本心。……此之谓心要，此之谓六艺之原。②

马一浮认为世间万法皆是心，从心中可以生出一切法，心可以统摄一切法，同时他认为从本体论意义上讲，心就是一切法。圣贤的学问千言万语，说的都是心。马一浮还区分了心与习气的关系。在他看来，人的本心具有各种潜能，但是随顺习气的话会失去本心。六艺的源头就是心。这是马一浮心学思想的核心。

马一浮的心学有着深厚的传统文化根源。陈来先生指出："在心物论上，马一浮则继承了陆象山、王阳明唯心论和包括

---

① 邓新文：《马一浮六艺一心论研究》，上海古籍出版社，2009，第165—166页。
② 《马一浮全集》第一册（上）《语录》，第392页。

禅宗在内的整个佛教的'唯心'传统。"①在陈来先生看来，马一浮的心学有三个渊源：一是陆象山，二是王阳明，三是佛教。可以看到，马一浮的心学自具特色，宋明儒家大多排佛，而马一浮的思想同时兼收陆王心学与佛教。下文分三个部分对马一浮心学的三大渊源作一梳理与讨论。

陆九渊（1139—1193），字子静，江西抚州人，南宋哲学家，因讲学于江西贵溪象山书院，学者常称其为"陆象山"或"象山先生"。陆象山是陆王心学的重要代表，马一浮十分推崇他"宇宙内事即吾性分内事"的观点，他说：

> 故象山曰："宇宙内事，即吾性分内事；吾性分内事，即宇宙内事。"此亦知至之言。今时学者每以某种事物为研究之对象，好言"解决问题""探求真理"，未尝不用思力，然不知为性分内事，是以宇宙人生为外也。自其研究之对象言之，则己亦外也。彼此相消，无主可得，而每矜为创获，岂非虚妄之中更增虚妄？以是为穷理，只是增长习气；以是为致知，只是用智自私：非此所谓穷理致知也。②

"宇宙内事即吾性分内事"是陆象山心学思想的重要体

---

① 陈来：《马一浮的心物论与中国哲学的唯心传统》，载《学人》第五辑，江苏文艺出版社，1994，第310页。
② 《马一浮全集》第一册（上）《语录》，第93页。

现。这个思想与阳明心学的"心外无物"十分相似。马一浮认为陆象山的这个观点是"知至"之言。马一浮批评现代学者以某种事物为研究对象的方法，把宇宙人生看成是外面的事情。他认为这种做法是虚妄之中增加虚妄的做法。陈来先生认为陆象山的这个观点对于马一浮而言有两层意义：一是"强调宇宙万象即在吾心之内"，二是"表示一种伦理学主张"。①即通过"宇宙内事即吾性分内事"的观点推出"己外无物"的伦理学主张。马一浮说："然古之所谓事者，皆就己言，自一身而推之天下，皆己事也。故曰己外无物。圣人无己，靡所不己。宇宙内事，即吾性分内事。"②即是显证。可以说，陆象山"宇宙内事即吾性分内事"的观点对于马一浮心学思想及伦理学主张都产生了重要的影响。

王阳明（1472—1529），浙江余姚人，明代中期著名思想家、军事家，他的思想主要围绕"心"而展开，具体的思想有"心外无物""知行合一""致良知"与"万物一体"等，他的学问也被称为"心学"。王阳明的一生可谓集立德、立功、立言为一身。他的道德学问感召了一大批学者投入门下，其中有政界的，有学界的，有商界的，包括了社会各个阶层。他一生的经历波澜壮阔，讨伐南赣山贼、平定宸濠之乱与广西思田八寨，立下赫赫战功，对于一个追求圣贤学问的儒者而言，此

---

① 陈来：《马一浮的心物论与中国哲学的唯心传统》，载《学人》第五辑，江苏文艺出版社，1994，第311页。
② 《马一浮全集》第一册（上）《语录》，第281—282页。

等军功,实属罕见。他创立的心学足与正统理学分庭抗礼,他也成为近五百年中国思想史划时代意义的人物。他的思想不仅对明代中期以降的思想界与社会产生重要影响,更对日本、韩国等东亚国家产生了深远的影响。

"心外无物"是阳明心学思想的核心之一。《传习录》记载了一则对话:

> 先生游南镇,一友指岩中花树问曰:"天下无心外之物,如此花树,在深山中自开自落,于我心亦何相关?"
> 先生曰:"你未看此花时,此花与汝心同归于寂。你来看此花时,则此花颜色一时明白起来。便知此花不在你的心外。"①

从这段话我们可以看出,"心外无物"并不像字面所示的那样直白。王阳明并非否认客观世界的存在。例如说"心外无物",那么山中的花自开自落,与我的心有什么关系呢?王阳明认为,我们没有看到山中花的时候,心与花并未发生联系,"同归于寂";当我们来看花的时候,则心与花发生了联系,花的颜色等对当下的心便起了作用。可见,王阳明认为与我们相关的万事万物都是通过心而发生联系的。王阳明并未否认客观世界的存在,而是当我们的心与客观世界的存在没有建立联

---

① 《传习录》(下),《王阳明全集》,第122页。

系之前，客观世界即便存在，与我们的心是"同归于寂"的。因此，王阳明的"心外无物"并不是否认客观世界的存在，而是要强调心的主体性与主观能动性。在心发生联系之外，相当于没有物（事实上是"同归于寂"）。

"心外无物"也是马一浮心学思想的核心之一。马一浮认为：

> 今明心外无物，事外无理，即物而穷其理者，即此自心之物而穷其本具之理也。……一心贯万事，即一心具众理。即事即理，即理即心。心外无理，亦即心外无事。理事双融，一心所摄，然后知散之则为万殊，约之唯是一理。所言穷者，究极之谓。[①]

王党辉先生认为"马一浮完全接受了王阳明'心外无物'的论点，并且又进一步深化，但是对'心外无物'的论证却与王阳明稍异"。[②] 马一浮在王阳明的基础上，似乎进一步认为"一心具众理"，认为心包含了整个事物之理。这对于王阳明的心学而言更具知识论的属性，更成体系。

马一浮心学的另一个重大特点便是引用佛教的概念。例如，他指出：

---

① 《马一浮全集》第一册（上）《语录》，第89—90页。
② 王党辉:《马一浮之心学理学融合论》，复旦大学博士论文，2006，第37页。

> 更无心外法能与心为缘,是故一切法皆心也。是心能出一切法,是心遍摄一切法,是心即是一切法。①

"更无心外法能与心为缘"与王阳明"南镇观花"中"心外无物"的观点十分类似。但是"法"是佛教的重要概念,与儒家的"物"还是不同。心能出一切法,心能遍摄一切法,此处的"心"似乎在某种程度上借鉴了佛教"真如""法界"等含义,与传统儒家的"心"似有不同。无论如何,佛教对马一浮心学的形成产生了重要的影响。援用佛教概念诠释儒家术语成为马一浮思想的一个重要特征。

二、对"格物"的诠释:从朱子、王阳明到马一浮

宋明以降,理学心学的重要分殊之一便是对《大学》格物致知的讨论。关于这一点,马一浮也有较为详细的论述:

> 向来先儒说《大学》"格物",各明一义,异执纷然。大略不出两派:一宗朱子,一宗阳明。朱子释"格物"为穷至事物之理,"致知"为推极吾心之知。知者,知此理也。知具于心,则理不在心外明矣,并非打成两橛。不善会者,往往以理为外。阳明释知善知恶是"良

---

① 《马一浮全集》第一册(上)《语录》,第392页。

知"，为善去恶是"格物"。不善会者，亦遂以物为外。且如阳明言，则《大学》当言"格物在致知"，不当言"致知在格物"矣。今明心外无物，事外无理，即物而穷其理者，即此自心之物而穷其本具之理也。此理周遍充塞，无乎不在，不可执有内外。学者须知儒家所言"事物"，犹释氏言"万法"，非如今人所言"物质"之物。若执唯物之见，则人心亦是块然一物质耳，何从得有许多知识？①

马一浮提到对于《大学》"格物"的理解，历来有很多争议。但是争议虽烦，根脉却很清晰。其中的争议归根到底，要么宗于朱子，要么宗于阳明。朱子对"格物"的解释为"穷至事物之理"。阳明对"格物"的理解是"为善去恶"。朱子说：

> 所谓致知在格物者，言欲致吾之知，在即物而穷其理也。盖人心之灵莫不有知，而天下之物莫不有理，惟于理有未穷，故其知有不尽也。是以大学始教，必使学者即凡天下之物，莫不因其已知之理而益穷之，以求至乎其极。至于用力之久，而一旦豁然贯通焉，则众物之表里精粗无不到，而吾心之全体大用无不明矣。此谓物格，此谓知之

---

① 《马一浮全集》第一册（上）《语录》，第90页。

至也。[1]

朱子认为人身上的"知"之所以不够,是因为"理"还没有穷尽。"理"是蕴含在天下万事万物中的,因此学者要通过接触天下之物,从"已知之理"渐渐扩充出去,求一个极致。他认为,只要功夫用得久,一旦豁然贯通,则事物中的条理无不穷尽,而心中的全体大用无不明晰。这是朱子对于格物的理解。从朱子的解释中我们可以看到,他的"格物"理论含有一定的现代科学精神。朱子是宋代理学的集大成者,是中国思想史上有重大影响力的思想家。王阳明在青年时代,学习儒家的时候,自然也绕不过朱子的著作。王阳明在年轻的时候曾经"遍求考亭遗书读之"。[2]在读书期间,自然就遇到了"格物"的问题。一般的学人恐怕只是脑中过一遍,好学者会去思辨而求取一个答案。王阳明的可贵之处在于他想用亲身的实践去检验真理。后来,王阳明曾对学生们回顾了"格竹子"的经历。他说:"众人只说格物要依晦翁,何曾把他的说去用?我着实曾用来。初年与钱友同论做圣贤要格天下之物,如今安得这等大的力量?因指亭前竹子,令去格看。"[3]王阳明首先就对一般人提出了批评。大家都说"格物"要学习朱子(晦翁),何曾把他的话拿去实践了?但是,他的做法不同,不

---

[1] 朱熹:《四书章句集注》,中华书局,2011,第8页。
[2] 《王阳明全集》,第1348—1349页。
[3] 《王阳明全集》,第136页。

仅与好友钱氏一起讨论格物的事情,而且还亲自去"格"官署里的竹子。①他们两人早晚去"格"竹子的道理。钱氏"竭其心思",到了第三天便"劳神成疾"了。王阳明认为他是精力不足才会如此,因此他自己仍然坚持去"格竹子"。虽然早晚都在格竹子,但是依然得不到竹子的道理,到了第七天,王阳明也生病了。②王阳明"格竹子"的行为失败了,但是,他由此对朱子的正统理学产生了怀疑,并萌发了自己去探索真理的冲动。

王阳明"格竹子"的失败当然可以归结到很多原因,但是他做这件事情本身的确非常有意义。第一,他不是一个纸上谈兵的思想家,而是一个"知行合一"的行动者。第二,他是一个敢于怀疑以及挑战固有权威的人。后来,王阳明提出他在贵州龙场那三年才真正理解了"格物"。他说:"及在夷中三年,颇见得此意思,乃知天下之物本无可格者。其格物之功,只在身心上做,决然以圣人为人人可到,便自有担当了。这里意思,却要说与诸公知道。"③在贵州,他体会到了"格物"的对象不是天下的事物,而是人的身心本身。

由于受到刘瑾的迫害,王阳明被贬到贵州的龙场当驿丞。

---

① 关于王阳明"亭前格竹"时的年龄,学界有不同的看法。《年谱》记载的是二十一岁,但是根据陈来教授的考证,"亭前格竹"应当发生在王阳明十七岁时。见冈田武彦《王阳明大传:知行合一的心学智慧(上)》,重庆出版社,2015,第72页。
② 《王阳明全集》,第136页。
③ 《王阳明全集》,第136页。

但是，正如法国思想家、文学家罗曼·罗兰所说："伟大的背后都是苦难。"用这句话来形容王阳明"龙场悟道"的过程，也十分契合。王阳明在龙场可谓是困难重重。据载，龙场位于贵州的大山中，这里荆棘密布，有各种毒蛇虫蚁出没，而且该地有一种瘴气，对人的健康有很大影响。王阳明是浙江人，与贵州当地少数民族语言不通，而懂当地语言的随从在半路上不幸去世。当时苦闷的景象可想而知，艰苦的外在环境加上语言不通，王阳明名义上虽然是来"当官"，赴任龙场驿丞，然而，事实上条件之艰苦与发配边疆无异。而且，他由中央兵部负责武官的品级、升调、功赏的正六品官员，一夜之间贬为龙场邮政管理局兼招待所负责人。"屋漏偏逢连夜雨"，王阳明来到龙场时，连居住的地方都没有。一般人处在这种情况下很容易自暴自弃，但王阳明不是，他在困难中依旧保持着清醒的头脑。据载，当时王阳明"自计得失荣辱皆能超脱"，只有生死的问题还没能解决。一般人处在这种情况下，最抛不开的恐怕就是荣辱的问题，而王阳明能够从中超脱，进而思考人生的终极问题，这非常难得。王阳明于是"日夜端居澄默，以求静一"。[1]这时候王阳明思考一个问题，如果圣人处在这种境况下，有什么办法呢？《年谱》记载："忽中夜大悟格物致知之旨，寤寐中若有人语之者，不觉呼跃，从者皆惊。始知圣人之道，吾性自足，向之求理于事物者误也。"[2]王阳明一天夜

---

[1] 《王阳明全集》，第1354页。
[2] 《王阳明全集》，第1354页。

里突然"大悟格物致知之旨",而且心情十分激动,"不觉呼跃",这就是中国思想史上著名的"龙场悟道"。钱穆先生对于王阳明的"龙场悟道"有一段十分精彩的描述:"龙场驿一幕,摧抑束缚,极风霜之严凝,虽还保存得他那种喷薄郁勃的活气,却不得不转换方向,使它敛藏闭蓄,反归自心;那时的他,才深刻而真切地认识了他自己的心与心之力。"[1]

那么,紧接着一个重要的问题就是,王阳明在龙场悟到了什么道呢?上述引文已经提到,王阳明所悟到的是"格物致知"的道理,就是从他当年"亭前格竹"开始就苦苦探索的道理,也是儒家修身的落脚点。他所悟到的道理究竟是什么呢?《年谱》记载:"始知圣人之道,吾性自足,向之求理于事物者误也。"[2]换言之,人性中本来就含有"圣人之道",常人与圣人在人性的本质上是一样的。圣人之所以是圣人,并非从外在的客观世界学到的,而是从内在的精神世界开发出来的。因此,有志于圣贤的人,要关注内在的精神世界的开发,亦即后来王阳明所强调的"致良知"。

王阳明后来系统地阐释了他对于"格物"的看法,并被门人黄以方记录了下来。王阳明认为,以前的儒者把"格物"理解为"格天下之物",这种想法是不正确的。[3]他认为对于先儒的解释,有两个问题要解决。第一,如果假设一草一木都有

---

[1] 钱穆:《阳明学述要》,九州出版社,2011,第50页。
[2] 《王阳明全集》,第1354页。
[3] 《王阳明全集》,第135页。

它们的道理在，如何去格呢？第二，如果能够格出草木等物理世界的道理，如何反过来"诚意"？王阳明四句经典名言传世："无善无恶心之体，有善有恶意之动，知善知恶是良知，为善去恶是格物。"他认为"格物"十分简洁明了，就是"为善去恶"。《大学》说："自天子以至于庶人，壹是皆以修身为本。"同时，《大学》指出修身的路径是"格物-致知-正心-诚意-修身"。那么，王阳明是如何理解这个过程的呢？

王阳明认为，《大学》中所提到的"身"，包括耳、目、口、鼻、四肢等部分。修身就是要做到眼睛非礼勿视，耳朵非礼勿听，嘴巴非礼勿言，四肢非礼勿动。《论语》记载了这么一篇对话：

> 颜渊问仁。子曰："克己复礼为仁。一日克己复礼，天下归仁焉。为仁由己，而由人乎哉？"
>
> 颜渊曰："请问其目。"
>
> 子曰："非礼勿视，非礼勿听，非礼勿言，非礼勿动。"
>
> 颜渊曰："回虽不敏，请事斯语矣。"（《论语·颜渊第十二》）

儒家的根本在于求"仁"，孔子对"仁"的回答之一，即是：非礼勿视，非礼勿听，非礼勿言，非礼勿动。王阳明的解释可以说是直接上承孔子。那么，如何在"身"上用功呢？王阳明说：

> 心者身之主宰，目虽视而所以视者心也，耳虽听而所以听者心也，口与四肢虽言动而所以言动者心也。故欲修身在于体当自家心体，常令廓然大公，无有些子不正处。主宰一正，则发窍于目，自无非礼之视；发窍于耳，自无非礼之听；发窍于口与四肢，自无非礼之言动：此便是修身在正其心。①

王阳明的观点很明确，他认为"心"是"身"的主宰。身体的各个部分虽然都有各种感觉功能，但是最终统领这些感觉的是"心"。因此，修身的根本在于修"心"。王阳明认为应当时常体察自己的内心，让"心"没有不正的地方。"心"这个主宰一旦正了，那么，用在视觉上，便没有非礼的视觉。用在耳朵、嘴巴、四肢上也是一样。因此修身的根本在于正心。

但是，问题又来了，"心"的本体是至善的，那么"正心"要如何用功呢？王阳明认为，要在"心"的发动处才能着力。"心"的发动处就是"意"，因此真正有着落的地方是"诚意"。例如，一念发动在于喜欢好的，那便去落实喜欢好的这一念头。如有一念发动在于讨厌不好的，那便去落实讨厌不好的这一念头。如果"意"都是"诚"的，那么"心"哪还

---

① 《王阳明全集》，第135页。

有不正的?

讲到"诚意",还不够。王阳明认为诚意的根本在于"致知"。他说:"所谓'人虽不知,而已所独知'者,此正是吾心良知处。"[1]这里,王阳明讲到了他思想体系中十分重要的一个概念——"良知"。按照王阳明的理解,人人都是知道自己的良知的。别人不知道而自己知道的那个地方正是良知。但是人有一个很顽固的问题。知道好的,却不肯依照良知去做;知道不好的,却不肯依照良知去不做,这种情况就是良知被遮蔽了,也就是不能"致知"。因此,"致知"又是"诚意"之本。人人都可以发现自己的良知,问题在于肯不肯把良知扩充到底。

但是,王阳明认为,"致知"不是悬空的,而是要在实事上做。如果"意"在于为善,那么,就在这件事情上去实践为善;如果"意"在于去恶,那么,就在这件事情上去实践除恶。"如此,则吾心良知无私欲蔽了,得以致其极,而意之所发,好善去恶,无有不诚矣!"[2]"为善去恶"就是良知,因此王阳明认为诚意功夫的最终落脚点就在于"格物"。如果这样去格物,人人都可以成为尧舜那样的圣人。王阳明认为,这种格物方法,"虽卖柴人亦是做得,虽公卿大夫以至天子,皆是如此做"。[3]王阳明这一理论的可贵之处在于,无论居于

---

[1] 《王阳明全集》,第135页。
[2] 《王阳明全集》,第136页。
[3] 《王阳明全集》,第137页。

何种身份，人人都能去实践，在修身这条道路上，人没有贵贱之别。

王阳明"龙场悟道"所悟到的道理似乎很简单，事实上也的确是很简单。但是，从另一面讲，人的良知被遮蔽得太严重了，道理看上去很简单，但是始终就是做不到。正如王阳明自己所说："良知自知，原是容易的。只是不能致那良知，便是'知之匪艰，行之惟艰'。"①在他看来，人都能知道自己的良知，修身原本是一件容易的事情。但是，难在不能致那良知。这就好比人起床时的那一念，继续倒下睡觉相比而言更省力，挣扎起床似乎更费力。但是，一旦起床了，获得的能量却是巨大的。

嘉靖六年，即公元1527年，王阳明以都察院左都御史的身份出征广西思恩、田州二地。出发之前，与弟子钱德洪、王畿论学，史称"天泉证道"。

钱德洪，浙江余姚人，又称钱绪山，是王阳明最得力的弟子之一，被人称为"王学教授师"，《王阳明先生年谱》正是由他编纂。王畿，浙江绍兴人，字汝中，号龙溪，也是王阳明最得力的弟子之一，与钱德洪齐名。王阳明出征广西前，两人正在讨论一个重要问题。

王畿说："先生说知善知恶是良知，为善去恶是格物，此恐未是究竟话头。"②他认为，心体是无善无恶的，"意"也

---

① 《王阳明全集》，第137页。
② 《王阳明全集》，第1442页。

是无善无恶的,"物"也是无善无恶的。如果说"意"是有善有恶的,那么"心"就不能说是无善无恶的了。钱德洪认为,心体原本的确是无善无恶的,但是习染久了,心体上便觉得有善恶在,为善去恶,就是要恢复那本体的功夫。两人认为,阳明先生第二天将要出征,今天晚上可以去请教这个问题。

当天晚上接近半夜的时候,宾客渐渐散去,王阳明也准备进去休息,发现钱德洪与王畿在庭中等候,便出来一起到天泉桥上。钱德洪便把白天与王畿讨论的内容告诉了王阳明并向其请教。王阳明一听,非常高兴,说:

> 正要二君有此一问!我今将行,朋友中更无有论证及此者,二君之见正好相取,不可相病。汝中须用德洪功夫,德洪须透汝中本体。二君相取为益,吾学更无遗念矣。①

从这段话中可以看出王阳明对两位得意门生的欣慰之情。他认为两位学生很了不得,其他学生中没有能够讨论到这个地步的。虽然两位学生在最后的观点上有所疑惑,但好在能够及时提问,如此王阳明也可以安心出征了。两位得意门生如此一问,王阳明或许有些传道有望的喜悦。王阳明指出,两位学生要互相取长补短。王畿对于本体的体认比较深刻,钱德洪应该

---

① 《王阳明全集》,第1442页。

向其学习；钱德洪对于为善去恶的功夫体认比较深刻，王畿同样也要学习。两位学生应当互相取益，那么王阳明的学问就传之有人、了无遗憾了。王阳明的这句话要十分重视，它暗示着"天泉证道"中所谈及的内容就是王阳明一生思想学问的总结。

王阳明进一步阐释：

> 我这里接人原有此二种：利根之人，直从本源上悟入。人心本体原是明莹无滞的，原是个未发之中。利根之人一悟本体，即是功夫，人己内外，一齐俱透了。其次不免有习心在，本体受蔽，故且教在意念上实落为善去恶。功夫熟后，渣滓去得尽时，本体亦明尽了。汝中之见，是我这里接利根人的；德洪之见，是我这里为其次立法的。二君相取为用，则中人上下皆可引入于道。若各执一边，眼前便有失人，便于道体各有未尽。①

王阳明认为，两位学生说的都对，但是都不全面。王阳明认为，人有根基差别，但是，无论是什么根基都可以悟入本体。第一种是利根，这种人可以直接从本源的地方悟入，马上可以体会到本体就是功夫。第二种人的本体因人的习气而受到遮蔽，因此要在意念上去落实为善去恶。功夫熟后，遮蔽渐渐

---

① 《王阳明全集》，第133页。

少了,本体也就明亮了。他认为,王畿的观点适合接引利根的学者;钱德洪的观点适合接引一般学人。两位学生如果能够取长补短,那么王门就可以接引各种根基的学人了。如果各自执着一边,就有缺失。思想史上很容易出现这么一种现象,在伟大的思想家去世之后,他的后学们常常会互不服气,乃至互相攻击,以求证明自己的道统地位。朱子的后学如此,阳明的后学也是如此。从王阳明对两位学生的阐述中可以看到,其中既有传道之喜,又隐隐约约担心学脉分割对立。

王阳明说到此处,显然还不是很放心,又补充了两点看法。第一,世上利根的人不容易遇到。这类人虽然对于本体功夫一悟便能尽透,但是世所罕见。哪怕是颜回、程明道都不敢承当。因此不能轻易指望人直接用这种本体功夫。人心有积习,要引导他在良知上使用为善去恶的功夫,如果只是空想个本体,不过养成一个虚寂。"此个病痛不是小小,不可不早说破。"[1]第二,向两位学生说明,今后讲学,一定要依照他的四句宗旨:"无善无恶是心之体,有善有恶是意之动,知善知恶是良知,为善去恶是格物。"[2]这四句话就是著名的"四句教",可以说是王阳明对其一生思想学问的总结。在本体层面,王阳明相信"心"是无善无恶的。但是因为人有积习,因此意念发动的时候是有善有恶的。幸而人的良知是可以察觉这种善恶,所要去做的就是为善去恶。他对两位学生说,按照这

---

[1] 《王阳明全集》,第134页。
[2] 《王阳明全集》,第1443页。

四句话去修身，可以"直跻圣位"，与圣人为伍。如果用此四句话来教别人，那就更不会有错了。无论是初学者还是圣人，用功的方法都是这个。初学者用这个方法循序渐进而进入这门学问。直到成为尧舜那样的圣人了，功夫也是如此。他又嘱咐，两位学生今后千万不能再更改这四句宗旨。这四句话对于任何根基的学人都能接引。不料，王畿全集中的《天泉证道记》将人分为上根之人与下根之人，用两种方法解释功夫与本体，在明代末年的思想界引来了重大争论。[①]

马一浮则对朱子与阳明有个调和。他认为朱子与阳明都是对的，"不善会者"往往对两者产生误解。朱子认为"格物"为穷至事物之理，"不善会者"往往把"理"认为是"外"部的。阳明诠释"格物"为"为善去恶"，"不善会者"同样认为"物"是"外"的。马一浮认为，无论是朱子还是王阳明，都是讲"内"的。他说：

> 今明心外无物，事外无理，即物而穷其理者，即此自心之物而穷其本具之理也。此理周遍充塞，无乎不在，不可执有内外。（学者须知儒家所言"事物"，犹释氏言"万法"，非如今人所言"物质"之物。若执唯物之见，则人心亦是块然一物质耳，何从得有许多知识？）[②]

---

① 《王阳明大传》（下），第237页。
② 《马一浮全集》第一册（上）《语录》，第90页。

所谓穷理，就是穷尽自心本具之理，这个理"周遍充塞"，无所不在，不能执着为外在的事物。可见马一浮是反对主客对立的二分法的。他主张的是基于心的主客统一的观点。同样，对于阳明的观点，他认为"事物"好比是佛教的"万法"，并非今天物理学意义上的"物质"。如果执着于物质的概念，那么人心也只是一团肉球，哪里来的许多知识。可知，马一浮认为心不仅仅指心脏，更是人的一种功能。至此，我们可以看到马一浮努力对朱子与阳明的不同有个调和。这种调和是马一浮思想的一个重大特点。

第四节　多样的统一：马一浮心学思想的构建

一、多样的统一：心学思想的构建

马一浮心学的本质在于"心"统摄"六艺"，"六艺"统摄一切学术。这种统摄观用马一浮自己的话讲就是"多样的统一"。知识世界是丰富多样的，有中学，有西学。中学中有儒释道等，西学中有自然科学、社会科学等，这就是外在世界的多样性。马一浮认为，不同并不代表要对立，而是可以和谐存在的，即统一性。这便是"多样的统一"。但是由谁来统一？由心。这是马一浮整个心学思想的逻辑脉络。这个思想显然很大程度上继承了王阳明"心外无物"的观点。但是在继承中又有超越与不同。前文提到，马一浮于1937年在桐庐避寇时曾向丰子恺完整表达过这个意思。① 下文从"礼"的翻译以及"看山""乐曲"两个例子分析马一浮的心学思想，因此将王星贤所记完整摘录如下：

> 十二月七日丰君子恺来谒，先生语之曰：辜鸿铭译礼为arts，用字颇好。arts所包者广。忆足下论艺术之文，有所谓多样的统一者。善会此义，可以悟得礼乐。譬如吾人此时坐对山色，观其层峦叠嶂，宜若紊乱，而相看不厌者，以其自然有序，自然调和，即所谓多样的统一是也。又如乐曲必合五音六律，抑扬往复而后成。然合之有序，自然音节谐和，铿锵悦耳。序和同时，无先后也。礼乐不可须斯去身。平时如此，急难中亦复如此。困不失亨，而不失其亨之道在于贞。致命是贞，遂志即是亨。见得此义理端的，此心自然不乱，便是礼。不忧不惧，便是乐。纵使造次颠沛，槁饿以死，仍不失其为乐也。颜子不改其乐，固是乐。乐必该礼。而其所以能如是者，则以其心三月不违仁。故仁是全德，礼乐是合德。②

马一浮示丰子恺的这段话点出了他心学思想的核心，值得深入玩味。他们讨论到关于"礼"的翻译，马一浮认为辜鸿铭

---

① 见本章第二节"马一浮'六艺论'与《群经统类》"，第77页。
② 《马一浮全集》第六册（上）《附录》，第343页。

（1857—1928）将"礼"字翻译为arts"颇好"。辜鸿铭是晚清民国初期的一大怪才、大翻译家。他据说通晓十几国语言，被蔡元培先生请到北京大学任职。事实上，将"礼"翻译为英语是比较困难的。我们以《论语》为例。有学者统计，《论语》中一共出现七十五次"礼"。而"礼"表现出了相当大的弹性。它有的时候指宗教仪式，有的时候指有修养的人的行为举止，有的时候指的是老百姓在日常交往中得体的举止。[①] 在中文文本中，"礼"尚且呈现出这样的丰富性，那么当学者将《论语》文本翻译成英语等西方语言的时候，面对的是对于中国文化背景一无所知的读者时要进行怎样的处理呢？本文对理雅各（James Legge，1815—1897）与辜鸿铭的《论语》英译本中"礼"的译法分别进行统计，以期从另一个角度显示出"礼"的丰富内涵。[②]之所以会对这两本《论语》的英译本进行统计，是因为：第一，理雅各的译本是第一个对西方世界产生重大影响力的《论语》英译本；[③]第二，辜鸿铭是第一个将《论语》翻译成英语的中国人，并且他的译本也产生了重要的影响；第三，选择一个外国人与一个中国人的译本做比较研究，可以看出来站在不同的立场对于原文的理解、文字的处理

[①] 赖蕴慧：《剑桥中国哲学导论》，刘梁剑译，世界图书出版公司，2013，第24—25页。

[②] 两个译本为：理雅各译释：《中国汉籍经典英译名著：论语、大学、中庸》，上海三联书店，2014；辜鸿铭：《辜鸿铭英译〈论语〉》，云南人民出版社，2011。

[③] 见王勇《20年来的〈论语〉英译研究》，《求索》2006年第5期。

会有很大差异；第四，理雅各是英国人，但是长期在中国土地生活、传教数十年。辜鸿铭是中国人，但是生在南洋、学在西洋，后来才回到中国。两个人的丰富的生活学习经历与跨文化视野势必会以各种方式融入他们的译本当中。在统计之后，我们发现理雅各对"礼"主要有五种不同的翻译：①

表1 理雅各对"礼"的五种不同翻译

序号	理雅各关于"礼"的翻译	《论语》原文	理雅各译文
1	propriety	有子曰："礼之用，和为贵……"（学而第一）	The philosopher You said, "In practicing the rules of propriety, appropriateness is to be prized..."
2	proper	恭近于礼，远耻辱也。（学而第一）	When respect is shown according to what is proper, one keeps far from shame and disgrace.
3	regulation	殷因于夏礼，所损益，可知也……（为政第二）	"The Yin dynasty followed the regulations of the Xia: wherein it took from or added to them may be known..."
4	ceremony	子曰："赐也！尔爱其羊，我爱其礼。"（八佾第三）	The Master said, "Ci, you love the sheep; I love the ceremony."
5	present	享礼，有容色；私觌，愉愉如也。（乡党第十）	In presenting the presents with which he was charged, he wore a placid appearance. At his private audience, he looked highly pleased.

这五种翻译归纳起来其实只有四类意思，即proper（正当）、ceremony（仪式）、regulation（规范）与present（礼

---

① 对于同一类的翻译，本文只取其中一个例子。

物）。但因为有时候单个词语不能很好地传达"礼"的意思，因此理雅各在处理的时候会对proper、ceremony进行变体或者增添词汇以达到翻译的目的。

辜鸿铭对"礼"的翻译则更具有多样性：

表2 辜鸿铭关于"礼"的翻译

序号	辜鸿铭关于"礼"的翻译	《论语》原文	辜鸿铭译文
1	art	林放问礼之本。（八佾第三）	A disciple asked what constituted the fundamental principle of art.
2	judgment	子曰："恭而无礼则劳；……"（泰伯第八）	Confucius remarked, "Earnestness without judgment becomes pedantry;…"
3	taste	子曰："麻冕，礼也。今也，纯俭，吾从众。……"（子罕第九）	Confucius remarked, "Linen hats were considered good taste, but now people generally wear silk ones. The latter are less expensive; therefore I follow the general practice..."
4	education	子曰："上好礼，则民易使也。"（宪问第十四）	Confucius remarked, "When the rulers encourage education and good manners, the people are easily amenable to government."
5	good manner	同上	同上
6	propriety	"生，事之以礼；死，葬之以礼，祭之以礼。"（为政第二）	"When his parents are living, a good son should do his duties to them according to the usage prescribed by propriety; when they are dead, he should bury them and honour their memory according to the rites prescribed by propriety."

（续表）

序号	辜鸿铭关于"礼"的翻译	《论语》原文	辜鸿铭译文
7	civilization	"殷因于夏礼，所损益，可知也……"（为政第二）	"The House of Yin adopted the civilization of the Hsia dynasty; what modifications they made is known..."
8	the correct form	"孰谓鄹人之子知礼乎？……"（八佾第三）	"Who tells me that the son of the plebeian of Ts' ow is a man who knows the correct forms?"
9	rite	子曰："赐也！尔爱其羊，我爱其礼。"（八佾第三）	"What you would save," said Confucius to him, "is the cost of the sheep; what I would save is the principle of the rite."
10	honor	"君使臣以礼，臣事君以忠。"（八佾第三）	"Let the prince," answered Confucius, "treat his public servant with honor. The public servant must serve the prince, his master, with loyalty."
11	etiquette	子曰："能以礼让为国乎，何有！不能以礼让为国，如礼何！"（里仁第四）	Confucius remarked, "He who can rule a country by real courtesy and good manners that are in him, will find no difficulty in doing it. But a ruler who has no real courtesy and good manners in him, what can the mere rules of etiquette and formality avail him."
12	courtesy	同上	同上
13	decency and good sense	非礼勿视。（颜渊第十二）	Whatsoever things are contrary to the ideal of decency and good sense, do not look upon them.

（续表）

序号	辜鸿铭关于"礼"的翻译	《论语》原文	辜鸿铭译文
14	religion	天下有道，则礼乐征伐自天子出。（季氏第十六）	In the normal state of the government of an empire, the initiative and final decision in matters of religion, education, and declaration of war form the supreme prerogative of the emperor.

辜鸿铭大概采取了14种词汇来翻译"礼"，包括art（艺术）、judgment（判断力）、taste（品位）、education（教育）、good manner（良好的行为）、propriety（正当）、civilization（文明）、the correct form（正确的形态）、rite（仪式）、honor（荣誉）、etiquette（礼节）、courtesy（礼貌）、decency（体面）and good sense（好的判断力）、religion（宗教）。

对比两家的翻译，我们发现辜鸿铭对"礼"的理解似乎更加深刻。他感受到了"礼"在不同的情境中所蕴含的微妙的差别。但总而言之，"礼"的大致含义是礼仪与规范。礼仪包括各种仪式、宗教仪式以及礼节等等。规范则是在实践这些礼仪中所要遵循的法则。遵循礼仪规范所产生的美德通常就被认为礼貌、有品位等。综合两家的翻译，我们可以看到礼可以说是包含了人的一生形形色色的行为规范与社会活动，在先秦人们的生活中扮演着极其重要的角色。在这么多翻译中，马一浮对辜鸿铭arts（艺术）的译法颇为赞叹，认为这个词包罗较广，更能体现"礼"的意蕴。丰子恺是位艺术家，他曾写过《艺术三昧》一文，其中便多处提到"多样的统一"。①马一浮认为这个表述十分精妙。事实上，"多样的统一"也成为马一浮心学思想的核心。"多样的统一"原是丰子恺对艺术的描述，正好也契合六艺的精神。马一浮举了两个例子。例如我们看山，层峦叠嶂，似乎紊乱，但是相看不厌，因为它"自然有序，自然调和"。又比如一首乐曲包含了各种音律，但是自然音节和谐，使听者觉得铿锵悦耳。这便是"多样的统一"的妙处。同样，中国儒学发展史上，有经学、有理学、有心学等，其中有汉宋之争、心学理学之争，又有这些儒家学派对佛老的排斥。这在马一浮看来都是不"通"的表现，没有必要对立。正如看山，每座山是不一样的，好比每一类知识都有它的核心立场和逻辑，相互之间是不一样的。但是每一类知识之间可以和谐有序相处，并不一定要对立，如此也能共同构成和谐的知识网络。又如演奏音乐，不同的音符只要排列和谐有序，便可获得悦耳的乐曲。知识也是一样，相互之间可以和谐有序相处。是什么让这些"多样的"知识相"统一"呢？马一浮认为就是心。马一浮说："是心能出一切法，是心遍摄一切法，是心即是一切法。"②这便是以心统摄一切学术。

---

① 丰子恺：《缘缘堂随笔》，北京联合出版有限公司，2020，第225—226页。
② 《马一浮全集》第一册（上）《语录》，第392页。

二、马一浮心学与阳明心学的应世之用

马一浮心学与阳明心学相似,不仅能够安顿知识世界,也有助于应对现实环境。王阳明被认为是立功、立德、立言三不朽的完人。王阳明在面对刘瑾的时候,英勇无畏,虽被贬龙场而无悔。但是王阳明"自计得失荣辱皆能超脱",只有生死的问题还没能解决。并在这种情况下"日夜端居澄默,以求静一"。① 并且"忽中夜大悟格物致知之旨,寤寐中若有人语之者,不觉呼跃,从者皆惊。始知圣人之道,吾性自足,向之求理于事物者误也"。② 这便是"龙场悟道"。上文提到,钱穆先生认为王阳明的"龙场悟道""才深刻而真切地认识了他自己的心与心之力"。③ 从此,王阳明应对现实环境更加得心应手。

王阳明四十五岁的时候被任命为都察院左佥都御史,巡抚南、赣、汀、漳等处。当时汀州、漳州等地有非常严重的匪患,朝廷久久没有解决的办法,后来兵部尚书王琼举荐王阳明到这一带消除匪患。王阳明用了一两年的时间,解决了三省数万匪患的问题。兵部尚书王琼举荐王阳明到南赣一代剿匪,还有更深层次的思考。宁王朱宸濠的封地就在江西,王琼已经隐约察觉宁王暗中勾结当地的匪寇,有不臣之心。因此,派王阳

---

① 《王阳明全集》,第1354页。
② 《王阳明全集》,第1354页。
③ 《阳明学述要》,第50页。

明到江西一带任职，正是出于有备无患的战略思考，防止宁王造反。剿匪期间，在王琼的帮助下，王阳明获得便宜行事的旗牌。在平定匪患之后，王阳明打算将旗牌交回，但是王琼为了防备朱宸濠的叛乱，以镇压福州叛军为由，让王阳明继续掌握兵权。果然，在赶往福州的路上，王阳明便听闻宁王突然叛乱的消息。此时，王阳明身边只有百余随从，于是他来到了附近的吉安府。吉安知府伍文定请王阳明主持大局。王阳明一方面向朝廷报告了宁王谋反之事，另一方面积极筹备战事。王阳明运筹帷幄，向两广、福建、南京等地发文，通报上述情况。宁王的战略是攻取南京，而王阳明的战略则是攻击宁王的根据地南昌，这样宁王势必左右为难，应接不暇。果然，王阳明顺利攻克了南昌，朱宸濠于是派兵赶来救援南昌，双方于鄱阳湖展开战斗。据载，王阳明以一万多的兵力对抗朱宸濠六七万的大军，在死伤数十人的损失下，取得了鄱阳湖战斗的胜利，生擒朱宸濠。年近半百的王阳明在短短数十日内以寡兵平定叛乱，立下奇功，堪称王阳明政治生涯中的一大传奇。不料正德皇帝封自己为"威武大将军镇国公"，要亲自"讨伐"逆贼。许泰、张忠等奸佞之臣以搜捕余党为由，率领北军驻扎南昌，并且不断挑起事端，意图激怒并趁机陷害王阳明。王阳明却泰然自若，不为所动，而且对北方来的士兵以礼相待。时间一久，北军的很多士兵都被王阳明的人格所折服。许泰、张忠想让王阳明在北军面前出丑，于是提出和王阳明比赛射箭。王阳明答应了他们的请求，三发三中。而且每中一箭，北军即在一旁欢呼。许泰、张忠大惧，发现人心已经偏向于王阳明，于是班师离开南昌。锦衣卫也曾上门挑衅，都被王阳明巧妙化解了。

嘉靖六年（1527），朝廷决定由王阳明兼任都察院左都御史，去平定田州与思恩的叛贼。王阳明结束了在故乡讲学的安稳日子，出征广西。其实，田州、思恩之祸的根本还是在于朝廷的不当政策。岑氏一族是广西的土著，在当地势力很大，自明代初期以来就作为土官管理田州与思恩。嘉靖四年（1525），政策发生变化，用流官代替土官。一旦有战况，流官总是让土兵作战，但是军功最后都归于流官。于是岑猛父子不满，起兵造反。朝廷生擒了岑猛父子，但是岑氏部下的头目卢苏、王受再次造反，攻下了田州与思恩。朝廷派四省大军去讨伐，都败退下来，于是朝廷命王阳明出征。卢苏、王受得知王阳明前来，又听说朝廷没有必杀之意，于是投降之心愈烈。王阳明到达之后，卢苏、王受率数万人归降。王阳明认为两人拥兵作乱，不惩罚不足以平民愤，于是对二人进行了杖刑的处罚。但是处罚之后，王阳明来到军队对众兵加以安抚，归顺的军队万分感动，表示愿意效忠朝廷。王阳明写了一封《奏报田州思恩平复疏》，分析了此次岑猛父子作乱的缘由，详细提出了解决两广边境问题的方案，具体有十项不能做、十项必须做，称之为"十患""十善"。[1]与解决南赣匪患的思路一样，王阳明首先分析问题的起因，再加以妥善解决。不过，与

---

[1] 《王阳明全集》，第523—526页。

南赣剿匪不同的是，王阳明此次不战而胜，可以说是天时、地利、人和俱足。一方面卢苏等人的确愿意投降，另一方面他们也信任王阳明的人品，各种因素交织在一起，促进了这场不费一兵一卒就取得的胜利。取胜之后，王阳明在当地兴建学校，教化百姓，并从其他地方调动教师来任教。可见，在王阳明心中，教育始终是最根本、最彻底的解决方法。思恩、田州的问题持续了两年多，王阳明到来后，立即得到顺利解决。然而，广西中部八寨地区的少数民族又开始叛乱。大藤江两岸即是断藤峡，悬崖峭壁之间便是他们的巢穴。叛贼占尽地势之利，拥兵数万，勾结周围各省的盗匪，烧杀抢掠，百姓苦不堪言。明朝英宗年间，朝廷曾派兵二十万讨伐，但是退兵不久，叛贼又从巢穴拥出作乱。后来在明朝宪宗年间，土官岑氏也曾攻入八寨，但是仍旧不敌叛方，退败下来。其后再也没有人攻打这一带的叛贼。但是，王阳明会同刚刚归顺的卢苏部队，仅仅花了两个月的时间，就平定了八寨之乱。关于王阳明用兵之神，我们无需多言。《明史》对王阳明的事功这样评价："终明之世，文臣用兵制胜，未有如守仁者也。"①《明史》的评价洵为的评！不过，值得我们注意的是王阳明平定八寨之乱的指导思想。他告诫士兵此次征程的目的是平定叛乱，安抚民心，不是以杀人数量论功，也不能伤及百姓的一草一木。王阳明的政治生涯经历过大起大落，担任过中央的官员，也曾被贬谪到地

---

① 转引自《王阳明大传》（下），第230页。

方;担任过文臣,也担任过军事统帅。他屡建奇功,拥有一颗仁爱教化之心,这种道德与事功的圆融是对儒家"内圣外王"的最好诠释。

马一浮虽然没有军功,但是他的心学也助他积极应对外部环境的变化。"多样的统一"不仅能安顿繁复的知识世界,对于知识分子应对变化莫测的外在环境也有指导意义。马一浮认为,善于领会"多样的统一",可以"悟得礼乐"。事实上,"多样的统一"是"体","悟得礼乐"是用。根据马一浮思想体系的逻辑,"多样的统一"最后是由"心"完成统一与调和的,心统摄六艺,六艺统摄一切学术。六艺可以说都是心,或者说是"多样的统一"之用。马一浮说善于领会者可以"悟得礼乐",事实上也暗含了可以"悟得诗书礼乐易春秋"在其中。"礼乐"是其中一部分之用。但是正是这"多样的统一"之用,帮助马一浮积极应对当时战乱的环境。1937年,日军侵略杭州前夕,马一浮举家迁徙,彼时写了一首诗,名为《郊居述怀兼答诸友见闻》:

> 天下虽干戈,吾心仍礼乐。
> 避地将焉归?藏身亦已绰。
> 求仁即首阳,齐物等南郭。
> 秉此一理贯,未释群生缚。
> 锁尾岂不伤,三界同漂泊。
> 人灵眩都野,壹趣唯沟壑。

鱼烂旋致亡，虎视犹相搏。

纳阱曰予知，偭规矜改错。

胜暴当以仁，安在强与弱！

野旷知霜寒，林幽见日薄。

尚闻战伐悲，宁敢餍藜藿？

蠢彼蜂蚁伦，岂识天地博！

平怀俯仓溟，寂观尽寥廓。

物难会终解，病幻应与药。

定乱由人兴，森然具冲漠。

麟凤在胸中，豺虎宜远却。

风来晴雪异，时亨鱼鸟若。

亲交不我遗，持用慰离索。①

这首诗的头两句便点出了马一浮的心境：天下虽干戈，吾心仍礼乐。马一浮说"礼乐不可须斯去身。平时如此，急难中亦复如此"。②这便是马一浮心学之用。马一浮不仅提出这样的思想，并且延续先儒修身涵养的传统，去积极实践他的思想。从这一点看，他的确做到了阳明心学所说的"知行合一"。在杭州时，丰子恺每次拜访马一浮后，都"似乎吸了一次新鲜空气，可以继续数天的清醒与健康"。③丰子恺避寇到

---

① 《马一浮全集》第三册（上）《诗集》，第47页。
② 《马一浮全集》第六册（上）《附录》，第343页。
③ 《马一浮全集》第六册（上）《附录》，第335页。

桐庐，已经晚上十点半。战乱、迁徙等让丰子恺身心都非常难受，此时他非常渴望向马一浮先生请益。根据丰子恺自己的回忆："这一天半夜里，我带了满身的火药气与血腥气而重上君子之堂，自觉得非常唐突。"①见到马一浮后，丰子恺马上被马一浮的精神气象所折服，一扫忧郁的心情。丰子恺说："我在灯光下再见马先生。我的忧愁、疑惑与恐惧，不久就被他的慈祥、安定而严肃的精神所克服。"②由此可见马一浮知行合一的修养功夫。马一浮认为"困不失亨"，"见得此义理端的，此心自然不乱，便是礼。不忧不惧，便是乐"。③孔子也曾困于陈蔡之间，《论语·卫灵公》记载："在陈绝粮，从者病，莫能兴。子路愠见曰：'君子亦有穷乎？'子曰：'君子固穷，小人穷斯滥矣。'""穷"为逆境之意，孔子认为君子可以安守在这种境遇中，小人却未必。马一浮以实际行动诠释了孔子的精神，以"知行合一"的精神实践了"多样的统一"之妙用。

可见，在战火纷飞的时代背景下，马一浮依然可以泰然处之，这涉及他对"变"与"常"的理解。马一浮认为："天下之道，变常而已矣。唯知常而后能应变，语变乃所以显常……今中国遭夷狄侵陵，事之至变也；力战不屈，理之

---

① 《马一浮全集》第六册（上）《附录》，第335页。
② 《马一浮全集》第六册（上）《附录》，第335页。
③ 《马一浮全集》第六册（上）《附录》，第343页。

至常也……"①在马一浮看来,天下事物的呈现主要表现为"变"与"常"两种状态。而当时国土遭受外敌入侵,可以说是"至变"。但是,要"知常"才能应对这种极端的变化。这个"常"就包括"力战不屈"。如果结合上文"天下虽干戈,吾心仍礼乐"的诗句,我们也可以推测,干戈是变,礼乐是常。之所以马一浮能在战乱中保持一个相对乐观的态度与和谐的内心,就在于他相信"常"。他认为"常者,本也。变者,迹也"。②这个"变"可以说是"多样的","常"可以说是"统一"。如果能够抓住这个根本,就足以应对外在变化的各种事相。因此,他在给浙江大学毕业生写的序中,便劝勉这些年轻人要在艰苦的环境中锤炼自己,从而"养成刚大弘毅之质"。③把当时困难的环境当成磨刀石,来养成刚毅的品质。如果按照马一浮"常"与"变"的思想来理解,养成内心"刚大弘毅"的品质是本,固本之后便可以自如应付外在艰苦困难的环境。因此,马一浮提出的礼乐思想从某个方面可以理解为引导艰苦困难中的人们将注意力放到根本上,以常应变。他给浙江大学写的校歌中便贯彻了这种思想。他认为"抗战乃一时事变,恢复为理所固然"。④这体现了他对抗日战争胜利的信心。但是他认为抗战的情绪不适合写入歌词。他在解释歌词的

---

① 《马一浮全集》第一册(上)《语录》,第84页。
② 《马一浮全集》第一册(上)《语录》,第84页。
③ 《马一浮全集》第一册(上)《语录》,第41页。
④ 《泰和宜山会语》,《马一浮全集》第一册(上)《语录》,第83页。

时候提出"学校不摄兵戎,乐章当垂久远",认为战争只是一时的,礼乐的力量当更加久远。

三、马一浮对阳明心学的突破

马一浮思想的核心虽然是"心",阳明心学也是马一浮心学的三大来源之一,但是马一浮对阳明心学的继承是有选择性的、批判性的而非盲目的。上文提到马一浮总结历来大儒对《大学》"格物"的理解,认为争议归根究底是宗于朱子还是阳明之争。

> 阳明"致良知"之说,固是直指,然《大学》须还他《大学》。教有顿渐,《大学》说先后次弟,明是渐教;《中庸》显天人一理,"君子笃恭而天下平",中和即位育,方是顿教。儒者不言顿渐,然实有是理。阳明是就自家得力处说,朱子却还他《大学》元来文义,论功夫造诣是同,论诠释经旨却是朱子较密。[①]

马一浮认为无论是朱子或是阳明的诠释,"功夫造诣"是相同的,即通过朱子或是阳明的功夫路径,都能上探"大学"之道。但是就《大学》文本本身而言,马一浮更加推崇朱子,

---

① 《马一浮全集》第一册(上)《语录》,第90页。

认为诠释文本的核心意义更加严密。阳明虽然在功夫论上是对的，但是却是通过其他的路径证悟了儒家之道后再来诠释《大学》文本。这就好比登山，有许多路径可以到达山顶，而证悟儒家之道，也有许多路径一样。马一浮认为《大学》显示的功夫路径具有"先后次第"，类似于佛教禅宗的"渐教"。也就是说，《大学》提供的是一条循序渐进的路径。《中庸》中所提到的"君子笃恭而天下平"以及阳明的"致良知"则类似于佛教禅宗的"顿教"，是登山的另一条路径。阳明通过"致良知"这条路径已经到达儒家的山顶，然后来诠释《大学》所示的路径，马一浮认为不是十分合适。当然，随着王阳明的路径也能达到山顶，但是却不是《大学》所示的路径。在这方面，马一浮认为朱子的功夫较为严密，做到了"还他《大学》元来文义"，更加贴合《大学》文本本身的含义。从这个例子我们可以看到，马一浮的思想虽然具有明显的心学特色，阳明心学也是马一浮心学的重要来源，但是马一浮对阳明心学的继承是有批判性的。可见，马一浮对阳明心学既有继承与肯定的一面，也有批评与超越的一面。

马一浮心学的一大特色便是努力对千年的传统门户之见进行突破。历史上，我们看到了汉宋之争、理学心学之争（包括朱陆、朱子与阳明等）、儒学对佛老的排斥等。马一浮努力的核心便是尝试消除这种门户之见。他在《读书法》中已经讲明读书要"通而不局","通则曲畅旁通而无门户之见"。①关于马一浮其人其学的定位，学界有不少讨论。马一浮到底是佛家，是道家，还是儒家？在儒家内部，他是程朱，还是陆王？学界也都提出了不少看法。②或许马一浮先生自己并不喜欢后人给自己定位。他在给自己题写的墓辞上说："身与名俱泯兮，曾何有去留。"③或许对于他而言，后人如何评价，他并不十分在乎。这是从马一浮本身而言。而对于我们后人而言，为了更好地了解马一浮其人，尝试给马一浮一个总体性的评价，或许也未尝不可。事实上，马一浮思想体系的一个显著的特点便在于他的"会通性"。④他的这种"会通性"体现在四个方面。

第一，融合朱陆，突破理学、心学之见。从程颐、程颢兄弟开始，理学内部便有了理学、心学分殊的萌芽。到了陆九渊与朱子，这种分殊已经扩大到了两个学派之争，鹅湖之辩便是一个显例。到了明代，又变成了朱子与阳明的异同。事实上，思想家之间的思想有所不同是很正常的。哪怕是孔孟、陆九渊与王阳明也有不同。就朱子、王阳明本人而言，他们的后学意见也不能统一。马一浮试图对这一延续了近千年的争端做一调

---

① 《马一浮全集》第一册（上）《语录》，第106页。
② 例如郭齐勇、邓新文等学者都对这个问题有过高度的关注。见郭齐勇《马一浮的人格境界与哲理诗》，《中国文化》1994年第1期；邓新文《马一浮六艺一心论研究》第一章第四节"马学的显著特点及其定位问题"，第50—66页。
③ 《豫制自题墓辞》，《马一浮全集》第二册（上）《文集》，第279页。
④ 邓新文：《马一浮六艺一心论研究》，第57页。

和。其实即便到了近代,这种争端依然存在。胡适便提出:

> 我们关心中国思想的前途的人,今日已到了歧路之上,不能不有一个抉择了。我们走哪条路呢?我们还是"好高而就易",甘心用"内心生活""精神文明"一类的揣度影响之谈来自欺欺人呢?还是决心不怕艰难,选择那纯粹理智态度的崎岖山路,继续九百年来致知穷理的遗风,用科学的方法来修正考证学派的方法,用科学的知识来修正颜元、戴震的结论,而努力改造一种科学的致知穷理的中国哲学呢?我们究竟决心走哪一条路呢?①

胡适所说的"好高而就易""内心生活"等道路,便是新儒家如梁漱溟等对阳明心学的继承与发展。"九百年来致知穷理的遗风"显然指的是理学一脉。胡适似乎将理学与心学完全对立起来,甚至将心学的道路看成是歧路。当然,胡适有他时代的局限性与问题意识。他是为了应对西方科学而提出这个观点的。马一浮则对理学、心学进行了调和。王党辉先生认为,"马一浮以'心外无物'确立了本体论,又在此基础上开展为论述理、气、性、情的形而上学,这就把心学和理学统一起来了"。②从这一点来说,马一浮的思想格局是超越阳明心学的。

第二,融通汉宋,突破经学、理学之争。马一浮的思想特

---

① 胡适:《戴东原的哲学》,第138页。
② 王党辉:《马一浮之心学理学融合论》,第105页。

点很容易让人们将他归入理学或者心学中。从大的思想史背景讲，理学和心学都可以统称为"理学"，这个崇尚义理与修养的"理学"通常是与汉代重视诠释经典文本的"经学"相对应。他认为"读书所以穷理，亦所以畜德"，①这是很明显的理学家的论述。马一浮本人对于经典文本也十分用功，抛开理学的部分，说马一浮是个经学家也没问题。无论是《〈群经统类〉拟先刻诸书简目》中列目的八类四十四种书籍，还是他给学术列举的《通治群经必读诸书举要》，马一浮所列举的书目均不局限于理学（包括心学）。例如，他列举的《论语》何晏集解、皇侃义疏、邢昺疏，《孟子》赵岐注等都是汉代经学的代表。马一浮同样想要对汉宋之争做一调和。他提出，汉宋之争也同样是门户之见。他说：

> 汉、宋之争，亦复类此，为汉学者，诋宋儒为空疏，为宋学者，亦鄙汉儒为锢蔽。此皆门户之见，与经术无关。知以义理为主，则知分今古汉宋为陋矣。②

自来经学批评理学"空疏"，同样，理学批评经学"锢蔽"，这都是门户之见，是不可取的。因此，马一浮对王阳明的超越不仅体现在对理学、心学的调和，还体现在对汉宋之争的消融。

---

① 《马一浮全集》第一册（上）《语录》，第106页。
② 《马一浮全集》第一册（上）《语录》，第108页。

第三，融汇佛老，突破宋明以来对佛老的排斥。排斥佛老是宋明理学的一大特色。一方面宋明理学吸收佛老的形上学，另一方面又站在儒家的立场排斥佛老。许多宋明大儒都有出入佛老的思想经历。理学集大成的朱子也有一段出入佛老的心路历程。无论是接受家庭佛教氛围的熏陶，还是从他老师那里听闻杂糅佛老的理学知识，到他自己接受"昭昭灵灵底"禅，朱子思想与佛老的关系也是十分复杂的。①但是归根到底，朱子还是站在了儒家的立场上排斥佛老。王阳明的心学许多时候被认为具有佛教的特色，但是"王阳明应对佛教的策略是抑制、排斥的"。②然而，马一浮对佛老的态度也是包容的。我们从很多例子都可以看到，马一浮援引佛教的概念来诠释儒家的概念。例如，马一浮讲"仁"，便借用佛教"华严"的例子。他说："如佛说《华严》，声闻在座，如聋如哑，五百退席，此便是无感觉，便可谓之不仁。"③佛教的"华严"与马一浮说的"仁"不是一个概念，但我们看到了马一浮援引佛教诠释儒家的努力。这一点，从大方向讲，马一浮在努力消弭各种学问之间的分歧，风格上自具特色，但是在细节处理上，恐怕有所不当。喜欢用佛教的概念来辅助说明是马一浮学术方法的一个特色。例如用佛教的"万法"来诠释儒家的"事物"，

---

① 详见束景南《朱子大传》中的《出入佛老的心路历程》一章，商务印书馆，2003，第81页。
② 李承贵：《王阳明思想世界中的佛教》，《中山大学学报（社会科学版）》2010年第5期。
③ 《马一浮全集》第一册（上）《语录》，第135页。

用禅宗的顿教、渐教类比儒家《大学》与《中庸》、朱子与阳明功夫路径的不同。虽然佛教的"万法"以及禅宗的顿教、渐教在概念的内核和外延与儒家均有不同。但是我们看到了马一浮想要求得"多样的统一"的努力。同时，这也印证了陈来先生关于佛教是马一浮心学思想重要组成部分的观点。[①]马一浮的心学思想同时汲取了大量佛教的元素。但是，马一浮的这个工作无疑也存在他的问题。马一浮的目的是比较明确的，从认识论上，要用六艺思想对各种思想学派进行"统摄"，最终回归人的"本心"，构建以"人"为核心的人本主义思想体系，努力消弭各类思想纷争带来的人的纷争；从知识论上，人的"本心"可以开显出无穷无尽、丰富多样的知识世界；从功夫论上，人的"本心"具有无限的潜能，人们也必将能回归"本心"。然而，用佛教概念诠释儒学概念是有一定风险的。首先，佛教的概念与儒家的概念的内核与外延是不同的，尽管在外在的表现上有一些相似性。马一浮的这种努力固然是想消解不同学问之间的分歧，然而在某种程度上忽略了他们的核心立场。无论是佛教还是儒家，都有其自身的逻辑与范围。因此，我们认为马一浮尝试沟通不同学问的努力是值得肯定的，但是具体的方法上存在穿凿附会与太过武断之嫌。其次，读者必须具备较高的佛教哲学素养，方能更好地体会马一浮融通各家学问的努力。但是马一浮学问最终的归宿依然是儒家的"六

---

① 详见陈来《马一浮的心物论与中国哲学的唯心传统》，载《学人》第五辑，江苏文艺出版社，1994，第310页。

艺"。是否依照儒家自身的逻辑，无法理解"六艺"本身，从而需要在哲学辨析上以更为成熟的佛教哲学作为理解儒家"六艺"的辅助？再者，结合当时的时代背景，中国传统学术遇到的最大挑战似乎是西方学问，虽然马一浮的学术无疑是具有世界视域的，但是在具体细节的论证中，对西方学问的关切似乎不足。

对于道家，马一浮的六艺体系也给予了安顿。① 首先，在马一浮的六艺体系中，他认为"道家统于《易》"。但是马一浮对道家的不足也提出了批评。道家是中国传统文化重要的组成部分，形成时代大致与孔子相仿，代表人物有老子、庄子等，主张自然、无为等。《汉书·艺文志》记载，道家出自史官。据说老子曾经担任周室的守藏史，掌管许多档案文献。因为史官可以阅读历代成败得失，因此知道以弱者自居，班固认为这是道家的特色。但是在性情比较放任的人那里，则弃绝仁义与礼学。②

马一浮对道家的评价是："道家清虚夷旷，近于乐，其流至任诞废务，是有礼而无乐也。"③ 道家主张清静虚无、高雅淡泊，同时平和旷达，类似于六艺中乐教的妙用，令人十分向往。但是马一浮认为它的流弊在于乐的精神过了一个尺度，导

---

① 关于马一浮与道家哲学的关系，可参见张宏敏《马一浮与道家哲学研究》，《中共宁波市委党校学报》2011年第1期。
② 班固：《汉书》，中华书局，2007，第334页。
③ 《马一浮全集》第一册（上）《语录》，第265页。

致放任、不受拘束,以至于旷废职务,不喜欢工作。的确,历史上许多有道家情怀的学人宁愿舍弃工作,在深山过着清虚旷达的生活。但是,马一浮对此是持批评态度的。他认为道家的精神虽然近于乐,但是没有礼的规范,也有很深的流弊。其实道家的这种态度原本是源于对礼教的补救。礼教过于执着具体的形式容易流于死板。《老子》载:"失道而后德,失德而后仁,失仁而后义,失义而后礼。夫礼者,忠信之薄而乱之首。"马一浮也明白道家补救礼教之失的初衷,但是他认为道家的做法矫枉过正了。他说:"道家以礼为忠信之薄,乃矫文胜之弊而过之,遂欲去礼,是亦于礼虚也。"[1]马一浮对自己的这句话解释道:"本以文胜为虚,欲救其失而径去其礼,是与之同过。"[2]可见,马一浮自己也是承认礼的弊端。这一点,从他对法家的批评上就可以看到。但是他认为道家为了补救礼教之失而完全抛弃礼教的做法也是不可取的,是矫枉过正,有失中道。并且,他认为孔子的"薄于德,于礼虚"就是对道家的评价。从马一浮对道家的批评也可以看出,马一浮虽然长期隐居,但不是道家意义上的隐;一旦机缘成熟,还是积极入世实践。马一浮对道教的论述较少,但是在一些材料中也能发现他对道教的态度。马一浮说:"尝谓二氏之学实能于费中见隐,故当为《易》教所摄。"[3]佛道二教的体系十分庞

---

[1] 《马一浮全集》第一册(上)《语录》,第265页。
[2] 《马一浮全集》第一册(上)《语录》,第265页。
[3] 《马一浮全集》第一册(上)《语录》,第364页。

大，马一浮将之统摄于《易》教，这个做法似乎有些冒险，但也体现了马一浮的六艺统摄观。

无论如何，马一浮对佛老的态度与宋明以来的传统不同。他的思想体系兼收并蓄，并不排斥佛老两家。虽然他对佛老两家的诠释以及评价是否恰当还有待学界进一步研究。但是他的这种努力的确是突破了王阳明的局限。

第四，融入世界，审视世界视域下的中国传统。无可否认的是，马一浮的思想是具有世界视域的。这一点是王阳明所没有的。不过，王阳明的时代尚未受到西学的冲击，大明王朝无论从政治、经济还是文化上依然是世界上最强大的国家。这一点，我们不必也不能批评王阳明的思想没有世界关怀。在他那个年代，儒家的"天下"观念已经十分广泛。但是作为后人来重新审视马一浮思想与王阳明思想的不同，我们可以大胆地说马一浮的思想具有世界视域。上文已就马一浮思想的世界视域进行过专题讨论，早在旅美期间，马一浮就阅读了大量的西学著作。1907年，他在给舅舅何稚逸的信中说道："欲综会诸家国别、代次，导源竟委，为《西方学林》，辅吾儒宗，以竢来者。又欲草《西方艺文志》，著其类略，贫不能多得书，病撏绎未广，汔未可就。"[①]他想模仿中国传统目录学的体例，对西方的思想学术进行一番归纳与整理，想编纂《西方

[①] 《马一浮全集》第二册（上）《文集》，第294页。何稚逸，山西人，系马一浮的三舅。关于何稚逸的生平简介，见丁敬涵《马一浮先生交往录》，《马一浮全集》第六册（上）《附录》，第112页。

学林》与《西方艺文志》。可以看到，在纷繁的知识世界中求得一统是马一浮心中强烈的学术冲动。虽然这两种书最后没有编成，但这种努力背后的逻辑就是"多样的统一"。马一浮对西学的态度还是一样的，他秉承着"多样的统一"的观点，将西方文化收纳到他的六艺体系之中。他认为，《易》可以统摄自然科学，《春秋》可以统摄社会科学。文学、艺术可以统一于《诗》与《乐》；政治、法律、经济等统摄于《书》《礼》等；宗教也可以统摄于《礼》；哲学的本体论与《易》接近，认识论与《乐》接近，经验论与《礼》接近。同样，我们认为马一浮的做法也是冒险的。西学是个独立、庞大的学问体系。《易》是否能够统摄自然科学，正如《易》能否统摄佛道二教一样，在知识细节上是值得怀疑的。这里，马一浮或许只是指出知识的原理相通。例如，马一浮认为，数学、物理是基本科学，与《易》的象数观念是相通的。相通并不相同。或许马一浮认为，《易》教的自然研究方法可以作为沟通西方科学的桥梁，正如《易》教深刻的哲学可以作为沟通理解佛道二教思想的桥梁。

细节的处理并非马一浮的重点。他的重心在于消弭各派之争，他说：

> 至于近时，则又成东方文化与西方文化之争、玄学与科学之争、唯心与唯物之争，万派千差，莫可究诘，皆局而不通之过也。大抵此病最大，其下三失随之而生。既

见为多歧,必失之杂;言为多端,必失之烦;意主攻难,必失之固。欲除其病本,唯在于通。知抑扬只系临时,对治不妨互许,扫荡则当下廓然,建立则异同宛尔,门庭虽别,一性无差。不一不异,所以名如;有疏有亲,在其自得。一坏一切坏,一成一切成,但绝胜心,别无至道。①

近代以来,西学东渐,于是马一浮所处的时代便有东方文化与西方文化之争。许多学者都在努力研究与讨论这个问题。梁漱溟的《东西文化及其哲学》便是最早对这个问题进行系统回应的学者之一。后来又发生了玄学与科学之争,这场"科玄论战"始于二十世纪二十年代,影响深远。张君劢、胡适等均参与其中。②此外,还有唯物、唯心之争。这些都是近代西学东渐,古今中西政治、经济、军事、文化等碰撞、交流的结果。马一浮对于这一切似乎看得很淡然。他认为这千差万别的争端,归根到底都是"局而不通之过也"。要想破除这个弊端,关键在于"通"。如何通?马一浮认为不妨互相许可以扫除偏见。扫除偏见并不是说扫除学术之间的差异。他认为"建立则异同宛尔",同与不同都能清晰。归根到底,这便是马一浮"多样的统一"的最好体现,各个学派之间当然有别,是为"多样",但是"多样"并不意味着要"对立",相反,

---

① 《马一浮全集》第一册(上)《语录》,第108页。
② 详见陈寒鸣《"科玄论战"与张君劢的现代新儒家风貌》,《燕山大学学报(哲学社会科学版)》2019年第3期。

可以进行"统一"。可以说,这是在知识论上对王阳明最大的突破。

四、结语

马一浮的思想体系"可以说是二十世纪中国哲学界中最具传统色彩的一个体系。……新儒家早期的代表熊十力、梁漱溟皆曾向他请益,号为一代宗师"。[①]马一浮是现代新儒家中极具特色的思想家,他的思想核心具有浓厚的心学特色。他的心学可以用"多样的统一"来表达。面对繁复的知识世界,马一浮认为各种学派之间可以并行不悖。汉宋之争、理学心学之争、儒家排佛、近代古今中外之争在马一浮看来都是没有必要的。这些学派恰恰体现了知识世界的"多样性",而这个"多样性"可以获得"统一",这便是"多样的统一"。而这个统一由"心"完成。他的主要思想是六艺,并认为六艺统摄一切学术,而六艺统摄于心。马一浮《群经统类》的书目也证实了这一点。他收录的六经注疏中既有汉学又有宋学,既有理学又有心学,是马一浮在文献刊刻上对"多样的统一"的生动实践。阳明心学是马一浮心学的重要思想源泉。阳明的心学的"心外无物"与"知行合一"很大程度上影响了马一浮的心学特色。但是马一浮与阳明所处的历史背景不同,两人的学术路

---

① 陈来:《马一浮的心物论与中国哲学的唯心传统》,载《学人》第五辑,江苏文艺出版社,1994,第310页。

径也有较大的差别,这使得马一浮对阳明心学结合新的时代背景进行了实践、继承和发扬。但是马一浮思想自具特色,有阳明心学的特点但并不局限于阳明心学,并对后者有一个超越性的发展。

何　俊　洪德取

第二章
熊十力与阳明心学

熊十力（1884—1968），原名继智，又名升恒、定中，后来更名为十力，字子真、子贞，晚年自称漆园老人、逸翁，出生于今湖北省黄冈市团风县张家湾一个家境贫寒的家庭。熊氏青少年时期未曾经受过长久严格的学院式学术训练，他的性格较为自由散漫，然而这竟造就了他在学问上"不拘家派""融会中西""平章华梵"的宏伟气魄。尽管其学融贯百家，对中西印三方面的思想资源均有批评和吸取，但总体而言，他对宋明理学，尤其是陆王心学则多有继承和发挥。他在《新唯识论》《读经示要》等代表作中经常称赞阳明的良知理论，即本体即工夫说等等，并坦言自己和阳明思想的一致之处。他还不断引用"无声无臭独知时，此是乾坤万有基""顺躯壳起念""抛却自家无尽藏，沿门托钵效贫儿"等阳明语说明问题，由此可见二人思想确有不少联系。这些看法当然需要具体的研究兹以证实。贺麟先生曾对此做过正面的阐释，他赞同熊先生对陆王思想的继承，甚至分条叙说后者对阳明思想的吸收和发挥之处。当代熊学研究者亦多肯定熊氏与宋明理学、阳明心学在思想上的联系,[①]熊氏对阳明心学的某些思想有所继承似乎已经成为学界的共识,不证自明。但深入、系统、具体地考察二人思想上的联系,讨论阳明心学对熊氏的影响的专题研究还甚为缺乏。从思想史的角度来看,这一问题在讨论现代新儒家的思想渊源方面无疑具有一定的学术价值,对于研究熊十力哲学、反思当代中国哲学的建构亦是相当重要的一个环节。本文拟采用历史与逻辑相结合的方法,深入细致地讨论阳明心学对熊十力的影响,以期对这位现代新儒学大家有更为丰富的认识与了解。

[①] 例如萧萐父认为:熊先生在乱世中进入学术界,他"苦学精思,自循中国哲学启蒙的特殊道路,自觉地把王阳明、王船山视为自己的哲学先驱"。(《编者序》,《熊十力全集》第一卷,第6页。)石峻曾说:"对于宋明理学中程朱学派与陆王学派之争,熊先生则比较接近陆象山'先立乎其大者'的思想乃至王阳明以'良知为本体'、主张'知行合一'的思想。"(《熊十力全集》附卷上,第423页)郭齐勇认为阳明所说"良知即是易,其为道也屡迁,变动不居,周流六虚,上下无常,刚柔相易,不可为典要,惟变所适""心不可以动静为体用。动静,时也。即体而言用在体,即用而言体在用,是谓体用一源,若说静可以见其体,动可以见其用,却不妨"这些思想直接为熊十力所继承。阳明学的"良知与万物同体"论、"心物合一"论具有的这种"泛神论"的色彩,也在熊十力本体论中打上了烙印。(《熊十力哲学研究》,第52—54页。)宋志明在《现代新儒家研究》(中国人民大学出版社,1991)中讲道:"在宋明理学里陆王心学和程朱理学这两大派中,熊十力比较欣赏陆王,尤其是明代的王阳明。"等等。景海峰、丁为祥、程志华、李俊祥等人对于熊十力的研究亦肯定熊氏与阳明学的关系,此不赘述。

第一节　熊十力生平学术中的心学线索

一、少年时期：儒式家风，顿悟此心此理

熊十力的家世，据他在《先世述要》中讲，五代以上家庭环境尚可，为书香门第，后家道衰落，至曾祖以下三代已无立锥之地。①值得留意的是，熊氏在此文着重叙述了其曾祖母华太夫人和其父熊其相的事迹。他们对熊氏的学习以及精神气质等方面的影响值得考察。

1."恻隐之仁，充满怀抱"

熊父曾用"其识高明，其志挺拔，其行坚苦，其德惇厚"②来形容熊氏的曾祖母华太夫人。

熊氏曾祖父光东公少年早逝，曾祖母誓不改嫁，养育同族侄子熊敏容为嗣子，孤儿寡母，凭其勤劳种植、纺织以过活生计。曾祖母常自傲曰"穷人无田而自有活计，无求于人也"。③熊氏祖父敏容公，一生以务农、木工为业，娶曹氏，仅生熊其相一男，以收入微薄的家庭手工业工作撑起了一家人的生活；熊父其相成长在这样的困难家庭，并没有放弃读书，

---

① 熊十力：《先世述要》，《熊十力全集》第八卷，第868页。
② 熊十力：《先世述要》，《熊十力全集》第八卷，第876页。
③ 熊十力：《先世述要》，《熊十力全集》第八卷，第868页。

他厌恶科举功名，曾担任乡村私塾教师，在贫困中抚育了众多子女（其妻高氏生有六男三女，其中熊十力排第三）。熊氏青少年时期的生活亦相当困苦，但却从未废学。可见，曾祖母在艰苦生活中"傲立""其志挺拔，其行坚苦"的奋斗精神，一代又一代地延续到了熊氏。

还有两件事情可体现出曾祖母"其识高明，其德惇厚"。一为处理"罗田逃妇案"。曾祖母曾接济独身乞食的罗田逃妇，察觉她"貌有风霜之苦，似更有畏惧多疑之象"，遂问其故。当得知她遭丈夫打，怀恨远跑三个月至二百几十里的此处的事情原委后，曾祖母当即断定妇人的母家与夫家已经发生官司命案，遂出主意送妇人回家，甚至想好自家消耗差旅费的补救办法。二为解决"易家少年卖妻还债事件"。易家少年因赌败光家产，赌徒逼迫他卖妻还债，曾祖母得知消息后，为避免乡党流氓带坏社会风气，独自前往易家主持正义，劝阻赌徒及时悔过，以免"坏人结党，酿成大乱"。难怪熊父评其"恻隐之仁，充满怀抱"。[①]

熊父更对熊氏讲："曾祖母虽未读书，而其毕生近取诸身与远取诸物者，随时随处常读活书。其九十余岁行事，皆从读活书中得来。"[②]无论是她誓不改嫁，坚持守孤；还是主动帮助罗田逃妇、易家夫妻；或是"独忧此等风气一开，匪类横行无忌惮，将来学他者极多，郡县大多数的百姓，千家皆将蒙鱼

---

① 熊十力：《先世述要》，《熊十力全集》第八卷，第877—883页。
② 熊十力：《先世述要》，《熊十力全集》第八卷，第883页。

烂之殃";①这些事迹,无不体现出一位身在中国传统社会的老妪,具有忠贞不屈、仁心善行、心怀民众的"活书"形象,因此"其德行常在乡党口碑"。

据《先世述要》记载,熊父去世前还对熊氏等人耳提面命"无负曾祖母",②熊氏亦讲:"先父平生作人与为学之道,实取法于曾祖母华太夫人。"③《先世述要》一文的篇幅本就短小,熊氏却详述了曾祖母的事迹,他感叹道:"予本欲于六十岁左右,为曾祖母作行状,今半百望满,将还于大化,不意如此之速也。"④华太夫人对熊氏父子二人的影响可见一斑。

2. "敬承大人志事"

熊氏从小就表现出读书方面的天赋。1889年熊氏五岁,熊父听说他记忆力好,准备考考他,没有上学的他竟能背诵《三字经》《教儿经》《百家姓》等启蒙书。问其缘故,原来是在教室外听别的学生读,就准确记住并背诵下来。⑤得知儿子非凡的记忆能力,熊父惊喜不已,偶尔回家就"教不肖(按:熊十力)识字,又尝说历史故事"。⑥讲张居正与应试考官吟诗作对的故事时,熊氏嚷嚷着跃跃欲试,没有受过任何正规教育

---

① 熊十力:《先世述要》,《熊十力全集》第八卷,第883页。
② 熊十力:《先世述要》,《熊十力全集》第八卷,第876页。
③ 熊十力:《先世述要》,《熊十力全集》第八卷,第884页。
④ 熊十力:《先世述要》,《熊十力全集》第八卷,第884页。
⑤ 参阅叶恩贤《熊十力传》,团结出版社,2020,第24—25页。
⑥ 熊十力:《先世述要》,《熊十力全集》第八卷,第874页。

的他竟能和父亲对起了对联。①

熊父"通晓经史，学宗程朱"，②熊氏在《先世述要》中讲"先父毕生专治史学""少时学五经于吾父"。③由此可知少年熊氏的学习内容和范围基本源于其父。熊氏少年时期始终没有经受长久持续的正规学校教育，仅求学于先父蒙馆一年，这罕有的学习经历便释放了他的学习热情，竟做到"日夜手不释卷，睡时甚少"④的程度。他回忆学习过程"（先父）初授《三字经》，吾一日读背迄。授四书，吾求多授，先父每不肯，曰：多含蓄为佳也"。⑤这两段材料一方面体现出熊氏的勤奋刻苦而资质又优；另一方面，从四书五经的学习内容可大略推知：他通过父亲，自小便研习儒家经典，一定程度上受到儒家思想的影响。熊氏之后归宗儒学，成长为现代新儒家的重要代表人物，显然有少年时期来自家庭，特别是他的父亲在为学上的影响。

可是好景不长，熊父不久即患病去世，熊氏只好辍学。熊父弥留之际讲："穷于财，可以死吾之身，不能挫吾之精神与意志。平生炯然不可乱之神，凛然不可夺之志，是乃孟子所谓

---

① 叶恩贤：《熊十力传》，第27页。
② 郭齐勇：《天地间一个读书人——熊十力传》，上海文艺出版社，1994，第2页。熊十力本人讲"先父其相公学宗程朱。"（《十力语要》，《熊十力全集》第四卷，第424页。）
③ 熊十力：《先世述要》，《熊十力全集》第八卷，第884、875页。
④ 熊十力：《先世述要》，《熊十力全集》第八卷，第874—875页。
⑤ 熊十力：《十力语要》，《熊十力全集》第四卷，第424页。

上下与天地同流者也，焉得有死乎？"①熊父至死尚有"凛然不可夺之志"，真是感人至深。但他倍感惋惜，嘱咐熊氏学习成才太难，不如学裁缝糊口算了。熊氏却当即立下誓言："儿无论如何，当敬承大人志事，不敢废学。"②他确实是如此实践的。即使辍学在家，也效仿长兄，农作时"带书田畔，抽暇便读"。③

可以说，熊氏少年时期的为学之路基本依靠自学，唯有挺拔之志方能做到如此。这让人不禁想起少年时期的王阳明立志做圣贤的事迹，阳明后来教学首倡"立志"，这是儒家教人与为学的关键。少年熊氏的求学过程，以及立志为学的行为体现出其家庭愈挫愈勇、积极入世的氛围对他的熏陶，这种气氛是"儒学式"的。

3. "顿悟此心此理"

熊氏自学过程中的阅读书目不得而知，但他在熊父的影响下受过儒学的启蒙教育，自然也会循着这条路子继续阅读一些儒家方面的书籍。熊氏曾作《陈白沙先生纪念》一文。据他在文中回忆，约十六七岁时读《白沙先生遗集》，对其中的《禽兽说》感受"最大最深"。他引述《禽兽说》文"人具七尺之躯，除了此心此理，便无可贵……"，他说读此文使他顿悟到"真我"，"余乍读此文，忽起无限兴奋，恍如身跃虚

---

① 熊十力：《先世述要》，《熊十力全集》第八卷，第875页。
② 熊十力：《十力语要》，《熊十力全集》第四卷，第424页。
③ 熊十力：《十力语要》，《熊十力全集》第四卷，第424页。

空,神游八极,其惊喜若狂,无可言拟。当时顿悟血气之躯非我也,只此心此理方是真我"。[①]熊氏读白沙的《禽兽说》顿悟血肉之躯只是"藐小之物",是能食、能饮、能行淫欲,追求身乐嗜欲的小我,犹如"禽兽"。而"汝乃的的确确有虚灵明觉",是"备万理、含万德"的无尽宝藏,是"此心此理"的显现,即他所谓的"真我"。从他整个生平与学术的角度来看,这种体验是有一定思想上的意义的。

陈白沙在宋明理学史上的地位比较关键。他在阳明之前首倡"白沙心学",对于打破程朱理学垄断有明一代的社会风气产生了一定的作用,是阳明心学思想的先导。熊氏因读白沙书而顿悟此心此理,说明他在少年时期已对心学思想有所涉猎,甚至有"顿悟"的神秘体验,在心理上一定程度地认同并受到了心学思想的影响。就行为习惯来看,这种对"此心此理"(真我)的高度自觉自信的心理,在他身上有所体现。他少年时期曾裸居野寺、遇人不避,又喜打菩萨,常有"举头天外望,无我这般人"之语。中晚年时期为学不拘家派,又能坚守自己的学术立场。其行事为人宛如阳明后学中的自信"狂者"。

概言之,熊氏少年时期受家庭氛围的熏染较深。曾祖母的恻隐善心与挺拔志气影响后人。熊父视她为做人与为学的"活书",至死留言穷困"不能挫吾之精神与意志"。熊氏亦有

---

① 熊十力:《十力语要初续》,《熊十力全集》第五卷,第279—280页。

"不敢废学"之志。这种愈挫愈勇、高度自信、人格挺立的家风的传承是积极入世的，有儒者的风范。在求学路上，熊氏受父亲的影响很大，其父学宗程朱，曾以四书五经等儒学经典教授他，这说明他自小便一定程度上受到儒家思想的影响。在自学的过程中，他读过白沙先生的遗集，对《禽兽说》感悟颇深，认识到"此心此理"方是"真我"。原来他少年时期对心学思想已经有所涉猎，在一定程度上认同并受到了心学思想的影响。

二、青年时期：辗转革命，反思身心道德

熊十力少年时，有一次熊父给他讲秦始皇"焚书坑儒"的故事，他听后发问"是不是儒生们要造反"。父亲笑而不答，并未否定。进入青年时期的熊氏，在自学的道路上逐渐接触到新学，受到革命思想的影响。

1. 戎马青春，投身革命

面对帝国主义列强的蹂躏和剥削，中华民族处于前所未有的民族危机当中。不甘于沦落的中国人在艰难困苦中寻求出路。戊戌维新变法的失败让更多人认识到唯有革命之途才能拯救中国。1901年熊十力十七岁，长兄仲甫为了弟弟能拓宽视野、增长见识，带他结识了具有改良思想的何焜阁先生，及何自新、王汉等革命青年。至此，他开始接触《格致启蒙》类的新学，萌生革命思想，秘密投身革命。

1902年，熊十力与何自新、王汉同去武汉，想要共谋救国大业。1903年，他率先投入武昌凯字营第三十一标当兵，在军中白天练武，晚上读书学习，时常向士兵们介绍国内外形势，揭露清廷的腐败无能，鼓动兵友参加革命。1905年正月，王汉刺杀清臣铁良失败而投井自杀。战友的牺牲更激发了熊氏和革命者们的情绪。是年冬，熊氏考入湖北陆军小学堂仁字斋当兵，这为宣传革命活动提供了便利，他经常往返于学堂和军营之间，暗中为革命积蓄力量。1906年经何自新介绍，他加入日知会，并成为其中的骨干之一。五月，随着革命形势的迅猛发展，熊氏打算策应湖北方，举行武装起义，不料走漏风声，被鄂军统制张彪下令逮捕。幸亏有日知会成员季雨霖事先得知消息并相告，他才得以脱逃，而后化名"周定中"在黄冈白石书院孔庙教书，与共逃的何自新一起度过了几年教书、读书、劳作的耕读生活。直到1911年10月辛亥革命爆发，熊氏又积极参加光复黄州的活动及首义成功后的政府组建工作。临时湖北革命都督府成立时，他任都督府参谋。1912年中华民国临时政府成立，熊氏与季雨霖等设立日知会记录所，编纂《日知会志》，他担任编辑。袁世凯窃取革命果实，他以笔为枪，撰写讨袁檄文，反对封建军阀的统治，并随孙中山积极参加二次革命。

二次革命失败后，日知会编纂工作停止，熊氏离开武昌，回到德安，以遣散费为兄弟置田，建新房，再次过起了种田与自学的生活。是年熊氏在《庸言》发表《健庵随笔》（两则)、《证人学会启》、《答何自新书》、《翊经录绪言》共五篇札记。这是他首次公开发表的文章，内容涉及儒释道诸家思想的比较研究。虽经历过一系列革命活动，熊氏却没有在政治方面取得过多成绩，不过由上可知，他在参与革命活动的过程中，所做的工作多为思想性或文字方面的。所以在1918年护法运动再次失利后，他首先做出了学术思想上的反思与转向。

2."革政不如革心"

既然熊氏少年时期在家庭的影响下，接受了儒学方面的熏陶和学习，还有顿悟此心此理的神秘体验，一定程度上认同心学思想，那么在受到新学影响、参加革命这段时间，他对于儒学或说心学的态度是否有所转变？在革命纷纷失败后，他又该何去何从呢？

先回答第一个问题。据熊氏回忆："弟（按：熊十力）年事未乃冠，似已得一部《格致启蒙》，读之狂喜。后更启革命思潮，六经诸子，视之皆土苴也，睹前儒疏记，且掷地而詈。"[①] "年方弱冠，邻县有某孝廉上公车，每购新书回里，如《格致启蒙》之类，余借读，深感兴趣。"[②] 也就是说，刚刚受到《格致启蒙》类新学影响的熊氏，对于六经诸子似乎是批判的，甚至表现出轻视的态度，以至于"视之皆土苴"，并且"掷地而詈"。表面上，接触新学使他思想中反叛的种子进一步萌发，由此解释他踏入革命的路途便显得自然而然了。

---

① 熊十力：《十力语要》，《熊十力全集》第四卷，第111页。
② 熊十力：《十力语要》，《熊十力全集》第四卷，第424页。

又如他曾言"余年二十前后，厌儒书平易而深喜道"，①"余在清光绪二十八九年间（按：当时熊氏与王汉等人正参与革命）……时海内风气日变，少年皆骂孔子、毁六经，余亦如是"。②他对于儒学持"厌恶""毁骂"的态度。

再看第二个问题，同时继续探索第一问的真相。据熊氏自述，1917年秋，他与友人白逾桓先生赶赴广州参加护法运动，然而在广州的半年，他目睹政治黑暗，民生疲敝，以及革命党人的道德沦丧，于是心生疑问，"深觉吾党人绝无在身心上作工夫者，如何拨乱反正"。③这段经历让他认识到革命现状与理想之间的差距，颇感失望。他进而反思自己三十年来汲汲奔走的革命生涯，感到惭愧而无奈，他讲："自察非功之材，不足领人，又何可妄随人转？于是始决志学术一途。"④熊氏在道德上对"革命终无善果"做出反思，认为革命党人在身心道德上的堕落是革命失败的原因，因此认为"革政不如革心"，⑤他怀揣这样的信念，想要通过学术来匡正人心，挽救革命。这一方面体现他始终不忘民生世情的儒者情怀；另一方面，他在总结革命的方法上，从道德切入，重视"身心上作工夫"，也是心学一脉"反求诸己"的思路。

合而言之，熊氏反思革命，认为"革政不如革心"，遂决

---

① 熊十力：《韩非子评论》，《熊十力全集》第五卷，第329页。
② 熊十力：《论六经》，《熊十力全集》第五卷，第761页。
③ 熊十力：《十力语要》，《熊十力全集》第四卷，第425页。
④ 熊十力：《十力语要》，《熊十力全集》第四卷，第425页。
⑤ 熊十力：《心书》，《熊十力全集》第一卷，第7页。

定志于学术，这不仅体现出他的精神旨趣是积极入世的，而且从他重视"革心"的方面来看，无论他早年是否真正视六经或儒家思想"皆土苴"，自此他在精神和行为上都表现得像个儒者，并且是心学方面的。他对于儒学和心学有着更为深层的心理认同。

3.《心书》的思想价值

1918年，熊氏弃政向学后，由广州返回德安，将自己的处女作《熊子真心书》自印行世。书中《题记》："其中汇集熊氏一九一六至一九一八年间的笔札二十五则。"①这本熊氏的处女作集中阐述了他对革命屡屡失败的总结与反思。将其放在他的整个学术生涯来看，甚至可以说此书所表达的思想是他一生的学术方向和追求，他的学术之路由此开启。

熊氏在《心书》中，亦从身心道德的视角对现实的社会政治问题做出剖析，为牺牲的战友立传，陈述他们的功绩与革命志气，同时直接揭露社会风气的败坏，统治者道德的缺失。他在书中自序讲"（此书）实我生卅年心行所存，故曰《心书》。船山有言，唯此心常在天壤间，或有谅者"。②《船山学自记》篇提到他顿悟万有皆为幻相之后，"由是放荡形骸，

---

① 熊十力：《心书》，《熊十力全集》第一卷，第2页。对于每则笔札的具体撰写时间还有待考证，如其中《复吴贯因》一则，明明题下注"癸丑"，按照干支纪年法，当为1913年，不在1916—1918年之间，和题记中所记的时间相左。不过该则的撰写时间无论如何是在熊氏参与革命期间，并不影响本文的写作。
② 熊十力：《心书》，《熊十力全集》第一卷，第4页。

妄骋淫佚，久之觉其烦恼，更进求安心立命之道"。①由此可以判断《心书》对于他的重要思想价值。

由道德上的省思，熊氏便特别重视一"心"字。因此常说"此心常在天壤间""更进求安心立命之道"。换言之，他在革命失败后决定"志于学术"，首先想到的、关注的，可以解决现实问题的办法就是从"心"上、从道德上、从学术上，寻求"安心立命之道"。从这个意义上来讲，《心书》可以视为他重建道德形上学的开始，或说为他今后的学术指引了前进的方向。熊氏的一生便在做这方面的工作，及至晚年不变。熊氏晚年在《原儒》中阐发孔子的内圣外王之学，考察《大易》《春秋》《礼运》《周官》等经典中的思想内容。他认为六经为内圣外王一贯之学。对于内圣与外王的关系，他又挑明"不解内圣休谈外王""内圣实为外王之本"。②正如方克立所指出的：现代新儒家的一个基本特征即是追求道德形上的哲学，在他们看来"人只有挺立了道德主体性，才能由'内圣'通'外王'，由此道德主体转出知性主体、政治主体、审美主体，……开出科学、民主等'外王'事业来"。③

熊氏哲学走的就是这种"由内圣，开外王"的道德理想的路径。亦如郭齐勇所说"熊十力的全部工作，简要地说，就是面对西学的冲击，在传统价值系统崩坏的时代，重建本体论，

---

① 熊十力：《心书》，《熊十力全集》第一卷，第5页。
② 熊十力：《原儒》，《熊十力全集》第六卷，第345、556页。
③ 方克立：《现代新儒学与中国现代化》，长春出版社，2008，第26—27页。

重建人的道德自我,重建中国文化的主体性"。①他正是在重建道德形上学上接续了心学一脉的学术传统。

三、中晚年时期：融会中西印，倾心儒家

在学术之途上，熊氏虽有"不敢废学""志于学术"之愿，早年亦有自学与苦学的经历，这为他提供了一定的知识基础，但青少年时期的积累仍然有限，并且只是助力。《心书》的发表虽然揭明了他为学的道德理想与思想旨趣，但毕竟只是他的学术生涯的开始。要想真正进入学术殿堂，确立自身的学术路线，创立出卓然独立的哲学理论体系，并蜚声学界，还需要一番摸索开辟。

1. 出入佛学

熊十力与佛学结缘不得不提到梁漱溟。梁氏曾指名道姓批评熊氏不懂佛学"如此土凡夫熊升恒……其既不能硁硁固据其世间之礼教，又不能皈依正法以出世，而唯贪着五欲，不舍世间，窃无违碍之谈，饰其放逸之行，则是黠猾之所为，非吾释子之所有"。②批评并未引起熊氏的不悦，他反而认为批评得很有道理，遂写信给梁要求见面谈。两人于1919年暑假在北京

---

① 郭齐勇:《熊十力哲学研究》，第23页。此书为郭氏《熊十力思想研究》（天津人民出版社，1993）的修改再版。二书主体内容一致，本文则引用《熊十力哲学研究》。
② 梁漱溟:《究元决疑论》，《梁漱溟全集》第一卷，第19页。

广济寺首次见面,情投意合并产生相见恨晚之感。二人的友谊从此保持了半个世纪之久。

如果说他们的会面属前因,而带来的后果便是梁介绍熊到南京内学院(当时是金陵刻经处研究部)学习佛学。因此1920年秋至1922年秋,熊氏得以在内学院钻研佛学。在内学院求学期间,他学习异常刻苦,潜心于唯识宗浩瀚的卷帙典籍中,寻求佛教真谛,因为用力过度而患上神经衰弱症,但仍坚持苦读并乐于对真理的探求。佛教唯识宗教义向来是艰涩难懂的,熊氏深入其中攻下这座高山,使他的理论思维能力得到良好的训练。然而佛教的出世观念与他骨子里的入世思想始终相抵牾,这种冲突终究使他以批判的态度来看待唯识学。

1922年,梁漱溟辞去在北大教授印度佛学的教席,由熊十力接替。在北大,熊氏开"唯识学概论"这门课。接课初期,他遵循内学院的传统路径写就第一种唯识学讲义,讲义从理论层面概述唯识学体系,内容忠于世亲、护法、玄奘、窥基之学。在讲授唯识学的过程中,他忽然怀疑旧学,于是尽毁前稿,开始草创《新唯识论》。1926年因讲授因明学的需要,熊十力删注窥基的《因明大疏》,以成《因明大疏删注》,由北大和商务印书馆印行,是书为治因明之津梁。这一年,北大印制他新写的《唯识学概论》,这是他教授唯识学的第二种讲义,是书包含"唯识、转变、功能、境色"四章,以功能论说本体,和旧学迥异。这本讲义成为熊氏改造唯识学的第一个里程碑,标志他离开并开始批评旧唯识学,转向自创《新唯识论》的立场。1930年，熊氏在北大讲授唯识学的第三种讲义《唯识论》问世，由公乎印刷所印制，是书基本思想和前两种版本均有不同。①具体说来，这本讲义改变"众生多元"的主张转而认为"众生同源"，对佛学的批评则更为尖锐，批判轮回说，扬弃佛学的"非人生"倾向。同年夏，其弟子高赞非记录整理熊氏1924年秋至1928年秋之间的论学语录和书札，再经另一弟子张立民整理删削编成《尊闻录》自印行世。

1932年10月，经过长期深思酝酿的《新唯识论》（文言文本）终于由浙江省立图书馆发行问世。这本著作标志着熊氏的哲学体系的形成，也是他和佛教唯识学彻底分手的见证。该书一经出版，在哲学界和佛学界就产生了广泛影响，引起热烈讨论，可谓毁誉参半。蔡元培、马一浮为其书做序。蔡序道："当此之时，完全脱离宗教家窠臼，而以哲学家之立场提出新见解者，实为熊十力先生之《新唯识论》。"②马序说："十力精察识，善名理，澄鉴冥会，语皆造微。早宗护法，搜玄唯识，已而悟其乖真。精思十年，始出《境论》。将以昭宣本迹，统贯天人，囊括古今，平章华梵。"③

相对于蔡、马二人站在哲学立场的评价，佛学界人士站在信仰立场的评价却截然相反，甚至导致长达数年的论战。"出版不到两月，内学院就组织刘定权撰《破新唯识论》，欧阳亲

---

① 参见熊十力《唯识论》，《熊十力全集》第一卷，第503页。
② 熊十力：《新唯识论》（文言本），《熊十力全集》第二卷，第4页。
③ 熊十力：《新唯识论》（文言本），《熊十力全集》第二卷，第6—7页。

自作序，作为《内学》特辑（1932年12月）发表。次年初，太虚大师在《海潮音》发表《略评新唯识论》。同年，周叔迦发表《新唯识三论判》批评熊刘论战各书。尔后，欧阳、吕澂、王恩洋、陈真如、印顺、巨赞、朱世龙居士等，都有专文或书信批评熊先生《新唯识论》。论战持续了半个世纪。"① 刘定权文讥讽熊氏"于唯识学几于全无所晓"，欧阳大师作序批评道："灭弃圣言量者，惟子真为尤。"② 面对内院的批评，熊氏坚持己见，于1933年2月出版《破〈破新唯识论〉》加以反驳。

　　毫无疑问，熊十力的学术生涯深受唯识学的影响。他对唯识学有独特的见解，而不全像佛界人士批评的那样对佛学"全无所晓"。只是他深入佛学后，与佛教出世耽空的观念终究不能相契，这是导致他出佛的主要原因。他说："佛家不免耽空滞寂，故乃违逆生化，而不自知。总缘佛氏自始发心求道，便是出世思想，所以有耽空滞寂、不悟生化之失。"③ 熊氏出入、批评佛家，并不表示他置佛学理论于不顾。他讲"余于佛法，弹正其短，未尝不融摄其长"。④ 他的立场是融会儒佛而归宗于儒，如他所言："《新论》融会佛老，以归于儒。""《新论》盛张体用，融摄儒佛。"⑤ "《新论》之

---

① 郭齐勇：《熊十力传论》，中国社会科学出版社，2013，第50—51页。
② 欧阳竟无：《破新唯识论》序，《熊十力全集》附卷（上），第3页。
③ 熊十力：《新唯识论》（语体本），《熊十力全集》第三卷，第188页。
④ 熊十力：《新唯识论》（删定本），《熊十力全集》第六卷，第6页。
⑤ 熊十力：《十力语要》，《熊十力全集》第四卷，第10、604页。

旨，本出入儒佛，而会其有极。"①"《新论》融佛之空，以入《易》之神，自是会通之学。"②

2. 对视西学

熊十力哲学思想的形成是一个吸收、借鉴多种思想资源的复杂过程。除了对佛学有出入，他于西方哲学也有批判与借鉴。他说"今日言哲学，宜向西洋理智思辨路数多用工夫"。③毫无疑问，西方哲学已经俨然成为其理论建构的某种需要，这是一方面；更为重要的方面是时代背景衍生出这样的思想潮流。近代以来，积贫积弱的中国面对西方列强的入侵，国门洞开，社会的各方面均受到西方的强烈冲击。其中，西方文化的汹涌袭来让中国人开始思考中国传统文化的去向问题。

"五四"新文化运动的爆发在中国思想界掀起了伟大的思想革命。熊十力作为目击者，拥护科学与民主的新思想。不过站在旁观者的立场，他多了几分冷静思考，开始反思这一文化思潮。他认为"全盘西化"的论调是不可取的，西方文化也并非尽善尽美，他讲："西洋人如终不由中哲反己一路，即终不得实证天地万物一体之真，终不识自性，外驰而不反，（只向外求知而不务反求诸己，知识愈多而于人生本性日益茫然。）长沦于有取，以丧其真。"④除此之外，他反对过分强

---

① 熊十力：《新唯识论》（语体本），《熊十力全集》第三卷，第467页。
② 熊十力：《新唯识论》（语体本），《熊十力全集》第三卷，第526页。
③ 熊十力：《十力语要》，《熊十力全集》第四卷，第23页。
④ 熊十力：《十力语要初续》，《熊十力全集》第五卷，第62页。

调科学主义的倾向,认为"科学的方法与其领域,终有所限故也"。①他还批评民族虚无主义,认为不能因为传统文化中具有某些糟粕就全面否定,对其中的精华视而不见,恰似不能因为倒洗澡水而将澡盆里的孩子一起倒掉。他的这些思想在今天看来依然具有现实的启发意义。

熊十力认为西方哲学"无法证会本体",这些哲学家"大抵把本体当作是离我的心而外在的物事,因凭理智的作用,向外界去寻求","各用思考去构画一种境界,而建立为本体,纷纷不一其说。不论是唯心唯物、非心非物,种种之论要皆以向外找东西的态度来猜度,各自虚妄安立一种本体"。②这是说,西方哲学家谈本体是向外寻求,并且过分依赖理智,这和中国哲学证会本体的路径和方法全然不同。熊氏的论断有一定的合理之处,他的观点甚至和海德格尔认为西方哲学家习惯用对象性思维方式看待本体的观点不谋而合。③

熊氏的哲学思想是在这种扬弃的态度下,对西哲进行"批判地接收"。具体而言,他对罗素"事素说"和伯格森生命哲学的观点均有批判性的发挥。他认为"言事素者,明物质宇宙非实在,《新论》可摄彼义;至于不达宇宙实相,则非进而求

---

① 熊十力:《十力语要》,《熊十力全集》第四卷,第294—295页。
② 熊十力:《新唯识论》(语体本),《熊十力全集》第三卷,第17页。
③ 海德格尔:《面向思的事情》,陈小文、孙周兴译,商务印书馆,1999。海德格尔在书中批评在西方哲学世界中,"表象-计算性思维的操作特性和模式特性获得了统治地位"。(第72页)形而上学"以论证性表象的思维方式来思考存在者之为存在者"。(第68页)这种哲学思维"也只能达到一种模仿性的复兴及其变种而已"。(第70页)

之《新论》不可也。生命论者,其所见足与《新论》相发明者自不少,然未能超形与习,以窥生命之本然"。①他此处表达了两层意思:

第一,就事素者而言。罗素认为世界上只有一件件连续不断的事是实在的,没有不依赖人的主观经验而独立存在的物质世界,熊十力赞同这一宇宙观,但他认为"事素说"还停留在"用"的层面,没有及"体"。

第二,对于生命论者。熊十力体认本体的"性智实证"方法和伯格森将"直觉主义"作为认识论的根据就是"相发明者"。熊十力亦用生命来表示本体,"故此言生命是就绝对的真实而言"。②这体现二人在哲学本体论方面表述方式的相似。不过熊十力认为伯氏生命哲学的"盲目冲动"与佛教的"无明"一样,是人类"习心"的表现,不能视为本体。伯氏以"雪球"喻来比拟事物的产生,容易导致事物脱离本体,不能达到"体用统一"的效果,因此伯氏生命哲学"未能超形与习,以窥生命之本然"。

熊氏一方面赞赏西哲理智思辨解析的能力,而"摄通西洋哲学",另一方面又大肆批评其不能证会本体,认为西哲"将体用截成二片""终成无体之论"。他思想中的这种辩证的、融会贯通的态度是彻底始终的。

---

① 熊十力:《十力语要》,《熊十力全集》第四卷,第10页。
② 熊十力:《新唯识论》(语体本),《熊十力全集》第三卷,第259页。

3. 归宗儒学

熊十力从小受到的启蒙教育主要是儒学方面的。他关怀民生政治，拥有洒脱狂野的个性，都体现出儒学的影响。他的思想开启自儒学，但不得不说明的是，熊十力所处的时代佛学研究的风气浓厚，[①]西学的传入势如破竹。[②]青少年时期的他多多少少也受到过佛学与西学的影响，尤其是接触新学走向革命后，更是广泛地受到各方面思想的影响。

熊十力的儒学思想是在佛学与西学的映照下完成的。1918年熊氏决定潜心专研学术时，他的学术方向并没有特别明确。之后的几年，他因缘际会在南京内学院系统研习佛教唯识学三年，读过众多西方哲学的翻译著作。[③]前文已有述及他对佛学和西方哲学的学习、批评与吸收，此不赘述。此处要说明的是，受到这些学习经历的影响之后，熊氏依然回归到了儒学。这种转变和他早年的儒式情怀不无关系，当然也有在思想层面上的选择问题。他认为佛教"耽空滞弊"，而西方哲学割裂本体与现象，始终"不见本体"。因此，在他的思想形成过程中，佛学和西学具有参照的作用，儒家哲学才是契合其思想取向的最终选择。

[①] 参见刘成有《近现代居士佛学研究》，人民出版社，2013，"引论"第3—4页。
[②] 李鸿章曾言当时的社会情况是"三千年未有之大变局"，晚清许多开明士人均有此见，他们都是在西学疯狂传入这一背景下来认识"晚清大变局"的。
[③] 1913年至1916年间，熊十力发愤自学，专研经史子，包括西学各门学问。1915年回德安开始阅读严复所翻译的外国书籍，产生强烈的振兴中华思想的愿望。

熊十力对儒家哲学的选择亦有所偏向。据王元化回忆，在熊氏的起居室内，有三幅大字书写的君师帖，分别为孔子、阳明和船山。[1]熊氏曾自述学问："不敢苟同于佛法，乃返而远取诸物、近取诸身，积渐启悟，遂归宗乎《大易》也。"[2]"儒家的孔子，尤为吾所归心。"[3]熊氏思想归宗易学可视为他对孔子的遥契，他追求"内圣外王"的精神理想亦是对孔子哲学的一种回归。熊氏晚年曾做一联"衰年心事如雪窖，姜斋千载是同窗"。[4]"姜斋"是王夫之的号，他引王夫之为同道，可见其对王夫之的认同。其实他早年的革命思想就深受王夫之的影响，王夫之的道器论、体用论等思想同样影响了他的思想发展。[5]王阳明心学对他的哲学思想的影响更是显而易见。贺麟指出："黄冈熊十力（子真）先生……对陆、王本心之学，发挥为绝对的本体，且本翕辟之说，而发展设施为宇宙论，用性智实证以发挥陆之反省本心，王之致良知。"[6]由此可见其心学情结。

---

[1] 参见王元化《记十力先生二三事》，香港中文大学《二十一世纪》1991年第8期。又见郭齐勇编《存斋论学集：熊十力生平与学术》，生活·读书·新知三联书店，2008，第143页。
[2] 熊十力：《体用论》，《熊十力全集》第七卷，第35页。
[3] 熊十力：《熊十力论学书札》，《熊十力全集》第八卷，第139页。
[4] 熊十力：《熊十力论学书札》，《熊十力全集》第八卷，第912页。
[5] 可参考程志华《熊十力哲学研究："新唯识论"之理论体系》（人民出版社，2013），程著认为熊十力"经由王夫之而归宗儒家"，其哲学思想深受王夫之各方面的影响。
[6] 贺麟：《五十年来的中国哲学》，第12页。此书为贺麟《当代中国哲学》（胜利出版公司，1947）的修订再版本。

4. 对阳明心学的态度

本文大致将1918年（三十四岁）至1949年（六十五岁）视为熊氏的中年时期。①这里先就熊氏中年时期对阳明学的态度做一总体说明。

熊十力深契阳明的良知本心本体学说，从其著述中随处可见。他在《唯识论》中说："象山悟心外无宇宙，阳明亦云心外无物。此皆深穷实性，与梵方大乘若合符契。"②他此时的思想已经表现出融会儒佛的特点，认为阳明的"心外无理"深究"实性"，即本体本来如此。他更讲"只此羞恶之端，是汝良知，是汝本心，是汝生理，亦是天地之根"，生活只要顺此本心实行即可，如阳明所谓"事父便知孝，事兄便知弟"，这是良知本心在发挥作用，是"识得头脑"；③反之，则是阳明所谓"随顺躯壳起念"。④在《新唯识论》（文言本）中，他又提及阳明"南镇观花"时论证"心外无理"的事例，然后评其"持说精到如此"。⑤在《破〈破新唯识论〉》中，他指出"体必有用。故所谓用，即是本体流行。……中国宋明诸子说体用，大

---

① 郭齐勇、宋志明、翟志成等人普遍以1949年为界，区分熊氏中晚年思想。通过对熊氏著作的文本研究，本文认为这样的划分可以体现出熊氏思想的层次，是合理的。
② 熊十力：《唯识论》，《熊十力全集》第一卷，第517—518页。
③ 熊十力：《唯识论》，《熊十力全集》第一卷，第575页。
④ 熊氏在其著作中反复引用这些阳明语说明问题。如《熊十力全集》第二卷，第61、269、313页；第三卷，第268、575、655、718、781、962页；第四卷，第72、250、271、294、407、448、576页；等等。
⑤ 熊十力：《新唯识论》（文言本），《熊十力全集》第二卷，第24页。亦见《新唯识论》（语体本），《熊十力全集》第三卷，第46页。

抵不外此旨，而王阳明尤透澈"。①在《读经示要》中，他盛赞阳明"即体即用"思想，认为"阳明之良知，《新论》之性智。皆本心异名也"。②良知本心即"自家无尽藏"，是无声无臭而独知的"乾坤万有基"。他反问道："阳明则直指本心，盖以宇宙本体，不待向外求索。反诸吾之本心，当下即是，岂远乎哉？"③答案自然是肯定的，"至阳明子超然神悟，始发明心体，即是良知"。④在《十力语要》等文本中，他亦强调"故阳明指良知为实体，此体是自明的故"。⑤"仁，本心也。……阳明子《大学问》，皆有见于仁体。"⑥熊氏显然赞成阳明的良知本心本体学说，并受其影响。在理论上亦有所发挥。据他所说，他口中的体即是本心、性智，融空寂于生化，会通儒佛，归宗大易，是儒家传统中的"仁体"。

当然，熊氏中年时期对阳明学的基本态度不仅体现在他对良知本体和道德本心学说的继承，还表现在他对阳明学的批评。他批评阳明后学流于狂禅与反知最甚，"不过阳明底弟子便失掉师门宗旨，都走入反知路向去。聪明者为狂禅，谨厚者亦只务践履而惮于求知。这是王学底大不幸事"。⑦明末清初船山、亭林等人便是这样批评王学末流的，熊氏在其文本

---

① 熊十力：《破〈破新唯识论〉》，《熊十力全集》第二卷，第184页。
② 熊十力：《读经示要》，《熊十力全集》第三卷，第611页。
③ 熊十力：《读经示要》，《熊十力全集》第三卷，第635页。
④ 熊十力：《读经示要》，《熊十力全集》第三卷，第656页。
⑤ 熊十力：《十力语要》，《熊十力全集》第四卷，第484页。
⑥ 熊十力：《中国哲学与西洋科学》，《熊十力全集》第四卷，第575页。
⑦ 熊十力：《尊闻录》，《熊十力全集》第一卷，第600页。

中多有提及。他对阳明"心即理"说有直接的批评，说它不免有缺憾，只视心为理而遗失了物理，以至于"不得不趋于反知""不为科学留地位"。①就此而言，他主张融会朱王，他表示"理在物"和"理即心"可以融通，②不能偏执一边。对于"格物致知"，他赞同阳明的"致知"义，"格物"之义则采用朱子。至于《大学》诚意的解释，他认为阳明、朱子皆有误解，诚意不能只在好恶上用功。③

总体而言，基于对熊氏中年时期的代表作的考察，可见他对阳明心学抱持着批判性继承的态度。他在本心本体论、体用不二观等哲学思想的主要方面继承了阳明心学。而在认识论、方法论等一些具体的方面，虽赞同阳明"反求诸己""致良知"的思路，但又持批评的态度，亦有融会其他思想，以求改造，适应自己的理论学说的做法。

5. 晚年学术耕耘

先讲熊十力晚年的学术作品出版以及他的生活情况。④1949年初，在广州编订的《十力语要初续》，汇集熊氏1947年秋至1949年春的论文书札及熊仲光的学佛札记《困学记》，又

---

① 熊十力：《尊闻录》，《熊十力全集》第一卷，第603页。
② 参见《熊十力全集》第三卷，《新唯识论》（语体本）第280页和《读经示要》第667页均有论说。
③ 熊十力：《读经示要》，《熊十力全集》第三卷，第652页。（亦见第二卷，第97页。）
④ 该部分参考了郭齐勇《熊十力传论》第九章，"熊十力主要著作与年表"，第238—271页。方克力、李锦全主编《熊十力学案》，《现代新儒家学案》（上册），中国社会科学出版社，1995，第433—449页。

修订胡哲敷的《非韩》长文成《韩非子评论》，两书于年底出版。是年10月，广州解放后十天，郭沫若、董必武联名电邀熊氏北上，共商国是。他重返北大，董必武、林伯渠、郭沫若、徐特立、李济深、马叙伦、陈铭枢、梁漱溟、张申府、林宰平、张东荪、冯友兰、汤用彤、贺麟、艾思奇、张岱年、任继愈等老友或门生常来看望他。贺麟、任继愈曾分别带北大哲学系学生到熊家听他讲课。熊氏得到党和政府的特殊照顾，生活安定，心情舒畅，著述更勤。1950年至1953年期间，在北京印行《摧惑显宗记》《与友人论张江陵》《论六经》和《新唯识论》（壬辰删定本）。《新论》删定本所表达的思想有一些变化，但总体而言，仍然坚持其一贯的"体用不二"之旨。

1954年10月，熊十力离京赴沪，从此在上海定居。1956年2月出席全国政协知识分子会议，以后被选为第二、三、四届全国政协委员，是年末，《原儒》上下卷由上海龙门联合书局出版发行，全书含原学统、原外王、原内圣三大部分。1958年至1961年出版《体用论》《明心篇》《乾坤衍》。熊氏在上海受到陈毅同志的关怀，住处和生活问题得到解决。陈毅经常来看望他，与他谈论佛经和儒学。陈毅常说："熊十力先生是我党难得的诤友。"熊氏1963年动笔写作《存斋随笔》，这是他的最后一部著作，因出版困难未刊行，但留存有稿子。

1966年"文化大革命"爆发，熊十力被视为"反动学术权威"，深受打击，1968年5月23日心力衰竭而逝世，终年八十四岁。

再略谈有关他晚年思想变化的问题。学界对此尚有争议,[①]本文认为熊十力前后期的思想主旨是一贯的,正如郭齐勇所言:"关于熊先生1949年前后的著作,如果我们平心静气地比较,例如拿《新唯识论》文言本、语体本与解放后的删节本及《体用论》《明心篇》相比较,拿《读经示要》与解放后的《论六经》《原儒》《乾坤衍》相比较,基本理论是一致的,有一些思想更有发展,当然也有一些冗复拖沓之处,但绝对不是什么'负积累'或'标志着他学术水平的倒退'。……至若熊先生的唯心主义和理想主义的道德形上学体系,1949年以后,绝对没有变。"

可以说,熊氏晚年论著《体用论》《乾坤衍》《明心篇》集中阐发了他的体用思想。对比中年时期,仍在本心本体论、体用不二的道德形上思想方面继承了阳明心学,对其保持着辩证批评与理性接受的态度。故就本文的视角而言,他晚年的思想没有发生根本性的变化。

---

① 梁漱溟在《读熊著各书书后》指出熊十力不讲研究的客观方法,扭于"我执",后期的作品《体用论》《乾坤衍》《明心篇》很失败,不成学问。宋志明在《熊十力评传》《现代新儒家研究》中认为1949年新中国成立,引起了熊十力思想上的很大变化。翟志成作文《长悬天壤论孤心》批评熊氏晚年的学术是"负积累""倒退"。郭齐勇撰专文(收入氏著《熊十力哲学研究》)回应翟文,为熊氏辩诬,他认为熊氏前后期主要思想是一贯的,没有发生根本变化。

第二节 纠偏心学末流，回应时代关切

熊十力吸取阳明心学思想来建构自己的哲学体系，体现了鲜明的时代特征。阳明思想中拥有重视人的自由与解放的精神资源。熊十力欲以开展他所说的"革心"工作，补救时代弊病，自然特别重视这一传统思想。

一、个性解放的萌芽

人的思想与行为是辩证的统一。思想总是在一定程度上无形地影响人的行为方式，相反人的行为经历也会引导人们形成某种思想，而又成为思想的现实体现。思想和行为交织在一起，不可分割，相互作用，具有复杂性和辩证的统一性。

1. 阳明思想与行为中的自由

程朱理学发展至阳明时期已经趋于流弊、僵化，"格物致知"方向的外在化使学者的经院习气盛行，"天理"的过分强调导致人们一味地追求外在形式，割裂"知"与"行"，以致道德行为流于表面。对朱熹哲学的反思促使了阳明心学的产生。阳明心学主张"良知"是心之本体，是行事为人的终极标准，遇事不明应该反求诸己。阳明认为，知与行是合一的，只要实行"致良知"的工夫就能使我们的行为合于规范，不必外

求他物。阳明承接孔孟以来的儒家传统，提出圣凡一体之论，肯定个人的价值。阳明的这些思想让我们感受到一种积极向上的生机活力，它引导人们自信自足，发挥自我的内在价值，追求自由洒脱的生活，体现了对人的个性自由的解放。阳明形成这种引导人追求自由解放的思想和他一生的行为分不开，因此我们不妨从阳明的行为特点及阳明思想对后世的影响两个方面来加深对阳明思想与行为中的自由的认识。

阳明从小就有不落俗套的表现，十二岁入乡塾不肯专心读书，经常逃学，好与同伴做军事游戏。私塾先生教化他读书考状元为第一等事，他却认为做圣人才是天下第一等事，并以此为志。阳明十三岁丧母，庶母待他刻薄，他便串通巫婆捉弄庶母，以致庶母从此善待他。他十七岁成婚当日，被铁柱宫道观所吸引，竟然跑去道僧处讨论养生之道，参禅打坐，彻夜未归。阳明行为表现上的别具一格和他的思想发生着某种互动，他的思想也成为与当时主流思想绝不苟同的"异数"。王阳明批评僵化的理学，"近世格物之说，如以镜照物，照上用功，不如镜尚昏在，何能照？"。[①]当然，阳明作为历史中的人物，他的思想同样受当时社会现状（大社会）的影响，具体来说，理学的思想以及受其影响的社会性行为从反面促使阳明形成对理学构成反动的心学思想。这里所说的社会主流思想和大众化的行为等社会现状，对阳明的思想和行为都会产生影响，

---

① 王阳明：《传习录》（上），《王阳明全集》第23页。

这是从外在因素来考虑。从上述阳明自身富有个性的行为（小社会）来看，他从小的生活行为就有超脱凡俗的特点，尽管这些看似内在的行为同样可能受到外在因素的影响，但是阳明思想的形成有其自身的合乎逻辑的发展是不可否认的。因此可以说，外在的社会主流思想和大众行为对阳明有所影响，而阳明自身的行为特点同样影响着其思想的形成。社会史中的"大社会"和"小社会"的结合构成影响阳明的社会环境，[①]只是二者在多大程度上成立需要具体的讨论。

阳明思想的形成对后世产生了极大的影响。单从思想影响人们的行为方式的角度来看，至少有个体性和社会性两个层面的影响。从个体层面来说，阳明的思想具有自由解放的特点，这也表现在他的行为方式上。阳明受世人的诽谤，却能不受外在的干扰，就像孔子"知其不可为而为之"也能自得其乐。临死前弟子问他有何遗言，他只道："吾性自足，亦复何言？"阳明的心学思想不仅影响他的个体行为，王门后学也多具有自由洒脱的思想追求。王龙溪"人心要虚，惟虚集道，常使胸中豁豁，无些子积滞，方是学"。[②]王心斋"发明自得""不泥传注""满街都是圣人"的思想旨趣都受阳明思想的影响。阳

[①] 本文讨论"阳明心学对熊十力的影响"，借鉴了侯外庐提出的"社会史"和"思想史"相结合的方法，也就是历史与逻辑相统一的方法。张茂泽在《中国思想史方法论集》（光明日报出版社，2020）最后一章中有"大社会"和"小社会"的讨论，值得参考。

[②] 王畿：《水西经舍会语》，吴震校编整理《王畿集》卷三，凤凰出版社，2007，第63页。

明思想对浙中王门、泰州学派、江右王门等后学门派的广泛性社会影响将阳明思想的影响上升到了社会层面。当然，我们只是单从思想影响行为的角度来加深对问题的认识，诸如行为对行为、行为对思想、思想对思想的影响都可以进一步从个体性和社会性两个层面来思考。

2. 熊十力的潇洒个性与行为

冯契在《王学通论：从王阳明到熊十力》序言中说："近代人要求个性自由解放的思想，在这里也已有了萌芽。"① 他说的"这里"即是阳明及其后学的思想已经具备这样的特质。阳明心学思想对近现代人的影响是比较大的。贺麟在《五十年来的中国哲学》书中，梳理了从康有为、谭嗣同、梁启超再到章太炎、梁漱溟、熊十力的"陆王学"的思想谱系，而且他认为蒋介石的哲学源自阳明学的"知行合一"说。其实受时代思潮的影响，众多的政治家都深受心学的影响，除了蒋介石，毛泽东早年的"知行"思想同样受到阳明心学的影响。阳明心学对于熊十力思想上的影响，以及熊氏对阳明心学思想的批判继承与深入阐发有待后文讨论。这里仅就以阳明心学为代表的具有时代影响力的思想对熊氏行为特征上的影响进行说明。

熊十力从小就表现出大胆狂放的个性。他常常对人说："举头天外望，无我这般人。"他不喜欢受礼俗的约束，曾自述："余少喜简脱，不习礼仪，慕子桑伯子不衣冠而处之风，

---

① 杨国荣：《王学通论》，华东师范大学出版社，2003。

夏居野寺，辄裸体，时出户外，遇人无所避。又喜打菩萨。"①不得不说，他的表现颇有魏晋士人的风度。他是乡间有名的"熊大胆"。有一次，谣传熊家堰回龙庙夜间闹鬼，同乡小友想试一下他的胆量，便怂恿他夜里去庙里取铜钱，天不怕地不怕、不信鬼不信邪的熊氏竟慨然应允。半夜里，他一个人摸黑闯入"鬼"庙，取回铜钱，顺手还扭断泥菩萨的一只手带回。②

熊十力具有豪迈不羁的气概。武昌起义爆发后，熊氏和同乡好友在武昌雄楚楼聚会，吟诗作对以示心志，他挥笔写下"天上地下，唯我独尊"八个大字，自信豪迈之气跃然纸上。执教北大后，他每次讲课至兴起时，情不自禁地随手在听讲者头上或肩上拍一巴掌，然后大笑，声震堂宇，以致学生从此都不敢坐离他近的位置。他的作品自署"黄冈熊十力造"，造字是佛家菩萨用语，这表明他以菩萨自称的傲气。

熊十力在学术上始终坚持独立自主的方向。他中年自创《新唯识论》，对中、西、印三方面学问均有涉猎、批评和继承，面对佛学界的批评指责，甚至是老师欧阳竟无的不理解，他仍然积极做出学术上的回应，并且坚持自己的哲学路线。1949年中华人民共和国成立后，哲学界研究马克思主义哲学风靡一时，许多思想家为此纷纷改变自己的学术方向。而熊十力申言无法改变自己的"唯心论"主张，坚定自己的学术路线。他与马一浮和梁漱溟一样，是"确乎其可不拔"的。

---

① 熊十力：《十力语要》，《熊十力全集》第四卷，第424—425页。
② 系参考宋志明《熊十力评传》，第4页。

显然,熊十力的潇洒个性与行为和他自身的成长经历密切相关。他生活的时代也影响着他的经历,这就必然使他的行为呈现出某种时代特征。近代人普遍追求个性自由解放,熊氏正是其中的一分子。他曾说:"吾人所以充实生活、发扬人格者,皆从真知正见而来。……个个人心有仲尼,阳明岂欺我哉?"[①]显然,熊氏意在说明阳明学所包含的"真知正见"具有充实生活、发扬人格的特点。他的行为表现亦可证明他继承发挥了阳明心学般的"潇洒""狂放""自由""不拘世俗"的人格特质。这种个体性的行为特质又映现出时代的特点,正如冯契所言这在阳明那里已有萌芽。阳明心学对近代社会,以及熊氏这些个体产生的无形的行为影响已经悄然发生。

由此可见,阳明和熊十力在行为气质上确有相似之处。冯契把这种相似归结为近代人对个性解放的要求。因为他们处在中西古今的时代背景下,面临如何启蒙民众,实现现代化的问题。阳明心学为完成这一历史任务提供了绝佳的精神资源。以熊十力为代表的现代新儒家所做的"返本开新"工作当然也就绕不开心学。

二、斥虚寂,重实用

1. 心学末流的凿空

熊十力曾说:"唯自海通以来,中国受西洋势力的震撼,

[①] 熊十力:《十力语要》,《熊十力全集》第四卷,第371页。

中学精意随其末流之弊，以俱被摧残，如蒜精之美，不幸随其臭气而为人所唾弃。"①他在另一处讲："然王学末流，不免流于凿空。"②合而观之，熊氏以大蒜因臭气而整个被唾弃为喻，来比拟传统学问俱被摧残的现实。他认为导致此现实的原因有两点：一是西学的影响，西学传入对中国社会走向现代化产生了极大的影响，突如其来的震撼容易让人手足无措，这是不容忽视的问题。熊氏当然也察觉到了，因此其哲学体系的建构对西方哲学多有批评与借鉴，这一点前文有所论述，至于他如何借助西学来反思中学的不足，后文将进一步探讨。二是末流之弊，熊氏想要发挥出阳明心学的思想精髓，首先要从考察阳明心学的历史发展脉络入手。基于此，他对心学末流的凿空提出批评。

熊氏认为："理学末流诚不佳，明儒变宋，则阳明子雄才伟行，独开一代之风。"③宋学初创于周程张邵等人，他们开创学派，著述讲学。二程自家体贴出"天理"的哲学概念，对后世的影响尤甚。宋学的完成则在于朱熹，他继承程颐一脉的思想，将理学发扬光大。儒家自魏晋没落以来，重新获得世人的认可，它不同于佛道的出世倾向，而是积极入世的，这对人们的生活有直接的影响，正如熊氏所说："于是圣学的然可寻，人皆知心性之学，当实践于人伦日用之地。而耽空溺

---

① 熊十力：《十力语要》，《熊十力全集》第四卷，第110页。
② 熊十力：《读经示要》，《熊十力全集》第三卷，第834页。
③ 熊十力：《读经示要》，《熊十力全集》第三卷，第690页。

寂之教，异乎圣道。"①然而程朱理学传至明代，经院习气很重，流弊凸显，"程、朱之学，历宋、元及明代，传习日久，大抵注重践履，守先师语录甚严。而于本原处，无甚透悟。学日益隘，人日习于拘执"。②在这样的背景下，阳明独创自己的哲学思想，纠正程朱理学的弊病，熊氏称此为"宋学初变时期"。

在他看来，阳明开创的风气是对人的理性精神的发扬，他说："故阳明先生发明良知，令人反己。自发其内在无尽宝藏，与固有无穷力用，廓然竖求横遍，纵横自在。……明世王学，其长处，在理性之发达。"③"宋学至阳明，确为极大进步……明世如无阳明学，则吾人之理性，犹不得解放。"④前人的思想需要经过后人的继承与创新，才能得到进一步的深化和流行。可是后来者不断提出的创新性思想，往往指向一边或与原来的思想本旨已经相距较远。阳明的思想也难逃此厄运。

熊氏继续批评道："明季王学末流之弊，甚可戒也。一旦有悟，便安享现成，流入猖狂一路。晚明王学，全失阳明本旨，为世诟病。夫阳明自龙场悟后，用功日益严密，擒宸濠时，兵事危急，绝不动心。此是何等本领，然及其临殁，犹曰：'吾学问才做得数分。'后学空谈本体，非阳明之罪人

---

① 熊十力：《读经示要》，《熊十力全集》第三卷，第832页。
② 熊十力：《读经示要》，《熊十力全集》第三卷，第833页。
③ 熊十力：《读经示要》，《熊十力全集》第三卷，第833页。
④ 熊十力：《读经示要》，《熊十力全集》第三卷，第845页。

哉!"① "现成良知"在阳明思想中是比较重要的哲学概念,阳明后学对这一问题有较多探讨与争论,不过总的来说,"强调良知是'现成'的,无非是欲证明良知本体的先天性及其普遍性"。②这和孟子以来的性善说本旨一致,熊氏自然是肯定的。熊氏反对的是"安享"现成,这割裂了本体和工夫,以本体为"现成",以致忽略工夫而"流入猖狂"了。在他看来这既不合阳明思想的本义,也和他的体用观有冲突。

陈来亦指出:"王学自一传之后,门下各以意见搀和,失师门本旨,以悟为则,空想本体,全不著实做格物工夫,离有入无。"③阳明本来主张"即本体即工夫",工夫、本体并重,而阳明后学逐渐发展成只是追求悟得本体,便一了百了,而不注重工夫,因此被时人称为"狂禅"。熊氏便是在这个意义上批评阳明末流的凿空。他的批评在历史上同样能找到知音。

2. 明清之际的反响

熊十力在《读经示要》《十力语要》等著作中反复谈到明清之际的思想家对心学末流凿空的批评,以及这一时期学风的更易。他说:"船山、习斋、亭林诸大哲人,始力变学风,期于道器兼综,体用赅备,一洗空疏迂陋之风,而归于实

---

① 熊十力:《新唯识论》(语体本),《熊十力全集》第三卷,第420页。
② 吴震:《序章 现成良知——阳明学及其后期学的思想展开》,《阳明后学研究》,上海人民出版社,2003,第1—44页。
③ 陈来:《有无之境:王阳明哲学的精神》,北京大学出版社,2013,第11页。

事求是。"① "故船山、亭林、习斋诸儒之学,皆注重实用。其为学态度,皆尚经验……诸儒注重实用与实测,乃王学之反响。"② "门人后学鲜不入狂禅一路,宜其不明事理而横逞意见也。及明季,而船山、亭林、习斋诸哲崛兴,始救阳明末流之弊。"③ "明季王船山、颜习斋、顾亭林诸钜儒,都是上溯晚周儒家思想而不以宋明诸师底半倾佛化为然,这个精神极伟大。"④

熊氏将明清之际诸思想家反思心学末流这一时段称为"宋学再变时期"。他对此时期的格外关注和赞扬一是因为历史的事实本来如此,二是因为这些思想家们的思想旨趣与主张恰好构成心学末流空疏的反动,这和他想要表达的思想一致。因此熊氏援引他们的观点,以强化自己的论证。在这样的基调下,熊氏对这一时期有相对全面的考察,他简略概括了此时期的五大优点:⑤

其一是为学尚实测。不同于心学末流的凿空,船山、习斋诸儒注重实用。王夫之著有《读通鉴论》《宋论》,表达他的政治及社会思想,他提出的"平天下者,均天下而已"的观点,是前儒所没有的。熊氏说:"亭林确守程、朱遗教。躬

---

① 熊十力:《中国历史讲话》,《熊十力全集》第二卷,第724页。
② 熊十力:《读经示要》,《熊十力全集》第三卷,第834页。
③ 熊十力:《与友人论张江陵》,《熊十力全集》第五卷,第639—640页。
④ 熊十力:《十力语要》,《熊十力全集》第四卷,第520页。
⑤ 熊十力:《读经示要》,《熊十力全集》第三卷,第834—845页。

行切实,堂堂巍巍,有惇大气象。"①紧接着他举出实例,即顾炎武"周流各地参访,而山川险要,每询诸老卒"②撰写出《天下郡国利病书》。这一成书过程显然表明顾炎武为学尚实测的精神。

其二是民族思想的启发。熊氏认为孔子作《春秋》,倡言民族主义思想,而汉唐以来没有发展,明季诸子,开始盛扬民族思想,他说:"及至王船山、吕晚村、顾亭林诸儒,则发挥光大,千载久闷之义,一旦赫然,如日中天。"③如此说,明季诸子发挥的民族思想具有历史的依据,加之当时反清复明的时代条件的触发,这一思想得以蓬勃发展。以熊氏的眼光来看,民族思想对当时的社会有宝贵价值,直至现代社会仍不能忽视。

其三是民治思想的启发。熊氏认为"亭林、船山同注重学风土习,此实民治根源也"。这一传统思想资源对近代中国实现现代化,具有极大的启发意义,因此得到他的青睐。可是民治思想终究不是中国传统思想的主流,甚至会被统治者视为"异端",因而明末清初之后没有得到传承与发扬。

其四是此期哲学,仍继续程、朱以来之反佛教精神,"依据《大易》,重新建立中国人之宇宙观与人生观。奏此肤功

---

① 熊十力:《读经示要》,《熊十力全集》第三卷,第834页。
② 熊十力:《读经示要》,《熊十力全集》第三卷,第834页。
③ 熊十力:《读经示要》,《熊十力全集》第三卷,第835页。

者，厥惟王船山"。①他进而总结船山学问的四个要点：一是尊生，以箴寂灭；二是明有，以反空无；三是主动，以起颓废；四是率性，以一情欲。这种健动、积极的人生观正是对心学末流凿空的破斥。

其五是考据学兴，而大体归于求实用。熊氏指出："宋儒考据之业，重在实用。后来宋濂、刘基诸公，克承其绪，用成光复之功。及阳明学昌，学者多以考据工夫为支离破碎，而不甚注重。末流空疏，不周世用。于是晚明诸子，复寻朱子之绪，而盛弘之，考据学遂大行。亭林、太冲，尤为一代学者宗匠。"②注重考据、实用的学术思潮和心学末流耽空、滞寂的学风形成鲜明对比，从而凸显了熊氏对后者的看法。

总之，熊十力借用明清之际诸儒的反响，意在表达对心学末流的批评态度，以恢复阳明思想中的本来面目。表面看来，明清之际诸儒的反响不仅是对心学末流的痛斥，也是对阳明思想原貌的反动。实际上，他们的反响在阳明思想中已有萌芽，是阳明思想合乎逻辑的演变。熊氏讲："宋学至阳明，确为极大进步，及末流空疏，而晚明诸子，又复再变。于是思想自由，更注重实用。民治论出，则数千年帝制将倾，民族义明，而文化优崇之族类，方得独立自由。历算地理诸学，是时讲者亦众，科学已萌芽焉。诸子虽皆反阳明，然实受阳明之孕育而

---

① 熊十力：《读经示要》，《熊十力全集》第三卷，第838页。
② 熊十力：《读经示要》，《熊十力全集》第三卷，第842页。

不自知耳。"①阳明心学思想中的现代精神已经呼之欲出了。

3. 熊氏的现世反思

熊十力批评心学末流的虚寂,采用的是纵向和横向相结合的方法。他将阳明心学及其末流的思想流变纳入宋学的历史发展脉络中来加以考察,这样可以从纵向且较为清晰地认识到心学末流的发展方向、特点及明清之际诸儒对它的批评。他借历史上明清之际诸儒之口陈述自己的观点,是有一定说服力的。当然,熊氏的理论立足点和视野终究要面向现代,因此他没有局限于纵向的历史方法。他还采用了横向的中西比较方法阐述己见。紧接前文,本节要讲明熊十力如何以现代的眼光,借助西学(这里主要指科学)来反思心学末流的凿空,发扬实用的观点。

肯定科学的实用实测方法。熊十力对科学的方法有所肯定,并且将其视为驳斥心学末流虚寂的有力武器,他说:"阳明之神智,其措诸事业固有余,但其精神所注终在此,不在彼,故其承学之士,皆趋于心学,甚至流为狂禅,卒无留心实用之学者。……西洋改造之雄与夫著书立说、谈群理究治术之士,皆以其活泼泼的全副精神,上下古今与历观万事万物,而推其得失之由。"②科学将研究的事物当做客观的对象来看待,采用实用和实测的方法,针对"上下古今与历观万事万

---

① 熊十力:《读经示要》,《熊十力全集》第三卷,第845页。又可参见《十力语要初续》,《熊十力全集》第五卷,第22页。
② 熊十力:《十力语要》,《熊十力全集》第四卷,第267—268页。

物"而"推其得失之由"。熊氏认为这种"活泼泼的全副精神"是宋儒、阳明心学所缺乏的,他们是"虽谈政事,大抵食古不化""卒无留心实用之学"。当然科学的精神和明清之际诸儒的反响比较类似,所以从这个角度将明末清初时期视为中国现代社会的启蒙时期不无道理。熊氏甚至认为西方科学的传入就赖以明清诸儒实用实测的精神,"诸儒注重实用与实测,乃王学之反响。此等精神,清儒早已丧失净尽,直至清末,始渐发露。而西洋科学方法输入,赖此为之援手"。①

对科学的应用范围加以限定。熊十力纠偏心学末流的凿空,对科学实用实测的方法虽然有所借用与肯定,但是总体来说,他站在返求本体、体用不二的立场上,对科学的批评更多、更明显。他认为玄学和科学,各有应用的范围,反对当时"科学万能论"的观点,"西学精神唯在向外追求,其人生态度即如此",②"科学无论如何进步,然总需承认有外在世界。唯其如此,科学毕竟不能证会本体"。③概之,熊氏对西学,包括科学多有批评,认为它们不能证会本体,在人生观上亦有"务外遗内"的弊病。他对科学既肯定又否定的态度显示了其思想体系的内在张力,他对待学问是辩证而理性的。

以儒家思想培植科学思想。熊十力用根荄和枝叶的关系,来比拟儒家思想和科学的关系,意在用前者补救后者的

---

① 熊十力:《读经示要》,《熊十力全集》第三卷,第834页。
② 熊十力:《读经示要》,《熊十力全集》第三卷,第574页。
③ 熊十力:《读经示要》,《熊十力全集》第三卷,第730页。

偏弊,"将使儒家正统思想有吸纳众流与温故知新之盛美,乃可为中国科学思想植其根荄。天下之物,未有根荄不具而枝叶能茂者也。有中国古代之儒家哲学,而后科学思想与之并兴"。①"中国科学当以固有儒家哲学即《大易》之道为其根荄而不可斩伐。其次,西洋学术与文化,应有中国哲学救其偏弊。"②熊氏认为西洋科学的研究只限于宇宙表层,即现象界,没办法探索到事物之根源或宇宙实相。而中国哲学以大《易》为宗,阐述不易、变易二义,不易而变易是即体成用,于变易见不易是即用识体,体用兼具,因此可以补救科学之弊。

要之,熊十力以历史的、现代的双重眼光批评心学末流的虚寂与凿空。前者通过明清之际诸儒的反响来说明;后者通过与西洋科学的比较研究来展开。二者最终都指向对阳明心学思想中的现代价值的发掘,这是他反复深潜、研究并尝试回答的问题。

三、心学的现代价值

1. 平等与自由

熊十力说:"明世,阳明先生令人反求固有无尽宝藏,自本自根、自信自足、自发自辟,以此激引群伦,可谓理性最

---

① 熊十力:《中国哲学与西洋科学》,《熊十力全集》第四卷,第560页。
② 熊十力:《中国哲学与西洋科学》,《熊十力全集》第四卷,第564页。

开放时期。"①此处所言"令人反求固有无尽宝藏"当然是指反求"良知"。他有更直白的论述,"阳明先生发明良知,令人反己。自发其内在无尽宝藏,与固有无穷力用,廓然竖穷横遍,纵横自在"。②熊氏同阳明一样深信"良知"理论,以为人拥有"良知"宝藏,就能"自本自根、自信自足、自发自辟"。这是对人的主体性和人的理性的极大张扬,因此熊氏称阳明时期为"理性最开放时期"。更值得提及的是,阳明认为"良知"是人人本有的,人充分发挥自己的"良知",就有"成圣"的可能性。"良知本体论"逻辑地展开为"圣凡一体论"。阳明门下"满街都是圣人"论须从这个意义上来理解,亦是在此层面,普通人和圣人是一样的、平等的。因此,熊氏所说的"理性最开放时期"就不仅指对人的主体性的重视,还包括"良知"思想内涵中的"平等"观念。这正是破除传统的专制思想,且现代社会所需要的精神武器。

当然,熊十力发掘平等思想,并没有把眼光局限于阳明心学,而是以整个中国传统文化为背景资源。他认为大《易》"群龙无首"之象也包含平等的思想观念,他解释道:"无首者,群龙平等,无有为首长者,此言太平世人人平等互助犹如一体。人皆互相尊重,互相扶持,故无有为首者,全人类莫不平等,故曰太平。"③在《与友人论六经》中,他常认为并盛

---

① 熊十力:《十力语要初续》,《熊十力全集》第五卷,第22页。
② 熊十力:《读经示要》,《熊十力全集》第三卷,第833页。
③ 熊十力:《原儒》,《熊十力全集》第六卷,第338页。

赞《春秋》《周官》等经包含平等自由的思想，如"《春秋》张三世，其由升平而进太平也，则有群龙无首、平等一味、各得其所之盛"，"故其时（按：太平世）之人在共同生活之结构内，各各皆得自主自由"。①《礼运篇》"天下一家"，孔子"裁成天地，辅相万物"，孟子"人皆可以为尧舜"，荀子"涂之人可以为禹"，佛氏"以平等心，导众生迷"皆然。他挖掘阳明思想中的平等观念，旁及儒佛等众多思想，无疑使论证更严密了，同时彰显了他开阔的理论视野。

前文已有论述阳明思想中包含个性自由解放的精神养分，以及它对阳明后学，近现代诸多思想家（包括熊十力）、政治家的影响，不再赘述。此处只引熊言说明问题即可。他在给牟宗三的书信中坦言"逮有明阳明先生兴，始揭出良知，令人掘发其内在无尽宝藏一直扩充去，自本自根，自信自肯，自发自辟。大洒脱，大自由，可谓理性大解放时期"。②

熊氏在著述中想要强调的是，阳明心学已经萌芽平等与自由的现代价值。

2. 科学与民主

"理性最开放时期""理性大解放时期"不仅启发平等自由的思想，也萌芽科学民主思想。熊十力认识到科学重实用实测所具有的地位和作用，并将其视为思想资源批评心学末流的凿空，欲以恢复阳明心学思想的本有精义；同时他认为明清诸

---

① 熊十力：《论六经》，《熊十力全集》第五卷，第669、683页。
② 熊十力：《十力语要初续》，《熊十力全集》第五卷，第8页。

儒重实用、倡民治的思想受阳明之孕育，科学就萌芽于此。熊氏曾直言："宋儒鞭辟入里切己之学，可谓知本，惜其短于致用。阳明廓然返诸良知，无所拘滞，以致良知于事事物物释大学之格物。于是学者多有独辟之虑。民主思想、民族思想、格物或实用之学，皆萌于明季。"①阳明"返诸良知""知本"而又能"格物""致用"，因而可以说阳明心学萌生了"格物或实用"的科学思想，"萌于明季"即指此。

熊十力称阳明时期为"宋学初变时期""理性最开放时期""理性大解放时期"，其中很重要的方面就是他认为阳明心学内涵科学、民主的现代价值。②即便如此，从历史事实来看，这些具有现代启蒙意义的思想也没有推进中国走向现代化，其中原因犹如"李约瑟难题"，需要寻求多方面的解释，因此不能将问题症结简单地归咎于思想。其实，思想是对时代经济、政治等各种社会需求的一种反映。阳明时期程朱理学的僵化流弊，商业经济的发达，种种因素很大程度上已经催生平等自由、科学民主等现代思想。明清之际面临满人入侵，国家危亡，心学末流虚寂等时代问题，同样呼唤出倡导民族、民治、实用的思想。熊氏认为"明清诸儒重实用、倡民治的思想

---

① 熊十力：《原儒》，《熊十力全集》第六卷，第748—749页。
② 明季（阳明时期）萌发了民主科学的思想，但熊氏仍然从儒家六经中寻找民主科学思想的资源，如在《与友人论六经》中，他讲"《周官》要旨在发扬民主之治"（《熊十力全集》第五卷，第682页），"是故孔子为万世人类开拓生产计，即提倡科学技术"。（《熊十力全集》第五卷，第669页。）他无非想要在中国传统思想中寻找科学民主的"固有根荄"，因此儒家六经、阳明心学都是他赖以利用的思想资源。

受阳明之孕育,科学就萌芽于此时期"。他似乎更多地看到了思想、政治之于时代的某些作用,①而并没有从经济基础等方面考察时代的背景,这需要进一步运用马克思主义的方法进行审视。②

科学与民主作为现代精神的代表,无疑是现代社会与人民群众的历史抉择。面对"赛先生"(科学)、"德先生"(民主)这些外来的陌生词汇,国人当然要思考中国传统思想中是否有类似的思想资源。从这个意义上来讲,近代以来甚至现代人对阳明心学的推崇不是偶然的,而有其历史必然性的成分。阳明思想确实也包含一些科学民主的因素。熊十力作为现代新儒家哲学开山人物,他要为现代社会的发展寻找理论依据,必然就要发扬这些内涵于阳明心学中的现代价值。宋志明认为"他(按:熊十力)对'奴儒'的训斥,充分表达出他对封建专制主义的愤慨。他努力挖掘儒学中科学与民主的精华,剔除羼入其中的封建主义糟粕,努力推动儒学由传统向现代的转

---

① 熊氏以《周官》说明问题,认为"政治、经济、文化诸方面互相联系、互相促进为要道,然虽各方面相互联系,其间必有一主动力。……其间为主动者则政治也。(专指民主政治)"。(《熊十力全集》第五卷,第694—695页。)他始终认为社会发展、革命成功与否等问题在于是否实行"民主政治"。这样的认识维度还不够客观全面。
② 李泽厚针对"儒学三期说"提出"儒学四期说",他认为:"要在今天承续发展儒学传统,至少需要从马克思主义、自由主义和存在主义以及后现代这些方面吸收营养和资源,理解而同化之。"(《己卯五说》,中国电影出版社,1999,第19页。)由此,他进一步指出:"'儒学四期说'将以工具本体(科技-社会发展的'外王')和心理本体(文化心理结构的'内圣')为根本基础。"李泽厚对熊十力、牟宗三等人留下来的问题,进一步运用马克思主义等西方思想提出解决办法,体现了鲜明的时代特征。

型。熊十力虽然被标榜为现代新儒家，可是在他身上体现出来的反封建的战斗精神和追求科学和民主的热忱，同'五四'新文化运动的倡导者相比毫无逊色之处"。①

现代新儒家思潮孕育于中西文化交融、传统和现代化的关系亟须解决的时代，他们和"西化派""复古派"均不同，主张"复兴儒家文化""重建儒家的价值系统"，融会中西，实现传统儒学的现代发展和转型。正如方克立所言，他们的"思想纲领是'返本开新'，'返本'即返传统儒学之本，'开新'即开科学民主之新"。②由此，阳明心学成为熊氏"返本开新"工作的一个重要对象。至于对象的有效性问题则是另一个值得研究的课题。③这里不再展开。

第三节　对阳明心学的批判继承和深入阐发

贺麟曾在《五十年来的中国哲学》书中说熊十力对阳明"本心""致良知""即知即行"等思想均有所发挥，并评议熊氏"本体"学说为"陆、王心学之精微化系统化最独创之集

---

① 宋志明：《熊十力评传》，第84页。
② 方克立：《现代新儒学与中国现代化》，第93页。
③ 可参考李海超《阳明心学与儒家现代性观念的开展》（中国社会科学出版社，2019）。文中对阳明心学与现代性基本观念，如"个体""自由""平等""理性""情感"的关系有所讨论，并考察了阳明心学开展出这些现代性观念的可能性。

大成者一点"。① 至于熊氏对阳明心学的继承如何具体展开，其创造性批评之点何以体现，这是需要我们在贺麟的研究基础上继续探讨下去的话题。

一、绝对本体

1. 仁的本体论：心、意、识

（1）"心–意–物"的结构

阳明回答弟子徐爱的提问时，尝具体阐发身、心、意、知、物的关系，阳明提到："身之主宰便是心，心之所发便是意，意之本体便是知，意之所在便是物。"② 阳明此处均是从本体意义上立论的，他说"身之主宰便是心"，此"心"即他在别处提到的"本心"，"本心"首先表现为对人身具有主宰的作用。阳明认为"心之所发便是意"，从本体的层面看，人的意识活动就是"本心"的发用，如此似可反过来以为，"意之本体便是心"；然而阳明却讲"意之本体便是知"，这表明"知"与"心"具有某种内在关联。从阳明心学看，这里的"知"指的是"良知"。可以作为"意之本体"的"知"只能是"良知"，而不是其他见闻、知识之"知"。阳明常说"吾心之良知"，显然，"知"与"心"的关联在于，"良知"是"本心"的同义替换语。"意之所在便是物"是指外在事物不

---

① 贺麟：《五十年来的中国哲学》，第12页。
② 王阳明：《传习录》（上），《王阳明全集》第6页。

能脱离"本心"所发动的意识而独立存在,"物"是意识活动的指向物,从这个意义上,阳明提倡"心外无物"。

要而言之,阳明本心理论展开为一种"心-意-物"的结构,"心"是本体,对人有主宰的作用,具体表现为"意"的发动,发动的指向便是"物"。换言之,"心"借助"意"与"物"同构,心、意、物三者同在一个结构当中,这个结构具有过程性,其中的每个环节都不可缺失,合起来形成一个从本体到现象的完整结构。

熊十力继承了阳明"心"本体的思想,同时又有进一步的创造与发挥。他基本认同阳明的良知本心说,所谓"知是心之本体,便是良知"。①他进一步将"本心"视为绝对的本体,以"心""意""识"三个不同的名称来区分"本心"。熊十力强调"心""意""识"三者"各有涵义,自是一种特殊规定。实则,三名亦可以互代。如心亦得云识或意,而识亦得云心或意也。又可复合成词,如意识,亦得云心意或心识也"。②

对于三者的各自内涵与特殊规定,熊十力以为,首先,"心"是万物的主宰,而它本身并不是某一物质实体,即不会物化,他称其"恒如其性",指具有恒常性和普遍性的心不是具体的物质实体,而是主宰万物的本体。在阳明看来,心首先是作为身的主宰得以体现,通过身而与物发生关系。熊氏则肯定阳明提倡的心作为本体所具有的主宰意义,他的发挥在于把

---

① 熊十力:《读经示要》,《熊十力全集》第三卷,第656页。
② 熊十力:《新唯识论》(语体本),《熊十力全集》第三卷,第431页。

心的主宰范围直接扩展至万物。①

其次，相对于心是万物的主宰，"意"有定向的意思，熊十力称这个定向"恒常如此"，主宰吾身。为什么熊氏确立了心为万物的主宰之后，还要另外设立一个意为吾身的主宰呢？他说："然吾身固万物中之一部分，而遍为万物之主者，即主乎吾身者也。物相分殊，而主之者一也。今反求其主乎吾身者，则渊然恒有定向。"②意的形成具有"反求吾身"的特性，这表明了熊氏思想的心学旨趣。至于意的形成指向仁的方向性选择，则有待后文叙说。

再次，"识"指感识、意识。心、意二名是从体上讲，识是从用上讲。熊十力特意区分他所说的识和佛教的识不同，前者是本体的发用，后者好比于他所说的习。熊氏思想受佛学的影响，又从佛学转出。在他看来，识分为感识和意识。感识指"渊寂之体，感而遂通，资乎官能以了境者"，③即感识是人通过眼耳鼻舌身等感觉器官同外物接触而获得的直接经验；意识

---

① 杨国荣在《王学通论——从王阳明到熊十力》（华东师范大学出版社，2003）中指出："王阳明将吾心与普遍之理融合为一，旨在将天理的外在强制转化为良知的内在制约。"（"引论"，第2页）在他看来，阳明的良知本心是个体性（吾心）与普遍性（天理）双重品格的统一。不过和程朱理学更加强调普遍性的天理相较而言，阳明的发挥在于强调了个体性的吾心，但阳明仍然不能摆脱理学家受天理束缚的特点。因此阳明思想中的良知本心始终存在二重性的矛盾，杨教授也据此认为这导致了阳明后学的不断分化。熊氏对此是自觉的，他把心视为绝对本体便首先肯定心的普遍性，为消解本心本体的矛盾跨出了第一步。
② 熊十力：《新唯识论》（语体本），《熊十力全集》第三卷，第430页。
③ 熊十力：《新唯识论》（语体本），《熊十力全集》第三卷，第430页。

指"动而愈出,不倚官能,独起筹度者",①即意识不依靠感觉器官接触外物而获得,它在运用感识经验材料的同时,又超越于感觉材料,熊氏形容它为"再现起"。意识类似于纯粹的思维活动,熊氏认为意识的特点是"常有极广远、幽深、玄妙之创发",②这就好比精严的逻辑,科学的发明,哲学的超悟。

总之,熊氏继承阳明的心本体学说,又有进一步的创造。他将"本心"区分出"心""意""识"三个各有偏向而又可以互相代替的别名。从内涵上看,这比阳明提出的"心-意-物"本体到现象的结构更加细致,理论性更强,他以体用的框架而作区分在某种程度上消解了阳明良知本体的个体性与普遍性的矛盾。③从外延上看,熊氏本心说似乎宽泛得多,诚如贺麟所讲,熊氏思想"已超出主观的道德的唯心论,而为绝对的唯心论"。④当然,熊氏心本体的论说,还体现在儒家传统的"仁"字上,其本体论是一种"仁"的本体论。

(2)"仁"的本体论

熊氏所说的本心即仁,是万物的本体,"仁者本心也,即

---

① 熊十力:《新唯识论》(语体本),《熊十力全集》第三卷,第430页。
② 熊十力:《新唯识论》(语体本),《熊十力全集》第三卷,第431页。
③ 杨国荣认为:"熊十力以王学作为体用不二说的出发点,又使他对体用关系的解决,一开始便包含着理论上的缺陷。后者突出地表现在,熊十力所谓体与用的统一,乃是以心即本体为前提的。……正是这一倾向,决定了熊十力不可能真正重建体与用、本体与现象的统一。"(《王学通论——从王阳明到熊十力》,第226—227页)不过熊氏在思路上的探索倒也值得借鉴。
④ 贺麟:《五十年来的中国哲学》,第13页。

吾人与天地万物所同具之本体也"。①这一看法显然代表了儒家的传统，儒家开创者孔子最早提出仁的学说，后世儒者承其端绪。孟子提出恻隐、羞恶、辞让、是非为仁、义、礼、智四端，熊氏认为这"只就本心发用处而分说之耳。实则四端统是一个仁体。仁体即本心之别名"。②宋明诸儒程颢、杨简、王阳明、罗洪先、徐鲁源等人均对仁的学说有所论述。③熊氏在《新唯识论》中以他们对仁的界说为例，说明了"盖自孔孟以迄宋明诸师，无不直指本心之仁，以为万化之原，万有之基。即此仁体，无可以知解向外求索也"。④熊氏在阐发"仁"的学说时，对阳明格外关注。他认为阳明的良知学与孔子的仁说类似，良知即本心。

　　熊十力"仁"的本体论有阳明学的影子，深受阳明的影响。阳明良知学主张"即本体即工夫"，熊氏亦认为，"学者求仁，居处而恭，仁就在居处。执事而敬，仁就在执事。与人而忠，仁就在与人。此工夫即本体"。⑤本体、工夫是不相分离的，如果没有工夫，本体自然得不到呈现，"学者求识仁

---

① 熊十力：《新唯识论》（语体本），《熊十力全集》第三卷，第397页。
② 熊十力：《新唯识论》（语体本），《熊十力全集》第三卷，第397页。
③ "仁体"的观念至北宋开始显发，程颢最先提出仁体，后儒多有发挥，相关论述请参考陈来《仁学本体论》（生活·读书·新知三联书店，2014）相关章节。熊氏对"仁体""天地万物一体之仁"的观点均有讨论，由此亦可看出他的儒学立场，以及宋明理学对他的影响。近来吴震教授对熊氏的"仁体"说亦有讨论，参见其文《从本体到仁体——熊十力哲学及其与宋明理学的交汇》（《甘肃社会科学》2022年第4期）。
④ 熊十力：《新唯识论》（语体本），《熊十力全集》第三卷，第398页。
⑤ 熊十力：《新唯识论》（语体本），《熊十力全集》第三卷，第403页。

体，却须如此下工夫。工夫做到一分，即是仁体呈露一分。工夫做到十分，即是仁体呈露十分。若全不下工夫，则将一任迷妄狂驰，而仁体乃梏亡殆尽矣"。①正是从强调工夫、本体统一的角度，二人的观点颇为一致。

熊氏还将佛家"作用见性"和儒家"即本体即工夫"两相比较，欲以会通、融合两家的本体学说。他认为，"居处恭、执事敬"既是工夫，又是本心之发用，即作用，佛家于此处见性，儒家于此处识本体。从这个意义上，儒佛两家可以相通。就本体自身的圆融性来考察，熊氏同样主张融会两家，他讲："佛家谈本体，毕竟于寂静的方面提揭独重。此各宗皆然，禅师亦尔。儒家自孔孟，其谈本体，毕竟于仁或生化的方面提揭独重。……会通佛之寂与孔之仁，而后本体之全德可见。"②在熊氏的著作中，他虽然多有批评佛学"耽空滞寂""离用谈体"，谈体有"二重世界"之嫌，但他仍然肯定空宗对本体的认识，认为唯在空寂处识体。不过，他更多的是批评前者，并发挥儒家大易"生生"的特性，融空寂于生化之中，视本体为流行不息、生生不已之体。岛田虔次先生指出："在主张彻底'有'和'生生不已'的问题上……熊氏更明显地是继承了陆王之学。"③可以说，熊氏有关"体"的学说继承发扬了传统儒家（程颢陆王）"仁"的观念，其本体论是一种"仁"的本体论。

---

① 熊十力：《新唯识论》（语体本），《熊十力全集》第三卷，第402页。
② 熊十力：《新唯识论》（语体本），《熊十力全集》第三卷，第406页。
③ 岛田虔次：《熊十力与新儒家哲学》，徐水生译，明文书局，1992，第93页。

2. 心与物不离：本心与习心

（1）本心与习心

熊十力区分辨析了本心与习心的不同，他认为："本心亦云性智，是吾人与万物所同具之本性。"①从人生论与心理学的层面看，则名"本心"，从量论（知识论）的层面看，则名"性智"。熊氏用佛道的叙说方式，认为本心具有"真净圆觉，虚彻灵通"的特性。据此他认为，"道家之道心，佛氏之法性心，乃至王阳明之良知，皆本心之异名耳"。②由此可见他融会儒释道的意思。他指出，习心"亦云量智，此心虽依本心的力用故有。而不即是本心，毕竟自成为一种东西"。③此处量智和性智相对应，均从知识论层面来讲，二者的关系犹如习心和本心的关系。在熊氏看来，习心和本心是两个不同的概念范畴，习心依靠本心的作用而生，而又"自成为一种东西"。其实，熊氏是站在传统儒学的立场，更具体来说，是站在孟子、陆王心学一脉的立场上，对本心和习心进行的区分。他借此详细论述了本心到习心的流变过程。

熊十力认为本心的存在是心可以发动的"因"，但是"因依根取境，而易乖其本"。④根即佛学所讲的眼、耳、鼻、舌、身五根，心要凭借五根与外界发生感性经验上的关联，此

---

① 熊十力：《新唯识论》（语体本），《熊十力全集》第三卷，第374页。
② 熊十力：《新唯识论》（语体本），《熊十力全集》第三卷，第375页。
③ 熊十力：《新唯识论》（语体本），《熊十力全集》第三卷，第375页。
④ 熊十力：《新唯识论》（语体本），《熊十力全集》第三卷，第375页。

即"依根"的意思。他更讲:"取者,追求与构画等义。境者,具云境界。凡为心之所追求与所思构,通名为境。原夫本心之发现,既不能不依藉乎根,则根便自有其权能,即假心之力用,而自逞以迷逐于物。故本心之流行乎根门,每失其本然之明。是心藉根为资具,乃反为资具所用也。而吾人亦因此不易反识自心,或且以心灵为物理的作用而已。"①也就是说,心所追求与所思构的境要凭借根,以根为"资具",而这个过程可能使根"自逞以迷逐于物",失掉本心的"本然之明",而"反为资具所用",最后导向对本心的悖逆。

他进一步举例,人们常常将"逐物之心"视为本心,其实这样的心已经"物化",心理学家从生理基础来说明心,把心理看作物理就犯了这种"逐物"毛病。相反,孟子早已清楚地看到其中问题,他说:"故孟子有物交物之言,是其反观深澈至极,非大乘菩萨不堪了此。夫心已物化,而失其本。孟子既名之以物,而不谓之心。"②在他看来,物化之心得不到纠正,而接续相生,从而形成声势浩大的"瀑流",当它潜伏在人的内在深渊里,便成"习气",无数的习气积累并显现出来,就成为"习心"。

要之,熊十力明确本心到习心的流变过程,阐明习心在追逐外物的过程中形成,这个过程是对本心的一种反动,这种根本性的转变可以通过根这个媒介来实现。这样看来,本心和习心相反

---

① 熊十力:《新唯识论》(语体本),《熊十力全集》第三卷,第375—376页。
② 熊十力:《新唯识论》(语体本),《熊十力全集》第三卷,第376页。

相成，它们之间的区分并非绝对的对立，而可以实现某种程度上的沟通。相比于宋明儒者，他对类似于天理人欲的本心和习心有更多直接的理论阐述，并细致分析了二者的转换关系。

（2）心与物不离

在熊氏的思想中，习心与物相对，是本心的显现。既然本心和习心并非绝对的对立，那么换言之，心与物也是相反相成而不离的。他曾说："物和心是一个整体的不同的两方面，现在可以明白了，因为翕和辟，不是可以剖析的两片物事，所以说为整体。"①"《新论》说每一功能具翕辟两极，辟极即是心的方面，翕极即是物的方面，心物只是同一功能之两方面，本无异体。"②翕辟是两种不同的势用，翕是"收摄凝聚"的势用，辟是"刚健而不物化"的势用。它们是同一功能中不可剖析的两极，"辟极即是心的方面，翕极即是物的方面"。熊氏从这个角度来论述心与物不离，心物的关系是同一功能的两个方面。

事实上，熊十力发挥"翕辟"的概念来说明心与物的关系，意在反对一般的唯心论和唯物论。他的立场似乎偏向于"二元论"。其实不然，他认为唯心论者承认辟的势用，而把翕消弭到辟中；唯物论者则相反，把辟消弭到翕中。二者"均不了一翕一辟是相反相成的整体"。③他始终强调心与物的不

---

① 熊十力：《新唯识论》（语体本），《熊十力全集》第三卷，第101页。
② 熊十力：《新唯识论》（语体本），《熊十力全集》第三卷，第497—498页。
③ 熊十力：《新唯识论》（语体本），《熊十力全集》第3卷，第106页。

同，而又构成相反相成的整体，这显然不是一种二元论。况且熊氏对二元论本身持有批评的态度，他说："我们应知，翕辟是相反相成，毕竟是浑一而不可分的整体。所以，把心和物看作为二元的，固是错误。但如不了吾所谓翕辟，即不明白万变的宇宙底内容，是涵有内在的矛盾而发展的，那么，这种错误更大极了。"①不能把翕辟绝对地对立，认为一方必然消弭另一方，翕与辟是同一整体的两方面势用，这贯彻了相反相成的普遍法则，是一种富含辩证色彩的本体论。

熊十力常借理学与心学说明问题。理学一派认为理在事物上，心学一派则认为理即心。而他的立场是心物不二（心物不离），他讲"此义见透，即当握住不松。因此在量论上说，所谓理者，一方面理即心，吾与阳明同；一方面理亦即物，吾更申阳明所未尽者"。②这段话可以视为熊氏心物思想来源的理论自述。一方面他继承阳明心即理的思想，另一方面他又注重了理即物的思想。他继承前者的同时又对程朱理学有所关照。这表明他欲以调和心物的绝对对立，彰显了其"融会朱王"的理论特点。

从理论来源和动机的层面看，以上是历史维度下的开新。熊氏还有现代科学维度的关心和考量。现代社会的发展离不开科学，在科学家的视角下，物与理当然不可分开，熊氏肯定这一点在某种程度上使其思想获得了现代价值与意义。他讲"程

---

① 熊十力：《新唯识论》（语体本），《熊十力全集》第三卷，第105页。
② 熊十力：《新唯识论》（语体本），《熊十力全集》第三卷，第280页。

子曰理在物,科学家实同此意"便表明了心意。从宽泛的意义来看,熊氏进一步申述了阳明思想没有揭明的道理,赋予心物不离的思想以现代科学层面的价值。

由上可知,熊十力的本心本体论思想对阳明心学确有一些继承,更有发展。

二、体用不二

本体论和宇宙论具有密切的关系,在熊十力的哲学体系中,二者不同而又不可分,后者是前者在理论上的延展。前文已述及熊氏在本体论层面区分本心与习心、心与物的概念,认为它们是不即不离的关系,即"不二"的关系。因此熊氏的本体论同样包含"体用不二"的思想意蕴,这在他整个哲学思想体系中是"一以贯之"的。至于为什么要在此处讲它,则是由于本节承接前节熊氏的本体论思想,欲以阐明熊氏的宇宙论思想,从本体论到宇宙论这个过程更能凸显出其"体用不二"观的特色。至于其宇宙论思想的具体内容,本节从"批评佛、儒、道、西的体用观""对阳明体用观的继承、批判与开新""'体用不二'思想要旨概述"三个方面展开。

1. 批评佛、儒、道、西的体用观

熊十力认为:"哲学上的根本问题,就是本体与现象,此在《新论》即名之为体用。体者,具云本体。用者,作用或功用之省称。不曰现象而曰用者,现象界即是万有之总名,而所谓万有,实即依本体现起之作用而假立种种名。故非离作用,别有实物可名现象界,是以不言现象而言用也。"①熊氏言"用"而不言"现象"意在强调用作为体之发用,以明晰体与用的关系。在他看来,体用问题是哲学上的根本问题,体用观亦是他的哲学的核心观点,他说"《新论》纲要即体用义",②"《新论》本为发明体用而作",③"《新论》根本在明体用"。④"哲学之本务,要在穷究宇宙基源,故谈宇宙论者,未可茫然不辩体用。"⑤甚至在晚年,熊氏还专门撰《体用论》一书集中阐发自己的体用不二观。他在书中《赘语》声称:"此书既成,《新论》两本俱毁弃,无保存之必要。"⑥由此可见体用观在其哲学体系中的重要地位。当然,熊氏的体用观不是凭空产生的。历史地看,体用的概念在中国哲学史上早已有之。他对此进行了考察,并基于自己的体用观对佛、儒(主要是心学末流)、道"有体无用"等观点展开批评。他还以中西比较的维度,驳斥西学体用观。

(1) 对佛学体用观的批评

熊十力认为佛学体用观难以避免"耽空滞寂"与"求体废用"。他说:"余以为佛氏观空不可非,可非者在其耽空;归

---

① 熊十力:《新唯识论》(语体本),《熊十力全集》第三卷,第276页。
② 熊十力:《新唯识论》(语体本),《熊十力全集》第三卷,第276页。
③ 熊十力:《十力语要初续》,《熊十力全集》第五卷,第10页。
④ 熊十力:《摧惑显宗记》,《熊十力全集》第五卷,第483页。
⑤ 熊十力:《原儒》,《熊十力全集》第六卷,第617页。
⑥ 熊十力:《体用论》,《熊十力全集》第七卷,第7页。

寂不可非，可非者在其滞寂。夫滞寂则不悟生生之盛，耽空则不识化化之妙。佛家者流求体而废用，余以是弗许也。"①熊氏解释道，"观空"意在说明一切法不可迷执，"归寂"指以寂静立本，动而不乱。他并不否定这些看法，认为"此皆不可非"。他批评的是"观空"流于"耽空"，"归寂"进而"滞寂"，后者导致的结果是不悟不识"生化"的道理。佛家不悟不识"生化"是为了实现出世的理想，性体本来无形状、无作意、清静不染，可以形容为"空寂"，但是人与生俱来的染污习气会障蔽空寂的性体，佛家采取的方法是彻底断除这些附赘物，因此走向出世。无论是小乘佛教还是大乘佛教，都追求出离生死苦海，它们断除一切染污习气而追求出世的同时，也遏制了性体的"生化"力量。熊氏认为佛家遏制性体的"生化"违背了自然道理，"寂而不已于生，空而不穷于化，是乃宇宙实体德用自然，不可更诘其所由然"。②可见他是站在儒家"生生"的宇宙观立场上对佛家"耽空滞寂"展开的批评。

与此相关，他对佛家"求体废用"展开了批评。他讲："此佛家者流，所以谈体而遗用也。儒者便不如是。"③如果说前面的批评还停留在佛家体用观的现象表征层面，那么这里的批评就深入到佛学体用观的实质性层面了。佛家主张消除宇宙万有，追求悟入涅槃，以明心见性即见体为旨归，这就不仅

---

① 熊十力：《体用论》，《熊十力全集》第七卷，第55页。
② 熊十力：《体用论》，《熊十力全集》第七卷，第56页。
③ 熊十力：《新唯识论》（语体本），《熊十力全集》第三卷，第187页。

从理论层面上否定了实体的功用,并且在事实层面上亦如此。熊氏对此的阐述则如前引,将佛家和儒家的观点放在一起进行对比分析,以讲明佛家"求体废用"或"谈体遗用"的体用观偏向亦违背宇宙"生化"的自然法则。他曾用空宗举例:"空宗还是出世思想,故其所证会于本体者只是无相无为、无造无作,寂静最寂静、甚深最甚深,而于其生生化化流行不息真几,毕竟不曾领会到。所以只说无为,而不许说无为无不为,遂有离用言体之失。"①

熊氏针对上条引文解释道,"无不为"是从体上讲,和阳明主张的"即体而言用在体"是一个意思。用与体处在流行与显现的同一过程中,不可分割。相反,在他看来,佛家"求体废用""谈体遗用"观点的错误便在于将体用割裂对立起来,甚至形成"二重本体"。因此他直接批评佛家区分梦幻与真实两重世界,视体与用为"互不可相通,互不可溶合"的两撅。

(2)对心学末流体用观的反思

前文第二章已论述熊十力批评心学末流的凿空,他们"空想本体,全不著实做格物工夫",失却阳明"即本体即工夫"、工夫本体并重的理论主旨。这里仅从体用层面再略作申述。

从体用观的角度来看,心学末流已坠落佛家,陷入"谈体遗用"的窠臼。历史上,程朱后学曾批评阳明单讲良知而忽视格物工夫,心学末流的"谈体遗用"之弊病仿佛可以追溯到阳

---

① 熊十力:《新唯识论》(删定本),《熊十力全集》第六卷,第122页。

明。熊氏对此进行了辩驳，他认为阳明讲的良知没有弃绝格物工夫而溺于寂静，更没有脱离格物工夫而驰于空想或幻想。

阳明心学和佛学有着根本的区别，"心体物而心存，心绝物而心亦绝"的义理是阳明所自觉践行的，因此熊氏认为"谈体遗用"的弊病不在阳明。熊氏反问批评者："阳明后，凡为致良知之学，而至于不事格物者，皆非阳明本旨也，而论者归咎阳明可乎？阳明安定西南功绩赫然，不格物而能之乎？"①"晚明王学，全失阳明本旨，为世诟病……后学空谈本体，非阳明之罪人哉！"②阳明的事功成就从事实层面反驳了批评者。从熊氏对阳明后学流于凿空的批评来看，他认为"谈体遗用"的问题应当归咎于心学末流。③

（3）对道家体用观的批评

熊十力对道家体用观的总体评价是："道家之宇宙论，于体用确未彻了。庄子散见之精微语殊不少，而其持论之大体确未妥。庄子才大，于道犹不无少许隔在。"④他不赞同道家宇宙论对体用问题的认识，具体而言，他的批评有三点。

其一是道体的虚无。熊氏认为老子论道体，只说"致虚守静"，即"以虚无言道体，其体悟及此而止矣"。⑤他以此对比

---

① 熊十力：《原儒》，《熊十力全集》第六卷，第634页。
② 熊十力：《新唯识论》（语体本），《熊十力全集》第三卷，第420页。
③ 熊氏对阳明虽有批评，如他讲"阳明讲学未免偏重致良知，而忽视格物"（《熊十力全集》第五卷，第639页），但总体而言，他对阳明调和体与用的思路是肯定的。阳明并没有完全忽视格物。后文将会提及，此处暂不细论。
④ 熊十力：《体用论》，《熊十力全集》第七卷，第6页。
⑤ 熊十力：《韩非子评论》，《熊十力全集》第五卷，第329页。

儒家，虽然儒家讲天道时，也常讲"无声无臭"，同样具有"虚无"的特点，但是问题在于儒家并没有停留于此，而老子讲道体却只讲虚无，停留在无的层面，不能真正认识到"万化之本，万物之源"。在熊氏眼中，这是佛、道讲体时的共同弊病。

其二是道超越于物。熊氏坦言："老庄皆以为，道是超越乎万物之上。倘真知体用不二，则道即是万物之自身，何至有太一、真宰在万物之上乎？"[①]道体的超越性妨碍对"万物自身即是道"的认识，在熊氏看来，体与用是不离的，如果一味强调体的超越性，就会导致对万物、对用的忽视，进而割裂体用。

其三是虚静识道，柔弱为用。熊氏说："道家偏向虚静中去领会道。此与《大易》从刚健与变动的功用上指点、令人于此悟实体者，便极端相反。故老氏以柔弱为用，虽忿嫉统治阶层而不敢为天下先，不肯革命。"[②]以虚静言体，佛、道表现出相同性。熊氏对它们的批评是蔽于"耽空滞寂"。他批评佛、道的同时，重视发挥儒家《大易》刚健与变动的功用特性来领悟本体。

（4）对西学体用观的破斥

熊十力说："西洋近世，罕言本体，其昔之谈本体者，皆以思构而成戏论，良由始终向外推寻，故如盲人摸象耳。"[③]他对西学批评至少有二。

---

① 熊十力：《体用论》，《熊十力全集》第七卷，第5—6页。
② 熊十力：《体用论》，《熊十力全集》第七卷，第6页。
③ 熊十力：《十力语要》，《熊十力全集》第四卷，第361页。

其一,他说"西洋近世,罕言本体"揭示了近代以来西方哲学发展的一种趋势,即对传统西方哲学的本体论进行解构,取消"本体",具有"反本体论"的倾向。① 熊氏当然不能同意这样的观点,在他的思想中,"本体是万理之原,万德之端,万化之始"。② 他认为"哲学思想本不可以有限界言,然而本体论究是阐明万化根源,是一切智智。与科学但为各部门的知识者自不可同日语。则谓哲学建本立极,只是本体论,要不为过。夫哲学所穷究的,即是本体"。③ 在他看来,对于建构一个哲学体系来说,本体的重要性是不言而喻的,当然不能取消。

其二,西学谈本体采取"思构""向外推寻"的方式,这是他又一不能赞同的地方。需要说明的是,熊氏并不反对西学在知识论方面的成就,他此处对西学的批评是就证悟本体的层面来说的。他提到:"哲学建立本体者,大概用推论之术。不向万物自身体会其本有自根自源,却要从万物自身以外推求一种真实的物,说为万物之本体。"④ 以"向外推寻"的方式寻求本体在熊

---

① 孙正聿在《哲学通论》(复旦大学出版社,2007)中指出:十九世纪中叶以来的现代哲学的革命性转向表现为马克思主义哲学的"实践转向"和现代西方哲学的"语言转向"。前者认为只有从现实的人及其历史发展出发,达到对哲学基本问题的实践论理解,才能正确地理解和解释"思维和存在的关系问题"。后者认为人类必须而且只能用"语言"去理解"世界"和自己的"意识",并用"语言"去表述对"世界"和自己的"意识"的理解。"世界"在人的"语言"之中。再往前回溯,近代哲学亦有"认识论转向",认为"没有认识论的本体论为无效"。(参考是书第133—135页。)此注对熊言的具体所指进行简单补充。
② 熊十力:《体用论》,《熊十力全集》第七卷,第14页。
③ 熊十力:《新唯识论》(语体本),《熊十力全集》第三卷,第14—15页。
④ 熊十力:《乾坤衍》,《熊十力全集》第七卷,第528页。

氏看来只是"徒逞偏见"罢了,最终导致的结果只能是"终成无体之论",他常比喻这种行为是"盲人摸象"。其实,向外推寻本体预设了本体和现象为二,割裂二者,这是他的批评的实质性指向。他绝不同意"将体用截成二片"的看法。

熊十力的立场是鲜明的。他基于自己的体用观,对佛道、心学末流和西学的体用观均有批评和反驳。也可以说,熊氏在对各种体用观进行相互比较,对其他观点进行批驳的过程中,愈发凸显了其"体用不二"观的理论特色。

2. 对阳明体用观的继承、批判与开新

如上所述,熊十力对多种哲学思想的体用观提出了批评反驳。与之形成对照,他对阳明的体用观却多有肯定、吸收与借鉴。当然,他对阳明的体用思想并不是进行简单复述,而是进行创造性批判继承。他将阳明和朱熹的相关思想加以融会贯通,尝试探索并发挥出富有原创性的体用观思想。可以说,哲学家往往在破与立之间明晰、确立、形成自己的概念、观点、体系。因此,将促成破与立二者之间的转化因素视为理论塑造的关键点作为考察的重要切入口,不啻一种富有普遍性的理论分析方法。把这种方法运用在具体问题的分析上,尤其能抓住问题的要害之所在。因此这里打算以此眼光和方法对熊氏体用观的形成加以细致的审视和考察,以冀从与上节不同的另一侧面加深对熊氏体用观的认识,并讨论阳明体用观和熊氏体用观的关系。

（1）对阳明体用观的继承

熊十力曾在答牟宗三的书信中，总结《新唯识论》的要旨说："归本性智，仍申阳明之旨，但阳明究是二氏之成分过多，固其后学走入狂禅去。"① 在熊氏那里，性智即本体的代名词，换言之，"归本性智，仍申阳明之旨"包含他继承阳明本体观的意思。他尝称赞阳明"即体而言，用在体；即用而言，体在用，是谓体用一源"这句话为"见道语"。② 在阳明的思想中，"体用一源"思想与"知行合一"思想相得益彰、互为映照。

"体用一源"是就本体宇宙论层面而说。《传习录》中有三处明文记载阳明讨论"体用一源"的思想。第一处即上引阳明语，此语意在回复薛侃问"先儒以心之静为体，心之动为用，如何"，阳明的完整回答是："心不可以动静为体用。动静，时也。即体而言，用在体。即用而言，体在用。是谓'体用一源'。若说静可以见其体，动可以见其用，却不妨。"③ 薛侃所问代表传统儒家的一种观点，将心在静时的状态视为体，在动时的状态视为用。阳明首先驳斥这样的体用观，认为不可以动静来区分体用，动静只是顺应外在变化的结果而已。然后阳明直接阐明自己的体用观，详细说明体、用的关系是"即体而言，用在体。即用而言，体在用"。即是说，用取决

---

① 熊十力：《十力语要初续》，《熊十力全集》第五卷，第9页。
② 熊十力：《新唯识论》（语体本），《熊十力全集》第三卷，第179页。
③ 王阳明：《传习录》（上），《王阳明全集》，第36页。

于体，体呈现于用，二者密不可分，如"一物之两面"，因此从根本上不能分说，是谓"体用一源"。第二处答陆澄问，阳明言"有是体即有是用。有'未发之中'，即有'发而皆中节之和'"。①第三处答国英问，阳明以"体用一源"说明一贯工夫。②后两处答问虽在不同情境下发生，但和第一处表达的意思相同，皆为阐述体用之不可分，故不详论。

"知行合一"是从本体工夫论维度来讲的。阳明说"知是行的主意，行是知的工夫"。一方面，"知是行的主意"是从本体层面立意，此处的"知"即"良知"，用阳明的话来形容良知本体即"为学头脑处"，因而它当然是行的主宰、主意。另一方面，"行是知的工夫"是就工夫层面立说，知的实现必须通过"行"的工夫表现出来，因此行是知的落实。合而言之，在阳明的思想中，本体与工夫彻上彻下，是一贯的。阳明对知行关系还有另一论述，即"知是行之始，行是知之成"，在他看来，"知-行"的展开犹如"始-成"的过程，它们不能截然对立分开，知、行二者可以视为本体、工夫的不同面向。正是从这个角度，阳明认为"真知即所以为行，不行不足谓之知"，也就是说，知的本体具有展开（行）的必然性，行的工夫已经是真知必然性的体现。

总起来看，阳明讨论"体用一源"侧重本体宇宙论层面，论述"知行合一"侧重本体工夫论维度。尽管角度不同，但无

---

① 王阳明：《传习录》（上），《王阳明全集》，第20页。
② 参见王阳明《传习录》（上），《王阳明全集》，第37页。

论从哪个角度看，阳明欲以表达的思想前后一致，本体与宇宙、知与行、体与用是贯通、合一、一源的关系，其体用观具有圆融不二的特质，体与用相即不离。熊氏认为"用依体现，体待用存……体用不得不分疏。然而，一言乎用，则是其本体全成为用，而不可于用外觅体。一言乎体，则是无穷妙用，法尔皆备"。①其体用观思想在对体与用的联系整合方面，直接继承了阳明体用一源、知行合一的"体用观"思想，所以他曾坦言"体用不二，阳明子已言之矣"。②此谓"仍申阳明之旨"的具体理论表现。

（2）批评阳明，融会朱王

熊十力说"但阳明究是二氏之成分过多，固其后学走入狂禅去"。这表明他赞同与继承阳明体用观之时，对其理论又有批判与否定之处。这正是前文提到的破与立之间的理论关键点，需要展开讨论，剖析出熊氏对阳明思想的破与立在何处。在阳明那里，体、用是合一并进的。据此熊氏认为单讲本体而不务实际，不能完全归咎于阳明，而是心学末流的凿空。

但是，这样的理论辩驳在现实面前是无力的，事实是，心学的传衍已然各有偏向。熊氏认为问题的原因虽不能完全归咎于阳明，但还是可以由此发现阳明的理论不足之处。他讲："阳明教人，忽略学问与知识，其弊宜至此也。《儒行》首重夙夜强学以待问。又曰博学不穷。曰博学知服。阳明却不甚注

---

① 熊十力：《新唯识论》（语体本），《熊十力全集》第三卷，第178—179页。
② 熊十力：《读经示要》，《熊十力全集》第三卷，第664页。

意及此,故不能无流弊。"① "及阳明学昌,学者多以考据工夫为支离破碎,而不甚注重。"② 熊氏认为阳明对于学问知识不太注重,称"考据工夫"为"支离破碎"之学。这种态度容易导致对日用工夫的忽视,而心学末流高谈本体、不务实用的流弊已在此源头萌生。所以他给牟氏讲"余于《大学》格物,不取阳明,而取朱子"。③ 其实他在《读经示要》中对《大学》释义时常对比朱、王二人的解释,对他们的解释均既有赞同,又有批评。④ 由此可见他辩证批评又欲以融会朱王的态度。

总结而言,一方面,熊氏认为心学末流"有体无用"的弊病不能完全归结于阳明,阳明本来强调体与用齐头并进、体用一源的立场;但另一方面,熊氏认为在阳明的思想中,还是有高扬体而忽略用的思想趋向,此即"阳明究是二氏之成分过多"之具体所指。其实,熊氏对阳明思想两个方面的态度看似矛盾,却恰好体现了阳明思想的内在张力。杨国荣教授对阳明思想的矛盾性颇有研究,他认为"致良知学说包含二重性,一开始就决定了其演变不可能表现为单向的进展"。⑤ 杨教授进一步提到,阳明思想的二重性同样构成熊氏体用不二说的内在特征。⑥

以上是熊氏对阳明体用思想"破"的一面,接下来论述

---

① 熊十力:《读经示要》,《熊十力全集》第三卷,第690—691页。
② 熊十力:《读经示要》,《熊十力全集》第三卷,第842页。
③ 熊十力:《十力语要初续》,《熊十力全集》第五卷,第11页。
④ 参见熊十力《读经示要》,《熊十力全集》第三卷,第629—674页。
⑤ 杨国荣:《王学通论——从王阳明到熊十力》,第86页。
⑥ 参见杨国荣《王学通论——从王阳明到熊十力》,第224页。

"立"的一面。

（3）对阳明体用观的开新

熊十力强调："朱子说理在物。阳明说心即理。二者若不可融通。其实，心物同体，本无分于内外，但自其发现而言，则一体而势用有异，物似外现。而为所知，心若内在，而为能知。能所皆假立之名，实非截然二物。心固即理，而物亦理之显也。"①这段引文可以表明熊氏对朱、王的调和态度。他认为，心与物同体，不分内外，它们不是截然对立的。

他接着说："理者本无内外。一方面是于万物而见为众理灿著；一方面说吾心即是万理赅备的物事……唯真知心境本不二者，则知心境两方面，无一而非此理呈现，内外相泯，滞碍都捐……说理即心，亦应说理即物，庶无边执之过。"②这里的"境"指的是"物"，"心"不是本体论层面的本心，是指宇宙论层面的心，所以此处的心、物都是本体的流行显现。熊氏提出"心物本来俱有，而不可相无。心无形而体物，物凝质而从心……二者相需以成用，不可相无。实则所云，心物二者只是本体流行之两方面"。③在这个意义上，他提出"心境本不二"，即心物不二的观点。

概言之，熊氏对阳明体用思想"立"的一面在于融会朱王，吸收朱熹格物之用的观点，将其融入致知之体，而使体与

---

① 熊十力：《读经示要》，《熊十力全集》第三卷，第667页。
② 熊十力：《新唯识论》（语体本），《熊十力全集》第三卷，第44页。
③ 熊十力：《原儒》，《熊十力全集》第六卷，第633页。

用融为一体，不偏离、忽视任何一边。在他看来，这将体用一源、体用不二的思想立场贯彻到底了。但他毕竟在本心本体的方面继承了阳明，可以说他是从阳明的立场出发，欲以调和朱、王。因此他能否真正解决体用的矛盾值得思考。①不过从他个人的角度，体用问题已经解决。

另外，既然熊氏对阳明体用观既有肯定，又有否定，那么他们的体用观是既同而又异的。上文虽谈论了熊氏对阳明忽略用的批评，但尚未具体阐述二人的体用观之异。此处补充一些内容，以回应问题。

杨国荣教授曾指出："熊十力的体用不二说与王阳明的心物一体论又存在着某些不可忽视的差异。与王氏着重强调'即体而言用在体'不同，熊十力更多地侧重于'即用而言体在用'……所谓即用显体，也就是把本体看作是一个展开于具体现象之中的流行过程，而主体则在这一流行过程中把握本体。"②无独有偶，近来吴震教授亦认为："熊氏体用不二论的论证思路主要有两点：一是'由体显用'，二是'即用显体'。关于前者，熊氏着墨不多，关于后者，才是其体用论的核心，且与阳明学的观点也有联系。"③其实，熊氏对"即体

---

① 对此，杨国荣持否定的态度。他在《王学通论——从王阳明到熊十力》书中认为王阳明思想中的二重性矛盾延续到熊十力的"体用不二"思想中，问题仍然没有根本解决，熊氏不能真正调和体与用的矛盾。
② 杨国荣：《王学通论——从王阳明到熊十力》，第224页。
③ 吴震：《从本体到仁体——熊十力哲学及其与宋明理学的交汇》，第35—36页。

而言，用在体""即用而言，体在用"的阳明语均表示同意，如他所言："体用毕竟不可分。一曰，即体而言用在体，此用即是体之显现。二曰，即用而言体在用，用不异体，体不异用。"①"由真谛义言之，乃即体而言，用在体。非言体时，便无用也。由俗谛义言之，乃即用而言，体在用。"②

区别在于他在著述中确实对"即用显体"多有描述。他说"《新论》全部旨意，只是即用显体""《新论》主张即用显体"③的时候并未提到"即体显用"，但这并不表示他不重视后者。况且在描写本体时他亦多指出："我于体上说个'无不为'这里便与王阳明所云'即体而言，用在体'，同其意义。"他此处又强调"即体而言用在体"，而并未谈"即用而言，体在用"。实际上在熊氏的体用论中，"即体显用"仍是重要的一环。

从思想理论的渊源看，熊氏侧重于谈"即用而言体在用"和其理论的流变与宗趣相关。他从佛学唯识论转身，归宗儒家大易，一方面经常批评佛学"遗用谈体"的弊病，这也是他不认同佛学而最终出离佛学的原因；另一方面，他倾心儒家易学的一个重要原因即易学特别强调本体的"生生化化""流行不息""刚健自强"等特性，他认为这是儒佛的根本差异。再一方面，他善用空宗"遮诠法"的论证方式，如萧萐父言："他

---

① 熊十力：《新唯识论》（语体本），《熊十力全集》第三卷，第239页。
② 熊十力：《十力语要》，《熊十力全集》第四卷，第302页。
③ 熊十力：《十力语要》，《熊十力全集》第四卷，第59、64页。

（按：熊十力）喜用遮诠法，以破显立，层层剥蕉，故书中逐处遮破佛法，睥睨西学、痛斥奴儒。"①熊氏本人亦言："我在本章因论缘生为遮词，而推迹梵方空有二宗得失，并略揭本论宗趣唯在即用显体。"②熊氏批评佛学、睥睨西学、痛斥奴儒的一个侧重点即他们对用的遗失（离用谈体）。他是在借"破"佛学（也包括西学、心学末流等）遗用的基础上，欲以达到"立"儒学"生生"思想的效果。

因此可以说，熊十力强调"即用显体"有其深意，这是他归宗于儒家易学，而对阳明思想有突破与开新的地方。不过在他看来，毕竟只有将"即体而言用在体"和"即用而言体在用"的观点结合起来，才符合其"体用不二"的思想主旨。其实在阳明的思想本意中，体与用亦是融贯而不可分的"一源""不二"关系，只是体与用的矛盾与张力在其思想中始终存在，并在其后学中更加分化与突出了。

郭齐勇教授从思想演变与逻辑矛盾的角度指出，熊氏思想中"摄用归体"与"摄体归用"始终是一对矛盾，熊氏早年在《新唯识论》中承认本心、本性的唯一真实，以"摄用归体"为主旨；晚年在《体用论》《明心篇》《乾坤衍》中又批评"摄用归体"的观点，将"摄用归体"与"摄体归用"二者严

---

① 萧萐父：《熊十力与中国传统文化》序，《吹沙集》，巴蜀书社，1999，第603页。
② 熊十力：《新唯识论》（删定本），《熊十力全集》第六卷，第70页。亦见《新论》语体本，《熊十力全集》第三卷，第84页。

重对立起来，和此前不同，似乎肯定了现象真实，注重"摄体归用"。①认识熊氏思想中"即体显用""即用显体"的观点需要从熊氏思想的演变，及其整个哲学体系的角度出发，才能形成更为准确的，符合熊氏思想实际的判断。

还需指出的是，无论熊氏思想的不同阶段对体与用是否有不同偏重，还是相对于阳明，二人对"即体即用""即用即体"思想的侧重不同，在分析他们体用观的差别时，还要看到二者论说的相同之处，即他们的儒家立场是基本一致的。体用观点是在他们思想体系中的矛盾性地展开。同时更要注意二人观点的历史性、逻辑性指向，这需要具体的分析。

3．"体用不二"思想要旨概述

（1）归宗《大易》

熊十力体用不二观的形成不仅受阳明思想的影响，而且可以将其理论来源回溯到儒家大易之学。熊氏曾自述："余之宇宙论主体用不二，盖由不敢苟同于佛法，乃返而远取诸物、近取诸身，积渐启悟，遂归宗乎《大易》也。"②关于其学问来源与旨归，王元化有同样的看法："十力先生早年忿詈孔子，中期疑佛，最后归宗大易。"③熊氏归宗大易之处作何体现呢？具体而言，他的主要著作与诸多观点深受大易思想的影响，正如其所言"此《新唯识论》所以有作。而实根柢《大

---

① 郭齐勇：《熊十力哲学研究》，第65—74页。
② 熊十力：《体用论》，《熊十力全集》第七卷，第35页。
③ 郭齐勇主编：《存斋论学集：熊十力生平与学术》，第146页。

易》以出也"。①

发挥《大易》生生之道。乾卦《象》曰:"天行健,君子以自强不息",《系辞上传》曰:"日新之谓盛德。""生生之谓《易》。"《系辞下传》曰:"天地之大德曰生。"②天地有好生之德,天道健行不息、流行不已,这些思想是儒家的共识,思想来源于《易》。熊十力标示出的"生生"二字便很好地显现了易学宇宙观"日新盛德"的特点。余敦康解读到:"《易》书就是对这幅宇宙全景的如实反映,因而生生不已也就成为《易》书的思想精髓和实质内涵。"③熊氏把"生生""健动""盛德""日新"等特性融入本体,从其思想历程的前后变化来看,正是纠正佛学将本体视为空寂之体从而救其耽空溺寂之弊。故他对于本体的生生之德有诸多说明,例如他讲:"生生之本然,健动,而涵万理,备万善,是《易》所谓太极,宇宙之本体也。其存乎吾人者,即《大易》所谓'乾以易知之知'也。阳明子所谓'良知',吾《新论》所云'性智'也。"④

在《新唯识论》《读经示要》等文本中,熊氏坦言并反复强调"本体是生生不息的",性体(亦即心体,本体之别名)"静非枯静而仁德与之俱也"。⑤他"融空寂于生化之中",

---

① 熊十力:《读经示要》,《熊十力全集》第三卷,第916页。
② 余敦康:《周易现代解读》,中华书局,2016,第4、326、345页。
③ 余敦康:《周易现代解读》,第326页。
④ 熊十力:《读经示要》,《熊十力全集》第三卷,第917页。
⑤ 熊十力:《新唯识论》(语体本),《熊十力全集》第三卷,第172页。

将"空寂"与"生生"二者融入一"体",更凸显了他从佛学本体论的层面转身,进入到儒学的视域。对此他直言:"《新论》之旨,其谈生化,明明含摄《大易》。"①

另外,易学包含丰富的变化与辩证法的思想,熊氏对此亦有较多的发挥。

(2)"翕辟成变"

熊十力常常称赞"知化""明化"是大易的"至矣妙矣"处,这里的"化"即有变化的意思。关于变化,熊氏提出"谁为能变的呢""如何成功这个变呢"两个问题。他对第一问的回答是:"把一切行的本体,假说为能变了。"②熊氏把本体假说为能变,是从用的角度来讲的,因为离了用,本体也就不消说。"能"字即表现了体可以显现为用的变的过程,他意在表明本体创造万有而又不超脱于万有。他说:"本体只是无能而无所不能。他显现为万殊的功用或一切行,所以说是无所不能。他不是超脱于万殊的功用或一切行之上而为创造者,所以说无能。故假说为能变。"③熊氏将本体假说为能变,此"假说"体现了本体兼具"无能"与"无所不能"的辩证性质。

关于第二问,熊氏在万变不穷之中,寻找到实现此变的最根本、最普遍的法则,即"相反相成"的变化法则。他认为:"《大易》最初的作者,只是画卦爻以明宇宙变化的理

---

① 熊十力:《新唯识论》(语体本),《熊十力全集》第三卷,第196页。
② 熊十力:《新唯识论》(语体本),《熊十力全集》第三卷,第95页。
③ 熊十力:《新唯识论》(语体本),《熊十力全集》第三卷,第95页。

法。……《大易》谈变化的法则，实不外相反相成。他们画出一种图式，来表示这相反相成的法则。"①《大易》每卦三爻，即初爻、二爻、三爻，爻的涵义即变动。熊氏认为老子所说"一生二，二生三"便申述了《大易》每卦三爻的意思，因为有了一，就有二，这个二便与一相反，同时又有三，三是根据一而与二相反。②从初爻到二爻，至三爻就形成这种从"肯定"到"否定"，又到"否定之否定"的变化发展的关系，即"相反相成"的关系。如何甄别这相反相成的变法法则呢？熊氏拈出"翕辟"二字。变化具有翕和辟两种动势，前者是凝聚的势用，后者是刚健的势用，二者均无自体，也没有时间上的先后之分，随着变化方生方灭。

他认为本体假名为能变即是恒转。恒转是至无善动的，其动相续不已，本体恒转的过程便显现翕、辟两种势用。因而翕辟二者是一体之两面，它们依恒转而同时俱起，不可剖析为两片物事。翕辟与恒转的关系，便可以具体表现为上述"一生二，二生三"的相反相成法则，即"恒转是一，恒转之现为翕，而几至不守自性，此翕便是二，所谓一生二是也。然恒转毕竟常如其性，决不会物化的。所以，当其翕时，即有辟的势用俱起，这一辟，就名为三，所谓二生三是也"。③这里的一、二、三并不是相互割裂分离的先后次序。一是恒转，表示

---

① 熊十力：《新唯识论》（语体本），《熊十力全集》第三卷，第96—97页。
② 熊十力：《新唯识论》（语体本），《熊十力全集》第三卷，第97页。
③ 熊十力：《新唯识论》（语体本），《熊十力全集》第三卷，第99页。

体将现起为用的符号。二、三分别是翕、辟,表示用的符号。三是依据一而有,又反乎二,因此包含一和二,最能体现全体之大用。"三生万物",物质宇宙便在这本体恒转、翕辟现起过程中得以建立。

熊十力说:"《新论》主张'即用显体,即变易即不易,即流行即主宰,即体即用',而其立论,系统谨严,实以翕辟概念为之枢纽。"①"翕辟"是熊氏思想中本体流行显现为用的两种动势,是理解熊氏宇宙论的关键点和枢纽处。

(3)"体用不二"宇宙观的思想意蕴

既然熊十力宇宙论主"体用不二",那么物质宇宙的建立过程便是"体用不二"思想的一种呈现。对于熊氏"体用不二"思想的内涵和特点还需要进一步的更细致的分殊和认识。

第一,释体用。熊十力的体、用概念是对中西印思想的融会,上文讲他对各种思想资源的正向继承与反向批评便是融会各方的一种表现。回看熊氏的哲学思想,"体"即"宇宙之本体或实体","用"即"本体的作用或功用"。他的体、用概念既映现出西方哲学本体、现象的影子,不区分本体、实体的做法又体现了中国传统哲学的模糊圆融的特性,这可视为其融会中西的例证。

熊十力对体、用概念还有更进一步的深入阐释。他在《新唯识论》中概括了本体六义:"一、本体是备万理、含万德、

---

① 熊十力:《十力论学语辑略》,《熊十力全集》第二卷,第262页。

肇万化、法尔清净本然。……二、本体是绝对的，若有所待，便不名为一切行的本体了。三、本体是幽隐的，无形相的，即是没有空间性的。四、本体是恒久的，无始无终的，即是没有时间性的。五、本体是全的，圆满无缺的，不可剖割的。六、若说本体是不变易的，便已涵着变易了；若说本体是变易的，便已涵着不变易了，他是很难说的。"①概言之，本体具有实在性、绝对性、超越时空性、圆满性和辩证性。

本体是空寂而刚健的，假说为能变即恒转，故生生不已、化化不停，因而必须通过翕辟的势用以显现为用。换言之，体不能超脱于用之外而独存，他说："孔子既主张体用不二，即是以实体为现象之真实自体，现象以外，决定无有超越现象而独存的实体。"②他认为孔子作《易》阐明实体有两大原则："一是肯定现象真实，二是万物是从过去到现在以趋于未来，发展不已的全体。"③他承认这两大原则体现了他肯定现实的儒者取向。因此在他看来，体、用是不一不二的，二者均不可脱离对方而独存。他以"体用不二"的辩证思想为宗，发挥出众多的不二："本原、现象不许离而为二，真实、变异不许离而为二，绝对、相对不许离而为二，心物不许离而为二，质力不许离而为二，天人不许离而为二。"④

---

① 熊十力：《新唯识论》（语体本），《熊十力全集》第三卷，第94页。
② 熊十力：《乾坤衍》，《熊十力全集》第七卷，第546页。
③ 熊十力：《乾坤衍》，《熊十力全集》第七卷，第546—550页。
④ 熊十力：《体用论》，《熊十力全集》第七卷，第143页

第二,熊氏论证观点善用譬喻。为讲明"体用不二"的要旨,他经常使用大海水与众沤的譬喻:"譬如大海水显现为众沤,即每一沤,都是大海水的全整的直接显现。试就甲沤来说罢,甲沤是以大海水为体,即具有大海水底全量的。又就乙沤来说罢,乙沤也是以大海水为体,亦即具有大海水底全量的。丙沤、丁沤乃至无量底沤,均可类推。据此说来,我们若站在大海水底观点上,大海水是全整的现为一个一个的沤,不是超脱于无量的沤之上而独在的。又若站在沤的观点上,即每一沤都是揽大海水为体。我们不要以为每一沤是各个微细的沤,实际上每一沤都是大海水的全整的直接显现着。"[1]

此处的大海水喻体,众沤喻用,众沤以大海水为体,大海水又完整地显现为众沤。以大海水为视角,它不是超越众沤而独在,而要显现为后者;以众沤为视角,每一沤都完整地显现体,不离体。合而言之,大海水和众沤均不可脱离对方而独存,它们的关系正如体与用的不二关系。熊氏还以"水和冰""麻和丝"来譬喻体和用,同样意在说明"体用不二"的思想。

第三,"体用不二"论构成现代新儒家思潮发展过程中的重要环节。宋志明指出,梁漱溟在构想新孔学的宇宙观时偏重主体,从而走向唯我论;冯友兰在建立新理学体系时偏重客体,从而走向不可知论。他们各执一边,不能解决思维与存在的关系这一哲学基本问题。熊氏的"体用不二"论恰好寻

---

[1] 熊十力:《新唯识论》(语体本),《熊十力全集》第三卷,第13—14页。

到梁、冯思想困惑的出路，即把主体与客体统一起来考察。熊所描述的本体，既有主体的规定性（"本心"），又有客体的规定性（"宇宙的心"），特别强调主体与客体的统一性或整体性。从理论思维特征来看，梁注重直觉思维，冯注重知性思维，而熊在构想体用不二论时则注重辩证思维，使现代新儒家的理论思维水平跃上了一个新台阶。从梁经冯到熊，正好构成一个否定之否定的逻辑圆圈。①

熊氏所运用的辩证思维即受易学"相反相成"的变化法则的影响，"即用显体"而"由体显用"的"体用不二"观更是这种辩证思想的直接体现。他经常批评佛学与西学的体用观有割裂体用或导致二重世界的弊病，并自认为《新唯识论》言体用克服了这样的问题，如他讲"体用二词，虽相待而立，要是随义异名。实非如印度佛家以无为及有为析成二片，亦非如西洋哲学家谈实体及现象，为不可融一之二界"。②显然，熊氏融合体用的思想使他不得不对客观现实世界的存在持肯定的态度，亦如郭齐勇教授所指出的："熊十力愈是要突出一元实体的包容性和真实性，便愈要强调它的生灭变化的功能，这就使得他的哲学在唯心主义的前提下，在一定程度上容纳了客观物质世界的存在、发展及其规律的内容，尽管他把客观世界说成是依俗谛而假为施设的。"③

---

① 参见宋志明《熊十力评传》，第126页。
② 熊十力：《新唯识论》（语体本），《熊十力全集》第三卷，第274页。
③ 郭齐勇：《熊十力哲学研究》，第44页。

也就是说，熊氏的体用思想在融贯体与用，使其"不二"的基础上，已经使体与用、主体与客体、不易与变易、本质与现象等在理论上实现了统一。他继承发挥传统中国哲学的这种辩证统一思维，并在现代社会予以创造性的诠释，提出"体用不二"的思想，这确乎为古今中西背景下的理论宝藏。

三、性智实证

用哲学语言来讲，熊十力所说的境论代表了他的本体论、宇宙论，而量论则是知识论。上文已经讨论了前者，本节则主要讨论后者。众所周知，熊十力的量论至晚年也没能做出，仅在《原儒》中有个提纲，其他著作只有散见的认识论思想。本节则旨在尽可能搜求整理这些材料，呈现出熊氏的认识论和阳明学的关系。

1. 认识的依据：无漏纯善

中国历史上有讨论"人性"的传统，熊十力对此有所考察。孟子提出"人性本善"理论，肯定人有别于禽兽，具有恻隐、羞恶、是非、辞让四心，人性的这种本善特性是人的天赋本能。因此在人性的功夫落实上只需操存涵养，"求其放心"即可。熊氏对此本性理论及其工夫落实是赞同的，他解释道："操者操持，存者存主。吾人的生命，即此本心是已，常持守此心，而不令放失，即日用万端都任本心作主，不令私意或私欲起而蔽之，此便是操存工夫。涵养，亦云存养，诚得本心以诚敬存之。于物感未交时,中恒有主,不昏不昧。物感纷至时,中恒有主,常感常寂。"①孟子的理论在后世影响广泛并得到传续,特别是陆王一脉的思想家发扬并拓展了其对人心人性高度肯定的思想旨趣。陆九渊从孟子的思想中直接体悟出"吾心即是宇宙"的观点,开启了心学流派,在南宋时期曾一度和程朱理学鼎足。王阳明在他们的基础上发明良知理论,挖掘出人的个体性价值,高度肯定人心与人性。从孟子到陆王,他们的思想主旨一脉相承,但具体表达和侧重又有不同。孟子注重人禽之辨,侧重于将人性的特有价值标示出来,确立人之为人的基础。陆九渊将人心提升至宇宙论的层面来考虑,为其"心学"提供了理论支撑。王阳明提出良知学说,进一步从本体、工夫等各个层面完善了心学体系的形上建构。他们的理论表达虽不尽相同,但对人的个体性价值的认同、人心人性的高度肯定却是一致的。这种思想在阳明心学中尤为突出,影响持续到了近现代社会,诚如杨国荣所说:"阳明心学对个体意愿的注重,对道德行为中自主性原则的确认,对个体在判断是非善恶中的作用的肯定,为近代思想家提供了重要的思想资源。"②近代以降的阳明热无疑体现了思想家们对这一思想旨趣的赞同和自觉,尽管思想的呈现迥异。熊氏的人性论对阳明心学的继承便由此而来。

熊十力承接心学肯定人及人性的思想,讲述了自己对人及

---

① 熊十力:《新唯识论》(语体本),《熊十力全集》第三卷,第262页。
② 杨国荣:《王阳明》,北京大学出版社,2020,第204页。

性的理解。他首先肯定人具有"官天地，宰万物"的能力，进而强调本心是"吾人与天地万物所同具之本体。"这和阳明肯定人人具有"尔自家"的天理良知一样，从本体的角度肯定了人性。从本体的层面看，人性是至善的，熊氏亦认为，"人性本善"，①"人性本真本诚"。②在这一根本性的思想旨趣下，熊氏借用佛学的词汇和术语，对人性进行了具体的阐述。

熊十力在《新唯识论》中专门讨论了无漏与有漏、净习与染习这两组概念，认为它们是彼此对应的，即所谓"无漏习气，亦名净习。有漏习气，亦名染习"。③在他看来，前者即净业，是循理而动，顺乎天性本然之善的；后者便是阳明所说"随顺躯壳起念"，④是殉形骸之私，便成恶。也就是说，性是无漏至善的。他以为："功能为无漏，习气亦有漏。纯净义，升举义，都是无漏义。杂染义，沉坠义，都是有漏义。功能是法尔神用不测之全体，吾人禀之以有生，故谓之性。"⑤他还说："无漏性，唯纯乎善。"⑥熊氏在《新唯识论》功能章提出"功能即活力""功能唯无漏""功能不断"，这是论述"功能"的特性，其实"功能"一词本来是就用而言的。但因其主张"即体即用"，他也说"功能是体，即宇宙的本

---

① 熊十力：《读经示要》，《熊十力全集》第三卷，第601页。
② 熊十力：《熊十力论文书札》，《熊十力全集》第八卷，第582页。
③ 熊十力：《新唯识论》（语体本），《熊十力全集》第三卷，第265页。
④ 熊氏在其著作中经常引阳明此语说明问题。可参见上文"对阳明学的态度"一节的引注（不全面统计）。
⑤ 熊十力：《新唯识论》（语体本），《熊十力全集》第三卷，第264页。
⑥ 熊十力：《新唯识论》（语体本），《熊十力全集》第三卷，第480页。

体"。①他将功能与习气相对，便意在阐明功能的本体意义，在这个意义上"功能即性"，性乃"无漏纯善"。

从形式的层面看，熊氏的用语尽管带有佛学的色彩，但他的思想立场却在陆王一派。相比阳明以良知本体论统摄一切，熊氏亦将人性纳入绝对的道德本心本体论范畴来加以考虑。在此意义上他批评佛学心性论不见本体。他认为佛学无著一派所持"八识说"即"拾染得净、而无垢识"，将无漏种子视为生灭法门，仍然是在事物生成的意义上认识它，而没有从本体层面来看待无漏种子，因此他批评无著一派"无有所谓真如心""其学始终不见本体"。②

易言之，熊十力"无漏纯善"的人性论是对孟子陆王一派道德形上学思想的继承与发挥。一方面，他肯定陆王一派体现的高扬道德人心人性的思想旨趣，注重对人的个体价值的承认，这和近代以降的心学热潮息息相关，即近代社会启蒙与救亡的两大时代主题要求对人的发现与关注。③另一方面，就阳明而言，其良知本体论把良知纳入本体的层面来考虑，确立了

---

① 熊十力：《新唯识论》（语体本），《熊十力全集》第三卷，第260页。
② 熊十力：《新唯识论》（语体本），《熊十力全集》第三卷，第537页。
③ 李泽厚在《中国现代思想史论》（东方出版社，1987）中讨论"启蒙"与"救亡"是中国近代社会的两大主题，这双重变奏有相互消长的趋势，却始终齐头并进。如果说"启蒙"面临的对象更多的是青年群体；那么"救亡"不仅是谋求国家和民族的独立，还是对每一个中国人的解放。因此，中国近代社会以来的主题也是寻求对人的思想和人身（人格独立）的解放。对民主政治的要求亦是谋求在独立的中国，每个中国人可以正当地发表自己的政治见解，参与国家的政策决策。

良知的道德本体意义。熊氏同样将"性"放在本体的层面来审视，同时借用佛学有漏、无漏等术语表达其具有儒家立场的"无漏纯善"的人性论。毫无疑问，在他看来，纯善的人性为道德的践履提供了价值的依据，同样也可以为认识外在的事物提供认识论上的根据。借用宋儒的术语，熊氏的认识论至少是从"尊德性"和"道问学"两个方面展开的，而"无漏纯善"的人性论为认识提供了这两方面的依据。

2. 认识的反省：思修交尽

熊十力提出"仁的本体论"，本心本性是无漏纯善的，那么就不得不面临"性善论"需要回答的一个问题，即现实中恶的存在。他认为"人之不仁者，非其本性然也，恶染深而障其性，故成乎不仁也"。① 人的本性即仁体，是至善的，由此出发，熊氏对恶进行定性，认为恶不是人的本性使然，但是恶却有"障其性"的功能，至善的本性被遮蔽便是恶的显现。那么恶究竟是如何产生的呢？熊氏认为恶产生的缘由即阳明所言"随顺躯壳起念"，心为形役，形气牵制心灵，恶染随即产生。针对恶的问题，孟子的解决办法是"求其放心"，熊氏说"吾人必须识得仁体，好自保任此真源，不使见役于形气"，② 这正是宋明儒面对恶的问题较为普遍的回应方式，在他看来，阳明良知诗"个个人心有仲尼，自将闻见苦遮迷。而今指与真头面，只是良知更莫疑"就表达的这个意思。

---

① 熊十力：《中国哲学与西洋科学》，《熊十力全集》第四卷，第575页。
② 熊十力：《中国哲学与西洋科学》，《熊十力全集》第四卷，第576页。

尽管熊氏肯定阳明的良知本体理论，但是问题却在于心学末流注重向内的直觉体认，而忽视向外的格物思辨。从宋明哲学史的大范围来看，程朱一派重视格物思辨，往往和陆王一派注重直觉体认形成某种对立。熊氏认为朱陆二派体现了两种不同的认识路向，前者是知识的，后者是反知的，"道问学即是知识的，尊德性则近于反知"。[1]熊氏不赞同这种对立，他说"《新论》归本性智，仍申阳明之旨"，性智即本体，理智思辨不能亲得本体，唯有反求实证，本体方能呈露，这是超知的，而不是反知，即他所谓"《新论》归于超知而实非反知"。[2]

他对《大学》格物的解释"取朱子"，而"不取阳明"即"不主反知之明证"。他认同阳明的良知理论，认为认识本体的方法是直觉体认，同时又不反对外向格物以求取知识的认识路向。他欲以融通这两种认识路向，他讲"《新论》本主融通，非偏于一路向者，学问之功始终不可废思辨，是未尝反知也，学必归于证量、游于无待，则不待反知而毕竟超知矣。夫学至于超知，则智体湛寂而大用繁兴，所谓无知而无不知也"。[3]证量即本体呈露，熊氏认为哲学开始于理智思辨，而最终超于思辨，反己内证。理智思辨和反己内证是认识本体这个过程的一体之两面。他曾多次与友人谈到这种"始于思、极于

---

[1] 熊十力：《十力语要初续》，《熊十力全集》第五卷，第12页。
[2] 熊十力：《十力语要初续》，《熊十力全集》第五卷，第9—10页。
[3] 熊十力：《十力语要初续》，《熊十力全集》第五卷，第11页。

证，证而仍不废思；资于理智思辨而必本之修养以达于智体呈露，即超过理智思辨境界而终亦不遗理智思辨"[1]的学问，他称之为"思辨与修养交尽之学"。哲学即"思修交尽"之学。

中国传统哲学的认识论常常和道德践履的价值论、工夫论联系密切，并以心性论作为认识的根据，熊氏的进路和传统大抵相当。他提出的"思修交尽"之学便可以和"性修不二"的观点联系起来思考。二者的偏向不同，前者是认识工夫论，后者是心性工夫论，但"交尽""不二"都注重"思与修""性与修"的不可分离割裂的辩证关系，它们均强调"修"的重要性。换言之，谈论本体不能脱离工夫、功用。

先讲"思修交尽"。在熊氏看来，思修交尽之学是理智思辨和反己内证的两种认识方法的统一。理智思辨是认识的基础，认识一切事物都脱离不了这一思维模式；同时理智上的思索又具有局限性，即不能认识本体，本体的呈现不是理智推演的结果，反己体悟实证才是把握本体的办法。"修"便是针对体悟本体而言，这和阳明所言"致良知"认识方法和工夫基本类似。

冯友兰亦有此见，他在《新知言》中提出正的方法和负的方法。"正底方法是以逻辑分析法讲形上学。"负底方法"是讲形上学不能讲，讲形上学不能讲，亦是一种讲形上学的方法。"正

---

[1] 熊十力：《与张君》，《新唯识论》（语体本），《熊十力全集》第三卷，第548页；亦见《略谈新论要旨（答牟宗三）》，《熊十力全集》第五卷，第12页；《新唯识论》（删定本），《熊十力全集》第六卷，第33—34页有意思相同的论述；等等。

的方法以理智对经验进行分析、综合和解释，使用这种方法的代表是西方哲学家，负的方法则是"一片空灵"，对于实际无所肯定，至少是甚少肯定。使用这种哲学方法的代表是中国的道家和禅宗。[①]冯氏认为真正的形而上学始于正的方法，而终于负的方法，这其实和熊氏的"思修交尽"方法有相通之处。他们都看到并区分了思辨和体悟两种不同的认识方法。二人的区别在于熊氏的叙述方式仍是传统的，而冯氏则有点西方哲学家的味道，采用的是他所说的辨明析理的正的方法。

再谈"性修不二"。性本来是"全体流行不息，万善具足的"，现实的恶是由于性被形气所役而"随顺躯壳起念"。因此为了保持显发固有的本性，必然要加强"修"的工夫落实。熊氏提出："净习之生，即此本体之明流行不息者是。引而不竭，用而弥出，自具明强之力，绝彼柔道之牵。如果日当空，全消阴翳，乃知惑染毕竟可断，自性毕竟能成。斯称性之诚言，学术之宗极也。故曰：欲了本心，当重修学。"[②]性修不二即是本体与工夫的统一，天人合德。熊氏肯定本体本性流行不息，这是对人性做本体论层面的阐释。他又高扬人的认识能力，认为人"自具明强之力""自性毕竟能成"，积极肯定修德的可能性，为修学提供了心性论和认识论上的前提与动力，正所谓"工夫所至，即为本体"。

总的来说，熊十力的"思修交尽"理论是对中国传统认识

[①] 冯友兰：《新知言》，《三松堂全集》第五卷，第149—155页。
[②] 熊十力：《新唯识论》（文言本），《熊十力全集》第二卷，第145页。

论的一种反省。他尝讲:"《新论》归于超知而未尝反知,此于前所说二种路向中,无所偏倚。"他进而解释道:"知识的与反知的,亦云理智的与反理智。在吾国朱陆二派,道问学即是知识的,尊德性则近于反知。"①这里的二种路向便指"性智、超知、尊德性、反己实证"的路向和"量智、知识、道问学、理智思辨"的路向。他认为,在宋明哲学中,陆王一派倾向于前者,程朱一派则偏向后者,都有偏狭之弊。尽管熊氏更多反省的是陆王,"陆王一派,求识本体,固立乎其大,独惜曲解大学格物之教,高谈本心,忽视格物,其流不趋于佛家出世,即有离群遗世,甚至玩世之病"。②不过总体而言,宋明哲学或说其后学的发展有忽视理智思辨的特点,"若程朱陆王诸老先生,亦皆道与学兼修。但其末流则托于涵养本原之说,以自文其偷惰,不肯勤求知识,理学亦以此为后人所诟病"。③不管学术走向的特点应该归咎于前人还是后学,事实是中国哲学的认识论相较于西方哲学确实没有系统的表达与展开。熊氏对此的反省结果则是吸收西洋哲学注重理智思辨、讲求逻辑的思维方法,以此充实中国传统学术的思维方法,因此他提出"思修交尽"之学,使"思"与"修"相互补足,正所谓"通中西之邮,思辨而必归证会,证会而不废思辨"④ "思

---

① 熊十力:《十力语要初续》,《熊十力全集》第五卷,第12页。
② 熊十力:《十力语要初续》,《熊十力全集》第五卷,第216页。
③ 熊十力:《十力语要初续》,《熊十力全集》第五卷,第45页。
④ 熊十力:《中国哲学与西洋科学》,《熊十力全集》第四卷,第566页。

辨证会双修,而不容偏废"。①这体现了他作为现代新儒家对阳明心学等中国传统的认识论思想的反省与现代化发展。

3. 认识的实践:性智实证

尽管熊氏在认识上区分出了"性智"与"量智",性智是与"实证相对应","是真的自己底觉悟。此中真的自己一词,即谓本体。在宇宙论中,赅万有而言其本原,则云本体。即此本体。以其为吾人所以生之理而言,则亦名真的自己。即此真己,在《量论》中说名觉悟,即所谓性智"。②量智是"思量和推度,或明辨事物之理则,及于所行所历,简择得失等等的作用故,故说名量智,亦名理智"。③在体用论上,性智是本体,量智是作用或功用,因此它们是"不二"的关系。在认识论上二者则延续此关系,熊氏肯定二者在认识上都具有各自的作用,这在上节已有阐述。

显然,量智思想的掘发是对传统中国哲学的认识论发展的一种补充,不过熊氏的思想并没有朝着这条逻辑思辨的路子走向西方分析式的哲学。熊氏常说他欲以写出《量论》一书,系统表达自己的认识论思想,但终究没能做出,原因在于他认为认识论的最终目标以对本体的体认为归宿,哲学是证明与体认

---

① 熊十力:《中国哲学与西洋科学》,《熊十力全集》第四卷,第579页。
② 熊十力:《新唯识论》(语体本),《熊十力全集》第三卷,第15页。
③ 熊十力:《新唯识论》(语体本),《熊十力全集》第三卷,第16页。

本体的学问，知识论以此为前提。① 换言之，熊氏只是吸取量智的思维模式，其认识论的展开仍然回到了体认本体的中国传统式的路径。因此熊氏提出"性智实证""本体就是吾人固有的性智"，② 体认本体的方法便是"反己实证"。他说："今造此论，为欲悟诸究玄学者，令知一切物的本体，非是离自心外在境界，及非知识所行境界，唯是反求实证相应故。"③

熊氏的认识论思想既有开新的成分，又以传统为旨归。前者指他对理智思辨即量智的肯定与运用，并主张融会调和量智与性智；后者指其认识论思想的最终面向仍是实证本体。易言之，熊氏对传统既有继承，又有创新。他常说阳明的"良知"便是他口中的"性智"。④ 阳明持"良知本体论"自不待言，熊氏亦指出"性智即本体"。他曾讲"本体是要反求自得的，本体就是吾人固有的性智"。⑤ 这句话透露出两个方面的内容。其一是熊氏对性智的定性，他把性智和良知相提并论，因

---

① 楼宇烈认为："在熊氏的'境论'中已经包含了'量论'的主旨，'量论'的主体部分在'境论'中已得到了相当充分的阐发。……《原儒》中所提供的纲目和大意，已足以窥知熊氏《量论》的全貌了。"（《熊十力"量论"杂谈》，郭齐勇编《玄圃论学集——熊十力生平与学术》，生活·读书·新知·三联书店，1990，第152页。）李祥俊亦认为"熊十力关于性智、量智、涵养工夫的论述构成了中国现代哲学史上关于认识论的一个重要创新成果，已经形成了一个实质性的量论体系"。（《熊十力思想体系建构历程研究》，北京师范大学出版社，2013，第143页。）
② 熊十力：《新唯识论》（语体本），《熊十力全集》第三卷，第23页。
③ 熊十力：《新唯识论》（语体本），《熊十力全集》第三卷，第13页。
④ 可见熊十力：《读经示要》，《熊十力全集》第三卷，第612、637、917—918、962页。
⑤ 熊十力：《新唯识论》（语体本），《熊十力全集》第三卷，第23页。

为在他看来,性智即本体,犹如良知本体;其二是相比后半句讲本体,前半句讲的是方法,"反求自得"即孟子所谓"求其放心",阳明所说"致良知",这是实证本体的方法和路径。贺麟认为熊氏"用性智实证以发挥王之致良知",这至少可以从对本体的认识以及如何体认本体两方面来理解。由上可知,熊氏的确从这两方面均发挥了阳明的思想。

只是在此之前,仍然有一个从佛学和西方哲学中探索调和思辨与证会的过程。

虽然熊氏曾在体用论层面批评佛学,但他在认识论层面仍然肯定佛学体认本体的方法,他讲:"今云证会者,谓本体之自明白了是也。佛氏谓之证量,亦云现量。"[①]他接受佛学所谓证量、现量的概念,然后进一步使用证会表达自己的认识论思想,"佛家确是由理智的而走到一个超理智的境地,即所谓证会"。对此他解释道,佛家对世间万象有精密的解析工夫,无论是对物界还是对内心的观察,对概念和观念的认识,都有精严的解析术,"在行的方面,有极严密的层级。在知的方面则任理智而精解析,至其解析之术,精之又精"。然而佛家并不同意以这种概念分析以建立某种本体,其"唯一的归趣在证会",理智分析的能力只是一种手段,最终的目标仍是证会本体,"佛家利用解析来破法执,随顺入法空观,为趣入证会境地之一种开导"。原来佛家运用理智解析的方式只是为了证明

---

① 熊十力:《十力语要》,《熊十力全集》第四卷,第436页。

这些解析之物的虚妄，即"破法执"，"发见他是些虚妄分别或意计构画的东西"。这个过程需要理智的运用，而对本体的证会则要抛弃这些理智上的计较，即所谓"走到一个超理智的境地"。①

熊氏所言佛家的"由理智走向超理智"的认识论观点，不也正是其"始于思、极于证，证而仍不废思"的观点？他称这是"知行合一并进"，无论是否有意在话术上借用阳明，表达的思想却是一致的。阳明讲："良知不滞于见闻，而亦不离于见闻。"②证会本体即性智实证，实证大概可以禅宗顿悟的修佛方式来理解，然而实证脱离不了理智并以之为显现，同样性智和量智亦是合一并进的。在熊氏的认识论思想中，尽管他是绝对认肯"性智实证"处于"第一义"的认识方式，但他还是没有否定"量智"的第二义地位。

他的认识论还有吸收西方哲学的考虑。他曾将哲学划分为两种路向，一种是知识的，一种是超知识的。"西洋哲学大概属前者，中国与印度哲学大概属后者。前者从科学出发，它所发见的真实，只是物理世界底真实，而本体世界底真实它毕竟无从证会或体认得到。后者寻着哲学本身底出发点而努力，它于科学知识亦自有相当的基础，而他所以证会或体认到本体世界底真实，是直接本诸他底明智之灯。"③尽管对哲学上的认

---

① 熊十力：《十力语要》，《熊十力全集》第四卷，第187—189页。
② 王阳明：《传习录》（中），《王阳明全集》，第80页。
③ 熊十力：《十力语要》，《熊十力全集》第四卷，第487页。

识论做了两种区分,但他并未将二者完全对立起来。他主张"思修交尽""始于思、极于证,证而仍不废思"的思想其实就是对知识的与超知识的调和。他说"《新论》救后儒之弊,尊性智,而未尝遗量智;归于证量,而始终尚思辨"。①

在认识论上对思辨的注重是佛学和西方哲学所长,熊氏"救后儒之弊"具体所指即"未尝遗量智",对理智思辨的注重,这是他早年在内学院深入学习佛典和西方哲学著作的结果。然而他并不赞同西方哲学由知识论契入本体论的路向,在他的思想中,认识的目标只是对本体的体认。换言之,本体论统摄认识论,认识论从属于本体论。因此,在西方哲学认识论极度发达的映照之下,他吸收借鉴了其思辨的方式而并未根本改变自己的思想路数。他不像近代西方哲学家们那样将主体与客体进行绝对的分际,而是认为体用不二、主客不二。因此,他在认识的实践探索中,最终选择回归到传统中国哲学的反求实证本体的路径。

既然认识的实践走向依然是证悟本体,那么认识的体现必然是证会、直觉、顿悟的。程志华认为"熊十力为学经历了六次'实感',大致呈现出由'观空'到'悟有'的过程"。②这体现了熊氏为学颇有点在实践中顿悟本心、实证本体的倾向。熊氏的认识理论的展开经历了对中国哲学,特别是宋明哲学、阳明心学的反思,借鉴佛学和西方哲学的认识方法等多重

---

① 熊十力:《十力语要》,《熊十力全集》第四卷,第12页。
② 程志华:《熊十力哲学研究:"新唯识论"之理论体系》,第402页。

认识路径的探索，最终回到中国哲学的传统。这种思想路数放在他们所面临的"中西古今""返本开新"的时代背景下，应予以"同情的理解"。

四、万物一体

从战火年代走出来的仁人志士更容易怀揣一种救世的理想。熊十力由佛转儒正是受到这种积极入世的激情与人生态度的感召。他青年时期参加革命活动，以希冀救民于水深火热之中，但中年时期感到革命人士的道德堕落、追逐私利，遂决定弃政向学，从学术上、道德上寻求拯救失落人心的出路。此种忧国忧民的大悲悯、大情怀是中国传统儒者常有的深层关切，具有代表性的便是宋明儒者在重建道德本体论方面的努力。熊氏继承这一道德理想，他在思想上融汇中西印，旨在打通传统与现代的脉络，发挥陆王一脉的思想要义与精神理想，实现"天地万物一体"的道德价值理想。

1. 宇宙论、本体论视角下的产物

熊十力万物一体的思想是其宇宙论、本体论的逻辑展开。熊氏主张"体用不二"，"自本体言之，即此体显现而为万物。自万物言之，则万物皆资此真实之本体而始萌也"。[①] 既然本体的显现即为万物，万物皆资本体而成，那么从"本体-

---

① 熊十力：《新唯识论》（语体本），《熊十力全集》第三卷，第352页。

功用"的角度，吾与万物便可等量齐观。熊氏认为"吾人识得自家生命即是宇宙本体，（举体即摄用，如前已说。此中宇宙一词，乃万物之都称。）故不得内吾身而外宇宙。吾与宇宙，同一大生命故。此一大生命非可剖分，故无内外。内外者，因吾人妄执七尺之形为己为内，而遂以天地万物为外耳"。[1]熊氏将宇宙和万物视为同义语，因此人不再是局限的"小我"，而是与宇宙具有同一大生命的"大我"，在这样的大宇宙观视域下，当然可以说"万物一体"。

从本体论的方面，熊十力认为"本心是吾人与万物所同具之本性"[2]"性乃吾人与天地万物所同具之本体"[3]"本心是吾与天地万物所同具之本体"[4]"言仁，只是吾人与万物统同的本体"。[5]也就是说，这里的"本心""本性"与"仁"表达了相同的意思，它们都是"吾与天地万物所同具之本体"。前文虽然将熊氏的本体论概括为"仁的本体论"，但熊氏常以"本心""本性"这些词来表示本体在其《新唯识论》中随处可见。尽管遣词形式有所不同，但表达的意思却前后一致。可

---

[1] 熊十力：《新唯识论》（语体本），《熊十力全集》第三卷，第358页。
[2] 熊十力：《新唯识论》（语体本），《熊十力全集》第三卷，第374—375、382页。
[3] 熊十力：《新唯识论》（语体本），《熊十力全集》第三卷，第385、487、490页。
[4] 熊十力：《新唯识论》（语体本），《熊十力全集》第三卷，第384、396、397、490页。
[5] 熊十力：《新唯识论》（语体本），《熊十力全集》第三卷，第398、400、401页。

以说从本体论的角度来看，"万物与我同体"。

概之，熊氏的"万物一体"思想是其宇宙论、本体论思想的一贯延续。

2. 证悟本体的方法论依据

熊十力指出："又慧唯向外求理，故恃慧者，恒外驰而迷失其固有之智，即无由证知真理。（此中真理，即谓吾人与万物同具之本体。）若能反求诸自性智而勿失之，则贞明遍照，不由拟议。"①证知真理即是证知性智、本体，他此处的用语虽然有些佛学化，但是他表达的思想却是"孟子陆王"式的。向外求理的方式是后者所批评的对象，认为这是"义外""外心求理"，始终不能契悟本心良知；相反，正确的方法自然是"求其放心""反观内求""致吾心之良知"。他的"性智实证"方法论同样是这个意思。从方法论的视域看，既然吾与天地万物同体，都是本心、本体的显现与发用，那么证悟本体的方法就是反求本心、性智实证，前者为后者提供了方法论上的依据。

3. 对儒学精神理想的继承和发挥

熊十力认为"万物一体"的思想根于儒学传统，《中庸》"合内外之道"即为一例，他讲："世间以为心是内在的，一切物是外界独存的，因此，将自家整个的生命无端划分内外，并且将心力全外倾，追求种种的境。……如果知道，境和心是浑然不可分的整体，那就把世间所计为内外分离的合而

---

① 熊十力：《新唯识论》（语体本），《熊十力全集》第三卷，第440页。

为一了。由此，物我无间，一多相融。"①境是事物，心则是精神，熊氏认为《中庸》"合内外之道"即认识到境和心是不可分的整体，"理无内外""心境不二"。孟子提出"万物皆备于我"，熊氏认为这样的我不是"微小的、孤立的、和万物对待着，而是赅备万物，成为一体的。这种自我观念的扩大，至于无对，才是人生最高理想的实现"。他进一步指出程明道"仁者浑然与万物同体"，陆象山"宇宙不在我的心之外的"，杨慈湖作《己易》，王阳明"心外无物"都是此意思，是孔孟以来一脉相承的。②他继承了此思想并从反面论证之。

他常常提到"知见者""惑者"不懂得这一道理，"从来哲学家各用其知见以解释宇宙，卒至知见愈出，即解释愈多，而吾人与万物浑然同体的不属形限的本原，乃益被障碍，而无可参透"。③"夫物皆互相依持。人类之在万物中也，浑然与万物同体。而惑者不知，反妄生区别，而离一己于天地万物之外，顾自视渺乎沧海之一粟也。"④知见、解释是西方哲学家所长，熊氏这里大概以为他们以知见解释宇宙具有障蔽，不能证见宇宙实相，从而识得本体。他认为，宇宙本体不受形体局限，一切事物平等，人与万物是"浑然同体"的，这是一种本体的境界。冯友兰曾概括人生的四大境界，其中最高层次的

---

① 熊十力：《新唯识论》（语体本），《熊十力全集》第三卷，第45页。
② 参见熊十力《新唯识论》（语体本），《熊十力全集》第三卷，第46页。
③ 熊十力：《新唯识论》（语体本），《熊十力全集》第三卷，第164页。
④ 熊十力：《新唯识论》（语体本），《熊十力全集》第三卷，第345页。

"天地境界"和这里的"万物一体"的境界相类似。人以天地万物、万化、万理来确立自己，便不会拘束于耳目口鼻四肢的范围来限定自己，就不会"自小"，视己为"沧海一粟"，这是一种"吾之全者"的境界开阔的价值理念，包含人类高度自信自足、以万物为己的世界精神。

"万物一体"的思想自程颢开始提得较多，宋儒程颐、张载等对此亦有发挥，而阳明接着程颢、象山，将"万物一体"的思想发挥得更加淋漓尽致。①阳明在《大学问》和《拔本塞源论》中对"万物一体"思想的论述可谓慷慨激昂、感人肺腑，如他指出："所幸天理之在人心，终有所不可泯，而良知之明，万古一日，则其闻吾'拔本塞源'之论，必有恻然而悲，戚然而痛，愤然而起，沛然若决江河而有所不可御者矣！非夫豪杰之士，无所待而兴起者，吾谁与望乎？"②孔子身上"吾非斯人之徒与而谁与"的入世承担的精神理想被后儒不断继承，成为儒者们担当任事、经世致用的重要精神资源。熊氏自然深得此理，他亦继承了这种孔孟以降，阳明集大成的儒家传统精神理想。

"万物一体"作为境界论层面的精神价值理想，深深影响

---

① 当代学者对于"仁者以天地万物为一体"的相关研究可以参考陈来：《万物一体》（生活·读书·新知三联书店，2014）第七章"仁学本体论"，以及吴震：《万物一体的创建》（《〈传习录〉精读》，复旦大学出版社，2011）。由他们的论述，可以更清晰具体地了解到"天地万物一体思想"从程颢等宋儒到阳明的发展脉络。
② 王阳明：《传习录》（中），《王阳明全集》，第64页。

了熊氏哲学。从孔子遭受社会的闲言冷语而仍然"知其不可而为之",以坚忍勇毅的承担精神诠释"吾非斯人之徒与而谁与"的社会意义,到阳明满怀救世热情,甘愿承受阿谀讽刺,依然企图唤醒每个人内心的"天理良知",拯救"丧心病狂"的社会,无不体现出儒者们敢为人先的救世情怀。熊氏继承了这一儒者气质,无论是早年汲汲于革命事业,还是中年以后志归学术,对社会弊病的针砭、忧国忧民的担当始终是他"内圣外王"理想的归宿,都体现了他身上深切的人文关怀意识。儒者的精神境界不仅有形而上的形态,而且还有形而下、面对生活、积极入世的一方面,是内圣与外王的统一体,因而熊氏对于国家兴亡、社会政治、人民疾苦的关心亦是题中应有之义。

从境界论层面来看,"万物一体"的价值亘古不变。熊氏作为现代新儒家重要人物,在接古人遗志、续儒家命脉方面作用不凡。可以说,儒学精神不是只能在传统文化的土壤中生根发芽,它的生命力已经延续至今,而且扎根于现代社会的公私领域中,发挥着不可忽视的价值与作用,"人类命运共同体"的政治理念和"万物一体"的思想难道没有精神价值上的共通之处?平等自由的价值观不就是"万物一体"思想的现代形态?马克思所预言的"共产主义社会"将实现每个人自由而全面的发展,不也需要人类拥有"万物一体"的精神?郭齐勇曾指出熊十力对传统文化的忧患意识,"'作《易》者其有忧患乎?'熊先生由对民生的忧患上升到对民族兴衰和文化续绝的忧患,进而上升到对整个人类前途和世界文化的忧患"。①熊氏的一生确实在为民族的复兴和文化血脉的赓续而努力奋斗,这是儒家学者的担当与使命。

4. 对万物一体思想的实际践履

从实践层面来看,熊十力对"万物一体"思想的宣扬和践行值得提出。他在著述和演讲中对"万物一体"思想有许多直接的发挥。熊十力曾在复性书院开讲:

> 儒家教学者,必先立志;佛家教学者,首重发心。所发何心?所立何志?即不私一己之心之志,易言之,即公一己于天地万物之心之志而已。罗念庵先生有云:近来见得吾之一身,当以天下为己任,不论出与处,莫不皆然。真以天下为己任者,即分毫躲闪不得,亦分毫牵系不得。古人立志之初,便分蹊径。入此蹊径,乃是圣学;不入此蹊径,乃是异端。阳明公万物一体之论,亦是此胚胎。此方是天地同流。此方是为天地立心、生民立命,此方是天下皆吾度内,此方是仁体。孔门开口教人,从此立脚跟。后儒失之,只作得必信、必果,硁硁小人之事,而圣学亡矣。《西铭》一篇,稍尽此体段。……②

---

① 郭齐勇:《熊十力哲学研究》,第14页。
② 熊十力:《十力语要》,《熊十力全集》第四卷,第262—263页。熊氏引罗洪先语,见《罗洪先集》(上),徐儒宗校编整理,凤凰出版社,2007,第252页。

他大段引用江右王门罗洪先之语,意在警醒学生立志"以天下为己任",这是读经书、读古人作品、学习传统文化的首要责任,其实这也是他自己所立之志。

熊氏如此说还有一个背景是辨正当时的谬见,他讲:"间闻人言,通经致用之说,在今日为迂谈。今之政事,当有专门技术,岂得求之六艺而已乎?此其说甚误,有见于末,无见于本也。"①一方面,复性书院开讲在1928年,当年的特大干旱以黄河中上游等省、区的灾情最重。这次旱情遍及全国,有23个省(市、区)的535个县受灾,灾民达3339万余人,饥饿、瘟疫致200万以上人死亡。②这说明当年的普通老百姓面临着旱荒穷困、政局动荡等极大的生存灾难。熊氏"以天下为己任"当然有着对现实的体察,学术需面对、关怀现实生活中人民的苦难。另一方面,中国传统儒者强调体恤百姓疾苦,治古人学问则要继承发扬这种优秀的传统文化,因而"以天下为己任"的精神必将首先得到传承,这一精神力量是"专门技术"所不能取代的。熊氏对此是自觉的,因此他认为"通经致用"是根本而非细枝末节,也即是说,此处辨正谬见,主张学习通经致用之说,警醒学生立志"以天下为己任",是对儒家及其经典中蕴含的道德价值与理想的继承。合而观之,儒家传统精神、理想的现代化、对道德价值的倡导自始就在他的思想关怀之中,

---

① 熊十力:《十力语要》,《熊十力全集》第四卷,第260页。
② 丁一汇:《中国气象灾害大典·综合卷》,气象出版社,2008,第519—520,589—591页。

他的哲学体系的建构以实现这种"万物一体"的精神为终极目标。

概言之,熊十力的"万物一体"思想在"体用不二""仁的本体论""心性本体论"的宇宙本体论的统摄之下,既有方法论层面的关切,又有境界论层面的表达。这些思想不仅代表了他对阳明心学的继承,更是他对中国儒学的精神价值、道德理想与学术思想的直接阐发与开新。

综上所述,本章以"绝对本体""体用不二""性智实证""万物一体"四小节呈现出了熊氏哲学思想的大致理论框架。毫不夸张地说,熊氏的哲学体系,包括本体论、宇宙论、方法论、境界论每个方面对阳明心学均有批判继承和深入阐发之处,其哲学思想不仅受阳明心学的影响,更是后者在现代社会的翻新与登场,即贺麟所谓"陆王心学之精微化系统化最独创之集大成者"。现代新儒家接续宋明理学,尤其是陆王一派的学脉,由熊十力开启了现代化发展的路子。

还需指出的是,熊十力的三位高足唐君毅、牟宗三、徐复观接着熊师的努力,进一步将现代新儒学从不同的方面发扬光大,使阳明心学在现代社会的影响始终余热不散。他们三人对阳明心学均有研究。比较而言,唐君毅在《中国哲学原论》中从良知本体、知行关系、工夫次第等诸多范畴仔细辨别了朱陆王之间的关系,并提出"朱陆通邮"之说,他在学问上继承了熊氏对阳明学的关注,其对阳明学的具体研究较之熊氏则更为细致。牟宗三继承熊氏从阳明学中开出知识系统的思路,提出

"良知坎陷"的理论，在阳明心性学的基础上融会了知识论，并赋予其形上依据，他在对西方哲学的理解和道德形上学的证成上则较熊氏更具理论性。徐复观主张消解哲学形上学，注重发挥哲学与文化在生活实践中的特性，因此在研究阳明思想方面，他更关注阳明的事功成就，并说明要在把握这一点的基础之上才能认识阳明思想的真实涵义。事实上，唐、牟、徐连同张君劢于1958年发表《为中国文化敬告世界人士宣言》一文中提出"心性之学，正为中国学术思想之核心""心性之学，乃中国文化之神髓所在"，[①]便表明了他们和熊氏一样，接续了陆王心学派的学脉。

第四节　结语

首先，就阳明生平与学术中对心学的总体态度而言，熊氏少年时期受家庭儒学式氛围的影响较深，此时期他对心学思想有所涉猎，已经认同并受到了心学思想的某些影响；青年时期，投身革命，反思身心道德，萌发了重建道德形上学的研究思路，他一生的学术探索其实是以此为目标的；中年时期对阳明心学既有所批评，更有继承与开新；晚年则基本保持对阳明

---

① 牟宗三、徐复观、张君劢、唐君毅：《为中国文化敬告世界人士宣言——我们对中国学术研究及中国文化与世界文化前途之共同认识》，收入张君劢《新儒家思想史》，中国人民大学出版社，2006，第552—595页。

心学的批判性继承的态度，没有根本变化。

其次，就行为特质的方面来说，阳明思想与行为中的自由和熊十力的潇洒个性与行为有某种相似性，这和阳明心学对近代社会、近代人的影响密切相关。当然，熊氏对阳明心学的关注亦是在古今中西时代背景下所做的"返本开新"工作。

再次，就阳明对熊氏在思想上的影响而言，熊氏继承阳明的道德本心本体学说，又有进一步的发挥与创造。他在阳明"心-意-物"本体到现象的思想上，区分出"本心"的三个别名：心、意、识，从内涵上和外延上对阳明思想都有进一步扩展。熊氏的心本体论思想和阳明心学一样，继承儒家"仁"的思想，其本体论可以概述为"仁"的本体论。

熊氏基于自己的"体用不二"体用观，对佛道和西学的体用观均有批评和反驳。在心学方面，熊氏虽然肯定阳明的体用观，对其有所继承，但是他仍然注意到心学末流高谈本体、不务实用的流弊可以从阳明处萌生。因此，他以批判继承的态度，融会朱王，对阳明体用观有所开新。

在认识的展开方面，熊氏一方面肯定陆王一派高扬道德人心人性的思想旨趣，注重对人的个体价值的承认；另一方面，他将"性"放在本体的层面来审视，同时借用佛学有漏无漏等术语表达具有儒家立场的"无漏纯善"的人性论。熊氏的认识论最终还是走向了"性智实证"的传统路径。

"万物一体"在熊氏的思想中不仅是宇宙论、本体论视角下的产物，还为反求本体提供了方法论上的依据，更是一种境界论思想，代表了儒家传统的精神理想。可以说，熊氏的人生境界论是他整个哲学体系的精神理想和最终归宿。

易言之，熊氏的哲学体系，包括本体论、宇宙论、方法论、境界论，每个方面对阳明心学均有批判继承和深入阐发之处。熊氏的哲学思想不仅受阳明心学的影响，它更是后者在现代社会的翻新与登场。这种影响延续至熊氏后学而余热不散。

徐　鹏

第三章
梁漱溟与阳明心学

第一节 梁漱溟与阳明心学的渊源

在二十世纪三十年代的山东邹平,一次早晨的朝会中,年近不惑的梁漱溟先生向大众袒露着自己的心声,希望能够有哲人出世指点迷津。他情真意切地说道:"孔子,是千年不遇的;就是遇到阳明先生及其弟子来教导我一下也好。我如果遇到,就把全(部)生命交给他,要我如何我便如何。"①高山仰止,景行行止。梁先生对孔子与王阳明的景仰之情拳拳,归敬之意切切,一片赤诚,溢于言表。因此,作为现代新儒家,有"中国最后一位儒家"之誉的梁漱溟,对王阳明的修身成就心向往之,曾多次引用阳明先生之言以证成自己的观点。纵览梁漱溟一生,王阳明不仅在思想、功夫等多个方面深刻影响着其思想体系的形成,同时在践履方面更为其作出身体力行的垂范,最终成就了一位不是书生而是本着自己思想拼命干的"社

---

① 梁漱溟:《朝话》,《梁漱溟全集》第二卷,第80页。

会改造运动者"。①

一、梁漱溟其人

梁漱溟先生,蒙古族,原名焕鼎,字寿铭,后以漱溟二字行世,1893年出生于北京,为元朝宗室后裔。因祖父与父亲均以广西桂林籍得以中顺天乡试,因此到他这一辈便都沿用桂林籍贯。②在梁漱溟出生后的第二年,甲午海战爆发,本就摇摇欲坠的大清帝国,变得更加动荡不安,而梁漱溟也将伴随着这一"三千年未有之变局",开启他跌宕起伏的一生。

梁漱溟的家族是一个书香门第的没落世家,但梁父却非因循保守之辈,而是积极接受新鲜事物。因此,梁漱溟自幼便不读四书五经,而被送往中西小学堂学习英文及理化,进行新式教育。顺天中学毕业后,梁漱溟任京津同盟会《民国报》编辑记者,从事一系列与革命相关的活动。1913年开始,在革命理想与现实冲突下,闭门居家,潜心研究佛典,倾向出世,并发表了《究元决疑论》一文,受到北大校长蔡元培先生的赏识,应邀前往北大哲学系讲授"印度哲学概论""儒家哲学"等课程。他刚到北大便宣称要替孔子和释迦牟尼"打抱不平",③后因受"五四"新思潮影响,开始了东西文化的比较研究,并

---

① 《中国文化要义》,《梁漱溟全集》第三卷,第6页。
② 李渊庭、阎秉华编著:《梁漱溟年谱》,商务印书馆,2018,代序,第1页。
③ 《东西文化及其哲学》,《梁漱溟全集》第一卷,第344页。

根据演讲记录整理成《东西文化及其哲学》一书,提出了著名的人类文化三大路向的主张,引起人们的广泛讨论。

1931年,梁漱溟认识到农村社会是解决中国问题的关键,于是便在山东邹平创办乡村建设研究院,开展乡村建设运动,普及文化,培养农民的团体生活与组织能力,引进科学技术,提高生产,发展经济。正当乡村建设运动开展得如火如荼时,日军侵华,被迫暂停。随后,梁漱溟奔走各方,呼吁团结抗战,并冒险巡视敌后游击区,历时八个月,自称"历尽艰辛"。[①]抗战胜利后,梁漱溟又周旋于国共两党之间,以求实现国内和平,避免内战发生,最终国共和谈无望,便有意退出现实政治,在重庆北碚创立勉仁书院。在那里,梁漱溟完成了他非常重要的一部著作——《中国文化要义》。

1975年,在屡遭冲击之下,梁漱溟完成了《人心与人生》一书,了却其一桩心事,如其所说:"卒得偿夙愿于暮年"。[②]1988年6月23日,在北京逝世,享年九十五岁,他在弥留之际留给世人最后一句话:"我累了,我要休息。"他的一生真正践行了自己的心声:"我愿终身为华夏民族尽力,并愿使自己成为社会所永久信赖的一个人。"[③]

回顾梁漱溟的生平,他的一生便是围绕人生问题与社会问题(中国问题)而奔波劳攘的,时而闭门静思,时而上山下

---

① 《自传》,《梁漱溟全集》第七卷,第637页。
② 《人心与人生》,《梁漱溟全集》第三卷,第771页。
③ 《朝话》,《梁漱溟全集》第二卷,第782页。

乡，时而斡旋党派之间，时而冒险巡视敌后。他大半生的经历：西式教育，报社记者，参与革命，潜读佛经，北大教学，乡村建设，弥合国共，著述立言，可谓是传奇，可谓是中国近现代史的一个缩影。而他早年的思想也是一变再变，从功利主义到佛家出世再到儒家思想，一波三折，最终确定了他一生亦佛亦儒的人生实践道路。

这三种对人类心理不同的认识，奠定了他在《东西文化及其哲学》一书中提出的人类三期文化之次第。而他在不同心理认识之间的转变及其转变缘由，对我们理解梁漱溟的思想至关重要。梁漱溟自述在其十岁到二十岁之间，受其父亲影响颇多，总以利害得失来说明是非善恶，认为人生就是要避苦求乐，趋利避害。又因其父亲生平最痛恨文人唯务虚文，不讲实学，导致中国在与西方交往过程中屡屡吃亏，割地赔款，就连日本也能战胜中国，这就导致其父有非常浓厚的实用主义倾向。所以那时候的梁漱溟也非常鄙薄哲学一类的书籍，在学校读书时国文也是照例不看。其自认为有一片向上心，不愿过一个自了汉的生活，愿意为国家和民族奋斗一生，于是毕业后便参与报社，组织革命。后因苦乐问题牵缠，在他十六七岁的时候开始重新思考人生：何谓苦？何谓乐？经过一番深思熟虑，他得出人生的苦乐不在外境。更进一步，他又得出：人生基本是苦的。[1]人生来就是种种缺乏，苦是与生俱来的，人类每解

---

[1] 参见《自述早年思想之再转变》，《梁漱溟全集》第七卷，第180页。

决一项问题只能引起一个更高更难的问题，直到最后的老死问题现前，便束手无策，没法解决了。于是梁漱溟领悟到人生不过如佛家所说的那样：起惑，造业，受苦，全是迷妄苦恼，遂决定走出家修行解脱的道路。后因看《论语》，一下被其书中传递的自然语气与和易的神情所吸引，书中全不见一个"苦"字，而"乐"字却随处可见，这立刻引起了他的思寻研味。经过反复曲折的头脑研寻，他发现身体为欲望之本，而人心是可以卓越于人身之上而成为其主宰的。生命活泼流畅便自然有乐趣，若是受阻便烦恼丛生。梁漱溟深得王艮人心本乐的精髓，体悟到心学的微妙，从此放弃出家之念，而改以出世的精神来做入世的事业，开启了他波澜壮阔的为中国与人类前途奋斗的人生篇章。

二、梁漱溟与阳明心学的传承因缘

王阳明一生颇具传奇色彩，其为学经历为世人印证了"圣人可学而至"之不虚。从其十二岁与私塾先生的对话便可见出他非凡的远大志向。年方二十一岁，便志慕圣贤学问，从此以后，念兹在兹，然其间仍出入乎佛老，直至三十一岁乃悟两家之非，而一心向儒家学问注意。此后乃有龙场悟道，始倡知行合一，其后又教人静坐，最后乃定"致良知"为主要功夫之方。

梁漱溟对阳明心学的倾慕有目共睹，多次公开宣称自己属

于陆王一派。美国学者艾恺曾经问过梁漱溟是不是属于王阳明派,梁漱溟答道:

> 对。不是分程朱派、陆王派吗?我算是陆王派。大程子跟二程程伊川不一样。大程子程颢我认为是好的,对的,高明的,可是朱子对他不了解。朱子不是有一部著作叫《近思录》,在这个《近思录》他不引大程子。朱子对大程子有点好像不合脾胃,不合他的味道。可是我认为在宋儒还是大程子,明儒是王阳明。……①

心学之名虽非始于阳明,却因阳明而昭著于世,乃至成就"阳明心学"这一专有的学术名词。按照梁漱溟的学脉观点,从孔子到孟子到大程子再到阳明所构成的一条脉络,正代表着儒家心学传统,他说:

> 孔子不云乎,"默而识之,学而不厌"。而孟子之言"先立乎其大者,则小者弗能夺也";最为明白。大者此心,小者耳目之类(试详《孟子》原文),不能夺者主宰常在,不为其所资藉者之所篡夺也。后于孟子者莫如宋儒大程子,则其言曰"学者须先识仁"。其又后如阳明王子,则直指知是知非之本心而教人以"致良知"。此一学

---

① 《日记》,《梁漱溟全集》第八卷,第1158—1159页。

脉自古相传先后一揆，不既昭昭乎。凡未自识得其本心者，虽儒言、儒行、儒服焉，终不过旋转乎门外而已耳，不为知学也。①

这一学脉的特点便是以"求放心""识仁""致良知"为其目的，其成果便是以能不能自识本心为核验。未到者，虽然形式上模仿得惟妙惟肖，但终属门外汉；凡识得本心见性体者，无论横说竖说都是儒家心法。因此，孔、孟、程、王虽然时代不同，语境不一，但所得者均为"人心之同然"，所说者皆符儒门心法之正理。

从上述这两段话中我们可以发现梁漱溟的学问归趣，即在学脉上有着阳明心学一脉的强烈自觉，所以他的很多思想从心学受益良多，甚至梁漱溟从佛转儒也是深受阳明心学泰州学派的影响。他说：

> 1920年春初，我应少年中国学会邀请作宗教问题讲演后，在家补写其讲词。此原为一轻易事，乃不料下笔总不如意，写不数行，涂改满纸，思路窘涩，头脑紊乱，自己不禁诧讶，掷笔叹息。即静心一时，随手取《明儒学案》翻阅之。其中泰州王心斋一派素所熟悉，此时于东崖语录中忽看到"百虑交锢，血气靡宁"八个字蓦地心惊：这不

---

① 《礼记大学篇伍严两家解说合印序》，《梁漱溟全集》第四卷，第9—10页。

是恰在对我说的话吗？这不是恰在指斥现时的我吗？顿时头皮冒汗，默然有省。遂由此决然放弃出家之念。是年暑假应邀在济南讲演《东西文化及其哲学》一题，回京写定付印出版，冬十一月尾结婚。①

梁漱溟起初因研究功利主义、苦乐问题而转到佛学上来，在佛法中浸淫多年，开始茹素并志愿出家，后来到北京大学教学，在学术名利场中很容易引起身体层面的欲望波动，所以才有了上文"百虑交锢，血气靡宁"的问题。这促使梁漱溟开始反思自己的人生道路该怎么走，是出家隐归山林，还是入世救拔众生。梁漱溟选择了后者，以儒者兼佛教居士身份弘扬东方文化。他说：

> 于初转入儒家，给我启发最大，使我得门而入的，是明儒王心斋先生；他最称颂自然，我便是如此而对儒家的意思有所理会。②

王心斋的话不仅点醒了交锢状态下的梁漱溟，还进一步给予了他心学上的启发。王心斋提倡"百姓日用即道"，功夫即在事上做，对本体的证悟是不思不虑，直下便是，不待旁求的。梁漱溟认为心斋对"自然"的阐发最为畅快：日用即

---

① 《我的自学小史》，《梁漱溟全集》第二卷，第699页。
② 《朝话》，《梁漱溟全集》第二卷，第126页。

道，不需要避归山林，也不用穷经皓首，参究义理，只是在日用常行中发挥心体活泼的妙用即可。良知"直下便是"，不待旁求，不待思虑，一悟当下便是，就在当下的日用常行中自显其用。这种生命直接自然呈现的方式，是一种开放的、拥有无限可能的方式，关键就在于当事人信不信得及，而这种自然的生命观也构成了梁漱溟思想的核心，他说："在我思想中的根本观念是'生命''自然'，看宇宙是活的，一切以自然为宗。"①也正因此，梁漱溟才十分钦佩王心斋的心学思想。

"乐"是让梁漱溟对心斋学问心悦诚服的另一个重要理念。梁漱溟本身就是为了解决苦乐问题而辗转诸家学问的，所以当他对比儒佛两家，一个说乐多，一个说苦多时，便对儒家的乐产生了极大的兴趣。"乐"是一个儒家非常重要的生命状态，"乐"可以说是检验学习儒家的人有没有受用的标准，为此王心斋曾写过一首《乐学歌》：

> 人心本自乐，自将私欲缚。私欲一萌时，良知还自觉。一觉便消除，人心依旧乐。乐是乐此学，学是学此乐。不乐不是学，不学不是乐。乐便然后学，学便然后乐。乐是学，学是乐。于乎，天下之乐，何如此学，天下之学，何如此乐。②

---

① 《朝话》，《梁漱溟全集》第二卷，第125页。
② 转引自龚杰《王艮评传》，南京大学出版社，2001，第42页；原文出自《明儒王心斋先生遗集》第二卷，袁承业重订。

理定词畅，将此学最美好的乐全部通过言语的律动表达了出来。没有深造自得之乐，难以见其真切如此。梁漱溟对比自己"百虑交锢，血气靡宁"的状态，与王艮《乐学歌》的状态简直天壤之别，这种乐源自生命本性的自然流露，实现的方式便是回复良知本体，"一觉便消除，人心依旧乐"。由此我们可以反推，当人处于苦闷状态时，一定是有私欲的时候，也是良知不彰的时候。但还需要进一步区分，所谓的苦闷状态是指生命触途成滞，不得自然伸展，而不是喜怒哀乐发而中节的天理流行，所以这里讲的苦闷与符合天理流行的哀痛与愤怒不同。《乐学歌》将儒学基本的道理如良知本有和盘托出，良知现前自然乐，开发良知的过程与结果是一致的，开发的过程中就伴随着乐，所以乐是检验学人是否有得的风向标。梁漱溟举王心斋另外一句话论述道：

> 说"人心本无事，有事心不乐，有事行无事，多事亦不错"。就是说，人原来只此生命之理流行，若是多了一点意思的人，通统不流畅。而所谓仁者，则虽有事亦行所无事，都是所谓随遇而应，过而不留，安和自在，泰然无事。他感触变化只随此生命自然之理，所以他时时是调和，是畅达快乐。王心斋说"乐者心之本体也"，诚然可信。①

---

① 《孔家思想史》，《梁漱溟全集》第七卷，第909页。

这里仁与乐，实是一体，仁是体，乐亦是体，仁从其感通一体而言；乐则从感通一体、畅达调和的效果来论，与我们理解孔子的"仁与乐"是一致的。同时，人心自然流露，所过只是一个"随遇而应，过而不留"，所以"人心本无事"，即心体鉴空衡平，无一丝纤毫沾染，因为心体本无所事，所以能应万事而不出错，其要即在始终保持心体的畅达无碍，不夹杂任何私意进去。这种状态下，心体自在流露，泰然无事以应万事，泛应曲当过而不留，乐就在其中矣。

阳明门下心斋一脉另一个为人乐道的特点便是"平民儒学"。王心斋的门徒多以平民百姓为主，而心斋也乐于向大众传播儒学，故常常在山林之间、田垄地头之上，讲授儒家心学。梁漱溟对此常表钦慕之情，他说：

> 我更喜欢的是王阳明底下的王心斋（王艮），他是社会下层的一个人，是个盐场的工人，并且他的门下，王心斋这一派，有许多都是农工，很普通的人。上层讲学问的人容易偏于书本，下层的人他读书不多，或者甚至于没有什么文化，可是他生命、生活能够自己体会，这个就行了。这个就合于儒家了，所以我喜欢王心斋。[①]

王心斋的经历颇似禅宗六祖慧能。慧能出身边地，大字不

---

① 《日记》，《梁漱溟全集》第八卷，第1159页。

识却颖悟过人，彻悟心源，明心见性。虽然不识字，但他应机说法却巧叶机宜，凡有所说皆识自本心，见自本性。王心斋同样出身底层，作为一个再普通不过的工人却于儒家学问的精髓有亲切的体会。这更能彰显圣人是人人皆可学而成就的道理，更具有典范与激励意义。梁漱溟晚年曾表示自己前生是一个禅宗的和尚，大概心斋的经历与学识更能符合梁漱溟的脾胃，所以在心斋为主的泰州学派影响下，梁漱溟也在当时开展了轰轰烈烈的乡村建设运动。这既是其个人从心学中汲取的事上磨炼、事上见道的精神，也是梁漱溟对泰州学派平民儒学的致敬，希望通过这种方式从根子上改变中国底层社会，发动一场制度上自下而上、人格上由内而外的社会改造运动。

梁漱溟对阳明心学的继承，虽然缘起在王心斋一脉的泰州学派，但根底上还是阳明心学最基本的内容。梁漱溟思想成熟时期的核心理念是"理性"，理性即是生命本性居于主宰地位，理性为体，理智为用，理性的具体内容是无私的感情。梁漱溟的情本说是解释孔子、孟子一贯的立场，其来源也是自孟子四端之心开始。梁漱溟区分了情感的具体内涵，直以无私的感情来表达理性，无私的感情自成理致则称之为情理，也就是说理性把握的是情理，理智认识的是物理。情感有多种，但归结起来，不出好恶两种，所以阳明说"良知只是个是非之心，是非只是个好恶。只好恶就尽了是非，只是非就尽了万事万变"，[1]直接使用好恶来诠释良知。因此，梁漱溟在对其本体

---

[1] 《传习录》（下），《王阳明全集》，第126页。

核心概念阐释上同样是继承了阳明的衣钵,他说:

> 盖于此情理的认识原不同乎物理;认识物理依靠后天经验,有待冷静观察,而情理却本乎人心感应之自然,恰是不学不虑的良知,亦即我前文所说"无私的感情"。[①]

梁漱溟从情感出发,证成良知与理性实为同体而异名。实际上,不仅良知,儒家学问中一切指向本体的名词都与梁漱溟的理性互通,这是梁漱溟学术传承上的自觉,也是他为儒学与现代融合开创新局面的理论必要。下文将从梁漱溟对王阳明良知的现代转换与知行合一思想的阐发,来看他是如何深入而又贴近生活地论述阳明的核心思想。

第二节 梁漱溟对阳明心学的继承阐发

一、良知与理性:梁漱溟思想理念的心路历程

1. 从直觉到理性

梁漱溟在《人心与人生》等多处自白:"吾书盖不啻如一篇《人性论》也。"[②]"大凡一个伦理学派或一个伦理思想家

[①] 《人心与人生》,《梁漱溟全集》第三卷,第636页。
[②] 《人心与人生》,《梁漱溟全集》第三卷,第531页。

都必有他所据为基础的一种心理学。所有他在伦理学上的思想主张无非从他对于人类心理抱如是见解而来。"[①]梁漱溟一生对人生问题的思考及其最终写毕的《人心与人生》，主旨便是通过援引佛学、进化论与心理学等中西思想，阐明人类心理结构；在此事实心理结构基础上，理想的人类心理状态即为理性之发的状态，这样一种无功利、畅情志的心理与生命状态也正是儒家精神与梁漱溟心学的核心。

梁漱溟自述其思想最初以西方功利主义为主，这显然是受其父凡事讲究实用的做派影响，也与当时动荡的社会时局，旧有文化逐渐衰落于事不济密不可分。这一时期，梁漱溟将意识作为人类心理的主要特征，崇尚以利害得失来解释是非善恶。

然而在意识指导下实现欲望的满足带来的快乐，不仅是短暂的，而且是更大痛苦的根源。有鉴于此，梁漱溟遂舍弃功利主义，而转入否定欲望的佛家一路。虽然从不断满足欲望到否定欲望，似乎有了两极的翻转，但在梁漱溟看来"同样从欲望来理解人类生命，不过前者以欲望为正当，后者以欲望为迷妄耳"，[②]这表明此时的他始终没有走出欲望范围，还是停留在意识和欲望的层面。

五年佛经的参究虽然没有让梁漱溟完全跳出欲望看世界，但佛学尤其唯识学精微的义理体系却为他重新审视人类心理提供了更广阔和深邃的世界观。这种义理上的借鉴集中体现在

---

① 《东西文化及其哲学》，《梁漱溟全集》第一卷，第324页。
② 《人心与人生》，《梁漱溟全集》第三卷，第602页。

《东西文化及其哲学》中他为评判人类文化而作的努力上。而这种努力也是他个人从重视意识到重视本能转变过程中一个重要佐证。

梁漱溟借助他所理解的佛学唯识学理论解释生活的本质即"事的相续",①我们借助前六识（前五识为感觉,第六识指意识,以下由感觉和意识指代）认识世界,并得到反馈,形成一问一答的闭环,也就是一事,如唯识学中八种识皆具有见分和相分,见分即认识能力,而相分相当于认识对象。梁漱溟进一步指出,感觉和意识在事产生的过程中,只是工具,其后作为推动力的是大意欲或叫大潜力。这种意欲类似一种本能的要求,与生俱来,隐而不显,同时又时刻存在,并且无穷无尽;而感觉和意识的对象构成当前已成定局的宇宙,佛家叫"真异熟果"。因此从唯识学的角度出发,意识作为工具并不是人类生活的主宰或推动者,真正起动力因作用的是其背后的大意欲。

> 现在所谓小范围的生活——表层生活——就是这"大意欲"对于这"殆定成局之宇宙"的努力,用这六样工具居间活动所连续而发一问一答的"事"是也。所以,我们把生活叫作"事的相续"。②

---

① 一感觉、一念皆可为事,如《尚书·洪范》篇"敬用五事:一曰貌,二曰言,三曰视,四曰听,五曰思",五事即含摄感觉和心念。
② 《东西文化及其哲学》,《梁漱溟全集》第一卷,第377页。

一切人类乃至有情生物都具有其生活，而梁漱溟解释"生活"本质的目的在于完成他对世界不同文化的批判，由意欲对待几乎成定局的宇宙通常有三种态度，即意欲向前要求，意欲调和持中以及根本取消意欲。梁漱溟通过这种特立独行的方式实现了他对人类文明的判教，而更进一步梁漱溟总结道："（一）西洋生活是直觉运用理智的；（二）中国生活是理智运用直觉的；（三）印度生活是理智运用现量的。"[①]从中我们不难发现意欲和直觉之间具有一定的关系，而这种关系正是源于梁漱溟对本能地位的看中。

梁漱溟认为"敏锐的直觉，就是孔子所谓仁"，[②]又说"'仁'就是本能、情感、直觉"。[③]由此，我们可以看出这一时期梁漱溟以本能作为其心理学上的主体，同时也是儒家的形上本体。意欲的提出虽然没有直接与本能相连，其具有的本能的功能却是不言而喻的。从梁漱溟对仁的定义中，我们可以看出此时的他已经超出欲望来看待问题，同时以直觉和情感来解释"仁"，表明他抛弃了原来对意识的看重。而这种变化最集中地反映在他对理智的批判上：

> 孔子说："刚毅木讷近仁"，又说"巧言令色鲜矣仁"，我们都可以看出这"仁"与"不仁"的分别：一个

---

① 《东西文化及其哲学》，《梁漱溟全集》第一卷，第485页。
② 《东西文化及其哲学》，《梁漱溟全集》第一卷，第453页。
③ 《东西文化及其哲学》，《梁漱溟全集》第一卷，第455页。

是通身充满了真实情感，而理智少畅达的样子；一个是脸上嘴头露出了理智的慧巧伶俐，而情感不真实的样子。[1]

也就是说儒家本应是一任直觉随感而应的，如宋儒所说"廓然大公，物来顺应"，但由于理智的分别、计较和安排，往往会使直觉的作用不显而造成不仁的情况出现。因此，在一定程度上儒家是排斥理智的。于此，梁漱溟彻底完成了由意识本位（理智）到本能本位（直觉、情感）的转换，但这种转换是在当时流行的心理学术语中完成的，由于术语的背景和使用环境的差异，也就造成了对术语的滥用和误用。为此梁漱溟多次在再版序言中声明自己过去所犯的错误。他说："盖当时于儒家人类心理观实未曾认得清，便杂取滥引现在一般的心理学作依据，而不以为非；殊不知其适为根本不相容的两样东西。"[2]

梁漱溟对人类心理认识的第三次转变便是"理性"概念的提出，他认识到直觉与二分心理的缺陷，受罗素三分心灵学说等理论的启发，改写直觉、提出"理性"等多阶段的发展演变。对"直觉"概念的改写，实则是其对人类心理不断深入思考，理清心理活动之结构，并在此心学构造与认识论基础上阐发儒学价值与心体、工夫何以可能的主题。

---

[1] 《东西文化及其哲学》，《梁漱溟全集》第一卷，第455页。
[2] 《东西文化及其哲学》，《梁漱溟全集》第一卷，第324页。

2. 理性即良知

"理性"是梁漱溟思想中的核心概念。梁漱溟放弃早期不成熟的"直觉"概念，在于认识到了"直觉-本能"说会产生直觉滥用以及直觉、本能混淆等弊病。但直觉本身"不虑而知"的方式和含摄情意的内涵都被吸收到了"理性"概念中来。"理性"在梁漱溟的心学体系中居于本体地位，是道德心的主体，相当于孔子的"仁"，孟子的"本心"，阳明的"良知"，柏格森的"生命之流"与罗素的"灵性"。"无私的感情"是理性的具体内容，是梁漱溟对孟子四端之心"情本论"的继承，也是对阳明"好恶之心"的阐发。理智是个体生命认识、改造世界的工具，其特征便是第六识意识之分别打量。理智既可为本能、私欲所用，也可为理性所用；由理性、理智、本能、私欲等构成的复杂组合问题成为梁漱溟心学关注的焦点。理性与理智是主体与工具的关系，而非对立，理性是人之所为人最本质的特征。下文将对梁漱溟这一新心学体系的几个核心概念进行详细论述，以窥其心学体系之特征。

理性、理智与本能原是近代西方心理学上常用来解释分析人类心理活动的名词，梁漱溟用它们来构建自己的人类心理学，在这个过程中，他本人自是有一番批判与创新的。他曾说："理智、本能皆近几十年自外输入之译名。理智或译智慧，或译理性，而吾书于兹三词各有其不同用场，不相混同；……本能一词虽鲜异译，然在国外先多滥用，国内随之不免；……"①他从生物进化的角度对世间一切生物进行了分门别类，他首先划分出作为自养生物的植物与作为异养生物的动物，并指出植物与动物的最大区别只是在各自谋求生活的方法上有着明显不同的趋向而已。随后他又将动物划分成节肢动物与脊椎动物两大类，节肢动物依靠本能生活，蜜蜂、蚂蚁一类是其代表，而脊椎动物趋向理智的生活，人类则将其发展到顶点。

梁漱溟认为一切生物都面临着"个体生存"与"种族繁衍"两大问题，在人类则如《礼记》所说"饮食男女，人之大欲存焉"，②饮食问题属于个体生存，男女问题则归诸种族繁衍。"围绕此两大问题预为配备所需用之种种方法手段，随动物生命以俱来者，即所谓本能也"，③这是梁漱溟对本能所下的定义。因此，本能的核心关怀即是两大问题，而从哲学上来看，它以方法手段的功用出现，则它不能作为本体是显而易见的。

理智是什么？梁漱溟认为理智与本能一样同是生物的一种生命活动，不过它们在性质和方式上有着不同的表现。简单地说，理智为生命活动中反乎本能的一种倾向。两者虽为相反的活动倾向，却有着共同的来源，犹如上文提到的动植物虽在生活方法上趋向不同，却在共同来自宇宙大生命方面相同。梁漱

---

① 《人心与人生》，《梁漱溟全集》第三卷，第573页。
② 《礼记》，《四书五经》，中华书局，2009，第346页。
③ 《人心与人生》，《梁漱溟全集》第三卷，第578页。

溟引用巴甫洛夫的反射信号系统学说来说明理智与本能的分判。他指出无条件反射者属于本能,而条件反射则是不离开本能而向理智稍稍有所发展,以上这些同属于第一信号系统,是人类和高等动物都具有的;而第二信号系统,被认为与人类语言机能有着密切的联系,是人类特有的,只有人类理智方能胜任。由此分判,我们可以看出谈到理智则应以人类为其代表,而论及本能则应以动物式本能当其代表。

理智为后起的反乎本能的一种倾向,两者自然是有着明显的差异存在。首先,本能是为解决"两大问题"而配备的种种方法手段,因此它在生活上都是有特定用途和目的的,比如许多动物的机体造型以及各项专业技能都是为了生存才有的,这类例子不胜枚举,似乎任何动物都是一绝好例子;而理智则有突破这种一项项专业化技能的倾向,大有推扩应用到一切的意味。其次,顺着这种由专途向普泛有用的转化,我们可以看出依于本能生活的动物所感所知好像是一个点,而人类理智所面临的对境则像一个面;动物所感所知以后即有所行动,颇有"知行合一"的意味,而人类理智所感知后,不一定立刻行动,而很有可能联系从前的经验而丰富发展自己的知识系统。因此,梁漱溟认为本能和理智在人类的生命活动中,前者的倾向是直接的、断定的,而后者则是间接的、设定的。[①]

人类理智活动与动物本能活动两相判然,理智作为区别人

---

① 《人心与人生》,《梁漱溟全集》第三卷,第576页。

与动物的显明标志,似已不待多言。但人类亦是生物之一,是生物便要面临个体保存与种族繁衍的问题,人类何独能逾越于此呢?梁漱溟从生命本性(Nature of Life)的角度出发,认为人虽为生物之一,既具有寓于一切生物中的普遍性,也有植根于人类生命本性中的特殊性。人类同其他生物一样牵缠于两大问题之中,但人类却得以突破此种限制,而向着不断争取灵活与自由的生命本性进发。纵观整个生物进化史,一切植物限于自身的循环之中,毫无自由可言;而除人以外的一切动物则限于本能生活之中,几乎终日为两大问题而营求,亦谈不上灵活;而人类走理智反本能的道路,逐渐解放与本能相伴的机械与冲动,使得附带于本能之上的感情冲动逐渐剥离,剥离一分本能上的感情冲动,则意味着与本能密切联系的两大问题便得一分解脱。就在这样本能与理智的此消彼长中,人类生命悄然已变,两大问题不再为碍,而人类生命本性得以呈露。梁漱溟曾引柏格森《生命与意识》中的一段譬喻来形象地说明这个问题:"自最低级以至最高级之生命,自由好像是紧系于链索上,个体最多只能伸张至其链之长度为止。但到了人类却似突然一跃而链索亦断。"[1]链索断裂,象征着人类突破了禁锢一切生物的两大问题,而有条件去代表自由灵活的宇宙生命本性,这种生命本性便是梁漱溟所说的人类理性。

"理性"一词是梁漱溟人类心理学中的核心观念,它与上

---

[1] 转引自《人心与人生》,《梁漱溟全集》第三卷,第581页。可参见柏格森《心力》,《生命与意识》,胡国钰译,商务印书馆,1924,第21页。

文提到的"宇宙大生命""人类生命本性"有着异曲同工之用，都是思想上用来表达本体的概念，只是因表述场合和效果不同，故生出许多名字来。上文已经对理智和本能进行了分析，初步得出理智相较于本能，理智应为人类异于动物的一大特征，但人类特殊之处却不止于此。梁漱溟曾自述他对人类心理认识的前后变化，早期的功利主义思想使得他看重欲望，主张人应顺着欲望走，而随后却又栖心佛门，从而否定欲望，无论是肯定欲望还是否定欲望，都在与欲望打交道，亦即都是意识方面的事；但他渐渐深入发现，欲望之来源在本能冲动，只不过借着意识来呈现罢了。因此这一时期他特重隐于意识背后的本能，恰巧同时期的西方研究亦以本能为主，比如罗素的创造冲动与占有冲动理论。以上由看重意识转向看重本能为梁漱溟认识上的第一次转变，但随着认识的不断深入，他渐渐地发现理智和本能的二分法充满问题，尤其在本能问题上的含混不清让梁漱溟不断反思，最终幡然省悟罗素的"理智、本能与灵性"的三分法确实有所发现，只是表述不够精当。

梁漱溟借鉴罗素的三分法，尤其受到他以"无私的感情"来表达"灵性"的启发，用"理性"代替"灵性"。但不同于罗素的是：罗素将三者并列为人类心理活动的三大要素，而梁漱溟则以理性居本体地位，统摄理智与本能。并且梁漱溟的理性概念亦与罗素的灵性概念不相等同。梁漱溟认为人类生命活动或说人心活动可分为知与行两个方面，扩充出去，则可细化为知、情、意三方面。他说："感情波动以致冲动属情，意志所向坚持不挠属意。"①动物本能中同样蕴含着知、情、意的作用，但正如上文分析理智与本能时所说的那样，动物之知与行合一，即知即行，犹如一开电闸，电流便流动通过，而人类因理智发达的缘故，常常所重在知的一面，而行的方面如情与意则应由理性来代表。如是知行结合，理性与理智对举，方才能表达出完整的人类生命活动的含义。

虽然用理性代表人心活动中的情意方面，但此情意却要继续分析。人类原本为动物之一，本能为人类生活所不可少的工具，虽然人类理智发展，本能势力在人类生活中的表现逐渐减弱，但不可谓之全无，其存于个体之上更是千差万别。本能存在一分，便有相应的情意发生，这种情意自与理性代表的情意不同。梁漱溟认为，一切本能皆是生活的方法与手段，皆是有所为的，故著见于本能的感情也是有所为的，换句话说，这种有所为的感情其发生往往牵缠于利害得失之中，即是一种私情。而与之相对的感情被称为无私的感情，是无所为而发的，是理性的主要成分。由此我们可以看出，梁漱溟的理性概念与一般人所说的不同，一般人所谈的理性往往混杂着理智的成分，是两者不分的混合体，而梁漱溟则独树一帜，以无私的感情为其主要内容。在他看来，理性只是人们平静通达的一种心理而已，这看起来似乎很寻常，与哲学家们通过层层概念建构起来的理性扞格不入，然而，梁漱溟却认为这是人类生命的活

---

① 《人心与人生》，《梁漱溟全集》第三卷，第611页。

水源泉,是人类生命摆脱机械固执而进入灵明通透的象征。

梁漱溟认为本能既为人类生活不可少的工具,则应为生命本性所包涵,即应当归于理性之中。[①]他还认为"理智者人心之妙用,理性者人心之美德。后者为体,前者为用"。[②]理智发达,本能减弱,理智将本能松开,松开的地方无时不待人的感情去充实,这感情便是上面提到的无私的感情,即是人的理性。从生物进化角度来看,理性是人类理智发达而于无所期待中开发出来的,但又无法从生物进化中找到其来源,因其就是生命本性,无法追寻也不能追寻,有如中国古人所说的"止于至善",所以理性的发现,不是人类在生物进化中多了一样什么东西,而是由于某种成分的减少而自然得以呈现的,这又有如《乐记》中所说的"人化物"观念。前一种是顺从生物进化的说法,后一种则带有生命本性异化的含义,这一往一返,来回扣合,体现出理性既不离生物进化,又超越生物进化之上,既是对中国传统文化中"性本善"的继承,又是对近代西方生理、心理学的整合与总结。

以上便是对理性、理智与本能之间关系的一个简单介绍。理性为体,理智为用,从字面看,理性与理智各带一"理"字:理智排除情感作用考察静物,所得者为物理;理性不离情感作用,其所得者则被称为情理。[③]王阳明说:

---

① 参见《人心与人生》,《梁漱溟全集》第三卷,第614页。
② 《人心与人生》,《梁漱溟全集》第三卷,第614页。
③ 《人心与人生》,《梁漱溟全集》第三卷,第614页。

> 诸君常要体此人心本是天然之理，精精明明，无纤介染著，只是一无我而已；胸中切不可有，有即傲也。古先圣人许多好处，也只是无我而已……①

梁漱溟对情感衡以无私来定义理性，实际上就颇受阳明影响。无私的感情即是理性的主要内容，它是人心之中的天然之理，亦即情理；因为摆落本能有所为的束缚与理智二分式的计较，所以它的特质便是无所为而又无所私的。在阳明看来，人心有纤毫染著即是有私我的表现，在梁漱溟这里便转化为唯有超越"有对"，进证无所私的人心才是人的主宰，此无所私的人心便是理性，便是阳明的良知。

二、良知与行为：身心视域下的知行关系辨析

知行合一是阳明心学中的关键问题。在阳明之前，朱熹提出"知先行后，知轻行重"的知行观，他说：

> 知行常相须，如目无足不行，足无目不见。论先后，知为先；论轻重，行为重。②

朱熹将知行关系比喻成眼睛和脚的配合，如果只有眼睛没

---

① 《传习录》（下），《王阳明全集》，第142页。
② 黎靖德编，王星贤点校：《朱子语类》卷八，中华书局，1986，第148页。

有脚则没法行动,只有脚没有眼睛行动起来则看不清方向。如果从先后关系来看,知应该在行的前面,只有知了才能去行动,如果知上没有理清楚,怎么能去行动呢?但如果从轻重角度来看,行应该比知更重要,知的目的在于行,最后都应该落实于行,所以行才是知行关系的重心。合而论之,两者实际上是缺一不可,相伴而行的。王阳明显然反对朱熹这个说法,认为朱熹将一事打作了两截,失却知行本体,故举《大学》好色恶臭指出个真知行给人看。于是后世便以为此乃阳明矫正时弊而立新说,实则是误会了阳明。阳明固然有纠偏之意,不然也不会形诸口而公诸众,然其本意在数次自白中说得甚殷切:

> 又不是某凿空杜撰,知行本体原是如此。今若知得宗旨时,即说两个亦不妨,亦只是一个;若不会宗旨,便说一个,亦济得甚事?①

可见,知行合一之说在当时已被误会颇深,所以阳明才会不厌其烦,反复申说。梁漱溟既然早就对阳明心学倾心不已,并且自觉站在心学一脉,其心学思想理应直接地在其对阳明学问的阐发中获得呈现。然而纵览梁漱溟一生著作,涉及专论阳明心学的作品并不多见,唯1922年《评谢著〈阳明学派〉》一篇讲稿可窥见他有关阳明心学的核心评价与论述。梁漱溟顺谢

---

① 《传习录》(上),《王阳明全集》,第5页。

无量《阳明学派》中知、情、意三分法，通过分析情理之知与物理之知、心念之行与身体之行，来阐发知行的具体内涵，并区别出绝对不离与绝对不合的两种知行关系。进而指出，知行不合一的原因是对两种知行关系的牵连与错混。而解决问题的方法便是通过诚意慎独的功夫将阻隔知行本体的私意清除，从而实现儒家知行合一的生命境界。梁漱溟对谢著进行批判的过程，即是他本人对阳明思想申述与解读的过程。

1. 知、情、意三分法评判

谢著以近世流行的心理学"知、情、意"三分法来对良知进行剖析，并以行为前与行为后为判，指出良知在行为前的知、情、意分别表现若何以及行为后更有何种作用。将同一良知分解为六种功能，如行为前之判断（知）、感触（情）与命令（意），以及行为后之详论（知）、感动（情）与命令（意，对将来之劝诫）。最后对良知下一定义："良知之体，即心之昭明灵觉是也。良知之用，即昭明灵觉之心，即知情意之三作用，对于行为而发现者也。"[①]

梁漱溟就其分法，逐一分析，不破其形式，而转化其"知情意"的内涵，从而来阐释良知含义。梁漱溟认为良知作为道德本体，不适合遽以概念进行规范，因此他采取排除法对人类心理状况加以考察。

---

① 谢无量：《阳明学派》，新世界出版社，2017，第112页。

（1）良知之知是一种有情味的知

梁漱溟认为阳明之良知来源于孟子"人之所不学而能者，其良能也；所不虑而知者，其良知也"。[①]因此，凡是需学需虑的后天经验知识不能为良知所知。同时能够创造、传习与了解后天知识的先天能力——感觉与理智亦非良知。而心理学上的"知"在梁漱溟看来实在就是指感觉与理智作用，是不能将良知包含入内的。感觉（感性）与理智（知性）合作能够产生知识，这是康德在解决西方认识论问题上取得的巨大成功，而梁漱溟通过唯识"现""比""非"三量的方法来分析知识的构成，同样是基于感觉与理智之上的。感觉与理智配合产生的是静态而客观的知识，而阳明的良知在梁漱溟那里被解读为"痛痒好恶"——"只有痛痒好恶才相接触，即时觉知更不待虑，即此痛痒好恶是良知"。[②]

痛痒好恶是一种个体主观上有情味或有意味的知，梁漱溟称之为直觉。直觉不待学虑，而具有知与情两种作用。梁漱溟举观花得美感为例，认为美的感受（情）与知其为美（知）并非前后两件事，而是统摄于观花一件事之内。实则为一体之两面作用，"自其有所感触一面看去则为情；自其有所晓了一面看去则为知；盖即情即知也"。[③]梁漱溟力斥以知识见解作为良知之知，通过分析孟子四端之心，强调主观情感作用，认为

---

① 《孟子》，《四书章句集注》，第360页。
② 《评谢著〈阳明学派〉》，《梁漱溟全集》第四卷，第713页。
③ 《评谢著〈阳明学派〉》，《梁漱溟全集》第四卷，第713页。

恻隐、羞恶与恭敬作为人情之基本固不待言，即是非之心亦非理智作用下进行的概念判断活动，而是来源于人的主观好恶，被他称为人心在是非曲直上表现出来的迎拒力。正如阳明所说，"良知只是个是非之心，是非只是个好恶，只好恶就尽了是非"，① 以迎拒力或痛痒好恶来谈良知，是梁漱溟对知行合一解读埋下的伏笔。

（2）良知之情仍需分辨

梁漱溟认为从情感角度理解良知，与从知识角度出发相比，在方向上是正确的，但心理学上种种情感作用并非全是良知显现。此处梁漱溟并未进一步展开，盖于此时其思想尚处于早期，尚未发展出"无私的感情"一说。然梁漱溟已有相当自觉，为其日后学说完善留下了理论预设。我们不妨借其日后成熟的理论为此处作一简略延伸，来探讨他对谢著予以驳斥的理由。

梁漱溟将情感分为无私的感情与私情，无私的感情来源于理性，并为理性的主要内容，而私情则产生于种种有所为的本能（个体保存与种族繁衍），此外尚有一类常情（如父母本能）较细，此不及辨。良知之情应属于无私的感情，这与阳明答人问欲是否为"人心合有"具含内在的一致性：

> 先生曰：喜、怒、哀、惧、爱、恶、欲，谓之七情，七者俱是人心合有的，但要认得良知明白。比如日光，亦

---

① 《传习录》（下），《王阳明全集》，第126页。

不可指着方所，一隙通明，皆是日光所在；虽云雾四塞，太虚中色象可辨，亦是日光不灭处。不可以云能蔽日，教天不要生云。七情顺其自然之流行，皆是良知之目，不可分别善恶；但不可有所着；七情有着，俱谓之欲，俱为良知之蔽；然才有着时，良知亦自会觉，觉即蔽去，复其体矣！此处能勘得破，方是简易透彻功夫。①

七情无所着，即是梁漱溟所谓"无私"，顺应天理自然之流行，能为良知之目，即梁漱溟定义无私的感情为理性的主要内容。七情有所着，即变为受有所为的本能驱使而发动的私情，是人欲的主要内容，能遮蔽良知本体。因用求体，从这个层面看，梁漱溟思想成熟时期作为本体地位的理性（无私的感情）具有与良知同等的作用，他说："情理却本乎人心感应之自然，恰是不学不虑的良知，亦即我前文所说'无私的感情'。"②因此，梁漱溟一方面肯定谢著列出良知"情"的一面，一方面又对这种心理学上的情感作用自觉地进行分辨，虽于当时未能详尽指出，而于良知之"情"的特殊性已略露端倪。

（3）良知之"意"非安排作意

谢著引心理学范畴的"意"来讨论良知，指出良知之意有对将来进行规诫的作用并能命令行为。实际上，这是出于意识（理智）层面的考察与衡量，从理智出发，能所判别，能安排

---

① 《传习录》（下），《王阳明全集》，第126页。
② 《人心与人生》，《梁漱溟全集》第三卷，第625页。

与所安排划然可见。人们习惯运用理智进行规划与安排事务，于是理智的作用便凸显起来，从而让人觉察到这过程中有"意志"的作用。梁漱溟反而认为这并不是真正的意志所在，这些表面的意志行为背后还有力量在推动其发展。那真正的意志在哪呢？

梁漱溟同样从好恶出发，指出"无论如何复杂的情味总不出乎好恶，好恶只是心的迎拒力，行动即从这里起"。[①]在这里，梁漱溟以心之迎拒力来解释真正的意在于此。我们知道意往往表达一种意向，一种能够引起行为方向的内心指针。当内心真实好恶生起，其必然"好好色，恶恶臭"，如见好花便向前去观赏，闻恶臭则掩鼻退后，这期间没有时间间隔，神感神应，一气呵成，不容理智进来分别考量安排一番以后再作行动。因此，此处没有体现理智作意安排的意，而有的只是人心好恶产生的那一点迎拒力，即此便是真正的意。

综上，谢著用心理学"知、情、意"三分法来解释阳明的良知，在梁漱溟看来虽然三分法无问题，但其具体内涵却不无问题。而梁漱溟用直觉来阐释良知，虽受早期不成熟思想影响，然其看重情的一面实为后来"理性"概念张本。

2. 情理物理角度看知行

阳明的知行合一说，屡遭后世误解，究其原因便在知行概念不明上。谢著原本也注意到知行的范围问题，认为知行合一

---

① 《评谢著〈阳明学派〉》，《梁漱溟全集》第四卷，第713页。

仅限于人事范畴，而不及自然界。梁漱溟对此持不同意见，认为在自然科学领域，倘知晓事物内在条理，便可运行之从而产生诸多效用，这是随着人类知识进步可以不断解决的问题。而人事问题中恰有许多"知"而不能行之事，梁漱溟举裁兵为例，认为只知如何裁兵之理而不一定能够发生裁兵运动。是知，知行问题的关键不在于人事与自然的划分，而在于"知"与"行"的具体内涵。

（1）情理之知与物理之知

上文已对良知之知进行了一番分析，梁漱溟认为在阳明知行合一思想中，其知应该指的是主观上有情味的知，而不是指客观上静态的知识。我们称前者为情理之知，后者为物理之知。情理之知能够直接发生行为，而物理之知不能直接发生行为。梁漱溟又举裁兵为例，一个军队负责人如果知道如何裁兵的道理，但跟自己联系起来关系并不紧密，这种知对他来说便是物理之知，产生不了裁兵运动；如果他切实感受到当前的状况非要裁兵不可，这时候同样的内容便转变成主观的情理之知，就会引发裁兵运动。

阳明答徐爱云："见好色属知，好好色属行"，[1]梁漱溟认为，此"见"字亦非单独的视觉作用。单独的视觉作用只能见色，而不能见好色，好色是一种价值判断，其来源只能根于直觉。故而此"见"实包含视觉与直觉两种作用，已超出

---

[1] 《传习录》（上），《王阳明全集》，第4页。

冷静的视觉范畴，带上了有情味的价值判断，即情理之知。同时，见好色时，即是好（hào）好色时，不是见了以后又立个心去好。由此可见，知行合一所指向的是情理之知与其应有的行为而言，有主观上真切情味的知，便会有相应的行，如影之随形，如响之应声。客观的物理知识作为人们认识的对象，可以被人们运用，但不能引发真正的行为。谢著以物理之知来求相应之行，便产生了知恶行恶的悖论。如果按照情理之知来理解，知恶便是恶（wù）恶，此一恶（wù）便是一行，由此恶（wù）的心更不会产生恶行。梁漱溟引阳明高徒王龙溪的话，"知非见解之谓，行非履蹈之谓"，[①]正指明知行之"知"非知识见解、客观物理之知，而是主观好恶上情理之知，同时也纠正了一般人直把履蹈作"行"的谬误。

（2）心念之行与身体之行

理解知行合一问题的另一个焦点便是对于"行"的界定。一般人只认外在的身体活动为行，此固然是行之一种，然只是外在粗大之行，而非内心微细之行。梁漱溟从生活本质角度出发，认为人无时不在做事（行），即使是坐着什么也没做，然已是坐着了，此已是坐着便是一事，与伸出援手扶人一把在本质上同为一事。因此，生活只是事的相续，无时不生活，则无时都在做事（行），那一般人所认为的身体行为就没有必要存在名目，因为它无时不在。

---

① 《评谢著〈阳明学派〉》，《梁漱溟全集》第四卷，第716页。

《尚书·洪范》有敬用五事:"一曰貌,二曰言,三曰视,四曰听,五曰思。貌曰恭,言曰从,视曰明,听曰聪,思曰睿。恭作肃,从作乂,明作哲,聪作谋,睿作圣。"[1]在传统儒家那里,人所做的基本事情只有貌、言、视、听、思五个方面,而貌、言、视、听、思显然并非常人所理解的做事,它将一般人从具体的事中抽离出来,泯合不同事的种种差别性,赋予做事以新的意义,蕴含儒家修身的特质。梁漱溟自觉地对此有所发挥,认生活为事的相续,貌、言、视、听、思五事便是内心念念相续的分位表现,比如从其内心是否和乐的状况,而于貌或表忧色或表喜色,于言或出善言或出恶言等。然而貌、言、视、听、思五事(五行)已是行之末,欲求其行之始当于念念相续的每一念上去求。"我们时时是一念,在此一念上从其有所感发趣向而言便是行。更质言之,只这一念所有的情意是行。"[2]一念所有的情意便如阳明所说一念发动处,即此便是行了,我们称之为心念之行,而外在的身体举动我们称之为身体之行。

心念之行与身体之行的关系如何?在梁漱溟看来真正的行是那具有情意指向的心念之行,而身体之行是心念之行的外在显现。倘若心念之行,念念相续,念念真诚,则一定会自然而然地发展出由貌、言、视、听及举手投足等肢体动作配合而成的身体之行。梁漱溟举例,我们看到乞丐生起怜悯之心,只此

---

[1] 王世舜、王翠叶译注:《尚书》,中华书局,2012,第147页。
[2] 《评谢著〈阳明学派〉》,《梁漱溟全集》第四卷,第717页。

一念之怜便已是行了，不必从身上掏出钱来送给他才是行。掏出钱来送给他的行为是我们怜悯之念相续不断的结果。所以他说：

> 搬个椅子与他（乞丐）坐，掏出钱物给他，都是起敬生怜之念念相续而达之于四肢百体的。真个起敬生怜自然会如此，万一格于时势（假设为病卧在床或手边没钱），而四肢百体不得循其感发趣向者以表达于外，则只此感发趣向之念念不已既将恭敬之行慈善之行作了而无不足。倘以时势之便得有动作表达出来，则亦是将恭敬之行慈善之行作了而非有余。①

因此，真正的行只是人心中的情意，倘若人心中情意不真，而徒有表面动作，则不免陷入行仁义乃至为名为利等种种作秀亦未可知。

综上，梁漱溟认为阳明"知行合一"的"知"是一种主观上有意味的情理之知，而行则是主观上有情意的心念之行，两者皆统摄于主观上之一念。知行是一念中的两个面向，知在行上，行在知上，本然一体，不可分离，比如我们见到长辈生起一念恭敬之心，从其知敬长辈来说属于知，然当其知敬时，已是起敬了，此即便是行。故阳明说："知之真切笃实处即是

---

① 《评谢著〈阳明学派〉》，《梁漱溟全集》第四卷，第717页。

行，行之明觉精察处即是知。"①阳明以知的特点描述行，而以行的特点概括知，即是表明真切笃实即是明觉精察，知行在本体论上获得统一。②

3. 知行不合一的发生

王阳明龙场悟道，首倡知行合一之旨，强调知行本来合一，非为他个人所杜撰，然又不无因病与药，补偏救弊之效。知行既然本来合一，又为何会发生知行不合的情况呢？梁漱溟认为有两种知行关系需要厘清，一种是绝对不离之知行，即阳明所倡导的知行合一，亦即上文所说一念之中具有情味的情理之知与具有情意的心念之行，互训互证，互不相离；还有一种是绝对不合的知行，即以客观的物理之知为知，以外化的身体举动为行，此种知是无法引出动作行为的。我们从阳明《答顾东桥书》中可以看出此中关系，阳明说："夫人必有欲食之心然后知食。欲食之心即是意，即是行之始矣。"③梁漱溟对此进一步发挥："盖从知识见解之知，情意未著；而情意未著，绝无动作发生。"④是知动作云为之造作乃由动态的情意而来，即此情意方为行之始，而静态的客观知识见解没有人的情意参与进去，是无法发起相应行为的。

既然绝对不离的知行本然如是，即知即行，间不容发，故

---

① 《传习录》（中），《王阳明全集》，第47页。
② 参见张卫红《由凡至圣：阳明心学功夫散论》，生活·读书·新知三联书店，2016，第83—84页。
③ 《传习录》（中），《王阳明全集》，第47页。
④ 《梁漱溟全集》第四卷，第719页。

不会发生知行不合一的问题，这是由知行本体决定的。而绝对不合的知行中，两种知行本来就没有关联，所以根本上也不会发生知行不合一的问题。那知行不合的问题究竟是如何产生的呢？梁漱溟认为这是由于人主观上的牵连与错混造成的迷谬，而他要做的工作便是将其中盘根错节的乱象理顺，从而还原知行本来面目，并为知行工夫展开清理路障。

（1）牵连

按照上文所述，在第一种绝对不离的知行体系下，即知即行，一念具足，倘念念相续不受时势阻隔自然会有外化的身体之行显现。即阳明"知是行之始，行是知之成"[1]之意。因此，人们常将情理之知与身体之行牵连起来，认为前者必能引发后者，见义必能勇为，知过必能改正。殊不知，当其见义时已行了义，知过时已有悔改之心行，以其都在一念中演成，故自具足。然不能勇为与改过时，即其无知与无行之时，无知与无行亦是合一的。人的心念"刹那刹那"变化，一念情理之知尚不足以产生身体之行，故须念念相续，倘其中心念转变，私意作梗，身体之行便不得伸展而夭折，此时若责其第一念没有发生相应行为，无异于将其生命定格于某一念上。而这是人们常会有的牵连，因它们之间只是潜在的应然关系，而人们常以必然判之，"盖就其一念之知，以责其作为之行耳"，[2]于是便发生了知行不合的问题。

---

[1] 《传习录》（上），《王阳明全集》，第5页。
[2] 《评谢著〈阳明学派〉》，《梁漱溟全集》第四卷，第719页。

（2）错混

牵连发生在情理之知与身体之行之间，而错混则产生于物理之知（知识见解）与情理之知之间。情理之知即良知，其内容为主观的情理，而物理之知的主要内容为种种客观的物理。情理与物理在认识与运用方面都有明显的不同，物理是由理智分别考量得来，而情理则由良知体悟感发而来。人们囿于习惯，错将情理当物理，以为懂得许多道德训诫与人生箴言便能产生相应之行为，实则是强物理之知以发生身体行为，而它们之间原本是绝对不合之知行。此种理因是主观之情理本应发生行为的，却又被错混为客观的物理，自然发生不了行为，因此便产生了知行不合的问题。恰如古谚所说："三岁小儿能说得，八十老汉行不得"，"能"说的是物理，研究父慈子孝的人不一定真懂其中的情理，情理之真必由内心真实情意而来，而非由外铄。

牵连与错混实是造成知行不合的重要原因。然而牵连与错混又是如何造成的呢？答案是因为人有私意。

在绝对不离的知行关系下，随知随行，随感随应，念念相续而能展现于四肢百体，这是知行的本然。然而人有一念感发不难，难的是能够念念相续，无有牵连与间断。本来知之真则行之切，而行之不切则由于知之不真，何以会知之不真呢？在于人心有牵连，有私意，梁漱溟认为这是在知以前便有的硬伤。因有私意牵连，故其感知之力发起不足，难以持久，以致不能念念相续而达于四肢百体。而在一念感发之后，又因人的私意阻隔，如又立个心去好恶，或起分别计较利害得失等，梁漱溟认为这是知以后"结果性命"的利剑。由此可见，私意阻隔在知前与知后都产生着作用，于是知行本体便被重重分隔，故阳明要指出不被私意隔断的知行本体，这是其立教本然。同时，分出知前与知后两种情况，也是梁漱溟对阳明思想的细分与补充。尤其知前心理的细分，可以说是梁漱溟独到的发现。知之前不是指生命第一念知之前本体未发状态，而是指个体因后天环境习染、经验塑造形成的气质状态，也可以说是个体当前的良知开发水平。虽然，儒家认为人人皆有良知，人同此心，心同此理，但良知在个体身上的开发程度是不尽相同的。有人天心独朗，良知极易发现，而有的人耽着俗欲，良知埋没甚深。所以，梁漱溟特别指出因个人心灵水平的程度不同而带来的知行不合问题，犹须注意。对于良知极易发现的人来说，私意弱少，良知能常做主宰，故其一念发起的势力具有较强的持久力和爆发力；而对于擅长凿智、私意炽盛之人来说，其一念发起的势力则往往软弱无力不能长久。两者好比拉弓射箭，其他因素相同的情况下，初始能量则决定着箭矢最终飞跃的距离与力度，答案不言而喻。梁漱溟的这一特别说明，体现了他对阳明知行合一独到且深入的理解，为其能够如此深入浅出讲明知行不合的原因，从而帮助学人朝着正确的功夫路径而用功。

将情理之知当作物理之知，这是人的错混使然。良知本来不学不虑，不假见闻而先天自足，世人因重重私意牵绊对此

"信不及",便向外以求知识见解作为帮补。认为通过学习那些原本是情理而被人们定格成物理的知识便可以发动种种道德行为,殊不知如此便是抹杀了生命与创造,留下的只是空洞的教条与训诫,如此便是对自己"信不及",对他人"信不及",归根结底是对良知"信不及"。梁漱溟认为此为吾人所患之通病,其难点亦在于此。我们看阳明答陈九川的话便可想见,陈九川问如何能有个稳当快乐处,阳明答唯有致知这一诀窍:

> 尔那一点良知,是尔自家底准则。尔意念着处,他是便知是,非便知非,更瞒他一些不得。尔只不要欺他,实实落落依着他做去,善便存,恶便去。他这里何等稳当快乐。此便是格物的真诀,致知的实功。若不靠着这些真机,如何去格物?我亦近年体贴出来如此分明,初犹疑只依他恐有不足,精细看无些小欠阙。①

在起初阳明犹疑良知恐有不足,可见此病实非浅浅。知不足,则行不逮,此时若去行,所行仁义无非是"义袭而取","俗以为其意在勉人以实行者浅见也。与其谓为意在勉人以实行,宁曰勉人以致知",②因此阳明才力倡致良知,以自己心中一点良知作为自己的准则,凡事皆听从良知的引导,本体即

---

① 《传习录》(下),《王阳明全集》,第105页。
② 《评谢著〈阳明学派〉》,《梁漱溟全集》第四卷,第721页。

功夫，无些小欠缺，于中自俱足。

4. 知行合一与功夫

知行本来合一，不思而得，不勉而中，活泼泼地按照天理流行生活，此诚圣人境界，若如是则本无功夫可作。又阳明之良知为人人性分中所自足，无少缺欠，在圣不增一分，在凡不减一分，以客观的知识见解为帮补亦无济于事，是则亦无功夫可作。然则凡庶与圣人之区别何在？梁漱溟举"明"与"昏"对此问题作了回应。

良知虽为人人所本有，但有个明与昏的问题，这其实是唯一的问题所在。阳明弟子徐曰仁说：

> 心犹镜也。圣人心如明镜，常人心如昏镜。近世格物之说，如以镜照物，照上用功，不知镜尚昏在，何能照？先生之格物，如磨镜而使之明，磨上用功，明了后亦未尝废照。①

因此，明的功夫在所当求，于是诚意、慎独、格物、致知、集义、求放心等儒家功夫名目不一，皆是复那本心良知的功夫。

然而功夫实不容易，孔子评价弟子："回也其心三月不违仁，其余则日月至焉而已矣。"②孔门高徒颜回也只能三月处于仁的境界中，其他勿论矣。所谓三月不违仁，从知行合一角

---

① 《传习录》（上），《王阳明全集》第23页。
② 《论语》，《四书章句集注》，第86页。

度来理解，那便是颜回能于此较长时间内，念念知之真切，行之安然。颜回悠游圣境，一切按天理而动，刻刻保持心体明亮如镜，无纤毫染著。不迁怒，即表明其生命念念清明，怒其所当怒，当下一念该怒则怒，不该怒则不怒，绝不牵连到下一念，遑论牵连到其他人了；不二过，即表明其生命刻刻明觉，有过即知、即恶（wù）、即改，同样问题不造次，不覆辙。

上文提到造成知行不合一的主要问题便是私意，私意能遮蔽良知之明而使人昏昧，私意能使人心有所牵而致"知行不合"。那私意是什么呢？梁漱溟认为知行本来合一，"刹那刹那"都是天理的直接显现，如此随感随应，过而不留，廓然大公，是生命的真相。因此与天理相对的人欲便是私意，人欲并非指声色货利，而是指人为，指私意造作不顺从天理，若按天理流行，声色货利亦无往不是天理之所寓。"故憧憧往来胸中者固是私心私意，即一时心若无所驰逐，坦然没事，亦不可恃；路子（方法）既熟，举心动念无不出此也。"[1]故阳明劝人：

> 无事时，将好色、好货、好名等私欲逐一追究搜寻出来，定要拔去病根，永不复起，方始为快。[2]

知私意为问题之关键，那如何去除私意而使真知真行贯穿于心心念念便是功夫所在。阳明曾说："若'诚意'之说，自

---

[1] 《评谢著〈阳明学派〉》，《梁漱溟全集》第四卷，第724页。
[2] 《传习录》（上），《王阳明全集》，第18页。

是圣门教人用功第一义。"[1]诚意即是勿自欺，勿自欺即是不要被私心私意所转，顺着那良知的好恶，"无为其所不为，无欲其所不欲"。[2]见好色属知，好好色属行，知行统一于好恶上，倘若真诚地顺从良知的好恶，不起私意，则知行永远显现一致。故钱穆先生说："阳明常把'如好好色，如恶恶臭'来指点知行的本体，可见知行本体实只是一个'诚'，诚意之极，知行自见合一，便是真能好恶的良知。"[3]诚意之极，即念念至诚，即《中庸》"至诚无息"之义。功夫至此，"诚之者"转变为"诚者"，知行时时合一，不再牵连与错混，更不会有无知无行的状况发生。

学界有观点认为儒家含有反智主义倾向，这其实要看从何种角度来立论。若从知行合一的功夫来看，儒家的确不主张智识对良知的计较与打量，因为这样容易产生私意。因智识是对象化能所对立的认知模式，而良知则是非对象化的自我显现，以对象化的方式来研究良知，所获取的无非是念念相续中"刹那刹那"的影片定格，其所得已然是心行的陈迹，故无法把握良知本心的现量。因此自孔子"毋意，毋必，毋固，毋我"，以及孔子闻季文子三思而后行，孔子言"再，斯可矣"，便在功夫论上开出了这样的一个传统。知行合一也好，诚意也好，都是儒家对品物流形、鸢飞鱼跃生命景象的追求，既是本然，

---

[1] 《传习录》（中），《王阳明全集》，第46页。
[2] 《孟子》，《四书章句集注》，第360页。
[3] 钱穆：《阳明学述要》，第63页。

也是应然，功夫与本体合一。

梁漱溟在对谢著进行批判的过程中，也将自己的阳明学思想申述已竟。他从宇宙大化流行的生命本体角度，解释了知行在本体论意义上的内涵与延异，并以情理贯穿始终，彰显了情感的主体作用。他还从经验层面，分析了造成人们知行不合一现象的两种问题，而牵连与错混两种障道因缘的产生，实则是从对本体透悟不够与信不及而来，其中私意又为根本之问题，因此，儒学功夫至简之道便是祛除私意，便是诚其意，慎其独，求放心，以还复那未被私意阻隔的知行本体。

第三节　梁漱溟对阳明心学的补充完善

朱熹与王阳明分别代表的理学和心学传统，是儒学发展过程中形成的两大重要支流，他们对尊德性与道问学的争论，一直以来都是焦点话题，从中又衍变出成己成物、做人做事、内圣外王乃至近现代科学与玄学等多重价值范畴的讨论。在对这些问题回应的过程中，梁漱溟本人的学问立场与创新之处也一目了然。本章将重点以《大学》文本中的修身功夫作为讨论的切入点，分别论述朱熹和王阳明对《大学》经典解释的异同，从中总结出梁漱溟对传统理学和心学的批判与完善，更进一步探讨梁漱溟新心学对时代问题的关切与回应，为新心学解决当下社会人生问题提供一个全新的范式。

一、近道与格物：儒学功夫路径的纠葛与探讨

自来儒者谈功夫多本于《大学》《中庸》，两书也因义理鲜明，指示功夫路径清晰明了而被宋明诸儒特别表彰，与《论语》《孟子》合称四书，被后世广泛传诵，堪称古代科举考试之教科书，绵延长达近千年。对于如此重要的儒家修身功夫典籍，后人对它的研究、注解自然汗牛充栋，其中尤以南宋朱熹和明代王阳明最为著名。而正是因为他们的学问思想，在过去、现在乃至将来都对人类产生着持续的影响，对其所解之经便不得不严肃、认真地对待。

朱熹《四书章句集注》问世以来，影响了一代又一代中国读书人，而人们对朱熹在解经中出现的问题也越来越深刻的认识，前后涌现出许多批评与针锋相对之作。如明朝张岱之《四书遇》、清代毛奇龄之《四书改错》等等。梁漱溟本于心学立场，对朱熹"依文解意"解经自然多有批评，但同样地对阳明"强人以就我"的解经方式也认为不妥。下文将以梁漱溟记录注疏的伍庸伯（1886—1952）《〈大学〉解》为底本，探讨朱熹与王阳明在儒家功夫路径上的优长和缺失，并从中探讨梁漱溟是如何扬长避短，从而构建他的新心学功夫体系。

1. 明德与近道

《大学》开宗明义，以"明德"为整个儒家"大人之学"的核心。明德是什么？明德即儒家之学的本体，性体，在孔子

称之为"仁",孟子叫作"心"(本心),阳明则以"良知"名之。人人皆有仁心,皆有本心,皆有良知,自然皆有明德,名异而体自同。朱熹在《集注》中有更加详细的注释,他说:

> 明德者,人之所得乎天,而虚灵不昧,以具众理而应万事者也。但为气禀所拘,人欲所蔽,则有时而昏;然其本体之明未尝息者。故学者当因其所发而遂明之,以复其初也。①

朱熹此番注解基本上本着儒家的意思而来,"人之所得乎天"阐发明德的来源是天,是天之所赋的,也就是说每个人的明德主体都有一个统一的来源,那就是天,此处相当于讲的是明德之"体"。"虚灵不昧"则传递出明德作为人的主体所具有的特点或者说德相。因为明德不可以眼见,不可以耳闻,所以非一实物,故曰"虚";又因明德本身孤明独耀,随感随应,故曰"灵";无一毫人欲遮蔽,无一丝气禀拘束,内外明澈,故曰"不昧";"虚灵不昧"可以说是对明德作对象化的"相"之观察。而"具众理而应万事"则自然属于明德之大"用",以明德所具之理,泛应曲当,应事接物则无入而不自得焉。

明德虽然是本心,但常常被后天的习染、人的私欲所遮

---

① 《大学》,《四书章句集注》,第3页。

蔽。因此，人又不能常以明德作为主宰。梁漱溟以晴日云翳为喻来说明这个问题：

> 人们日常生活沉没在习气（兼括身体气禀、习惯）中，其譬犹日光之遮于云翳乎。通常只有翳蔽或轻或重等差不同而已；其若赤日之当晴空者，吾人几时乃一有之？又谁能于此反躬而默识之？晴日，仁也；轻翳薄云不犹日光乎，讵非仁邪？乃至云雾重重矣，从其迷暗则云无光，则为不仁；从其随时可以豁然晴朗而言，则日光固自在，仁自在也。①

这里虽然用词是"仁"，但替换成"明德"亦无不可。梁漱溟的这个譬喻实际上与朱熹的说法无二无别，都是本于中国传统化中的本体至善论，相似的还有《圆觉经》中的矿石黄金喻，王阳明的圣人精金喻等。这种本体至善论的特点便是正其不正以归于正。本性本是圆满无缺，不因圣人多一分，也不因凡夫少一点，无论你修与不修，它本来就是那样；功夫不是对本体的修正，而是对遮盖于本体之上的盖障进行清除，盖障一除而本性自然显露，除盖障即是正其不正，本性自然显露则是归于正，功夫做的是减法而不是加法。

既然明德会被人的习气、私欲所遮蔽，那么就要做"明"

---

① 《礼记大学篇伍严两家解说》，《梁漱溟全集》第四卷，第13页。

的功夫，使明德复归其本来之"明"。《大学》用词非常精练，而且值得玩味，虽然开篇便是"明明德"，但纵观全文下来却很少再提及"明德"的字样，更别说如何具体去"明"了。实际上，对于上根利器者来说，明德在各人心中，只需提点一个"明"，他自然可以领会，所以《大学》就用了三个字"明明德"，阳明心学一脉多有这样直截了当的表述。虽然简洁，但对于普通大众来说却显得玄之又玄，难以捉摸。古圣先贤自然悲心殷重，著书立说是为未悟者说，所以《大学》全篇虽很少再见直接谈论"明明德"等字样，但通篇又无不是在围绕这个中心思想而开展。朱熹在《大学章句》序中说道：

> 子程子曰："大学，孔氏之遗书，而初学入德之门也。"于今可见古人为学次第者，独赖此篇之存，而《论》《孟》次之。学者必由是而学焉，则庶乎其不差矣。①

《大学》作为儒门接引初机之作，其最大贡献便是把古人为学的功夫次第以三纲领八条目的形式讲明白了。初学者以此作为学习儒家的行动指南，循序渐进，便能逐步真正进入儒家之门，乃至登堂入室。可以说，宋儒正是看中《大学》的功夫次第清晰，为学有理有据，才将它正式表彰出来的。在佛教

---

① 《大学》，《四书章句集注》，第3页。

中，关于为学次第的内容，各个宗派都有非常完备的理论，比如《华严经》将菩萨修行次第划分为十信、十住、十行、十回向、十地、等觉、妙觉等阶梯层次，尽备其详；密宗有十住心论；禅宗虽然直指人心、见性成佛，但依然有初关、重关、牢关之说。宋儒在义理上积极借鉴佛教体系，但也要在境界划分中凸显儒家特色。《大学》受到特别的重视，而后世关于这个问题的争论也最莫衷一是，众说纷纭。

无论宋儒还是明儒都认为"格物致知"是《大学》功夫的起点，在这上面生出许多关于如何做功夫的学问。但梁漱溟认为，无论是朱熹还是王阳明在解"格物致知"上都有着明显的问题，反而认为名不见经传的伍庸伯先生在见解上别具只眼，有特别突出的贡献，其中尤其推重伍先生的"近道"学说，他解释道：

> 近道者：于道为近，虽不即是道，而可以入道或合于道之谓。道指本体，即性体，即明德；近道指功夫，即可以入道或合于道者。我们未尝不可设想：功夫不离本体，即本体以为功夫，无须乎近道而自然合道。明德、明明德在这里便都是道，没有分别。这最为高卓，或亦是理合如此，世上可能有其人，有其事的。但这岂能期之于普通一般人？这还要讲求什么学问功夫？说到学问功夫，便是为了一般人明德有失其明的；在一般人要明其明德，是须要学问功夫的。明德和明明德，在这里就不无分别：明德是

道；明明德亦即是道，却必兼括近道在内。[①]

这段话比较浅显，核心思想阐明了两点：一是道与近道的区别，二是近道的必要。道是本体，近道是功夫，近道不是道，但近道是入道的重要途径。为什么要设置近道呢？上文已经说过，本来对于上根利器者来说，只需提个"明明德"或许就可以言下相应，彻悟明德，但这种人毕竟属于极少数，阳明门下也属于凤毛麟角，所以梁漱溟也发出"能有几人"的感慨。对这样的猛利的人来说，即本体即功夫，整个《大学》自"明明德"以下的文字言说都是没有必要的了。但《大学》所作的初衷正如程颐与朱熹说的那样，是为了接引初学而来，那就应该是面向普通大众的学问，这种学问一定是可以让人能够理解和上手操作的。这既是学术发展的必要，也是儒者为继绝学、开太平的内在要求。好比佛学中，佛陀菩提树下彻悟宇宙人生的真理，赞叹一切众生皆有如来智慧德相，但如果这样直接去跟普通大众宣说，肯定会吓退很多众生，于是如来设三乘权教，筑半路化城，先馈赠羊车、鹿车、牛车引起火宅内众生的兴趣，最后再宣说大白牛车，表明它才是如来最为珍贵的宝藏，最想令众生获得的法宝。

实际上，梁漱溟这段话是有的放矢，针对的正是王阳明在解经中一贯地是即是，不是即不是，一超直入，羚羊挂角，了

[①] 《礼记大学篇伍严两家解说》，《梁漱溟全集》第四卷，第91—92页。

无痕迹可循的弊病。阳明自是证悟了本体之人,但他在教人上实在没有一套可以"三根普被"的教法。阳明弟子钱绪山曾说:

> 先生之学凡三变,其为教也亦三变。……居贵阳时,首与学者为"知行合一"之说。自滁阳后,多教学者静坐。江右以来,始单提"致良知"三字。[1]

阳明的学问来之不易,其自己就曾说:"某于此良知之说,从百死千难中得来,不得已与人一口说尽。"[2]阳明悟道之坎坷经历,其艰难程度自不待言,非真有体会者不能道。然此只是难之一面,另一面难在如何教人。夫良知者,虚灵本心,不假见闻,绝诸思虑,不是一物,无法予人,只能由学者自悟自觉,他人给不了,也不能给,正所谓"大道无门,千差有路",本来如是,无有造作。因此,教人难,难在其无头无尾,无始无终,如果能有相应稳妥的方法予以接引大众,则可谓善教了,这个稳妥的方法便是伍庸伯与梁漱溟推崇的《大学》"近道"。

儒家为学有三个层次,《中庸》分为生知安行、学知利行和困知勉行,梁漱溟认为生知安行者自然不需要功夫,而是直接安住于本体之道中;学知利行和困知勉行者则需要功夫引渡

---

[1] 钱洪德:《刻文录叙说》,《王阳明全集》,第1745—1746页。
[2] 《年谱二》,《王阳明全集》,第1412页。

以达成生知安行的境界,所谓殊途同归是也。那么学知利行和困知勉行的功夫即是近道功夫,亦即是汤武"反之""身之"的功夫,所以梁漱溟说:

> 精神莫逐逐于外,而返回到身上来,不离当下,便自近道。故曰"反之",亦曰"身之"也。①

近道首先就是方向上的靠近,所谓"道不远人,人之为道而远,不可以为道",②儒家的道要在自己身上来作,而不是驰援于外物,不像朱子那样"凡天下之物莫不因已知之理而益穷之,以求至乎其极"。③朱子要穷尽天下事物之理,太过宽泛,难免支离难当。所谓"物有本末,事有终始,知所先后,则近道矣",④无非是说要入于道,需要厘清本末先后之关系,做一些准备工作,读点预科,像贤如汤武依然还要作"反之"的功夫,近道就要在儒家的道上找准方向,朝着这个方向努力,才能有成功的可能。儒家的道自然是安身立命,在道德修养上能够成圣成贤,这与世间科学、宗教、哲学等其他学术都不同科,也是《大学》开篇首标"明明德"之用意,整个儒家之道就是要明明德,要识本性,要求放心,要致良知,而这

---

① 《礼记大学篇伍严两家解说》,《梁漱溟全集》第四卷,第93页。
② 《中庸》,《四书章句集注》,第23页。
③ 《大学》,《四书章句集注》,第7页。
④ 《大学》,《四书章句集注》,第3页。

些都是要在自己身上达成的，不在于外，所以近道就是要明白一个"反身而求""修身为本"的道理，这个道理认识得越深，后面的功夫就会跟得越紧，也更加知道功夫的着力点。

2. 格物与致知

众所周知，朱熹与王阳明十分重视"格物致知"的解释，如上文所说朱熹以"即物穷理"概括格物致知，他说：

> 致，推极也。知，犹识也。推极吾之知识，欲其所知无不尽也。格，至也。物，犹事也。穷至事物之理，欲其极处无不到也。

又说：

> 格物者，物理之极处无不到也。知至者，吾心之所知无不尽也。

可见，朱熹解格物致知始终在知识层面打转，要将天下一事一物的道理完全都弄明白，其方法则是上面提到的，用已知的知识不断去推扩，直到将天下之理穷尽了，我们的心体就能够无所不知。照朱熹的讲法，实在没有一个头脑，只能漫无目的去即物穷理，然而吾生有涯知也无涯，这样去探寻事事物物的道理，何处是个头呢？显然朱熹的解法是存在问题的，陆九渊就曾批评他支离，而朱熹本人也多次反省自己的支离无当。

后来阳明照着他的这个方法去格竹子,结果格出了一身病,只是因为按照朱熹的方法只能开出西方知识论的谱系,而不能上升到儒家的道德本心。

如果说朱熹解格物致知是没有头脑,没抓住重点,阳明的解法同样也离题万里。比如他解格物致知之"知"为良知,解"物"为"事",并用"意"来进一步解"事":"凡意之所发必有其事。"① 按照阳明的说法,既然致知已是良知了,那还需要遵循什么诚意正心齐家的功夫次第?很显然,《大学》的原文都要按照阳明他自己的意思重新解释一遍,而不去照顾上下文的关系,更不看重其本身内在的逻辑,强解经典以从己意,而且立意过高,能者几人?

梁漱溟认为在以往格物致知的解释中,真正功夫稳妥,且文脉上符合原文的恐怕只有伍庸伯的说法最能令人信服。他说:

> 伍先生怎样解格物致知呢?他认为"格"字在《说文》上说是"木长貌";这里即用树木生长之由本及末,来形象出其他事物一样有其本末。至于"物"字、"知"字,这在《大学》原文已自明白,那就是:格物之"物"即上文"物有本末"之"物";致知之"知"即上文"知所先后"之"知"。②

---

① 《续编一·大学问》,《王阳明全集》,第1071页。
② 《礼记大学篇伍严两家解说》,《梁漱溟全集》第四卷,第96页。

伍先生完全本着《大学》原文，而且照顾行文的前后关联而解经。他以《说文》为据，训"格"为"木长貌"，可以说是不同于他人的创新之举。木长貌，顾名思义，就是一棵树的生长状况，一棵大树有根有干有枝叶，一树如此，世间的其他事物也都有其条理，但这不是伍先生关注的重点。伍先生借树木生长的过程，从根到枝叶是有一个先后本末顺序的，来形容儒家的修养功夫也是有本末先后关系的。那么"物"又是什么呢？伍先生认为"物"即是指身、家、国、天下这一大物，物与心相对，所以"格物"就是要把身与家、国、天下的本末关系理清楚。身为家、国、天下的根本，要想天下平、国治与家齐就必须从修身做起，而修身修好了则自然可以家齐、国治乃至天下平，这一正一反，循环来说，就是为了说明修身为本的道理。致知就是要把"修身为本"这个知识、这个信念不断加强，变成自己的座右铭，时刻提醒自己。

总之，格物致知不是什么深奥的功夫，也没有那么复杂，如果顺着文意来理解就很简单，像朱子把"物有本末，事有终始，知所先后，则近道矣"[1]作为是对上文的总结，实在没有弄明白它的实指。这两句话不是对上文的总结，反而恰好是对下文的引子，下文从"古之欲明明德于天下者"[2]开始便是在反复讲其背后的本末先后关系，直到引出"自天子以至于

---

[1] 《大学》，《四书章句集注》，第3页。
[2] 《大学》，《四书章句集注》，第3页。

庶人，壹是皆以修身为本"①截止，在惜墨如金的古人那里，费如此多的口舌就是为了讲明白"修身为本"的重要性，修身为本不是道，却可近道，只有牢记这个信念才有跨进儒门的可能，根本方向上弄错了，如朱子即物穷理于事事物物就是方向性的错误，是不可能实现明明德的。

在梁漱溟看来，对于普通大众来说，弄清楚近道甚至比道更重要，首先道是一时弄不明白的，那就只能从容易入手的地方开始，这也是《大学》真正作为接引初学的用心所在。梁漱溟说：

> 由身而家、而国、而天下（物），这其间的修、齐、治、平（事）的本末终始先后之序，可说为人世间一大法则或规律，乃是从人类历史经验得来的关系人生最重要的知识。人非明其明德无以为人生；而人生非循由乎此规律无以明其明德。明明德是道，认识此规律而循由之以行，即是近道。②

修身虽然是个体自当勖勉之事，但当作为一种社会现象并加以研究时，也自然拥有其自身的规律，而且这个规律是不断被人类历史证明和验证的。关于身、家、国、天下的本末关系问题，儒家其他典籍中也多所涉猎，如《中庸》之九经，《孟

---

① 《大学》，《四书章句集注》，第3页。
② 《礼记大学篇伍严两家解说》，《梁漱溟全集》第四卷，第29页。

子》之"天下、国、家"等。而且这种关系也深深地影响着中国人的民族性格,那就是凡事责己不责人,行有不得反求诸己,出了问题先在自己身上找原因等等,这正是儒家"修身为本"精神培育出来的中华民族最大的特点。而这也是梁漱溟文化三路向中第二路向的典型特征,与第一路向凡事往外求、生命倾依于外的文化是大不相同的。

合而论之,格物致知不是在讲功夫,功夫当在诚意慎独上求。格物致知只是把"修身为本"这个儒家最基本也是最重要的信念讲清楚,如此而已。针对朱王两家解格物致知路径的差异,梁漱溟指出走朱熹一路很有可能踏上探索物理的道路,但又要广泛地穷尽天下事物,显然也不能成为专业精分的科学,如此便是既不能成就真正的科学,也不能成就儒家的明德;而走阳明一路也会出现两种后果,一是"轻率承当,冒认良知,流风所被,莫不意气自专,不可救药",[1]另一种则是苦苦探索而不得门径,却又疏忽了对外面的照看,总是陷入主观唯心之中,流弊兹大,不可不慎。

二、情理与物理:梁漱溟补足阳明心学的尝试

儒学史上,尊德性与道问学的争论自朱陆对峙以来逐渐成为焦点话题;到了近现代,受西方唯物科学的刺激,内圣与外

---

[1] 《礼记大学篇伍严两家解说》,《梁漱溟全集》第四卷,第102页。

王又成为新的时代焦点。实际上，无论是尊德性与道问学还是内圣与外王，抑或是成己与成物，下学与上达，它们都有着内在的逻辑相通性，明白它们之间的关系，则可以以此类推，通晓其余的辩证逻辑。至于人们对它们的争论，许多时候都是将它们看作两个截然不同的部分或者层次，从而各就己之所好而作先后的选择。实际上，它们本身的理论逻辑在被创生之际都是能够自圆其说的，问题只是源于人的偏向认知。朱熹说：

> 大抵子思以来，教人之法，惟以尊德性、道问学两事为用力之要。今子静所说尊德性，而某平日所闻道问学上多。所以为彼学者，多持守客观，而看道理全不仔细。而熹自觉于义理上不乱说，却于紧要事上多不得力。今当反身用力，去短集长，庶不堕两边耳。①

朱熹认为尊德性与道问学自子思作《中庸》以来便成为教人的两种方法，而到了南宋时期，陆九渊主尊德性，而朱熹自己则在道问学上多所用力。朱熹与陆九渊往返辩难多次，也深受其影响，故有"于紧要事上多不得力"之语，以期去短集长，而不堕两边。事实上，朱熹这段话也证明了伍庸伯对其在儒家功夫路径上"认识不真，抓得不紧"的评价。要紧事自然是明明德，识本心，这是无论心学还是理学都承认的前提，问

---

① 朱熹：《晦庵先生朱文公文集》卷五十四《答项平父》，《朱子全书》，上海古籍出版社、安徽教育出版社，2002，第2541页。

题是功夫该怎么做。实际上，这些名词在被创生之初已经将道理讲得很明白了。"尊德性而道问学""下学而上达"，其中的"而"字犹须着眼，"而"字的表述正是中庸之道，不落于尊德性而疏于外，亦不专究道问学而遗于内。"尊德性而道问学"的正确"打开方式"应该是在道问学中实现尊德性。同理，上达要在下学中完成，儒家具体的功夫就是在日用伦常中去体会，在每一次的待人接物中，在每一次的洒扫应对中，在每一天的工作学习中，体察那意念之动，意有不诚令其诚，心有不正令其正，所有的道问学与下学都应该围绕尊德性与上达而展开，尊德性为体，道问学为用，上达为体，下学为用；尊德性为本，道问学为末，上达为本，下学为末。明体达用，因用而显体；由本开末，摄末归本，如此合内外之道，则不遗物，亦不逐于物。如上所说，此番逻辑亦可通于成己与成物，内圣与外王，成己即是内圣，即是上达，即是德性之尊；相应地，成物即是外王，即是下学，即是学问之道。这个逻辑关系，用来与梁漱溟理性与理智，及其相应的情理与物理依然可以对应，下文将分别论述。

1. 成己与成物

《中庸》："诚者，非自成己而已也，所以成物也。成己，仁也；成物，知也。性之德也，合内外之道也。"[①]诚者，天之道，天地无不持载，无不覆帱，所以诚者是合成己成

---

① 《中庸》，《四书章句集注》，第34页。

物于一体的，一切皆是内，心外无物，不遗物，亦不逐物。在儒家的观念中，智、仁、勇"三达德"都是从本性一体之德开出，成己是仁，内也；成物是知，外也。实际上成己成物是一体两面，从其仁的角度看是成己，从其知的角度去看是成物，成己成物如行知合一都是在同一个过程中完成的，而不是完全对立的两面。梁漱溟说："创造可大别为两种：一是成己，一是成物。成己就是在个体生命上的成就，例如才艺德性等；成物就是对于社会或文化上的贡献，例如一种新发明或功业等。"①从分析的角度来看，生命的活动与创造确实可以分为两个方面，即一面是内在生命上的成就，即成己，如德业日进，明德日新等，属于情理范畴；一面是对外物的发明利用以造福社会，增添人类福祉，即成物，属于物理范畴。内在的成就依靠理性的自觉，外在的成就则靠理智的发达，实际上从结果上分出情理与物理只是为了将道理讲明白。在具体的实践中，作为理性的体与作为理智的用，往往是同时活动的，梁漱溟认为上述两种创造的分法依然比较粗浅，他更进一步指出：

> 细研究起来，如一个艺术家，在音乐美术上有好的成功，算是成己呢？算是成物呢？从他自己天才的开展锻炼一面说，算是成己；但同时他又给社会和文化上以好的贡献了，应属成物。再如德性，亦独非其个体生命一种成

---

① 《朝话》，《梁漱溟全集》第二卷，第95页。

功；而同时对于社会直接间接有形无形的贡献也很大。还有那有大功于世的人，自然算是成物；但同时亦成就了他生命的伟大，而是成己。①

这种成己成物两面互相参看的事例证明成己与成物，情理与物理并不是截然对立的，而是同一过程的不同表现形式。从情理与物理的认识主体——理性与理智的体用关系来说，这种一体两面已经内具在其逻辑之中了。梁漱溟接着说："所以任何一个创造，大概都是两面的：一面属于成己，一面属于成物。因此，一个较细密的分法，是分为：一是表现于外者，一是外面不易见者。一切表现于外者，都属于成物。只有那自己生命上日进于开大通透，刚劲稳实，深细敏活，而映现无数之理致者，为成己。"②成己即是自作生命之主宰，亲证生命本性，生命的本性是理性，如上文所说，也就是"仁""良知"等，理性具有"刚劲稳实"与"深细敏活"两大特点，其"映现无数之理致"即"情理"，所以说成己就是在情理上充分发展。理性的内涵是无私的感情，情理发达便是让这无私的感情自作主宰，活泼亲切地自然流淌，生活中我们常常能够体验到当人在情感之中时，是忘却那个被分别出的自我的，比如见义勇为者事后说得最多的话便是"当时没想那么多"。"没想那么多"，看似一句普通寻常的话，却是对生命最本真的诠释，

---

① 《朝话》，《梁漱溟全集》第二卷，第95页。
② 《朝话》，《梁漱溟全集》第二卷，第95页。

圣贤学问最切实的方法便是在这些生命涌动的地方，指点人们去体认，体认得愈亲切，分别计较便愈少，情理便也就愈发达，从而实现圆满无缺的人类本性——真自己。

成物即洞见事物之间的相关条理并加以运用，促成利用厚生之事。事物之间的相关条理即种种物理关系，如自然科学所得，社会科学所得之类，比如空想社会主义只是徒有主观情理要求在，而没有顾及社会发展的客观物理，科学社会主义之所以是科学的，就是因为它一面有解放全人类求公平正义的情感在，一面又照顾到社会发展的现实。所以物理的发展对人类社会来说同等重要，事实上，按照梁漱溟的生命进化理路，人心的开发正是有待理智发达冲破本能束缚才得以显其妙用的，在佛家也有智慧解脱的说法，而阳明心学一脉在物理上多不留意，只求实证心之本体，故而容易产生疏于照看外边的危险。物理虽然同样重要，但必须在情理前提下才能得以正向展开，所谓能尽人之性方能尽物之性，儒者始终以大体为重，而不是陷入物理关系的推演而不知情理之事。如徐复观所说，"道德理性是知识理性的动力，是知识理性的承载力"，[1]真正完美的人格应该是"本乎情理以运用物理"。[2]

2. 做人与做事

成己与成物问题，实际上也是常人关心的做人与做事问题。在一般人看来，有的人会做事，有的人会做人，有的人情

---

[1] 徐复观：《青年与教育》，九州出版社，2014，第43页。
[2] 《今天我们应当如何评价孔子》，《梁漱溟全集》第七卷，第282页。

商高，有的人智商高；两者兼而得之的似乎很少，好像要么是好人但不太会做事，要么是会做事但不一定是个好人。因此两者是割裂的，而在这种思维模式下，人们的行为往往也是分成两截的。以教育来说，做人与做事往往被分开来看，故而教育的内容也是分而教之，这些问题在梁漱溟看来都是极其错误的。心学最注重的是对整体生命的把握，是对一体的感悟，最反对的是将生命和生活割裂开来打成两截，成己成物是一体，做人做事也是一体的，梁漱溟说："事情靠人去做，人做事则靠其身体精神的那一切。事既不能离人，人亦不能离事。"[1]也就是说任何事情的完成都是靠人来执行的，离不开人的身体和精神作为支撑，而本质上精神与身体（心与身）又是一体的，所以归根结底还是以人的精神为主，依靠身体实现事的完成。如果一个人的内在精神不好，那么他外面的事情也不会做得很好；如果我们从事相上反推，一个人总是做错事，做不好的事，那么他的精神状态一定不太好。

从儒家的观点来看，"人的如何，虽自有其生来的一面，但此未足为凭；全要看他能不能很好地发挥表现其身心所有的正当作用，而无亏负其生来的一面"，[2]儒家心学正是要发挥那一点灵明，确立主体的自觉性，充分发挥能动性。与生俱来的一面虽然是命定，但儒者却不以为碍，而是要践行尽性；所以真正的好人就是要充分利用自己的天性不断努力向上，即是

---

[1] 《礼记大学篇伍严两家解说》，《梁漱溟全集》第四卷，第124页。
[2] 《礼记大学篇伍严两家解说》，《梁漱溟全集》第四卷，第125页。

孟子所说的"尽性",这种不断向上的努力,是道德理性上的努力,是一种非功利无所私的生命进步;在这种精神心态下,认认真真做好每一件事,梁漱溟说"真正的好人,应当是事事做得好、做得对,长时积累起来的那个人物"。①由此可知,做人做事不是割裂的两个互不相干的问题,它们在心学视域下得到了有机统一。

实际上,做人与做事的统一,也是情理物理、成己成物的统一。其根本的理论基础还是梁漱溟理性为体、理智为用的体用观,理智被本能私欲所用会遮蔽理性,用获得物理的方法去研究情理,所得者皆为物理,这都是因为本体迷失,而汩没于用的结果。理性的特点是清明自觉,故对理智运转没有妨碍,所以梁漱溟举孟子的例子说:"好讲情理的孟子,对许行的弟子陈相把经济上所以必要分工的物理讲得十分明白,正见出其非常高明通达。"②由此可知,情理发达不会影响物理的发展,更进一步说,根据体用一源原理,体开发愈深,其用处愈大。所以根本上,理性的开发会促进理智的发展,情理畅达的人对事物之间的物理也越能分辨得清楚。王阳明立功立言立德的贡献令人仰慕,其根本便是在人心开发上获得了质的转变,即从分别计较的私意中了悟通而不隔的一体之心,从其一体之心转而发起朱熹所谓的"全体大用"。这是儒家心学一贯的立场,无论是成己成物,做人做事,尊德性道问学,内圣外王都

---

① 《礼记大学篇伍严两家解说》,《梁漱溟全集》第四卷,第125页。
② 《今天我们应当如何评价孔子》,《梁漱溟全集》第七卷,第310页。

应统摄于一心之中，心只有一个，所以阳明说：

> 良知只是一个天理，自然明觉发见处，只是一个真诚恻怛，便是他本体。故致此良知之真诚恻怛以事亲便是孝，致此良知之真诚恻怛以从兄便是弟，致此良知真诚恻怛以事君便是忠。只是一个良知，一个真情恻怛。①

"良知之真诚恻怛"即理性之无私的感情，这是心体，由此真诚、真情应物理事便成就孝悌忠君的情理，如何能事好亲，事好君则需要靠了达物理关系的智慧，古代士大夫大都会学习点医术，承担起"上以疗君亲之疾，下以救贫贱之厄，中以保身长全以养其生"②的责任。这是梁漱溟理想的"本乎情理以运用物理"的人生道路，也是成己成物的必由之路，无论是朱熹即物穷理于外，还是心学自身只注重本体的冥想苦思都容易产生问题；所以梁漱溟提出情理物理的概念，分别二者的区别，一是补救朱王之失，回应尊德性与道问学的问题；一是发挥传统的成己成物合内外之道的传统，回应内圣外王的时代性问题，让我们看到了作为人的全面发展，在梁漱溟心学思想映照下实现的可能性。

---

① 《传习录》（中），《王阳明全集》，第95页。
② 转引自刘力红《思考中医》，广西师范大学出版社，2018，第9页。原文请参见张仲景《伤寒杂病论·序》。

第四节　行其所知：梁漱溟对阳明心学的践履

梁漱溟在晚年回忆中提到："我在人生实践中认真不苟。"[①]梁漱溟倾其一生都在为中国问题和人生问题劳攘奔走，其一生的努力与实践正是他心学造诣的最好反映。本章通过分析梁漱溟的乡村建设、教育讲学与政治实践等社会活动来探寻梁漱溟心学思想在具体事为中的践履特征，以及他用实际行动来诠释阳明精神的真实体悟。

一、家庭教育

梁漱溟一生都在实践他的心学思想，除了在修身之外，梁漱溟在家庭教育之中同样也贯彻了知行合一的心学理念。一方面，梁漱溟本人接受了良好的家庭教育，他出生于书香门第，他的父亲虽在晚清内阁任职，却是个开明人士；另一方面，梁漱溟受阳明心学思想影响，在教育子女的过程中同样采用了心学的方法。这两点对于梁漱溟的家庭教育都产生了比较重要的影响。

王阳明的父亲王华就给了王阳明一个相对自由、轻松与开

[①] 李渊庭、阎秉华编著：《梁漱溟年谱》，代序，第3页。

明的家庭氛围，这对王阳明的独立成长帮助很大。王阳明从小立志读书做圣贤，青少年时期仗剑考察边关，一个人在后院"格竹子"，为官时仗义执言、痛斥刘瑾，这种行其所知，独立自主的性格离不开家庭的教育。成化十七年（1481），王华进士及第第一名，高中状元。有明一代，获得状元这一殊荣的人不过90人。[①]从王华开始，王氏家族开始复兴。他担任过翰林院编修、经筵讲官，官至南京兵部尚书。王华为人至孝，在京为官时，听闻父亲竹轩公的病报，"日忧惧不知所为"，后来听到讣告，"恸绝几丧生"。王华在安葬竹轩公后，于墓边结庐守孝。坟墓附近原是虎穴，经常有老虎出现，王华也不畏惧。[②]后来王华的母亲岑老夫人生病，他侍奉在前，十分孝顺。当时岑老夫人年近百岁，他自己也已经七十多岁。王华经常扮作小孩，逗母开心。同时，他还是一个淡泊名利之人，他深知名利常常伴随着危险。王阳明于盛年因平定了宁王朱宸濠的造反，三代都被追封新建伯。在这样的情况下，王华却对王阳明语重心长地说了一段话：

> 宁濠之变，皆以汝为死矣而不死，皆以事难平矣而卒平。谗构朋兴，祸机四发，前后二年，岌乎不免矣。天开日月，显忠遂良，穹官高爵，滥冒封赏，父子复相见于一堂，兹非其幸欤！然盛者衰之始，福者祸之基，虽以为

[①] 参见李光军编著《历代状元》，河南大学出版社，2005。
[②] 参见《海日先生墓志铭》，《王阳明全集》，第1536页。

幸,又以为惧也。①

王华的话中对儿子王阳明的关切之情溢于言表。朱宸濠叛变,都以为王阳明死了,幸而大难不死;都以为平叛很难,结果王阳明也顺利平叛。但是平叛不久,王阳明就饱受诽谤。即便如此,王阳明还是一一渡过难关。经历种种困难之后,父子相聚,家人团圆。此时,王阳明也加官晋爵,这对家族而言无疑是个很大的荣耀。但是王华是个十分冷静的人,他明白盛极而衰、福祸相依的道理,劝诫王阳明在这种情况下一定要慎重。王阳明听后,跪在地上说:"大人之教,儿所日夜切心者也。"②此时的王阳明也已经五十岁了,他曾勇斗刘瑾,智斗锦衣卫,被贬龙场,经历龙场大悟,创立阳明心学,风风雨雨度过了几十年。但是对于父亲的教诲,他依然感到十分受用,可见父亲王华对他的影响之深。

与王阳明相似,梁漱溟也成长于一个自由、宽松、信任的家庭环境。梁漱溟的家族也是从父亲梁济(1858—1918)这一代开始逐渐转变原来的颓势,梁济和王华一样,没有强迫儿子走一条他不喜欢的路。梁漱溟后来回忆:

我从小学起一直到现在,回想一下,似乎不论在什么地方,都是主动的;无论思想学问作事行为,都像不是承

---

① 《年谱二》,《王阳明全集》,第1416页。
② 《年谱二》,《王阳明全集》,第1416页。

受于人的，都是自己在那里瞎撞。几乎想不出一个积极的最大的能给我帮助的人来。我想到对我帮助最大最有好处的，恐怕还是先父。……在几十年前那样礼教空气中，为父亲的对儿子能毫不干涉。除了先父之外，我没有看见旁的人的父亲对他的儿子能这样的信任或放任。①

"主动"过生活、做学问、干事业是阳明心学在践履层面的一个显著特征。而梁漱溟与心学思想如此契合，与他的家庭分不开。他认为，在这一点上，对他帮助最大的就是他的父亲梁济。在那个充满礼教的时代，他还没有看到过其他人能够对儿子毫不干涉，如此信任。梁漱溟曾经记录过一件印象深刻的童年往事：

> 还记得九岁时，有一次我自己积蓄底一小串钱（那时所用铜钱有小孔，例以麻线贯串之），忽然不见。各处寻问，并向人吵闹，终不可得。隔一天，父亲于庭前桃树枝上发现之，心知是我自家遗忘。并不责斥，亦不喊我看。他却在纸条上写了一段文字，大略说："一小儿在桃树下玩耍，偶将一小串钱挂于树枝而忘之。到处向人寻问，吵闹不休。次日，其父亲打扫庭院，见钱悬树上，乃指示之。小儿始自知其糊涂云云。"写后交与我看，亦

---

① 《朝话》，《梁漱溟全集》第二卷，第76—77页。

不作声。我看了，马上省悟，跑去一探即得，不禁自怀惭意。①

这一段生活中的小事，让梁漱溟记忆犹新，从中不难得见其父对梁漱溟引导启发式的教育和对其向上心的信任。同样，梁漱溟将这份真情与理性也带给了他的两个儿子：梁培宽与梁培恕。

在学业上，他给予宽松的氛围，劝诫儿子要主动。上文提到，梁漱溟一生无论在什么地方，都是主动的。无论是求学、革命、研究，梁漱溟都依照自己的思考而发出行动。对于儿子，他也是如此希望的。1940年，梁漱溟给梁培宽的信中提到："你说在学校空闲无事干，我想应当自己看书、写信、作日记笔记等。凡事要自动，不要等待被动。"②梁漱溟对儿子特别强调了"自动"二字，亦即凡事要主动去做，不要被动等任务，以致荒废了时光。梁漱溟对儿子的教育还表现在以下方面：

第一，不吝言辞，主动鼓励、表扬儿子。在1942年寄给两个儿子的一封信中，梁漱溟表扬了梁培宽："此见你天天在作事，一天不肯马虎过去，极与我相似。"③又认为梁培宽生活

---

① 《我的自学小史》，《梁漱溟全集》第二卷，第665页。
② 《寄宽儿》（1940），《梁漱溟全集》第八卷，第352页。
③ 《寄宽恕两儿》（1942），《梁漱溟全集》第八卷，第357页。

勤俭，"极与祖父相似"。①

第二，教导儿子在知识之外，更要重视身心的健康。1942年除夕，梁漱溟给两个儿子写了一封信，其中便提到了身心健康与知识的关系：

> 功课不过增进人知识。但吸收此知识而运用之者则在吾人有健全之身体与活泼之头脑。身体不健全，头脑不活泼，勉强用功，吸收不进来。勉强吸收，亦不记得，或不会运用，徒劳无益。故仍以调理身体精神为第一事。功课非第一事也。吾恐一时不能回川，全要你们自己照顾自己才行。②

很多家长，将孩子对知识的汲取作为第一关切，但是梁漱溟更重视孩子身心的全面发展。而且我们可以看到，这种运用身心精力来消化、运用知识的观点也深受阳明心学的影响。

第三，给予孩子乐观、安宁的精神。梁漱溟在香港办《光明报》不久，便遭遇日军入侵，辗转之下，顺利脱险，之后给两个儿子写信讲述脱险前后的经过。其中，梁漱溟便向儿子讲述了脱险过程的心理：

---

① 《寄宽儿》（1940），《梁漱溟全集》第八卷，第352页。《寄宽恕两儿》（1942），《梁漱溟全集》第八卷，第357页。
② 《寄宽恕两儿》（1942），《梁漱溟全集》第八卷，第358页。

我不只是一个从外面遭遇来说，最安然无事的人；同时亦是从内心来说，最坦然无事的人。外面得安全，固是幸福，自家心境坦然，乃是更大的幸福。——试问一个人尽外面幸得安全，而他心境常是忧急恐慌的，其幸福又有几何呢？①

梁漱溟认为，内心的安定，才是更大的幸福。无论外在环境，多么险恶，如果能保持安定的内心，这个人也是幸福的。如果一个人的环境是安全的，可是内心是恐慌的，那么这个人可以说是不幸的。这与王阳明很相似，王阳明在历经千难万阻之时，内心不动摇，正得益于这种内在修养的功夫。梁漱溟以此劝勉儿子，可见拳拳爱子之心。

总之，在家庭教育的问题上，梁漱溟也是承接心学的路子。同时，由于他自己家庭教育的影响，梁漱溟对自己的孩子更从根本上去关心，引导他们培养独立自主的能力，指引他们重视内心力量的培养。

二、乡村建设

二十世纪二三十年代，很多知识分子认识到要想认清当时中国的问题，必须认清中国的乡村。于是一大批知识分子投身

---

① 《香港脱险寄宽恕两儿》，《梁漱溟全集》第六卷，第341—342页。

于乡村运动中，其中著名的有陶行知、晏阳初与梁漱溟。梁漱溟受泰州学派王艮的影响，同时也因时代的感召，于1928—1937年十年间投身乡村建设，这段乡村建设的实践是他心学思想的真实写照，梁漱溟说：

> 宋明儒者之提倡乡约。自从吕氏乡约发动之后，紧接着就有最著名的宋儒朱子来提倡研究实行。朱子在中国的学者中，算是一个有大力量的人，所以一般人皆受他的影响。在朱子以后差不多所谓宋明儒者，无不注意研究乡约；有机会的时候，他们都要提倡实行。并且除朱子是个成功者以外，他如明代的吕新吾先生（在山西），与王阳明先生（在江西），都是很伟大的学者，对于乡约的研究，无论是在宗旨意义的发挥上，或方法的讲求上，都有很大的进步。①

宋明儒者的现世关怀最直接的体现之处便是乡约的研究与乡村治理的推进，化民成俗，一代儒者可能影响的就是一方水土，这是儒者课以自任的济世情怀，梁漱溟对这种传统自是抱有极大的热情。但历史时空转换，梁漱溟所处的时代已经发生了巨变，所以梁漱溟的乡村建设并不仅仅着眼于乡村本身，而是尝试解决当时中国遇到的问题，其志在参与建设一个新的中

---

① 《乡村建设理论》，《梁漱溟全集》第二卷，第334页。

国。如何解决当时中国的问题？这是近代以来萦绕在很多思想家心中的一个问题。

二十世纪初的中国，古今中外各种思想、制度交融碰撞，既产生了不可抗拒的张力，又同时孕育着新的变革。在这样的历史背景中，梁漱溟认为解决问题的出路在教育。因此，他的乡村建设与教育思想实际上是一以贯之的。本节将乡村建设与学校教育分开讨论，只是从事相上进行分别，其实这两者的思想核心是相通的。

梁漱溟从少壮到中年期间的问题意识是相通的，不同的是他在尝试思考解决问题的多种方法，直到1933年成文的《社会本位的教育系统草案》，他的想法有了一个可行的具体方案。梁漱溟晚年回忆道："最后写出'社会本位的教育系统草案'，遂为此一生从少壮而中年思索解决中国问题几经曲折转变臻于成熟的具体规划……"[1]

1933年2月，教育部邀请各地民众教育专家，研讨推行民众教育方案，梁漱溟受邀参加。当时会议讨论的一个焦点问题在于社会教育在学制系统上的地位。当时与会专家学者主要有两种看法，一是"将社会教育加入现行学制系统"；二是"于学校系统外另定一平行之社会教育系统"。[2]梁漱溟认为，这两者都不是解决问题的根本办法。他认为，要以社会教育为本而建立一个新的系统，而现行的学制系统融摄在新系统之中。

---

[1] 《梁漱溟年谱》，代序，第3页。
[2] 《社会本位的教育系统草案》，《梁漱溟全集》第五卷，第393页。

梁漱溟在草案中指出了十九世纪末以来教育的问题："学校教育之大弊在离开社会，以致妨碍社会于无穷，当世人士类能道之。"①学校教育的一大问题在于与社会需求脱节，离开了社会。因此，当时有一部分学者提出了职业教育的思想，以期改变这个问题。梁漱溟认为，这种思想同样是走到另一个极端了。因为当时很有身怀长技的人同样找不到工作。因此问题的根本不在学生是否掌握一门社会所需要的技能，而是要通过教育彻底改变社会，这样才能真正解决这个问题。他指出："过去教育偏于以读书为学，或偏于知识技能之一边，而不能照顾及吾人整个生活。"②他的制度设计，就是想照顾民众"整个生活"。

社会本位的教育系统图

国 学	省 学	县 学	区 学	乡 学
		市(隶省政府之市)学		坊学
		市(隶行政院之市)学		坊学

图1 梁漱溟《社会本位的教育系统图》③

---

① 《社会本位的教育系统草案》，《梁漱溟全集》第五卷，第408页。
② 《社会本位的教育系统草案》，《梁漱溟全集》第五卷，第408页。
③ 《社会本位的教育系统草案》，《梁漱溟全集》第五卷，第407页。

在这份草案中,梁漱溟设计了"国学-省学-县学-区学-乡学"的教育系统。以"乡学"为例,梁漱溟设置了成人部、妇女部、儿童部等,"施以其生活必需之教育,期于本乡社会中之各分子皆有参加现社会并从而改进现社会之生活能力"。①其中的"儿童部"类似于传统学校教育的小学,而在梁漱溟的设想里,成人、妇女、儿童都属于"乡学"的一部分,每类身份都能学习相应的能力以改进社会。同时,设置大会堂、图书馆、体育场、音乐堂等场地设施,在方式上兼用社会教育和学校教育。梁漱溟的设想是大胆的,他尝试通过这样的制度设计,来改造现实社会,建立一个新的国家,系统解决当时的问题。但是他的求证又是小心而严谨的,他在草案中提到:"本案之施行,当从一县或数县实验入手,渐渐推广以至于全国;不取乎国家立法公布,普遍施行于一朝。"②梁漱溟主张从一个县或者多个县做实验,慢慢将经验推广到全国,而不是通过国家立法的强制力,让全国各地的教育系统立刻执行。可以说,梁漱溟的态度是严谨、科学的。他并没有仅仅停留在设想上,而是作为一位心学的践行者,首先在河南、山东等地开展乡村建设运动,实践他的构想。

《社会本位的教育系统草案》一文的发表在梁漱溟乡村建设思想的形成与乡村建设实践中是一个具有标志性意义的事情。我们认为,梁漱溟的乡村建设实践与探索,实际上也分了

---

① 《社会本位的教育系统草案》,《梁漱溟全集》第五卷,第404页。
② 《社会本位的教育系统草案》,《梁漱溟全集》第五卷,第404页。

两个阶段：一个是此文发表前，即大致1928—1933年，为探索阶段；一个是此文发布后至日军侵略以致乡村建设中断，即大致1933—1937年，为实验阶段；梁漱溟的乡村建设活动前后进行了共十年。他在晚年回忆道："……矻矻十年，徒以日寇入侵未竟其志。"[①]1937年，日军发动全面侵华战争，乡村建设中断。不得不说，因为日军侵华，乡村建设在山东邹平的中断是梁漱溟乃至近代乡村建设实验的一个遗憾。但是梁漱溟勤勤恳恳、坚持不懈，十年如一日，以心学的精神探索与实践一条改造社会的方法，这一过程无疑是一笔宝贵的财富，无论是对于那个时代还是现在。而且，这十年见证了心学思想家笃实的践履功夫。以下对两个阶段的乡村实践活动进行简要介绍。

早在1923年，在北大任教的梁漱溟就曾受邀到山东曹州中学演讲，提出"农村立国"的话，但是"不敢自信"。[②]可见那个时期的梁漱溟，对于乡村问题已经展开思考，但是还没有那么深入。在1928年夏，梁漱溟任广州第一中学校长的时候，就着手筹办乡治讲习所。1929年初，梁漱溟离开广东北上考察农村工作，先后参观了陶行知的晓庄师范、黄炎培的中华职业教育社等。这一年，他辞谢了北京大学、东北大学等高等学府的邀请，而接受聘任到河南村治学院任教务长。河南村治学院由彭禹廷（1893—1933）发起成立，得到了冯玉祥、韩复榘等的支持。在这期间，梁漱溟撰写了《河南村治学院旨趣书》

---

① 《梁漱溟年谱》，代序，第3页。
② 《梁漱溟年谱》，第57页。

《河南村治学院组织大纲》等文,他的乡村建设方案进一步成熟。在河南的时候,他把他所从事的运动称为"村治",后面到山东才改成"乡村建设"。梁漱溟认为,从村治入手,可以达到民族自救、振兴中国的目的。①可见,在这个时期,梁漱溟已经意识到,乡村工作不仅仅是乡村本身的工作,而且是关乎整个国家民族前途的大事。这和他后来在《社会本位的教育系统草案》一文中的问题意识是一以贯之的。在《河南村治学院旨趣书》一文的开头,梁漱溟就对中国社会的性质有个明确的判断:"中国社会一村落社会也。求所谓中国者,不于是三十万村落其焉求之。"②他认为中国社会是一个村落社会,二十世纪初的中华大地上有三十万村落,如果不从这个角度入手去了解中国,就无法认识真正的中国。相应地,改变当时困局的方法也要从农村入手。1930年1月,河南村治学院开学,该院分为农村组织训练部、农村师范部二部,并附办村长训练部、农林警察训练部、农业实习部等部。可以看到,河南村治学院的组织架构已经有了《社会本位的教育系统草案》中"乡学"的雏形。虽然具体的组织架构不尽相同,因为彭禹廷成立河南村治学院还有应对当地的匪患等缘故,固有农林警察训练部等机构。③但是对于乡村层面的教育理念,却有相通之处。其中,梁漱溟自己亲自教授乡村自治组织等课程;6月,主管

---

① 参见《梁漱溟年谱》,第84页。
② 《河南村治学院旨趣书》,《梁漱溟全集》第四卷,第905页。
③ 参见彭沛《彭禹廷与河南村治学院》,《中州古今》1996年第5期。

《村治月刊》。这期间，梁漱溟在《村治月刊》发表了一系列文章，有的虽不以"村治"为题，例如《中国民族自救运动之最后觉悟》等文，但是基本上都在阐述他借由村治而实现民族自救、国家振兴的理想。然而，由于中原大战的爆发，河南村治学院被迫于10月份停学，未及一年便终止办学，对于彭禹廷和梁漱溟等都是一个遗憾。但无论如何，这都为梁漱溟在山东的乡村建设实践打下了宝贵的基础。

中原大战后，韩复榘任山东省主席，想将河南村治学院的工作继续下去。于是，梁漱溟与村治学院部分同人、学生开始了筹备工作，并将"村治"改为"乡村建设"，建立山东乡村建设研究院，原河南村治学院副院长梁仲华任院长，梁漱溟任研究部主任。值得一提的是，实验县政府隶属于研究院，县长人选由院方提名，省政府任命。①1931年6月，山东乡村建设研究院正式成立。梁漱溟发表《山东乡村建设研究院设立旨趣及办法概要》，许多内容在《河南村治学院旨趣书》一文中已经阐明。在这篇文献中，他进一步明确了"乡村建设"的概念。他在文中提到："中国原来是一个大的农业社会。在它境内见到的无非是些乡村；即有些城市（如县城之类）亦多数只算大乡村，说得上都市的很少。就从这点上说，中国的建设问题便应当是'乡村建设'。"②他对中国社会性质的判断和之前一样，但是在这篇文

---

① 参见《梁漱溟年谱》，第97页。
② 《山东乡村建设研究院设立旨趣及办法概要》，《梁漱溟全集》第五卷，第222页。

章中,他直接指出了"中国的建设问题",并说明这个问题其实就是"乡村建设"的问题。他在《村学乡学须知》一文中指出:"邹平自实验计划施行后,已将从前之区公所乡镇公所等机关取消,而代以村学、乡学。"① 可以看到,梁漱溟对于他的社会教育系统,已经有了比较成熟的思考了。

1933年,梁漱溟在教育部起草了《社会本位的教育系统草案》后,他的乡村建设便开启了第二个阶段。用他自己的话来讲,这是"此一生从少壮而中年思索解决中国问题几经曲折转变臻于成熟的具体规划……"。② 3月份,他被教育部聘为民众教育委员会委员。7月,全国乡村工作者在邹平召开"乡村工作讨论会"第一次会议。梁漱溟与到会的晏阳初、黄炎培等六人被推选为主席团。由此可见梁漱溟的乡村建设工作及他本人在乡村建设领域已经具有很高的影响力。这次会议的召开,进一步加强了乡村建设工作者的联络,各方代表交流了经验,一定程度上促进了全国乡村建设的工作。③ 邹平的乡村建设运动也吸引了一批高才生慕名而来,例如燕京大学头年毕业生田镐(字慕周)便加入乡村建设研究院。1934年,山东省增划山东济宁专区等地为实验区,院长梁仲华调任济宁专员,梁漱溟继任为乡村建设研究院院长,黄艮庸任研究部主任。1935年

---

① 《山东乡村建设研究院设立旨趣及办法概要》,《梁漱溟全集》第五卷,第448页。
② 《梁漱溟年谱》,代序,第3页。
③ 参见《梁漱溟年谱》,第106页。

10月，华北紧张，山东的乡村工作进入了战备状态。[①]1936年初，梁漱溟去广东讲学的路上，途经上海拜访蒋百里。蒋百里谈到日本大举侵犯我国为时不远，我们应该要有应付的策略，而这要植根于山东、山西的农村。[②]这年春天，梁漱溟到日本考察农村复兴工作。1937年3月，《乡村建设理论》出版，这也标志着梁漱溟乡村建设思想的完全成熟。然而1937年，日军侵华，山东的乡村建设因此而中断。从那时起，梁漱溟的工作重心也发生了变化，"即为抗战奔走，东西南北，没有休息"。[③]在国家大事上，梁漱溟同样是勤勤恳恳，坚持不懈，绵密践行他的心学思想。这一点，下文会专门讨论，此不赘言。无论如何，梁漱溟的乡村建设活动因历史的不可抗力结束了，但是这十年的心血让他从实践层面进一步深化了对心学的感知，这十年也是他踏实践履心学思想的见证。

三、教育讲学

除了乡村建设，梁漱溟大量的时间是花在教育与讲学上的。当然，此处的教育是狭义的教育。对于梁漱溟而言，广义的教育包含乡村建设，本节就梁漱溟在学校、书院的教育以及一些讲学活动进行简单梳理，以反映梁漱溟的心学思想在教育

[①] 参见《梁漱溟年谱》，第115页。
[②] 参见《梁漱溟年谱》，第115页。
[③] 《我努力的是什么》，《梁漱溟全集》第六卷，第178页。

领域的实践。

有趣的是,梁漱溟本人并没有受过完整的、系统的教育。1911年,梁漱溟从顺天中学毕业后,就没有接受专门的教育训练了。但是,梁漱溟并没有停止学习,他的自学能力特别强,这从他的《我的自学小史》便可看出。梁漱溟在这篇长文的序言中提到,他认为他的一生正好是"自学的极好实例",在某些学问上是"无师自通"的。①1916年,梁漱溟发表了《究元决疑论》一文,北京大学校长蔡元培先生看了此文,便与文科学长陈独秀先生商议,聘请梁漱溟到北京大学教授印度哲学。1917年,梁漱溟是带着很强的使命正式到任北大。他曾说:

> 我的意思不到大学则矣,如果要到大学作学术方面的事情,就不能随便作个教师便了;一定对于释迦、孔子两家的学术,至少负一个讲明的责任。所以我一日到大学,就问蔡先生他们对于孔子持什么态度。蔡先生沉吟答道:我们也不反对孔子。我说:我不仅是不反对而已,我此来除替释迦、孔子发挥外,更不作旁的事!后来晤陈仲甫先生,我也是如此说。②

当时的北大是新文化运动的大本营,但是梁漱溟坚持要为传统文化发声,正可看出他是一个知行合一的人,不为环境所

---

① 参见《我的自学小史》,《梁漱溟全集》第二卷,第661页。
② 转引自《梁漱溟年谱》,第35页。

动摇。他不是为了一份薪水、一个大学教师的地位而来北大的。他的关注点就在于将佛家、儒家的学术负责任地讲明。他是专心投入这样一个事业,为那个两千年未有之大变局的时代扛起文化自信的旗帜,除此之外,"更不作旁的事"。北大期间,梁漱溟在哲学系演讲"东西文化及其哲学",并提出将中国古人讲学之风与近代的社会运动结合为一的主张,这与泰州学派的主张十分相似。梁漱溟不仅仅发出这样一个倡议,他也是这个提倡忠实的践行者。梁漱溟一生很大的时光都用在讲学与从事社会运动上。可以说,这两件事情在梁漱溟那里是相统一的。在从事乡村建设期间,他讲学不断,与学生一起讨论人生、学问、事业等话题,并编成《朝话》一本。在北大任教期间,梁漱溟还受邀前往各地讲学,例如1921年受邀前往山东省教育厅讲学,1922年前往山西讲学等。

1924年暑假,梁漱溟辞去北京大学的教职,七年之久的北大教学生活至此结束。梁漱溟的学生认为他离开北大的原因是"对当时学校教育只注意知识传授,不顾及学生的全部人生道路的指引不满"。①辞去北大的教职后,梁漱溟来到山东投身办学,并写下《办学述略》一文,阐述他的办学思想与宗旨。梁漱溟不是一个复古主义者,并不是想把学生引入传统的故纸堆里,他在《办学意见述略》一文中就提到:

---

① 《梁漱溟年谱》,第60—61页。

> 我们一则没有宗教臭味，二则也不是存古学堂，而且并不愿悬空的谈什么中国哲学、印度哲学。所以将来办大学想最先成立生物学系和数理学系，为是要对于现代学术作澈底研究，再及其他。①

作为新儒家的代表，梁漱溟在儒家的"圣地"山东兴办教育，首先最想成立的是生物学系与数理学系，可见梁漱溟是个开明的教育家。他呼吁人们关注传统文化是在号召人们树立文化自信，过一个完整的人生，而非让人人投入故纸堆中。他在《办学意见述略》中提到了他办学的目的：

> 我的意思，教育应当是着眼于一个人的全生活而领着他去走人生大路，于身体的活泼，心理的活泼两点，实为根本重要；至于知识的讲习，原自重要，然固后于此。……我们办学的真动机，就是因为太没有人给青年帮忙，听着他无路走，而空讲些干燥知识以为教育，看着这种情形心理实在太痛苦，所以自己出来试做。②

因此，可以清楚看到梁漱溟办学的目的是想给青年学生提供一个完整的教育，而非讲一些"干燥知识"，对于学生的身心问题而不过问。"心学"主张知行合一，梁漱溟感到原有教

---

① 《办学意见述略》，《梁漱溟全集》第四卷，第782页。
② 《办学意见述略》，《梁漱溟全集》第四卷，第784页。

育体系不能满足他的追求,内心充满痛苦,于是便有了相应的行动,辞去北大的教职,自己和志同道合之士独立尝试办学,在原有教育体系之外做一个尝试。他认为有两类年轻人完全不适应传统的教育模式,一种是堕落的,一种是不堕落,但是内心烦闷找不到出路的。梁漱溟认为传统的教育模式对于这两类学生没有办法,但是他也并没有夸大他们工作的作用,他说:

> 论到从堕落引转而不堕落,从烦闷引转而不烦闷,这段起死回生的神功,谁敢轻容易说这句话,核实来我们并未必能帮忙得几何。不过鉴于别人全不管,我们极想从此点尽力则是真的。这便是我们办学的真动机所在。①

梁漱溟想尽自己一份力,努力和迷茫、烦恼中的年轻人交朋友,在他们人生路上进行引导,这是他办学的动机所在。当时,梁漱溟也感召了一批年轻人和他一起从事这份事业,例如北大的陈亚三、黄艮庸,四川的王平书、钟伯良、张俶知,北师大的徐名鸿等皆随他一起到曹州共同办学。②1925年,因山东政局变化,梁漱溟将曹州高中交陈亚三先生接办,和熊十力及一些学生在什刹海煤厂租房,师生十人共住共学,这个时候开始了"朝会"。月明星稀的时候,众人起来后在月台团坐,山河大地,一片寂静。有时一群人只是在静默中度过,有时在

---

① 《办学意见述略》,《梁漱溟全集》第四卷,第785页。
② 参见《梁漱溟年谱》,第63页。

反省自己。这也是对古代"自省"路径的一个实践。1928年夏天，梁漱溟接办广州第一中学，同时便开始筹办乡治讲习所；随后，开启了十年的乡村建设之路，详见上节论述。可惜乡村建设的实践因日军的入侵而中断。但是，梁漱溟投身于教育的理想并没有改变。

日军全面侵华以来，梁漱溟日夜奔走，呼吁抗日。在这期间，他依然不忘教育，1940年于四川创办勉仁中学（今属重庆）。早在1933年，梁漱溟便已写成《社会本位的教育系统草案》一文，主张学校教育与社会教育融合不分。为什么他还要创办一所依循传统学制的勉仁中学呢？梁漱溟在《创办私立勉仁中学校缘起暨办学意见述略》中提到：

> 一国教育制度之根本改造，有其时，有其势；客观因素不至，吾不能急切以求之也。理想制度之实施，既且有待；现行学校教育之补偏救弊，夫何能已。若中学教育盖尤为人所关切者。青年期（12岁至18岁；亦曰成丁期）为人一生关键，其心理生理之发育开展在是，而易受贼害，亦在乎是。中等教育适当此期，于此而不得其当，心窃伤痛之也。①

梁漱溟认为，一个国家教育体制的改造，要遵循一定的规

---

① 《创办私立勉仁中学校缘起暨办学意见述略》，《梁漱溟全集》第六卷，第59页。

律，没有一定的客观条件，不能"急切以求"。而且，梁漱溟认为，现行的学校教育也有补偏救弊的功能。那么在小学、中学至于大学之中，梁漱溟为什么想要创办一所中学呢？他认为青少年（十二至十八岁）是人生成长的关键时期，生理与心理都容易受到伤害，因此要努力在这方面做一些工作。他指出，当时的中学教育，从教师与学生两个层面来说都有问题。从教师一面来说，很多大学毕业生找不到其他事业，便投身于中学教育，谋求一份薪水。而且当时中学大部分为官立学校，教师任命以及教学规范全凭政府。但是梁漱溟认为，在那个动荡的时期，政府尚且自顾不暇，哪里能够将中学教育安排妥当。从学生一面讲，中学生将中学视为人生的一个过渡期，是为了步入大学或者进入社会工作的一个准备阶段，因此没有十分投入。梁先生认为，解决这个问题的关键在于教育者，教育者必须有真切的志愿，才能办好中学教育，他说：

  中学教育改进之机，全在身亲其事者志愿之先具。志愿具，而后生机活，一向为之被动者，今乃得立于主动地位，以发现亲切痛痒之利弊。凡一切改进乃为实事求是，而非敷衍乎功令。[1]

1947年，陈亚三、张俶知在重庆北碚创办勉仁国学专科学

---

[1] 《创办私立勉仁中学校缘起暨办学意见述略》，《梁漱溟全集》第六卷，第62页。

校。此时，梁漱溟一边撰写《中国文化要义》，一边为勉仁国学专科学校的学生讲授"中国文化要义"。1948年，勉仁国学专科学校改组为勉仁文学院，梁漱溟撰写了《勉仁文学院创办缘起及旨趣》一文。为何在勉仁中学之外，又设立一勉仁文学院？主要是将其作为当前中国文化问题的研究机构。[①]梁漱溟于勉仁文学院创办院刊，并于其中发表《勉仁文学院创办缘起及旨趣》《理性——人类的特征》等文。中华人民共和国成立后，梁漱溟历任多届全国政协委员。1984年，北京大学张岱年、冯友兰、汤一介等学者发起创办中国文化书院，九十二岁高龄的梁漱溟接受邀请参与创办，并担任书院院务委员会主席、学术委员会委员、发展基金会主席。1985年，九十三岁的梁漱溟为第一期"中国文化讲习班"主讲"中国传统文化"。从二十五岁进入北京大学讲学，到九十三岁仍然坚持讲课一线，梁漱溟的教育活动成为他生命的重要组成部分。他曾说，他是一个行动中人，他对于教育事业一生的投入是他这句话最好的注脚。

四、政治实践

如果有一件事情贯穿梁漱溟的一生，那非政治实践莫属。梁漱溟的一生几乎都在参与政治，没有停歇。从少年时期参加

---

① 《勉仁文学院创办缘起及旨趣》，《梁漱溟全集》第六卷，第779页。

同盟会，中年为抗日、国共和谈奔走，到晚年任职政协，梁漱溟的一生都在从事与政治相关的活动。因此，讨论梁漱溟的社会实践，不得不对梁漱溟的政治实践作一讨论。

梁漱溟晚年回忆道："在清季，吾父警觉世界变化，真挚地倾向变法维新，却未接近尔时维新党人；我十几岁关心国事，倾向革命，夫岂偶然哉！"[①]可见，梁漱溟一生倾心革命与政治，最主要受到两个层面的影响，一个是社会历史大背景，一个是家庭氛围。一方面，梁漱溟出生于1893年，正好成长于洋务运动失败、列强侵犯中国日益猖獗、中华面临两千年未有之大变局的时代。那样一个时代背景很大程度上驱使着梁漱溟等一大批年轻人从小立下参与政治的志愿。另一方面，梁漱溟也深受家庭的影响。梁漱溟祖籍广西桂林，曾祖父、祖父、外祖父、父亲都是以举人或者进士身份做官，祖母和母亲都读过不少书，可以说这是一个"书香门第"或是"仕宦之家"。[②]父亲梁济先后任内阁中书与侍读学士，是个开明人士，于世纪交汇之际，支持维新改革，但是本人却不结党。出生在这样一个官宦世家，同时又有一个开明的父亲，梁漱溟十几岁就关心国家大事，倾向于革命事业，并非偶然。梁济对于梁漱溟的帮助非常大，在那样一个充斥礼教的时期，梁济十分尊重少年梁漱溟的选择，不加干涉，这对梁漱溟的成长很有帮助。

---

① 《梁漱溟年谱》，代序，第2页。
② 《梁漱溟年谱》，第1—2页。

因此，无论是参与政治，还是研究学问，梁漱溟都表现出非常独立的特点。这个特点与他父亲的开明与信任是分不开的。

拥有家族相承的参政基因，又有开明信任的家长，加之时代背景的刺激，梁漱溟走上政治之路自然也就水到渠成了。梁漱溟有什么想法便付诸实践，他在少年时期便已显露出知行合一的特点。1912年，清帝逊位，梁漱溟参加了同盟会京津支部，与好友在天津参与办报，名为《民国报》，规模为当时北方之最。这一期间，梁漱溟担任编辑与外勤记者。也是在那个时候，《民国报》的总编辑孙浚明给他取了"漱溟"这个笔名。作为一名新闻记者，梁漱溟拥有民国政府参议院、国会的长期旁听证。因此梁漱溟长期出入两院、国民党本部、国务院、各党派党部。这些经历对于他增长见闻，加深对政治时局的理解，有着很大的帮助。他说：

> 当时议会内党派的离合，国务院的改组，袁世凯的许多操纵运用，皆映于吾目而了了于吾心。许多政治上人物，他不熟习我，我却熟习他。这些实际知识和经验，有助于我对中国问题之认识者不少。①

这一期间，梁漱溟亲眼见到了孙中山、黄兴等同盟会领袖，经历了国民党的改组，目睹了袁世凯的操纵，亲历了辛亥

---

① 《我的自学小史》，《梁漱溟全集》第二卷，第687页。

革命后的几个重大变革。对于当时的很多重要政治人物，梁漱溟都能认出来。对于一个二十岁的青年而言，这是一段宝贵的经历，为他后来的参政之路打下了坚实的基础。1913年，《民国报》改为国民党本部的机关报，总部派了一位议员负责，从总编辑而下，换了一批新人，梁漱溟便离去了。1916年，袁世凯去世，黎元洪继任大总统，恢复国会，组成政府，司法总长张耀曾推荐梁漱溟任司法部秘书，同时任秘书的还有沈钧儒。1917年，张勋复辟，张耀曾下野，梁漱溟也离开了司法部，南下游历，一路所见，触目惊心，有感于军阀混战的惨烈，写出《吾曹不出如苍生何》一文，呼吁社会各界停止内战。同年，梁漱溟入职北大，在北京大学度过了七年的教学与研究时光。

北大期间，梁漱溟依然积极关注时局。梁漱溟曾与北大图书馆主任李大钊（1889—1927）就裁兵运动一起拜访蔡元培，并在胡适提出的"好政府主义"的时局宣言上签名。[1] 1921年，梁漱溟结识了伍庸伯，伍庸伯后来成为广东省政府委员、著名的抗日名将。通过伍庸伯，梁漱溟结识了李济深（1885—1959）。李济深是原国民党高官，中华人民共和国成立后历任中央政府副主席、全国人大副委员长、全国政协副主席等职。1927年，梁漱溟应邀到广州，与李济深一起讨论中国的出路问题。同年七月，南京政府宣布梁漱溟为广东省政府委员，梁漱溟认为不合时宜，便婉拒了。在广州期间，梁漱溟曾短暂代李

---

[1] 参见《梁漱溟年谱》，第55页。

济深任广州政治分会建设委员会主席。

1928年后的十年，梁漱溟投身乡村建设运动。这十年间，梁漱溟的重心几乎都在乡村建设，但是这一时期的梁漱溟并没有完全脱离政治。由于乡村建设的经验，加之梁漱溟之前在学界、政界的地位，国民政府也接连邀请梁漱溟参加一些会议。例如，1932年，梁漱溟应邀参加国民党内政部的全国第二届内政会议，讨论地方自治问题。南京政府公报发表了梁漱溟的发言《地方自治问题》。1933年，梁漱溟应邀参加教育部讨论民众教育问题的会议，并被教育部聘为民众教育委员会委员。1935年，广西李宗仁、白崇禧等邀请梁漱溟前往广西讲学。在此期间，梁漱溟曾为广西军政干部讲话，白崇禧亲自带领干部站立听课。[1]从任教北大到抗日战争爆发，梁漱溟与许多政界要员都保持着联系，通过讲学、参加会议等形式保持着对政治的关注。另一方面，也通过学术研究，分析当时的时局。

1937年，日军发动全面侵华战争，梁漱溟于是"即为抗战奔走，东西南北，没有休息"。[2]1937年8月13日上海抗战爆发前，梁漱溟于《大公报》发表《怎样应付当前大战》一文，陈述抗战的原则。8月17日，应邀参加最高国防会议参议会，梁漱溟认为这是他参与中央一级政治活动的开始。[3]西安事变后，在国防会议内设立参议会，邀请社会上有名的人士参加，除了梁

---

[1] 参见《梁漱溟年谱》，第55页。
[2] 《我努力的是什么》，《梁漱溟全集》第六卷，第178页。
[3] 参见《梁漱溟年谱》，第130页。

漱溟，一起参加的还有沈钧儒、胡适、张伯苓、黄炎培与晏阳初等人。也是在这个会议上，梁漱溟第一次见到了周恩来。于是梁漱溟生起想去延安访问中共中央的想法，得到了国共双方的支持。在延安，梁漱溟参观了当地人民的生活情况、教育设施，并参观了政府等机关。最重要的是，在此期间，梁漱溟与毛泽东交谈了八次，有两次通宵达旦。①毛泽东主要谈的是《论持久战》的思想，梁漱溟对革命形势的情绪因而由悲观转为乐观。1938年7月，国民参政会在汉口召开第一届第一次会议，梁漱溟被选为参政员，他就战时农村问题、抗战建国纲领等发表提案。1939年，梁漱溟深入游击区一线，近距离与炮火接触，前后共八个月，后写成《敌后游击区行程日志》一文。梁漱溟发现了三个十分重要的问题：一是老百姓的生活很苦；二是敌人之势已经衰弱；三是党派问题非常尖锐。②于是在1939年11月，他与沈钧儒等民主人士成立统一建国同志会，这是后来成立的民盟的前身。梁漱溟认为，建国同志会不是一个政党，而是为了求得全国团结，"推动两大党合作而形成的一个推动力"。③1941年，中国民主政团同盟成立，梁漱溟任秘书长。这一年，梁漱溟前往香港筹办《光明报》，并任报社社长。在这份报纸中，梁漱溟作为民主人士发出了声音，坚持团结抗战，

---

① 参见《梁漱溟年谱》，第137页。
② 参见《梁漱溟年谱》，第137页。
③ 《我的努力与反省》，《梁漱溟全集》第六卷，第962页。

反对妥协。①但是由于太平洋战争的爆发,香港陷入危机,《光明报》被迫停刊,前后仅仅持续了八十多天。随后,日军占领香港,梁漱溟历经艰难险阻,离开了香港。从香港回来后,梁漱溟在桂林住了三年。这一期间,他与一些朋友不断研讨抗战策略,并积极思考今后的建国方略。

1945年,日军投降,梁漱溟对于抗战胜利后的中国大局进行了系统而深入的思考,并发表了一系列文章。1946年1月,梁漱溟参加了旧政协会议。1月底,在政协闭幕席上宣布退出现实政治。②他认为,从1938年访问延安到1946年,前后已经经历了八年。这八年间梁漱溟希望以非武力的手段寻求团结,那时国共两党已经签署了停战协议,梁漱溟认为自己可以退出政坛了。他认为:"建国绝非只政治之事,而是要建设全盘文化。"③于是梁漱溟回到重庆北碚,撰写《中国文化要义》。勉仁国学专科学校也在这样的背景下改为勉仁文学院。1949年6月,梁漱溟完成了《中国文化要义》一书的写作。同年,解放战争取得胜利,中华人民共和国成立。1949年12月2日,梁漱溟亲自迎接解放军到重庆北碚,并主持召开了和平解放群众欢迎大会。1950年初梁漱溟应邀来北京,此后,历任多届全国政协委员与全国政协常委。1980年后,梁漱溟相继出任中华人民共和国宪法修改委员会委员,中国孔子研究会顾问,中国文化书

---

① 参见《梁漱溟年谱》,第170页。
② 参见《梁漱溟年谱》,第170页。
③ 《今后我致力之所在》,《梁漱溟全集》第六卷,第619页。

院院务委员会主席、发展基金会主席等职。

梁漱溟的一生,可以说是为中国奔走的一生。他的政治活动,始终贯穿着一生。他身系国家与百姓,用一生的行动实践了他的心学思想。

五、总结

梁漱溟心学思想的独特性在于他不是做义理名相的研究,没有构建宏大思想体系的哲学兴趣,亦如同他解释孔子的学问只是生活一样,梁漱溟亦如是生活,如是思考,如是行动,在社会活动与日用常行中不断实践他所看到的"理"。从某种角度来说,他的心学是开放式的,亲证式的,他并没有想给人们留下什么体系去研究,亦如同王阳明没有留下什么皇皇巨著给门人去研究一样,只是勉励世人信赖自己的良知——理性,信赖自己的是非之心、好恶之心,如此而已。所以,与其说梁漱溟的心学思想体系是"理性为体,理智为用""自觉向上,感通不隔",不如说他的心学思想就是他本人"心"的精神。这种精神,从他年少时期的"一片向上心"已初见端倪,后受阳明等儒家以及国内外古圣先贤思想的影响逐渐成熟,并在随后风风雨雨近一个世纪为国为民奔波扰攘中不断实践与感悟,从而形成他特立独行的人格特质。他动不盲动,在认认真真做事中检验学问;想不空想,只为解决社会问题与人生问题而思索而探求。梁漱溟在思考与实践中交织出能动能静、动静结合的学问路子，行其所知是他虔恳于用心之道的写照，而表里如一则是他真诚以待世人赞誉的回馈。

回顾梁漱溟在心学方面的创发，我们不难发现他独有的创造与历史贡献：

一是祖述陆王，又超越于陆王之上。梁漱溟对阳明心学一脉的承继如前所述，已成为其心学最核心的内容；同时对朱熹于儒家学问认识不真的严厉批评，更彰显他的学问态度。他对陆王心学的超越主要体现在通过"情理"与"物理"的划分，既很好地保留了心学情理传统，又弥补了他们对理智的疏忽从而导致物质文明发展落后的不足。实际上，这并不完全是梁漱溟的独特创造，而是梁漱溟从儒家固有的"仁智"思想中，提取其精华内涵，作出的现代化阐释。

二是开创沟通古今中西文化的先河。近代以来，中西文化对比研究成为显学，梁漱溟可以说是开风气之先的代表。与当时流行的保守派、西化派都不同，梁漱溟沟通古今中西文化的方式是最开放与理性的。他深爱中国传统文化，但并不就此认为中国文化完美无瑕，也不认为西方文化就是先进文化的代表，而是通过深入分析人性的底层逻辑，站在广义的心学立场（人类一般心理），如理如量分析东西文化的历史渊源及其人性基础，这可以说是梁漱溟心学在学术上具体而微的精妙体现，也奠定了他的心学思想在同时代新儒者中别具一格的特征和历史地位。

三是辨析儒佛异同，为儒佛会通提供方向。梁漱溟一反宋明以来"三教合一"、儒佛混同的颠顶佝侗之旧习，强调儒佛相通而不相同，既不简单混同儒佛，也不简单对立儒佛，而是实事求是恰如其分地揭示二者的异同，并在此基础上求其会通，真正体现了中国文化博大精深的包容性和融合创生力。梁漱溟的儒佛异同之辨，为儒佛关系研究提供了明确的方向，是儒家心学与佛家"心学"发展至当时的必然产物，也是其文化三期说中，人类文明未来发展方向的一个预示，值得将来作出更多深入的研究。

总而言之，梁漱溟的心学思想深受阳明心学的影响，同时海纳百川，兼容并包，融合了中、西、印等世界上优秀文化思想的结晶，既有总结此前文化的承上作用，又具有开后世文化发展方向的启元之功，是后之来者研究中国文化、心学文化以及东西文化对比、儒佛对比不可逾越的宝库。

张亚军

第四章
冯友兰与阳明心学

第一节　冯友兰学术生平简介

冯友兰，字芝生，河南唐河人，我国著名的哲学家和哲学史家。他在二十世纪三十年代出版的两卷本《中国哲学史》是中国第一部完整的具有现代意义的研究中国哲学史的著作。[①]冯友兰对中国哲学与中国哲学史都做出了具有开创性意义的贡献，因此我们讨论现代新儒家与阳明心学的关系，是绕不开冯友兰的。尽管冯友兰是新理学的代表，与阳明心学似乎没有直接继承的学统关系，但这不足以说明冯友兰与阳明心学没有关系。相反，在梳理中国哲学史时，为什么冯友兰选择接着宋明理学讲，而非陆王心学，抑或是其他学问，其中必有冯友兰的价值选择与判断。这样一种选择与判断可以帮助我们从另一个角度了解冯友兰与阳明心学的关系。因此，研究新儒家与阳明

---

① 见蔡仲德《冯友兰先生年谱长编》，出版说明，第1页。笔者按，尽管谢无量《中国哲学史》1915年便已出版，但是中华书局编辑部认为冯著《中国哲学史》是第一部具有现代意义的完整的中国哲学史著作。

心学的关系，对冯友兰与心学的关系进行探讨无疑是有益且必要的。在对冯友兰与心学的关系进行系统讨论之前，本章首先对冯友兰的学思之路进行梳理。不仅仅是对冯友兰的生平进行年谱式的介绍，而且关注他人生各个阶段的学习与思考，以及各个阶段呈现出的对学术的选择与判断，进而从侧面反映他与阳明心学的关系。

一、家庭背景

1895年，冯友兰出生于河南唐河县祁仪镇的一个书香世家。这一年，马一浮十二岁，熊十力十一岁，梁漱溟两岁，贺麟尚未出生。冯友兰原籍山西高平，清康熙五十五年（1716）时，六世祖冯泰来河南唐河经商，遂定居于此。经过百余年的发展，冯氏家族成为当地的望族。他的父亲冯台异（1866—1908）于清光绪十五年（1889）考中举人，并担任唐河崇实书院的山长，可谓是饱学之士；清光绪二十四年（1898）赐同进士出身，于多处任职。冯友兰的伯父、叔父也都是秀才。因此冯友兰较早就受到比较完整、系统的传统经典教育。六岁的时候，冯友兰跟随表叔刘自立读书。根据要求，冯友兰学习了《三字经》《论语》《孟子》《大学》《中庸》以及《诗经》等经典。而且根据传统私塾的惯例，每一本书必须从头背到尾，才算读完。随着年龄的增长，冯友兰陆续学完了《周易》、《左传》、《礼记》、《书经》（即《尚书》）等传统儒家经典。十二岁的时候，功课开始加量。这个时候要学习四门课，分别是古文、算术、写字与作文。古文学习的是吴汝纶选编的《桐城吴氏古文读本》。冯友兰的课外时间基本上是在父亲的签押房里度过的。这一年，他父亲任湖北崇阳县知县。父亲的签押房仿佛是个知识的宝库，这里面有两大箱子书，有新书，有旧书。其中有一种刊物叫《外交报》，记载了世界知识和国际情况，冯友兰十分喜爱阅读。其父冯台异认为，要把中文的底子打好，再去接受现代化的小学教育。因此家人一直没有送冯友兰去现代化的小学读书。但是冯友兰的父亲并非是个守旧的人。虽是旧学科举体系的受益者，冯台异在学问视野上是开明的。他曾编撰地理与历史的讲义，分国内、国外两个部分，可见冯台异既有传统学问的涵养，又有新式学问的视野。冯台异这样一种学术取向给冯友兰将来重视中西哲学比较的学术路径营造了良好的家庭氛围。冯友兰自己既接受传统私塾的儒家经典教育，又在父亲的签押房自由读书，这对他后来接受西方哲学应该是有帮助的。可惜，冯友兰少年不幸，父亲在他十三岁的时候因脑出血去世。

  冯友兰的母亲吴清芝也是既重视传统又面向现代的人。上文提到，冯友兰六岁开始陆续系统学习四书与五经的传统经典，先是在私塾从表叔刘自立学习《三字经》与四书。九岁的时候，父亲到武昌任职，他随母亲先后学习《诗经》《周易》《左传》《礼记》等。[①]他的母亲对传统学问有着一定的积累，因此得以担任幼年冯友兰的启蒙老师。1911年武昌起义之后，吴清芝应县教育局长之请，担任唐河老君庙街西姚宅端本女学学监。她走出传统家庭，给自己印了名片，到社会上办了一些实事，显然有一股现代女性的风范。但是她也向学生们说："叫你们来上学，是叫你们学一点新知识、新本领，并不是叫你们用新知识、新本领代替旧规矩。"[②]可见，冯友兰的母亲也是既传统又现代的人。冯友兰在接受现代化的教育体系之前，可以说已经打下了较为坚实的传统学问基础。在冯友兰父亲去世之后，吴清芝第一件事就是安排冯友兰读书。吴清芝多次教导冯友兰，他父亲在世时常常强调，不强求子孙后代进入仕途，但是希望子孙能读书，将书香门第接续下去。十五岁后，冯友兰开始进入现代化的教育体系，先后在小学、中学接受新学教育。

二、求学北大

十七岁可以说是冯友兰非常重要的一年。彼时，冯友兰在上海中国公学上学，因逻辑学而对哲学产生了兴趣。当时主张学习英文原本，这对后来冯友兰求学美国以及广泛接触西方文化打下了基础。在这期间，冯友兰对耶芳斯的《逻辑要义》产

[①] 参见《冯友兰先生年谱长编》，第9页。
[②] 《冯友兰先生年谱长编》，第19页。

生了兴趣，可是他的几任教师对逻辑学均不是很清楚，将这本书当成一本英文教材来教。由于对逻辑学非常感兴趣，冯友兰就自学课本，自己做题。后来，冯友兰回忆："我学逻辑，虽然仅仅只是一个开始，但是这个开始引起了我学哲学的兴趣。我决心以后要学哲学。对于逻辑的兴趣，很自然地使我特别想学西方哲学。"①当时只有北京大学有哲学系，于是冯友兰决定报考北京大学。当时的北京大学有文科、理科、法科与工科，哲学系（当时称"哲学门"）属于文科，一般认为是四科里面最没有政治前途的，毕业后只能从教。根据冯友兰的资质，他可以考取法科。1915年，冯友兰考上北京大学法科。但是考入法科后，冯友兰随即便申请转入文科，学习中国哲学。这相当于是为了哲学而放弃了政治前途。当时冯友兰的同班同学有13人，最后只有他没有改行，实属难得。

然而进入北京大学后，冯友兰并没有能够学习到心目中的西方哲学，这可以说是他的一个遗憾。这个遗憾，要等到后来去哥伦比亚大学求学才得到弥补。当时的北京大学哲学系有三个门类，分别是中国哲学、西方哲学与印度哲学。事实上西方哲学与印度哲学开不起来，已经开设的只有中国哲学，于是冯友兰便在因缘际会之下学习了中国哲学。虽然没有系统学习西方哲学，但是中国哲学的训练让他开启了一扇新的认知大门。他认为这个经历对于他而言是"大开眼界"的。②他发现印象

---

① 《三松堂全集》第一卷，第169页。
② 参见《三松堂全集》第一卷，第170页。

中的八股文、策论等只不过是应付科举与功名的一个工具，并不是学问。对于真正的学问，他总算有一点认识了。不过，哪怕是北京大学哲学系，对于哲学的一些基本问题也没有达成共识，对于哲学系学生的培养体系也没有成熟。冯友兰是中国哲学门第二届的学生，那个时候，尚未有已经毕业的哲学门学生可以参照。当时主要的课程只有三门，分别是中国哲学史、诸子学以及宋学。然而，给冯友兰讲授中国哲学史的教授，讲了半年，才从三皇五帝讲到周公。由此可见，北大哲学门的课程标准与培养方案尚未十分成熟。而且，冯友兰认为，当时的北大对于哲学与哲学史的区分不是很明确。

从学习氛围来讲，冯友兰认为他入学时期的北大还是封建主义占主导地位。直到蔡元培先生于1916年底到北大当校长，北大进行了一系列的改革，才开始让北大的风气慢慢改变。冯友兰回忆："当时我们身在其中的学生，觉得心胸一天一天地开朗，眼界一天一天地广阔。"[1]冯友兰于1918年毕业，他认为在北大的三年收获很大。第一，他知道了八股文与策论等应试工具之外，原来中国哲学别有天地；第二，他发现中国哲学之外，还有世界范围中的哲学，在中国哲学那方天地之外原来别有天地。正是在北京大学求学的这个时期，冯友兰渐渐明确了他学术生涯的问题意识，即"古今、新旧的矛盾"。[2]

在北京大学求学期间，冯友兰还深受胡适影响。胡适是

---

[1] 《三松堂全集》第一卷，第171页。
[2] 《三松堂全集》第一卷，第171页。

安徽绩溪人，现代思想家、文学家、哲学家。他于1910年赴美国哥伦比亚大学留学，师从著名哲学家约翰·杜威（John Dewey，1859—1952）。1917年9月，蔡元培邀请胡适来北大任教，讲授中国哲学、中国哲学史等。[①]年仅二十六岁的胡适成为北京大学的教师，冯友兰便是他的学生。事实上，冯友兰只比胡适小了四岁。冯友兰与胡适一开始私交甚好，后因种种原因而分道扬镳。但是就对阳明学的态度而言，冯友兰是倾向于胡适的，这与他们早年的私交以及师生关系或许有关。

从思想层面来讲，冯友兰更加倾向于胡适而反对梁漱溟。从当时与后来的种种细节看，胡适对冯友兰的影响似乎很大。在上学期间，冯友兰选定了三个研究项目，分别是：一、欧美最近哲学之趋势（导师：胡适）；二、逻辑学史（导师：章士钊）；三、中国名学钩沉（导师：胡适）。[②]一共三个研究项目，其中两项的导师都是胡适。根据当时的规定，选定研究项目后，要定时与导师进行沟通。或许因为如此，冯友兰早年的学术生涯颇受胡适的影响。

后来冯友兰从北大毕业后，凡是去北京，基本上都会拜会胡适，并且在留学、择业等人生重大选择的问题上，都会征求胡适的建议。例如，从北京大学毕业后，冯友兰虽寻得一份工作，但心中仍有学术的追求，想赴美学习哲学。在1919年6月，冯友兰去北京参加教育部组织的选派留美学生考试的复试，期

[①] 参见《冯友兰先生年谱初编》，《三松堂全集》附录，第28页。
[②] 参见《冯友兰先生年谱长编》，第32页。

间曾访问过胡适,询问他美国哲学界的情况。胡适向冯友兰推荐了两所学校,一个是哈佛大学,一个是哥伦比亚大学。但是胡适认为"哈佛的哲学是旧的,哥伦比亚大学的哲学是新的"。①胡适的建议对冯友兰应该起到了很大的作用。后来,冯友兰果然选择了哥伦比亚大学继续深造。

1925年初,冯友兰到北京,与燕京大学面谈工作事宜。在京期间,冯友兰曾经与胡适相见,两人"畅谈甚快"。②1925年6月15日,胡适赠予他《胡适文存二集》一套。③1925年9月3日,冯友兰给胡适写了一封信,想要胡适帮忙在教育部国立编译馆谋一职位:

> 此等研究中国文化之事,于中国有利无害,吾人作之原无不可,但纯在外人机关中服务,区区此心,终觉不安,故私意颇愿于中国诸机关中略兼小事,聊以自慰。近见报载教育部将设国立编译馆,未知果能办成否?近来学生浮惰,教书之事味同嚼蜡,且终日舍己耘人,亦恐耽误自己学问,惟编译之事略可自由,且于研究学问尚不完全不相容,故私意颇愿于此编译馆中略备一员。④

---

① 《冯友兰先生年谱初编》,《三松堂全集》附录,第37页。
② 《冯友兰先生年谱初编》,《三松堂全集》附录,第66—67页。
③ 参见《冯友兰先生年谱初编》,《三松堂全集》附录,第67页。
④ 《冯友兰先生年谱初编》,《三松堂全集》附录,第68—69页。

冯友兰最为关注的还是学术研究，刚刚担任教职的他似乎没有完全适应这个身份，于是请胡适帮忙。

我们知道，胡适对阳明心学是一种批评的态度。他在《戴东原的哲学》结尾讲道：

> 但近年以来，国中学者大有倾向陆王的趋势了。有提倡"内心生活"的，有高谈"良知哲学"的，有提倡"唯识论"的，有用"直觉"说仁的，有主张"唯情哲学"的。倭铿（Eucken）与伯格森（Bergson）都作了陆王的援兵。……我们还是"好高而就易"，甘心用"内心生活""精神文明"一类的揣度影响之谈来自欺欺人呢？还是决心不怕艰难，选择那纯粹理智态度的崎岖山路，继续九百年来致知穷理的遗风，用科学的方法来修正考证学派的方法，用科学的知识来修正颜元、戴震的结论，而努力改造一种科学的致知穷理的中国哲学呢？①

可以看到，胡适对陆王持很鲜明的反对态度。他认为国内学者提倡"内心生活""良知哲学"等陆王的倾向很不好，其中胡适虽未点名，实则是在批评他北大哲学门的同事梁漱溟。梁漱溟十分推崇阳明心学，主张"内心生活"。胡适受实用主义影响，主张用西方科学的方法来改造中国哲学，而对近代学

---

① 胡适：《戴东原的哲学》，第138页。

者做的诠释阳明心学的工作是持一种驳斥的态度，认为他们是"好高而就易"，是"自欺欺人"的。相反，他主张的是延续宋明理学"致知穷理的遗风"，认为这是"纯粹理智态度"。胡适的态度对冯友兰应该是有影响的，冯友兰后来走的是继承程朱从而开辟新理学的一条路，与胡适对中国哲学的态度是很像的。不过，冯友兰与胡适两人在后期渐渐分道扬镳，其中既有学术观点的不同，也有立场的差异。①

三、留学美国

1918年，冯友兰以哲学门第二名的好成绩顺利毕业，任河南第一工业学校语文、修身教员。但是，冯友兰有着更高的学术追求，想留学继续深造。于是，冯友兰于1919年5月参加河南省教育厅学派留美学生的考试。冯友兰考上了公费留学的项目，于是他辞去工作，前往美国哥伦比亚大学研究院哲学系当研究生。冯友兰提到，他是带着北大读书期间的问题意识到美国求学的。冯友兰十分珍惜这次留学的机会，他认为既然有了一个系统的学习哲学的机会，便要努力从哲学上解决心中的困惑。冯友兰回忆："从1919年我考上了公费留学，于同年冬到美国入哥伦比亚大学研究院哲学系当研究生。我是带着这个问题去的。也可以说带着中国的实际去的。当时我想，现在有了

---

① 关于两人政学人生异同的讨论，见刘超、刘红《冯友兰与胡适——同行不同道的政学人生》，《社会科学论坛》2012年第1期。

一个继续学哲学的机会，要着重从哲学上解答这个问题。"①并且，冯友兰认为，这是他"哲学活动的开始"。②

到了美国之后，冯友兰学习非常刻苦，他的确非常珍惜这个来之不易的学习机会。当时的冯友兰在河南已经有了稳定的工作，并且已经娶妻生子。这种情况下，远赴异国他乡解决心中的困惑，这是顶着十分巨大的压力的。在求学期间，冯友兰每日坚持学习英语，这从他的日记中可以得到反复印证。学习英语的一个很大的好处便是可以用英文直接阅读西方的哲学史作品。除了阅读哲学史作品，冯友兰还直接阅读了大量的西方哲学、心理学等原著，例如《培根文集》、笛卡尔《方法论》、罗素《神秘主义与逻辑》、杜威《思维术》、柏格森《形上学》等等。③除了英文之外，冯友兰还学习了法文与德文，这使得他对西方哲学的学习如虎添翼。在这期间，冯友兰还拜访了正在纽约访问的印度大诗人泰戈尔，并向他请教关于东西文明比较的问题。④可见，冯友兰在美国期间不断践行他的问题意识，他是带着问题来寻求答案的。与泰戈尔接触之后，冯友兰写成《与印度泰谷尔谈话（东西文明之比较观）》，并寄给罗家伦分享。1921年秋，冯友兰写成了"Why China Has no Science：An Interpretation of the History and the

---

① 《冯友兰先生年谱初编》，《三松堂全集》附录，第38页。
② 《三松堂全集》第一卷，第172页。
③ 具体的阅读书目，《冯友兰先生年谱初编》记之甚详，本文仅列举几本有代表性的作品。
④ 参见《冯友兰先生年谱初编》，《三松堂全集》附录，第50页。

Consequences of Chinese Philosophy"（《中国为何无科学——对于中国哲学之历史及其结果之一解释》）。1922年初，他又写成了《论"比较中西"》一文。3月，写信给北大读书期间的老师梁漱溟，评论其《东西文化及其哲学》。凡此种种，我们可以看到冯友兰在美国的读书、写作、交游等各类活动大都围绕他出发前往美国时候的问题，也就是古今中西对比的问题。这一问题，发端于北大求学期间，在美国期间，由于不断地深入学习研究，逐渐清晰明朗。

此外，由于和西方文化有了直接的接触，冯友兰心中的问题更加凸显。那时正值第一次世界大战结束，西方的繁荣富强与中国的贫弱形成了鲜明的对比。于是，冯友兰便不断思考其中的原因。这一期间，冯友兰做了大量的反思。他察觉到，中西方近代以来国力的差距根源于近代自然科学。可是，为什么中国传统产生不了近代自然科学，而西方近代产生了科学呢？冯友兰通过不断追问与思考，尝试从双方的哲学传统中寻找答案。在上述《中国为何无科学——对于中国哲学之历史及其结果之一解释》（发表于《国际伦理学杂志》中），冯友兰认为：

> 中国所以没有近代自然科学，是因为中国的哲学向来认为，人应该求幸福于内心，不应该向外界寻求幸福。近代科学的作用不外乎两种，一种是求认识自然界的知识，另一种是求统治自然界的权力。西方近代哲学的一个创始

人笛卡尔说:"知识是确切。"另一位创始人培根说:"知识是权力。"这两句话所说的就是这两种作用。如果有人仅只是求幸福于内心,也就用不着控制自然界的权力,也用不着认识自然界的确切的知识。①

在冯友兰看来,中西方国力的不同在于自然科学水平的不同,而自然科学背后是哲学的不同。中国哲学的重点在于求幸福于内心。例如,我们可以看到孔子讲"君子求诸己"(《论语·卫灵公》)。孟子认为人生有"三乐",这"三乐"都不包括征服自然。孟子说:"君子有三乐,而王天下者不与存焉。父母俱在,兄弟无故,一乐也;仰不愧于天,俯不怍于人,二乐也;得天下英才而教育之,三乐也。君子有三乐,而王天下者不与存焉。"(《孟子·尽心上》)可见,儒家从孔孟的传统开始,便没有将生活的重心放在向外寻求幸福。老庄、禅宗更是重视内心的修养。冯友兰认为,如此一来,这种人生哲学是用不到自然界的确切的知识的。因此,近代自然科学也不会在中国哲学的土壤中诞生。相反,西方的传统则十分重视对自然界的探索,因此笛卡尔、培根等哲学家均十分重视知识带来的征服外在世界的力量。从这个角度来说,中国哲学传统中,程朱理学相对而言更加注重知识的建构。而阳明心学便在这个层面显示出其局限性,这主要表现在其严判良知与知识之别,强调良知为重,对知

---

① 《三松堂全集》第一卷,第173页。

识层面关注不足。也就是说，王阳明过分地把良知和一般的知识做了区分，并以良知代替了知识，从而使得朱熹追求的理性、道理、格物穷理未能得到进一步彰显。众所周知，欧洲理性主义的传统大约从十七世纪开始走向现代化，朱熹的思想本早于他们五百年，阳明所处的时代正是大航海时代的前夜，阳明之后没多久，西方天主教的传教士就来到了中国，即意味着大航海开始了。正是在这样的时代里，王阳明把人们的视野从格物穷理的外部世界探索，又拉回到人的生命。这本来是无可厚非的，因为无论科学如何昌明，都应以人的丰满和完善为最终目标。只是，终极目标在历史的过程中是通过具体目标来实现的。在具体的历史阶段中，西方走向了科学昌明的时代，而我国则不然。这虽不完全是阳明的问题，但王阳明思想本身确实存在着对知识追求的某种遮蔽。[①]

在美国期间，冯友兰阅读了大量西方哲学作品，并有意识地对东西方哲学进行比较。后来，冯友兰曾自述："在我的哲学思想中，先是实用主义占优势，后来新实在论占优势。"[②]当时实用主义哲学的代表是杜威，正好执教于哥伦比亚大学。冯友兰对实用主义有个分析：

  实用主义的特点在于它的真理论。它的真理论实际上

[①] 部分内容摘自何俊《知行合一的内涵与意义》，《光明日报》2017年9月10日。
[②] 《三松堂全集》第一卷，第179页。

是一种不可知论。它认为，知识来源于经验，人们所能认知的，只限于经验。至于经验的背后还有什么东西，那是不可知的，也不必问这个问题。这个问题是没有意义的。因为无论怎么说，人们总是不能超出经验范围之外而有什么认识。要解决这个问题，还得靠经验。所谓真理，无非就是对于经验的一种解释，对于复杂的经验解释得通。如果解释得通，它就是真理，就对我们有用。有用就是真理。所谓客观的真理是没有的。①

实用主义在当时的中国有比较大的影响力。"五四"运动的时候，梁启超等便邀请了杜威到中国演讲。引文中冯友兰谈到了对实用主义的理解。实用主义是基于对经验的把握与解释，认为经验之外的内容是不可知的。由此可知，此时冯友兰的哲学思想深受哥伦比亚大学尤其是杜威的影响，与他之后构建的新理学体系尚有不同。后来，冯友兰逐渐从实用主义转到了新实在论。新实在论的代表有英国哲学家罗素等，这一脉哲学在当时的中国也同样十分流行。上述梁启超除了邀请杜威之外，也同样邀请了罗素到中国演讲。冯友兰对于新实在论也有自己的看法：

> 后来我的哲学思想逐渐改变为柏拉图式的新实在论，

---

① 《三松堂全集》第一卷，第179页。

认为不仅真理是客观的,一切观念和概念也都是有其客观的对象;这些对象都是独立于人的认识而存在的。但是从人的观点说,怎么样认识真理,那就得靠一种发现的方法。实用主义所讲的,实际上是一种发现真理的方法,所以也有它的价值。总起来说,新实在论所讲的,是真理本身存在的问题,实用主义所讲的,是发现真理的方法的问题。所以两派是并行不悖的。[①]

冯友兰从实用主义转到了新实在论,其中一个重要的特点便是肯定了客观真理的存在,而如何认识这些真理,是另一个问题。而且,他还尝试调和实用主义与新实在论的张力,他的博士论文《天人损益论》("The Way of Decrease and Increase with Interpretations and Illustrations from the Philosophies the East and West")便对当时普遍的哲学问题进行了讨论,标志着他哲学方法的自觉以及哲学研究的初步成熟。

四、归国任教

学成归国后,冯友兰先后在中州大学、广东大学、燕京大学、北京大学、清华大学、西南联合大学任教。回国后的冯友兰,主要有两个方面的抱负,"一个是事功,一个是学

---

① 《三松堂全集》第一卷,第179—180页。

术"。① 早在哥伦比亚大学期间,中州大学已经和冯友兰取得了联系,他被内定为文科主任。回到国内,冯友兰立刻走马上任。这个时期,冯友兰在事功上有他的追求,他十分想办好一所大学。1925年5月16日,冯友兰的文章《怎样办现在的中国大学》发表于《现代评论》。② 在这篇文章中,冯友兰分析了当时中国大学存在的问题并提出了相应的解决方案。他认为,中国大学的问题大致有五点:

> (一)中国现在须充分地输入新学术,并彻底地整理旧东西;(二)中国现在须力求学术上的独立;(三)中国现在出版界可怜异常,有许多人想看书而无书可看;(四)中国现在对西洋学术有较深地研究之人甚少;(五)上述之人,国已甚少,而其中更绝无(仅有?)人,在世界学术界中,可以称为"大师"(authority)。③

根据现有的问题,冯友兰提出了三点解决方案,一是有"像样的本科",二是设置"研究部",三是设置"编辑部"。④ 冯友兰认为,像样的本科首先要有像样的教员。当时很多教员,不过是看过两本教科书,有两本笔记,便在最高学

---

① 《三松堂全集》第一卷,第57页。
② 参见《冯友兰先生年谱初编》,《三松堂全集》附录,第67页。
③ 《三松堂全集》第十四卷,第30页。
④ 《三松堂全集》第十四卷,第30—31页。

府教书了。冯友兰认为大学生十分痛恨这种现象。他自己早年在上海公学读预科的时候，很多教员都将各科的教材当成英文教材，自己都不清楚逻辑学等课程，只能讲授一些单词语法知识。但是如果请外国教员，一是不能保证所有的外国教员都是有水平的，二是不能保证学术上的独立。因此冯友兰提出了两点建议："（一）所请之人，要有继续研究他所学之学问之兴趣与能力，（二）大学要给他继续研究他所学之学问之机会。惟其如此，所以要设研究部。"[1]冯友兰一针见血地看到了问题，认为大学教员必须保证继续研究学问的兴趣与能力。一方面，需要教员自身进行努力；另一方面，需要大学提供研究的机会，因此他认为要设立研究部。他认为学术研究是一所大学的核心，一方面学术研究能够促进教学；另一方面，慢慢培养像样的学者，中国学术也可以独立。他发现，当时很多大学招一批留学生来担任大学教员便了事了。而很多留学生在承担教学工作以后，"其学问多有退而无进"。[2]他认为，这些留学生以及社会大环境都有责任。一个好的大学，应当提供良好的科研环境，可以减少授课工作量（例如一周最多六小时）。冯友兰讲到，很多西方国家，"国家或私人，常特地拿钱，叫人什么不做，专心研究学问。以上所说，本不足为奇"。[3]但是在当时的中国，未免觉得大学教员太过于舒服。至于如何更好

---

[1] 《三松堂全集》第十四卷，第31页。
[2] 《三松堂全集》第十四卷，第31页。
[3] 《三松堂全集》第十四卷，第32页。

地约束教员进行研究，冯友兰却没有详细分析。不过我们可以看到，冯友兰十分重视学术研究工作。他本人数十年的学术研究经历，是最好的证明。不过因为现实的缘故，冯友兰认为，当时的大学教员可以兼职一些工作，即编辑部的编辑员。当时中国需要输入充分的西洋学术，但是专门的学术书籍却不多。一般书铺以赚钱为目的，对于专门的学术书籍便出版得很少。他认为，这就必须依靠公家的力量。假如教员每年或者两年可以翻译一本学术专著，一个大学有三十个教员，那么每年至少有一二十本书翻译出来，这对于充分输入西洋学术以及对于出版界都是很好的事情。

因此，冯友兰似乎并不满足于文科主任的地位。在当时的体制下，他需要更高的行政地位来实现他的教育理想。按照当时中州大学的组织架构，学校领导有两人，一人是校长，主要负责对外事务，要应付奔走应酬的事情；另一人是校务主任，处理校内事物，相当于主持校内日常工作的常务副校长。1925年，原来的校务主任李敬斋离职了，新继任者还未找到。冯友兰便通过一位朋友向校长张鸿烈开诚布公地提出他想要担任校务主任的想法：

> 我刚从国外回来，不能不考虑我的前途。有两个前途可以供我选择：一个是事功，一个是学术。我在事功方面，抱负并不大，我只想办一个很好的大学。中州大学是我们在一起办起来的，我很愿意把办好中州大学作为我

的事业。但是我要有一种能够指挥全局的权力，明确地说，就是我想当校务主任。如果你不同意，我就要离开开封了。①

可以说，冯友兰在当时是个有事业抱负的年轻人。校长没有同意他担任校务主任的想法，但还是非常欣赏冯友兰开诚布公的态度。于是在1925年夏天，冯友兰便离开了中州大学。广东大学及燕京大学都邀请冯友兰任教，冯友兰答应先去广东大学一个学期，随即赴燕京大学，这个计划也得到了燕京大学的同意。但是到了广东之后，他发现广东的时局非常混乱。孙中山先生已经于该年3月份去世。冯友兰到广州不久，便病倒住院。当时国民政府军队的总司令是许崇智，参谋长是蒋介石。结果，某天夜里，蒋介石把总司令赶跑了，自称总司令。广东大学原来的校长邹鲁被撤职，继任的是陈公博。很多教授和学生反对陈公博，学生举行罢课，一部分教师辞职。学校如此混乱，冯友兰便趁机离开了广州。

次年，冯友兰开始担任燕京大学哲学教授兼燕京大学研究所导师，讲中国哲学史，又兼任北京大学讲师，讲授西洋哲学史。1927年6月，《燕京学报》创刊，冯友兰任编委，其他的编委还有许地山、谢婉莹等。冯友兰在《燕京学报》的创刊号上，发表了《中国哲学中之神秘主义》一文。从这篇文章我们

---

① 《三松堂全集》第一卷，第57页。

可以看出，冯友兰的中国哲学思想逐渐走向成熟，他开始探寻中国哲学最核心的元素。后来他提出哲学有"正底方法"与"负底方法"，认为好的哲学必始于"正底方法"而终于"负底方法"，并且肯定了中国哲学的长处在"负底方法"，而西方哲学的长处在"正底方法"。关于这点，下文会专门分析，暂不赘言。我们可以看到的是，冯友兰在这篇文章中，已经初步提到了中国哲学的长处在于"负底方法"。冯友兰首先对"神秘主义"进行了定义："本文所说神秘主义，乃专指一种哲学，承认有所谓'万物一体'之境界者；在此境界中，个人与'全'（宇宙之全），合而为一；所谓主观客观、人我内外之分，俱已不存。"[1]冯友兰在文章中指出，道家与儒家"皆以神秘底境界为最高境界，以神秘经验为个人修养之最高成就"。[2]但是他认为道家与儒家的具体观念以及达到神秘主义最高成就的方法不同：

> 不过道家之宇宙论倾向于惟物论；儒家之宇宙论则倾向于惟心论。两家所用以达上述之最高境界，最高目的之方法亦不同。道家所用之方法，乃在知识方面取消一切分别而至于"天地与我并生，而万物与我为一"（《庄子·齐物论》）之境界。儒家所用之方法，乃在道德方面克己去私，以"复其天地万物一体之本然"（王阳明《大

---

[1] 《三松堂全集》第十一卷，第108页。
[2] 《三松堂全集》第十一卷，第109页。

学问》）。在中国哲学史中，此二分法，分流并峙，颇呈奇观。不过道家之方法，自魏晋以后，似无人再讲，而儒家之方法，则有宋明诸哲学家为之发挥提倡，此其际遇之不同也。①

在这篇文章中，冯友兰"以庄子代表古代的道家，以郭象代表后来的道家；以《中庸》、孟子代表古代的儒家，以程明道、朱晦庵、王阳明等代表后来的儒家"。②从这篇文章我们可以知道，冯友兰认为道家与儒家都追崇神秘主义的最高境界，虽然二者的具体观点与具体路径有所差别。值得注意的是，上述引文中冯友兰以王阳明《大学问》中的一段话最为儒家神秘主义最高境界的代表，也十分值得玩味。虽然冯友兰对阳明心学的总体态度是批评的，下文会讲到，这个批评是从冯友兰的新理学体系出发的批评，而非全盘否定王阳明的心学。从上述引文我们可以看出，冯友兰不仅没有批评阳明心学，反而认为阳明心学在某种程度上是后来儒家的代表之一，阳明"复其天地万物一体之本然"的神秘主义体验的观点可以作为儒家神秘主义最高境界的一个代表。

1928年8月，清华学校改为清华大学，政府任命罗家伦为校长。罗家伦邀请冯友兰至清华大学担任哲学系的教授兼任校秘书长。燕京大学的实际负责人司徒雷登也同意冯友兰去清华

---

① 《三松堂全集》第十一卷，第109页。
② 《三松堂全集》第十一卷，第109页。

第四章　冯友兰与阳明心学

大学。冯友兰在清华大学一待就是二十几年,直到1952年院系调整才回到北京大学。在这期间,冯友兰广泛深入参与学校的各类行政事务。次年,冯友兰应聘任《清华大学学报》编辑委员会委员,可以说某种程度上实现了他自己在中州大学时期的教育理想:一方面积极研究学术,一方面担任编辑,此外还能在事功上有所作为。后来因为教学工作繁忙,他辞去了秘书长的工作,但是仍然参与教授会的各类会议,参与学校的工作。二十世纪三十年代以后,冯友兰似乎更加侧重学术研究工作。1930年5月,河南省政府想聘请冯友兰担任中州大学校长,但是冯友兰认为自己在清华大学已经找到了"安身立命之地",便拒绝了邀请。[①]这一细节十分值得玩味。就在五年前,冯友兰还向当时中州大学的校长自荐,想担任校务主任(副校长),此时政府聘请他为校长,他竟然辞退了。这里面的原因当然并非一句话可以讲清楚的,有政治、学术、人生规划等诸多方面的考量。但是可以看到的是,冯友兰的重心渐渐转移到学术研究上去了。

除了教学,冯友兰认为他的主要工作便是进行哲学史的研究与新理学体系的构建。其中,二十世纪三十年代的主要工作就是写两卷本的《中国哲学史》,四十年代的主要工作是构建新理学体系。五十年代及以后,开始写《中国哲学史新编》。冯友兰是一位哲学史家,也是一位哲学家。在早年求学北大期间,他认为

---

① 参见《冯友兰先生年谱初编》,《三松堂全集》附录,第97页。

北大的教授们并不清楚哲学史与哲学的关系。冯友兰有一个很大的心愿,便是厘清这二者的关系。一方面他用新方法对中国哲学史进行了系统的梳理,另一方面,他进行了新理学体系的建构。关于冯友兰的问题意识与学术路径,下一节详细讨论。

第二节 冯友兰的问题意识与学术路径

冯友兰出生在清代末年,清王朝的政权已经是风雨飘摇。除了在政治领域的动荡与不安之外,当时的中国无论是经济、文化、教育乃至生活都充满了古和今、中和西的矛盾。冯友兰正是成长、生活在这样一个古今中西的思想不断激荡的年代。他在回忆中提到:

> 我生在一个不同文化的矛盾和斗争的时期,怎样理解这个矛盾,怎样处理这个斗争,以及我在这个矛盾斗争中何以自处,这一类的问题,是我所正面解决和回答的问题。[①]

生活在那样一个充满矛盾的时代,冯友兰的哲学从一开始就带有那个时代的特征。怎样理解和处理那个时代的挑战,以

[①] 《三松堂学术文集·自序》,第2页。

及在不同思想的激荡下,如何安顿他自己以及他的学问?冯友兰六十年的学术生涯,正是本着这样的问题意识而进行哲学建构与哲学史的梳理。冯友兰找到的出路是接着宋明理学讲。值得注意的是,他是接着讲,而不是照着讲。因此,他的学问既有传统的厚重,又有现代化的创新。传统的理学大多是照着讲。传统的学问范式大多是学者将自己的思想融入对经典文本的诠释中。而冯友兰进行的不是传统的注疏工作,而是进行一项现代化的学术工程。但同时,他并没有抛开传统,而是接续传统,对话西学,面向未来。这既得益于他的问题意识,也得益于他的教育背景。因此,冯友兰以新方法开始对哲学史进行梳理,并且为回应时代的关切进行了哲学体系的建构,即对新理学体系的建构。这是冯友兰学术思想的特征与定位,清楚了这一点,我们再去看在这样的学术体系中,他是如何安顿阳明心学的。这便可以从侧面看出冯友兰与阳明心学的关系。

一、古今中西激荡下的问题意识

冯友兰早在北京大学求学的时候,就已经有意识地关注那个时代的大课题以及这个课题所引出的哲学问题。在《三松堂自序》中,冯友兰将他在北京大学求学的三年划分为两个阶段:

> 在第一个阶段,我开始知道,在八股文、试帖诗和策论之外,还有真正的学问,这就像是进入了一个新的天

地。第二个阶段，我开始知道，于那个新天地之外，还有一个更新的天地。"欲穷千里目，更上一层楼。"我当时觉得是更上了一层楼。①

在第一个阶段，冯友兰认为他在传统的辞章之学和应对科举考试的学问之外，发现了"新的天地"，这个天地就是宋明理学。宋明理学重视形而上的追问与心性的修养，这是辞章之学和科举之学所不具备的。他仿佛发现了一个新的世界，一个超越实用主义的世界，这个世界与应付考试而学习的知识是不同的。在第二个阶段，他发现这个新天地之外，还有一个更大的天地，这个天地便是世界视域下的哲学。除了中国哲学之外，世界视域下的哲学具有更加广阔的天地。这个时候，冯友兰的学术视野已经从传统的东方扩大到了全世界。或许从那个时候开始，冯友兰便埋下了一颗系统研究西方哲学的种子。后来我们也可以看到，冯友兰在整理中国哲学史的时候，并非就着中国哲学史而谈中国哲学史，而是将中国哲学史放在世界哲学的框架下去讨论。例如后来他的那本《中国哲学简史》（英文版，*A Short History of Chinese Philosophy*）的最后两章便讨论了西方哲学思想传入中国，以及在那个时代中国哲学在现代社会的定位。1919年他去往哥伦比亚大学读研究生。冯友兰提到，他正是带着这样的问题意识去求学的。他说：

---

① 《三松堂全集》第一卷，第171页。

我是带着这个问题去的，也可以说是带着中国的实际去的。当时我想，现在有了一个继续学哲学的机会，要着重从哲学上解答这个问题。这就是我的哲学活动的开始。①

很多人认为，在那样一个东西方思想碰撞、交流、激荡的年代，其背后的根本是东西方以及中国和外国的矛盾。而冯友兰指出，这是"古今、新旧的矛盾"。②他认为，东西方文化的不同，其根本原因在于思想的不同。冯友兰指出："它们的根本思想，就是它们的'哲学'。"因此，冯友兰去哥伦比亚大学求学，就要着重在哲学上解答这些问题，这便是他哲学活动的开始。我们从冯友兰在美国四年的求学活动可以看到，他阅读了大量西方哲学的著作，例如休谟、培根、卢梭、康德等。同时，他还修学英、法、德等语言。可以说，冯友兰在努力探求他在北大期间发现的另一个天地。而且，他在努力接触第一手材料，而非转译的二手材料。但是，冯友兰并未满足于输入式的阅读与学习。他一边学习西方哲学原著，一边自觉地与中国哲学进行比较，这充分体现了他的问题意识。例如，在1920年2月，冯友兰读笛卡尔的《方法论》时，便自觉与王阳明的思想进行比较，认为笛卡尔的一些思想与王阳明的知行合一

---

① 《三松堂全集》第一卷，第172页。
② 《三松堂全集》第一卷，第171页。

之旨有相契合之处。①

早在冯友兰求学北大的时候，于北京大学任教的梁漱溟已经开始对古今新旧的问题进行探索。梁漱溟作了一个"东西文化及其哲学"的系列演讲，对古今中外的问题进行了分析讨论。梁漱溟的这个工作在当时有着较大的影响力。作为学生，冯友兰肯定梁漱溟做的工作是有意义的。他认为梁漱溟是一个"好学深思之士"，②虽然冯友兰对梁漱溟的结论是持有保留意见的。后来，梁漱溟的这项工作汇集成一部专著——《东西文化及其哲学》，并在商务印刷馆出版。冯友兰读完这本书后，便给梁漱溟写了一封信，谈及对梁漱溟新著的体会。冯友兰对梁漱溟研究问题的态度是十分赞赏的，他认为："要之无论如何，中国今日心中真有问题（闻人谈一问题而亦随之研究以趋世者不算）而真敢用自己思想以解决之者，先生之外实少其人，此书之出足为中国大增光彩。"③并且，冯友兰同意梁漱溟讲的三种生活态度：逐求、厌离、郑重。西方是逐求的态度，印度是厌离的态度，中国是郑重的态度。但是冯友兰还是对梁漱溟提出了批评，他认为梁漱溟"患有过于自恃直觉之弊"。④我们知道，梁漱溟是十分推崇阳明心学的。从冯友兰对梁漱溟的态度中，我们也可以看到他对阳明心学中的"直觉"持批评

---

① 参见《冯友兰先生年谱初编》，《三松堂全集》附录，第45页。
② 《三松堂全集》第一卷，第172页。
③ 冯友兰：《致梁漱溟》，《三松堂全集》第十四卷，第591页。
④ 冯友兰：《致梁漱溟》，《三松堂全集》第十四卷，第591页。

的态度。他希望梁漱溟"关于西洋科学之书总以多看为宜"。①之后,冯友兰将对《东西文化及其哲学》的看法写成一篇书评——《评梁漱溟著〈东西文化及其哲学〉》,并发表于美国《哲学杂志》(Journal of philosophy)。②他认为,梁漱溟的书"是第一个自觉的、严肃的尝试,试图抓住中心观念,在与欧洲文化、印度文化的比较中说明中国旧文化的优点和缺点"。③但是在这篇公开发表于西方学界的文章中,冯友兰对梁漱溟的批评是点到为止的,这或许是出于对老师的尊重。

无论如何,我们都可以看到,冯友兰从学术生涯的早期便确立了他的问题意识,即努力解决古今中西哲学的问题;并且在这样的问题意识的指引下,完成了求学以及六十年的哲学研究。其主要方法便是接着宋明理学讲,从他对梁漱溟的批评态度可以侧面反映出他对阳明心学的批评。

二、"照着讲"与"接着讲"

冯友兰在《新理学》的绪论中说:

> 宋明以后底道学,有理学心学二派。我们现在所讲之

---

① 冯友兰:《致梁漱溟》,《三松堂全集》第十四卷,第591页。
② 冯友兰:《评梁漱溟著〈东西文化及其哲学〉》,《三松堂全集》第十一卷,第54—57页。
③ 冯友兰:《评梁漱溟著〈东西文化及其哲学〉》,《三松堂全集》第十一卷,第54页。

系统,大体上是承接宋明道学中之理学一派。我们说"大体上",因为在许多点,我们亦有与宋明以来底理学,不大相同之处。我们说"承接",因为我们是"接著"宋明以来底理学,而不是"照著"宋明以来底理学讲底。因此我们自号我们的系统为新理学。①

冯友兰认为,他的新理学体系是接着宋明道学中的理学一脉而展开的。宋明以后的道学,主要分为理学和心学两派。冯友兰明确表示,他承接的是理学而非心学。但是须要注意的是,冯友兰是接着讲,而非照着讲。事实上,中国哲学的一大传统便是照着讲。历代的哲学家大部分都是通过注释经典文本的方式将自己的思想观点融入其中。而冯友兰进行的工作是接着讲。所谓接着讲,我们认为有三层含义:第一,从学术渊源上来说,冯友兰的学术是承接传统而非凭空创作的。不过,这个传承是大体上的传承,而非照搬式的沿用,因此冯友兰用了"大体上"三字来进一步补充说明他的传承。第二,从形式上来说,冯友兰的学术并没有沿着传统解经讲经的模式,而是采取新的学术方法进行建构与梳理。第三,从讲的内容上来说,新理学不仅讨论了理气、太极、心性等传统宋明道学的范畴,同样也加入了对现代科学、西方哲学的关切与回应。因此,他的"接着讲",并非中国传统哲学在时间上的承接与延续,而

---

① 《三松堂全集》第四卷,第4页。

是将中国哲学置于更广泛的空间进行讨论的一种新的尝试。这正如梁漱溟的《东西文化及其哲学》所进行的从文化比较作为切入点而进行的尝试。

其次,冯友兰对"理学"之"理"赋予了新的内涵。他认为"理学即讲理之学"。①进一步言,理学是"最哲学底哲学"。②这和传统意义上的理学有所不同,因此,冯友兰将之命名为"新理学"。冯友兰认为:

> 哲学,或最哲学底哲学,不以科学为根据,所以亦不随科学中理论之改变而失其存在之价值。在哲学史中,凡以科学理论为出发点或根据之哲学,皆不久即失其存在之价值。如亚里士多德,如海格尔,如朱熹,其哲学中所谓自然哲学之部分,现只有历史底兴趣。独其形上学,即其哲学中之最哲学底部分,则永久有其存在之价值。其所以如此者,盖其形上学并不以当时之科学的理论为根据,故亦不受科学理论变动之影响也。③

冯友兰指出,哲学,或者说"最哲学底哲学"不以当时的科学为根据,也不随科学的变化而失去其价值。冯友兰认为:"一种科学所讲,只关于宇宙间一部分之事物;哲学所讲,则

---

① 《三松堂全集》第四卷,第4页。
② 《三松堂全集》第四卷,第4页。
③ 《三松堂全集》第四卷,第14页。

系关于宇宙全体者。"①历史上无论多么著名的哲学家，其影响深远的、具有存在价值的则在于形上学的部分，而科学的部分会随着时代的变化而变化。显然，他认为他的新理学即具有这种超越性的价值。他认为，秦汉以来，汉代哲学家最具有科学的精神，当时流行的学说为阴阳五行、天人交感等，这些都是对于实际的肯定，因此更接近科学的精神。而晋人相对而言更具有哲学的精神，他们恢复了先秦哲学中的逻辑的观念。哲学虽然对于实际没有太多肯定，但是对于真际有所肯定。冯友兰认为："在中国哲学史中，对于所谓真际或纯真际，有充分底知识者，在先秦推公孙龙，在以后推程朱。"②冯友兰选择接着程朱理学讲，或许有这方面的考量。

我们再看《新理学》一书的框架，分析的范畴大体都是宋明理学所关心的，为更加清楚地分析，兹罗列如下：

第一章　理　太极

第二章　气　两仪　四象

第三章　道　天道

第四章　性心

第五章　道德　人道

第六章　势　历史

第七章　义理

第八章　艺术

---

① 《三松堂全集》第四卷，第5页。
② 《三松堂全集》第四卷，第14页。

第九章　鬼神

第十章　圣人

我们看到，除了第六章与第八章分析的对象诸如历史、艺术有些现代人文学科的味道，其余诸章所讨论的话题，均是传统宋明理学原有体系所关注的。但是，在对这十章的内容进行分析之前，冯友兰首先对分析的工具进行了讨论，这也是他新理学的重大特色所在。他的哲学有他方法论的支撑。在这十章正文之前，冯友兰写了一篇绪论，这篇绪论讨论了七个方面的内容：

（一）新理学与哲学

（二）哲学与科学

（三）思与辨

（四）最哲学底哲学

（五）哲学与经验

（六）哲学之用处

（七）哲学之新与旧

在这七个小点中，冯友兰分析了他将要以之分析哲学范畴的工具。他区分了"科学""哲学"以及"最哲学底哲学"，创造性地提出了"真际"与"实际"的概念。冯友兰认为：

> 哲学对于真际，只形式地有所肯定，而不事实地有所肯定。换言之，哲学只对于真际有所肯定，而不特别对于实际有所肯定。真际与实际不同，真际是指凡可指称为有者，亦可明为本然；实际是指有事实底存在者，亦可名为

自然。……属于实际中者亦属于真际中；但属于真际中者不必属于实际中。①

冯友兰认为，对于真际有所肯定，而不特对于实际有所肯定的，是哲学中之最哲学。虽然其中有些哲学流派对于实际也有所肯定的，冯友兰亦认为这些流派依然属于哲学，但是是更加接近于科学的哲学。他认为，对于实际所肯定的部分越多，则越接近科学。他认为，真际与实际是区分哲学与科学的根本不同。因此，他否定以物理学、心理学等具体科学来讲形上学、知识论等哲学，认为这是不同层次的问题。由此，他还创造性地对传统的唯心论以及唯物论展开了批评。冯友兰认为，唯心论和唯物论都要从经验的世界中找到很多事例进行证明。然而，这恰恰只停留在实际的范畴，而没有触及真际。那么真际有什么用？冯友兰认为，有用无用，是针对实际讲的。"最哲学底哲学"在他看来可以说是不切实际，不合实用的，因为它本身就不注重讲实际，而真际也不是我们所能用的。但是这种无用之用，恰恰可以作为进入"圣域"的门路，从这个意义上而言，这种"最哲学底哲学"又有大用。②由此可见，冯友兰的哲学具有很强的超越性。我们可以看到，这是冯友兰对新理学的独特创发，也是他新理学之所以新的重要特征之一。他没有用传统注疏的方法来分析儒家经典文献，也没有一上来

---

① 《三松堂全集》第四卷，第9—10页。
② 参见《三松堂全集》第四卷，第13页。

就分章节讨论宋明理学的范畴，而是先阐释自己的方法论，进而展开哲学的分析与建构。一方面，冯友兰的建构不是凭空的建构，而是有中国哲学史的依据，即他是接续程朱理学的。另一方面，他赋予传统理学范畴更加深刻、现代的内涵。这样处理，既能延续传统之精神，又能回应时代之关切，还能与现代西方主导的哲学界进行对话。此外，在方法论上，冯友兰又有某种学理上的自觉。因此，冯友兰的这种工作，无疑是有开创性意义的，他的"接着讲"事实上是一种传承基础上的创造，也是对他古今中西问题意识的一个回应与尝试。

三、三史释古今

冯友兰晚年将他去哥伦比亚大学读书到二十世纪七十年代末八十年代初这60年的哲学活动，分为四个阶段，如下表所示：

表1　冯友兰哲学活动分期示意图[①]

阶段	时间跨度	代表作
第一时期	1919—1926	《人生哲学》
第二时期	1926—1935	《中国哲学史》

---

① 根据冯友兰《三松堂自序》有关表述整理绘制，见《三松堂全集》第一卷，第172页。其中，关于"第四时期"，冯友兰的表述是"从1949年到现在"，根据他在《三松堂自序》的自序中提到的"本书所及之时代，起自19世纪90年代，迄于20世纪80年代"，判断他所说的"现在"为二十世纪八十年代。

（续表）

阶段	时间跨度	代表作
第三时期	1936—1948	《贞元六书》
第四时期	1949—二十世纪八十年代	《中国哲学史新编》

冯友兰在《三松堂自序》中提到，虽然每个时期研究的对象不同，但是有个相同的问题意识贯穿其中，这就是"古今、新旧矛盾"的问题。[1]他认为："东西文化不同，因为其根本思想不同。它们的根本思想，就是它们的'哲学'。"[2]可以说，这是冯友兰哲学史研究与哲学构建最根本的问题意识。1919年，冯友兰在《心声》杂志中还曾提到："中国所以衰弱要亡，就是因为学术思想不及人家。"[3]可见，冯友兰的学术研究与思想构建，是有国家民族前途命运的关切在其中的。

虽然冯友兰将他的哲学研究分为四个阶段，事实上总结起来就是一句话，即"三史释古今，六书纪贞元"。

所谓"三史"，即《中国哲学史》《中国哲学简史》和《中国哲学史新编》。冯友兰认为，他在二十世纪三十年代主要的工作，就是写那一部两卷本的《中国哲学史》。事实上，这个工作在二十年代后半期就开始了。[4]1927年，燕京大学请冯友兰讲中国哲学史，在这期间，他着手进行两卷本《中国哲

---

[1] 《三松堂全集》第一卷，第171页。
[2] 《三松堂全集》第一卷，第171—172页。
[3] 《冯友兰先生年谱长编》，第41页。
[4] 参见《三松堂全集》第一卷，第182页。

学史》的写作。

陈寅恪对这本书给予了高度评价:"窃查此书,取材严谨,持论精确,允列入清华丛书,以贡献于学界。"①金岳霖认为,他这本书"确是一本哲学史而不是一种主义的宣传"。②写一部中国哲学史,难度是很大的。冯友兰在北大上学时,有一位老师讲中国古代哲学史,从三皇五帝讲起,讲了半年才讲到周公。当时很多学生感觉很迷茫,非常期待有一部用近代的史学方法写出的中国哲学史。虽然当时也有日本汉学家所作的《中国哲学史》,但是由于过于简略,没能解决那时的问题。蔡元培曾说,编写中国古代哲学史有两个难点:一是材料的问题,二是方法的问题。其中所谓材料的问题,即周秦的书真伪难辨,就是真的,错简错字又多。③陈寅恪也认为,当代人所依据的材料,只不过是当时哲学家所遗存下来最小的一部分,因此要对古人持有一种同情的态度,但是又容易有穿凿附会的恶习,他批评当时很多人谈中国古代哲学,事实上谈的是当时自身的哲学。④显然,冯友兰两卷本的《中国哲学史》很大程度上回应并解决了这个问题。陈寅恪认为这本书"能矫傅会之恶习,而具了解之同情"。⑤

在这部哲学史中,冯友兰作了很多创新。他没有照着讲历

---

① 陈寅恪:《审查报告一》,《三松堂全集》第二卷,第612页。
② 金岳霖:《审查报告二》,《三松堂全集》第二卷,第619页。
③ 参见《三松堂全集》第一卷,第182页。
④ 参见《三松堂全集》第二卷,第613页。
⑤ 《三松堂全集》第二卷,第613页。

史的一般惯例，而是根据中国历史社会大变革的特点，提出了"子学时代"和"经学时代"。事实上，在他之前，胡适已经出版了《中国哲学史大纲》卷上。但是冯友兰认为，胡著"对于资料的真伪，文字的考证，占了很大的篇幅，而对于哲学家们的哲学思想，则讲得不够透，不够细"。[①]而他对各家哲学思想的分析更多一点。从这一点讲，冯友兰的《中国哲学史》比起胡适的《中国哲学史大纲》更有哲学的意蕴。此外，冯友兰对这部书中有个地方很满意，即他区分了程颢和程颐两兄弟思想的不同。此前，学界认为二程的哲学思想是一致的，朱熹引用二人的观点，都统称"程子曰"，并未加以区分。而冯友兰认为，两人的哲学思想是不同的，程颢可以说是以后心学的先驱，而程颐是后来理学的先驱。[②]这是冯友兰对中国哲学史一个很大的贡献。

"三史"的第二本是《中国哲学简史》。当时有个荷兰裔的美国人布德（Derk Bodde）在燕京大学做研究生，来清华听冯友兰的课，并用英文翻译《中国哲学史》，到1935年左右，已经把上册译完了。1937年，因日本侵华，冯友兰随清华大学到长沙，布德也回到美国。1945年，日本投降，布德写信邀请冯友兰去宾夕法尼亚大学当客座教授，讲授中国哲学史，并与他合作翻译《中国哲学史》第二部分。由于讲课需要，冯友兰用英文写了一部分中国哲学史的讲稿。他离开美国的时候，将

---

① 《三松堂全集》第一卷，第190页。
② 参见《三松堂全集》第一卷，第191页。

书稿留给布德。布德修订后于1948年在纽约出版,题名为《中国哲学小史》。这本书在西方具有一定的影响力,后来有法文、意大利文和南斯拉夫文等译本。这本英文的《中国哲学小史》后来又被翻译成中文,名为《中国哲学简史》。因为此前冯友兰曾经出版过名为《中国哲学小史》的书,为避免重复,因此采用了《中国哲学简史》的中文名。①

中华人民共和国成立以后,冯友兰的哲学活动进入了一个新的阶段,此后约三十年时间里,他主要的工作为编撰《中国哲学史新编》。他提到要"用马克思主义的立场、观点和方法重写一部《中国哲学史》"。②这部书主要回答三个问题:(1)要坚持民族文化的优秀传统;(2)不是要回避现实,而是要迎接现实;(3)中华民族在开辟自己的前途时,也就同时向全人类文化发展做出贡献。③此外,在《新编》中,冯友兰除了介绍与分析哲学家及其体系之外,也讲了哲学家所处的政治社会环境。虽然这样处理有芜杂的缺点,但是他认为,如果处理得好,可能成就一部以哲学史为中心而又对中国文化有所阐述的历史著作。

从二十世纪二十年代到八十年代,冯友兰的"三史"经历了一个甲子,他在写中国哲学史的时候,是绕不开阳明心学

---

① 参见《三松堂全集》第一卷,第196页。
② 冯友兰:《中国哲学史新编·自序》,《三松堂全集》第八卷,第3页。
③ 赵复三:《从世界看冯友兰先生——七卷本〈中国哲学史新编〉的意义》,《纪念冯友兰先生诞辰110周年暨冯友兰学术国际研讨会论文集》,2005。

的,他的分析、判断与评价正好作为了解他与阳明心学联系的绝佳材料。

四、六书纪贞元

抗日战争时期,冯友兰过了将近十年颠沛流离的生活,这是冯友兰哲学活动的第三时期,主要作品是《贞元六书》,分别是:《新理学》(1939),《新事论》(1940),《新世训》(1940),《新原人》(1943),《新原道》(1945),《新知言》(1946)。①冯友兰认为,这六部书事实上是一个整体,分为六个章节。这部书的主要内容是"对于中华民族的传统精神生活的反思"。②《贞元六书》的创作,既有内因,也有外因。外因就是当时的历史背景。在《新原人》自序中,冯友兰写道:"世变方亟,所见日新,当随时所欲言者甚多,俟国家大业告成,然后汇此一时所作,总名之'贞元之际所著书',以志艰危,且鸣盛世。"③什么是"贞元之际"?冯友兰自己解释道:

> 所谓"贞元之际",就是说,抗战时期是中华民族复兴的时期。当时我想,日本帝国主义侵略了中国大部分

---

① 参见《三松堂全集》第一卷,第209页。
② 《三松堂全集》第一卷,第209页。
③ 《三松堂全集》第四卷,第463页。

领土,把当时的中国政府和文化机关都赶到西南角上。历史上有过晋、宋、明三朝的南渡。南渡的人都没有能活着回来的。但是这次抗日战争,中国一定要胜利,中华民族一定要复兴,这次"南渡"的人一定要活着回来。这就叫"贞下起元"。这个时期就叫"贞元之际"。[1]

从《贞元六书》的命名便可以看出,冯友兰当初十分关注中华民族的国运问题。[2]从内因的角度讲,冯友兰在完成《中国哲学史》之后,他的研究兴趣便由哲学史研究转移到哲学创作。但是哲学创作与哲学史的研究是不能分开的。哲学创作需要资借于哲学史的思想材料。当时,冯友兰面临的是"照着讲"和"接着讲"的问题。他认为,古代的哲学家,都是用注释经典的方式来表达自己的思想。"即使像王船山、戴东原那样的富有变革精神的思想家,也不能离开五经、四书独立发表自家的见解。"[3]他在《新理学》绪论便提到了这个问题。冯友兰认为,宋明以后的道学有理学和心学二脉,他是"接着"宋明以来的理学讲,但不是"照着"宋明理学讲。因此,冯友兰的《新理学》是接续前人的哲学创造,而非对以前哲学的阐释,而且值得注意的是,他选择接着宋明理学讲,而非陆王

---

[1] 《三松堂全集》第一卷,第235—236页。
[2] 黄玉顺教授对这一问题有专门分析,详见黄玉顺主编《现代新儒学的现代性哲学:现代新儒学的产生、发展与影响研究》,中央文献出版社,2008,第151页。
[3] 《三松堂全集》第一卷,第187页。

心学，这体现了他对心学的态度。事实上，在《新理学》出版之前，冯友兰在一些小文章中已经提到了新理学的一些主要观点。因此，《贞元六书》是在内因加外因合力作用下，水到渠成的哲学作品。

《贞元六书》标志着新理学思想体系的建立。其中，《新理学》是他哲学体系的总纲。他首先对哲学的概念进行了界定，认为哲学是"对于人类精神生活的反思"。[①]冯友兰认为，人类生活包含三个部分，即自然、社会和个人。自然就是传统中国哲学的"天"，社会和个人就是传统哲学中的"人"。所以中国哲学的主要研究对象是"天人之际"。《新理学》对"理""气""道""性""心"等范畴进行了阐释与哲学的建构。其中既有中国哲学史的回顾，又有对程朱理学的继承与批判，但最主要的是冯友兰自己的哲学建构。

冯友兰在昆明西南联大时，有个刊物叫《新动向》，这本刊物的负责人向冯友兰约稿。冯友兰前后在这本刊物上连载了十二篇文章。虽然是十二篇文章，但是中心思想是一样的。于是冯友兰将这些文章编为一部书，命名为《新事论》。《新理学》中分析了共相和殊相的关系。他认为，从表面上看，这些讨论似乎没有用处，实则不然。《新事论》就是《新理学》在实际应用中的一个例证。之所以取名为"新事论"，是起"理在事中"的含义。《新事论》有个副标题——"中国到自由之

---

① 《三松堂全集》第一卷，第210页。

路"。冯友兰指出，这条路就是工业化的道路。

抗战以前，开明书店有一个叫《中学生》的刊物，发表关于青年修身养性一类的文章。在昆明时期，这部刊物也向冯友兰约稿，于是他写了一系列文章在上面发表。冯友兰同样把这些文章编为一部书，名为《新世训》，副标题为"生活方法新论"。他认为，人人都需要生活，那么生活多多少少要依照一种规律。这本书包括了《尊理性》《行忠恕》等十篇文章，类似于古代的家训。但是冯友兰认为，"在以社会为本位的社会中"，[①]读者的范围应该扩大，因此成为"世训"。此外，他讲的不是旧的生活方法，而是新的生活方法，因此称为《新世训》。

在抗战后期，有一本叫《思想与时代》的刊物向冯友兰约稿，他陆续写了十篇在其中发表，后来将之汇编为一书，名为《新原人》。冯友兰在《新理学》中曾经讲到，哲学的对象有三个部分，即自然、社会与人。在他的新理学体系中，《新理学》讲自然，《新事论》讲社会，《新原人》讲人生。人们心中有一个较为普遍的问题：人生的意义是什么？《新原人》开篇就提出了这个问题。他在这本书中讲道，"人在生活中所遇到的各种事物的意义构成他的精神世界"，[②]他把这个"精神世界"称为"世界观"，也叫"境界"。他区分了四种境界：自然境界、功利境界、道德境界与天地境界。其中，天地境界

---

① 意为近代社会有别于传统以"家庭/家族"为本位的社会，不同于原始社会以"部落"为本位的社会。见《三松堂全集》第一卷，第221页。
② 《三松堂全集》第一卷，第223页。

是有哲学修养的人得到的。这种境界可以用"极高明而道中庸"来概括。

抗战快结束时，国立编译馆邀请冯友兰写一本简明的中国哲学史，向国外宣传。冯友兰以"极高明而道中庸"为线索，说明中国哲学发展的趋势。这本书写成后，命名为《新原道》，副标题为《中国哲学之精神》。这本书由牛津大学讲师休斯（E.R.Hughes）翻译并带到伦敦出版。冯友兰认为这本书不仅仅是《新理学》的"羽翼"，还是他《中国哲学史》的补编。[①]

在写了《新原道》之后，冯友兰又写了一部书，名为《新知言》。这本书主要讲哲学的方法论。在他的新理学体系中，有两个概念是不可言说的，一个是"气"，一个是"大全"。《新知言》讨论的就是这个问题。这本书提出了一个新的方法——负的方法。不去说不可言说的东西是什么，而去说它不是什么。值得一提的是，《新理学》成书于南渡的路上，而《新知言》出版的时候正好在北归的途中。中国取得了抗战的胜利，冯友兰的《贞元六书》也画上了一个圆满的句号。《贞元六书》构建了他的新理学的体系。在他的新理学体系中，他是如何回应阳明心学留下来的问题的？阳明心学在现代应该处于一个怎样的地位？冯友兰对这些问题的处理与回答将是我们理解与把握他与阳明心学关系的重要线索。

---

① 参见《三松堂全集》第五卷，第3页。

第三节　冯友兰与梁漱溟的交游

近代新儒家中，梁漱溟深受阳明心学的影响，考察冯友兰与梁漱溟的交往史，可以从侧面看出冯友兰对阳明心学的态度，也可以发现阳明心学对现代新儒家的影响在具体的历史进程中是多样而具体的。

冯友兰与梁漱溟的交游可谓见证了从中华民国成立到新文化运动再到中华人民共和国成立及其以后的诸多重大历史事件。纵观人生境遇，两相对比，他们有着太多的相似却又截然不同。他们都出身于官宦世家，书香门第，梁漱溟的父亲梁济为光绪间举人，而冯友兰父亲冯台异则为进士，他们都深受传统文化的熏陶。他们的文化主张相近，都比较反对全盘西化，梁漱溟主张"认识老中国，建设新中国"，要在老枝上发出新芽来；而冯友兰则主张"周虽旧邦，其命维新"。不过二人却又有许多判然相左之处，最典型者一是二人对中国哲学中儒家思想的理解不同，梁漱溟自觉以陆王心学一脉为任，冯友兰则更倾心程朱理学；二是两人对待孔子的态度不同，梁漱溟自进北大以来一直要为孔子正名，即便在特殊时期依然初衷不改，而冯友兰对孔子的态度则从拥护到批判，几经转易，前后抵牾，判若两人。实际上，在儒学思想范围内，两人从根源上追溯还是对儒家的理解不同，而这些理解正贯穿于他们交游经历的点点滴滴。

不过，让人不甚理解的是，在两人长达七十余年的交往生涯中，二人之间的交流似乎并不算很多，比较经典且有史料记载的事件屈指可数，下文将从"北大相结师生缘""学术互辩一甲子""晚年相晤释前嫌"这几个时间段与标志性事件中，一窥两位大师的相交往事与哲思风采。

一、北大相结师生缘

梁漱溟与冯友兰的初次见面时间，据梁漱溟多处记载为民国六年，即1917年的冬天，而据梁漱溟长子梁培宽《冯友兰先生与先父梁漱溟交往二三事》一文中的考证，我们可以得到确切的时间为1917年12月5日。地点即为北大某教室。这一年梁漱溟二十五岁，冯友兰二十三岁，一师一生，亦师亦友。

实际上，梁漱溟本应于前一年入职北大，因担任司法部秘书一职，工作繁忙，不能到任。梁漱溟二十四岁时发表了《究元决疑论》一文，后经范静生（1875—1927）先生介绍，梁漱溟得以此文为贽拜谒蔡元培先生。范静生曾任教育部次长、北洋政府教育总长，1917年与蔡元培、黄炎培等人组织中华职业教育社，与蔡元培甚为熟悉。蔡先生对梁漱溟此文大加激赏，并邀请梁漱溟到北大哲学门主讲印度哲学，梁漱溟固辞。蔡先生后又与陈独秀二人再度向梁漱溟发出邀请，梁漱溟推托不得，遂应承下来，但声明了自己前往北大的目的："为孔子和释迦打抱不平。"①于是，只有中学学历的梁漱溟便成为北京大学哲学门的教师。彼时，正值"五四"运动前夕，各种新思潮在社会上风云涌动，论战四起，同时北大校内也是新旧派别互相辩难，足以见得蔡元培"兼容并包"的办学理念不是口号，而是实地风光。梁漱溟常常感怀蔡元培先生的知遇之恩，能让一个中学毕业的年轻人登上北大的讲台，随心所欲讲授自己的所学所得，实在难能可贵。由此，梁漱溟常回忆说，自己是北大培养出来的，诚抒发感恩之言。

梁漱溟到任北大，开设的课程内容有"印度哲学""儒家哲学""唯识述义"等，作为当届的学生冯友兰，自然都上过这些课程。梁漱溟有几处回忆北大执教的文字，如《忆入北大任教事》记载：

> 我任讲课之一班，同学计有冯友兰（芝生）、黄文弼（仲良）、顾颉刚、谷源瑞（锡五）、朱自清、孙本文等诸君。记得冯、黄、谷、孙诸君均属本系学生，其他或系他系而选修此一课程者。②

冯友兰是第一个被梁漱溟提及的学生，可见梁漱溟对他印象之深刻。不过，在冯友兰《三松堂自序》一书中，许多印象深刻的老师都有笔墨描写，却独独没有对梁漱溟讲课现场及其

---

① 梁漱溟：《唯识述义》，《梁漱溟全集》第一卷，第251页。
② 梁漱溟：《忆入北大任教事》，《梁漱溟全集》第七卷，第460—461页。

人物风采的记录，保存的只有一张毕业照。在梁漱溟执教的第二年，冯友兰从北大毕业。毕业照上，陈独秀与梁漱溟居前排而坐，冯友兰作为学生后排而立。陈独秀本人性格豪放，端坐椅上，两脚外开，一只脚伸到了坐姿很谨慎的梁漱溟前面，后来陈独秀审看照片时说道："照得很好，就是梁先生的脚伸得太远一点。"①经学生提醒才发现那是自己的脚。这一段趣事经过冯友兰的回忆被记录下来，也让我们得以想见两位大家当时的人物性格以及彼时北大的峥嵘岁月。

随着冯友兰从北大毕业，两人当面会见的次数屈指可数，但这并不妨碍两人的书信交往与学术探讨。1921年，梁漱溟的《东西文化及其哲学》出版，一经问世，便引起轰动，不断再版，盛况空前。远在美国的冯友兰听闻后，"心中惊喜，可欲一读"，②从朋友处借得一本，尚未读毕，即被友人索要回去，心中无比惆怅。其后不久却得到梁漱溟寄送的一本，后来了解原来是被委托人没能及时送到。冯友兰认为：

> 梁漱溟在当时就是作为一个"好学深思之士"，讲东西文化之"意"。他作了一个"东西文化及其哲学"的讲演，在当时引起了广泛的兴趣，因为，无论他的结论是否正确，他所讲的问题，是当时一部分人的心中的问题，也

---

① 《三松堂全集》第一卷，第272页。
② 梁培宽编注：《梁漱溟往来书信集》，上海人民出版社，2017，第567页。

可以说是当时一般人心中的问题。①

冯友兰读罢梁漱溟的《东西文化及其哲学》，大为赞赏，并用英语写文章在美国向他人介绍梁漱溟的新著，即"Liang Shu-ming: Eastem and Western Cultures and their Philosophies"（《梁漱溟的〈东西文化及其哲学〉》）刊于哥伦比亚大学《哲学杂志》十九卷二十二期。此文认为"梁先生的书是第一个自觉的、严肃的尝试，试图抓住中心观念，在欧洲文化、印度文化的比较中说明中国旧文化的优点和缺点"。②

他本人也给梁漱溟写了一封信，以表达自己的读后感受。他在1922年的信中写道：

> 书中所论三种生活态度（见六九页）与友兰所见极合。③

还说：

> 先生书中最精之点为论佛家及孔家二处，从来谈佛孔之书非模糊影响即牵强附会，盖彼于二家之根本道理实未有见，故隔靴搔痒，全无是处。先生则于其根本之

---

① 《三松堂全集》第一卷，第172页。
② 《冯友兰先生年谱初编》，《三松堂全集》附录，第58页。
③ 《梁漱溟往来书信集》，第567页。

点,先有真知灼见,故有网在纲,左右逢源,论"仁"及"刚",及祭祖先与礼乐诸节皆精到绝伦。宋元以来所希有之论也。①

冯友兰对梁漱溟儒佛二家的论述赞不绝口,认为梁漱溟是当今之世罕有的真知灼见者,他对儒佛二家思想根本的把握与诠释,条分缕析,首尾一贯,圆融无碍,为千百年来稀有难得之论。冯友兰直抒胸臆,毫不掩饰溢美之词,但也提出了一些自己的不同看法,所涉内容大致以本能、理智的辩证关系,欲望、情感的划分,三路向中的最终归宿等问题为重点。而这些内容也正是梁漱溟后期理论修正的主要方向。

《东西文化及其哲学》出版以后,引起社会极大讨论,各种赞誉与质疑之声纷至沓来,像冯友兰这样通过书信与梁漱溟进行探讨者不在少数。正是由于大家的争锋论辩,梁漱溟也开始不断反思自己,并多次于再版序言中检讨自己的问题,比如滥用当时流行的心理学、哲学术语,如本能、理智、直觉等,这也印证了冯友兰等人的质疑不是无的放矢;另一方面,也正是冯友兰等人的质疑,帮助梁漱溟完成了从初期理论草创的混乱到后期理论成熟的严谨的转变。在梁漱溟理论成熟时期,他以理性代替直觉,借鉴罗素的灵性思想与柏格森的创造进化观念,创作出"理性–理智–本能"的三分法,用于阐发他的学

---

① 《梁漱溟往来书信集》,第567页。

术体系；同时严格区分情感的类别，将情感分划为"无私的感情—私情—常情"三种情况。梁漱溟无疑是重情的，认为无私的感情即是理性，也就是王阳明的良知，孟子的本心与孔子的仁，将情感上升到本体的高度，这显然与朱熹"心统性情"相左，也与彼时冯友兰认为"情感欲望难分难舍"相悖。理越辩越明，几位大家通过彼此问答，在交流中不断完善自己的思想体系，在求真与求实的路上，互相成就。

冯友兰与梁漱溟相识于北大，作为老师，梁漱溟经常邀请冯友兰等同学到他家里做客，大家自由发言，各抒己见。这些学生与梁漱溟年龄相仿，大家彼此之间亦师亦友。梁漱溟往往也不以师道自居，而是记着蔡元培那句鼓励之语："来北大，你不要以为是来教别人的，你把到北大当作来共同学习好了。"[①]梁漱溟如是奉行，与当时的学生们成为共同探讨大道与治世良方的朋友。冯友兰虽然于第二年就毕业了，前后相遇不足一年，但二人书信往来不辍，也成为学术探讨上一生的朋友。

二、学术互辩一甲子

梁漱溟于1949年出版了《中国文化要义》一书，详尽阐述了自己对中国文化的理解，可以说是他为解决"中国问题"所

---

① 《值得感念的岁月》，《梁漱溟全集》第七卷，第640页。

呈现的答卷之一。在这本书里,梁漱溟指出中国文化的精神可以概括为十个字——"相与之情厚,向上之心强",并认为中国人的家具有特殊的含义,是有别于西方家庭观念的。据此,梁漱溟在书中直接对冯友兰关于家国的论述进行批驳。

冯友兰认为中国人的家及其所组成的社会关系是生产家庭化的代表,是没有经过产业革命的普遍现象,具有"共相"的属性,即不管是中国还是其他国家,凡是未经产业革命的都属于生产家庭化的范畴,也属于落后的"古代"范畴。在这种理念下,中国的正确发展方向应该是充分进行产业革命,走向现代化。在那个时候,冯友兰已经开始接触马克思哲学,因此他的这个观点大概是从唯物史观的角度出发形成的。然而梁漱溟却认为冯友兰一味强调中国家文化的"共相",而抹杀了其"殊相",他说:

> 中国人的家之特见重要,正是中国文化特强的个性之一种表现,而非为生产家庭化之结果,自亦非生产家庭化的社会之通例。①

还说:

> 冯先生把它看成了平常事,看成是产业革命前各处的通

---

① 《中国文化要义》,《梁漱溟全集》第三卷,第41页。

例,那一面是昧于本国文化,一面并且弄错了外国历史。①

梁、冯关于文化的争论,各成一家之言,其对错我们姑且不论。但从他们思考的角度,我们不难发现一些背后的端倪。冯友兰从传承新理学到接触唯物哲学,其行文特点也在转换,但无论是新理学追求客观的理还是唯物哲学只认客观,其特点都在于外在的客观标准。反观梁漱溟在论述文化的过程中,多处认为影响文化表现的是人的主观意欲、是偶然的天才创作,而不具有某种阶梯演进次第可循,这也反映了他以心学立场看待事物,总是不拘泥某种条件或缘法的特点,这正与冯友兰理学思想可以互相对比来看。

针对自己作为驳斥对象而被写进梁漱溟书里的冯友兰,似乎对此没有及时作出回应,直到1956年,冯友兰才在《北京大学学报》上发表了一篇名为《批判梁漱溟所谓"周孔教化"》的文章。那时距离冯友兰向毛主席表态已经过去了六七年。中华人民共和国成立之初,冯友兰决心进行思想改造,要用五年时间,以马克思主义的立场重写一部中国哲学史。②在这样的背景下,冯友兰写出了那篇批判梁漱溟的文章,认为梁漱溟是维护封建统治的反动派,而此时冯友兰站在阶级立场反对孔子的意思也已逐渐显露出来,可说为其日后参与"批孔"吐露了一个先声。

---

① 《中国文化要义》,《梁漱溟全集》第三卷,第43页。
② 参见《三松堂全集》第一卷,第135页。

梁漱溟对冯友兰此文有无回应，不得而知，只在当年日记中，留下了"点心后即检理报纸，特检出朱伯崑、[1]冯友兰各文阅之，知近年哲学界中所遇到的问题"一句。[2]似乎梁漱溟对冯友兰的猛烈抨击并不挂怀，其后数年间，二人之间往来记载寥落。直到1971年，中国在联合国恢复了合法地位，梁漱溟十分兴奋，主动写信给冯友兰希望有空能够当面聊一聊。梁漱溟在信中亲切地称呼冯友兰为"芝生老兄"，并回忆当年一起在北大的师生中，尚健在的恐只剩他们二人，梁漱溟说道：

> ……难得吾二人还同在北京，更难得的是过去好多年令人焦愁闷损之国势今乃形势大大舒展开朗，为始料所不及者，却竟在吾人亲历目睹中完成其转变，我们相去咫尺的两人岂可不一谈耶。[3]

随后，年届八十的梁漱溟便动身前往冯友兰家中，二人相谈甚欢，从上午一直聊到下午，犹未尽兴。两人谈话的内容惜乎没有记录，不过我们在梁漱溟的工人学生陈维志的一篇文章中可见其大概，陈维志记载梁漱溟曾对他说过的二人访谈内容，大意是二人都十分称赞新中国取得的翻天覆地变化。

---

[1] 山东人民出版社《梁漱溟》全集第八卷第602页作"朱伯昆"，疑似有误，今据实改之。
[2] 《日记》，《梁漱溟全集》第八卷，第602页。
[3] 梁培宽编注：《梁漱溟往来书信集》，第114页。

三、晚年相晤释前嫌

冯友兰于二十世纪七十年代写了《对于孔子的批判和对于我过去的尊孔思想的自我批判》及《复古与反复古是两条路线的斗争》两篇文章,在《北京大学学报》发表,并由《光明日报》全文转载,引起社会巨大反响。梁漱溟对此深感震惊,用了很多严厉的言辞来批评。为了进一步阐发自己的立场以及为孔子正名,梁漱溟毅然写出《今天我们应当如何评价孔子》的长文,并且不顾亲友反对,予以公开。此事之后的十年时间里,冯、梁二人似乎很少往来,包括书信都未曾见有文本遗留。倒是梁漱溟在1980年接受美国学者艾恺的采访时,谈及冯友兰,说道:

> 在北京大学教书的时候,他是我班的学生,他留美的时候还常常写信给我。从美国回来就做大学教授,很出名,写了三本书,特别是他有一部《中国哲学史》。一个人有一个人的性情,个性不同。他好像是儒家,是发挥中国传统思想,可其实呢,他的为人是老庄的,老子一派。不像儒家,忠于自己,一定要很正直,本着自己相信的道理,很忠实,不随风转舵。[①]

---

① 《答:美国学者艾恺先生访谈记录摘要》,《梁漱溟全集》第八卷,第1152页。

梁漱溟此番点评可谓耐人寻味，在梁漱溟看来，冯友兰虽然做着儒家思想的学问，但在为人方面却是老庄，不是一个表里一致的真儒者。这直接引发了后来广为人知的故事——梁漱溟拒绝参加冯友兰九十大寿。

据梁漱溟哲嗣梁培宽先生回忆，当时（1985年11月）冯友兰女儿宗璞打电话给梁漱溟邀请他参加其父九十大寿，梁漱溟当即拒绝。[1]挂掉电话，梁漱溟即修书一封致信冯友兰，说明自己不能前来的原因。但是表明可以在自己家中与冯友兰见面：

> 今决定如承枉驾我家，自当以礼接待交谈，倾吐衷怀。至于足下步履行动是否方便，请自行斟酌。专此布答，顺候台安！[2]

此信中，梁漱溟并无前一封信中"芝生老兄"的亲切称呼，而是没有任何"上款"，说明梁漱溟内心的不满。梁漱溟并未完全断绝往来，而是希望冯友兰能够亲自登门把问题说清楚。对此，冯友兰也给梁漱溟回了一封信，并且寄了自己的《三松堂自序》一书请教梁漱溟，希望梁漱溟能够了解他对过去错误的反省以及一些误会的产生。冯友兰写道：

---

[1] 梁培宽：《冯友兰先生与先父梁漱溟交往二三事》，《博览群书》2002年第9期。
[2] 梁培宽编注：《梁漱溟往来书信集》，第116页。

> 嫉恶如仇之心有余，与人为善之心不足。忠恕之道，岂其然乎？譬犹嗟来之食，虽曰招致，意实拒之千里之外矣。如何金石交一旦更离伤，诗人诚慨乎其言之也。非敢有憾于左右，来书直率坦白，甚为感动，以为虽古之遗直不能过也，故亦不自隐其胸臆耳。实欲有一欢若平生之会，以为彼此暮年之一乐。区区之意，如此而已，言不尽意。①

冯友兰以梁漱溟"嫉恶如仇之心有余，与人为善之心不足"相问，似在批评梁漱溟忠恕之道不足，但对于梁漱溟直抒胸臆，坦白相对表示感动，认为梁漱溟颇有古风，并表示期待有一场"欢若平生之会"。梁漱溟收到来信与赠书，已经九十三岁高龄的他立马阅读起来，前后花了几天时间读完，便立马回信冯友兰。此时梁漱溟已大致了解了冯友兰的心路历程与时事遭遇，并表示希望尽快会面，自己前往冯家吃午饭亦无不可，而这一封信的上款也变成了"芝生老同学"。后来，冯友兰在宗璞的陪同下前往梁漱溟寓所会面，席间谈论了梁漱溟关心的问题，彼此也互相问候生活起居与身体状况。临行前，梁漱溟赠与冯友兰《人心与人生》一书，并签字曰："芝生老

---

① 转引自宗璞《对〈梁漱溟问答录〉中一段记述的订正》，《宗璞文集》第一卷，华艺出版社，1996，第34页。

同学指正，一九八五年著者奉赠。"①

至此，梁漱溟与冯友兰生平的最后一次会晤落下帷幕，随之落下的还有彼此之间的芥蒂，梁漱溟避免了"朋友不终"的遗憾，冯友兰也实现了"欢若平生之会"的心愿，彼此交游画上圆满的句号。1988年，梁漱溟辞世，享年九十五岁高寿，冯友兰为这位亦师亦友的一生学友，写下这样的挽联："钩玄决疑，百年尽瘁，以发扬儒学为己任；廷争面折，一代直声，为同情农夫而执言。"②可谓将梁漱溟一生努力与一身风骨概括净尽。其年九月，冯友兰更为梁漱溟撰文纪念，缅怀与梁漱溟的师生情谊。冯友兰在这篇纪念文中最后写道：

> 我在我的《中国哲学史新编》第七册的腹稿中，已经初步给梁先生安排了一个位置。我认为，他是新文化运动的右翼。新文化运动的口号是"打倒孔家店"，梁先生是维护"孔家店"的。但是他的维护并不是用抱残守阙那样的办法，他给孔子的思想以全新的解释。这个全新的解释正确与否，姑且不论，但也是新文化运动的一部分，而不是旧文化了。所以他的《东西文化及其哲学》在当时也发生了相当大

---

① 宗璞：《对〈梁漱溟问答录〉中一段记述的订正》，《宗璞文集》第一卷，第34页。
② 冯友兰：《以发扬儒学为己任，为同情农夫而执言——悼念梁漱溟先生》，《群言》1988年第9期。

的影响。这就使他在新文化运动中取得一定的地位。①

由此可见,梁漱溟在冯友兰心目中是具有一定地位的,冯友兰肯定了他在新文化运动中的突出贡献与广泛影响。从两位哲学家一个甲子的交游中我们可以看到双方的学术交流与思想交锋,可以看到冯友兰理学思想与梁漱溟心学思想之间的碰撞,也可以将其作为观察阳明心学对近代新儒家影响的一个生动案例。

第四节 冯友兰对阳明心学的研究

冯友兰早在二十世纪二十年代后期,便开始进行两卷本《中国哲学史》的写作。此前,冯友兰对阳明心学有散篇讨论,但未成系统。从两卷本《中国哲学史》开始,冯友兰对阳明心学进行了系统的梳理。冯友兰对阳明心学的研究主要有两个方面,一个是对宋明以来心学一脉的发展历史进行了梳理,另一个是对阳明本人及其核心思想进行研究。

---

① 冯友兰:《以发扬儒学为己任,为同情农夫而执言——悼念梁漱溟先生》,《群言》1988年第9期。

一、宋明心学发展史的梳理

冯友兰在《中国哲学史（下）》中提出，二程兄弟分别是后来心学与理学的先驱：

> ……就修养方法言，程氏兄弟亦为以后理学心学二派之前驱。涵养须用敬，明道亦如此说。但明道须先"识得此理"，然后以诚敬存之。此即后来心学一派所说"先立乎其大者"者也。伊川则一方面用敬涵养，勿使非僻之心生，一方面今日格一物，明日格一物，以求"脱然自有贯通处"。此说朱子发挥之。①

冯友兰并未将二程混为一谈，他认为在修养方法上，二程兄弟是两条不同的路径。程明道的修养方法开启了宋明心学一脉的传统，程伊川的修养方法在朱子处发扬光大，开启了理学一脉。冯友兰认为："明道以为吾人实本来与天地万物为一体，不过吾人多执个体以为我，遂将我与世界分开。吾人修养之目的，即在于破除此界限而回复于万物一体之境界。"②陆九渊认为"宇宙不曾限隔人，人自限隔宇宙"。③王阳明认为

---

① 《三松堂全集》第三卷，第320页。
② 《三松堂全集》第三卷，第314页。
③ 《三松堂全集》第三卷，第519页。

"大人者，以天地万物为一体者也。其视天下犹一家，中国犹一人焉。若夫间形骸而分而我者，小人矣。大人之能以天地万物为一体也，非意之也，是其心之仁本若是其与天地万物而为一也"。①由此可见，陆九渊与王阳明的许多核心观念都传承自程明道。王阳明在《大学问》中的许多观点，冯友兰都认为"此亦明道《识仁篇》之意，但阳明言之，较为明晰确切"。②这是冯友兰对宋明心学发展史的一个贡献，他确定了程明道在心学传承中的重要作用。

程明道以后，与朱子同时代的心学思想家为陆象山。冯友兰认为，陆象山传承了程明道的思想，而对程伊川的思想有所隔阂：

> 象山自幼即觉伊川语"若伤我者"，象山之学，虽与伊川不同，而与明道则极相近。明道《识仁篇》，以为学者须先识仁。识得此理，以诚敬存之，此外更无他事。象山之说，正与此同。象山云："近有议吾者云：除了先立乎其大者一句，全无伎俩。吾闻之曰：诚然。"（《全集》卷三十四，页八）所谓"先立乎其大者"，即先知道即吾心，吾心即道；道外无事，事外无道。如明道所谓学者须先识仁也。③

---

① 《三松堂全集》第三卷，第519页。
② 《三松堂全集》第三卷，第519页。
③ 《三松堂全集》第三卷，第349页。

冯友兰认为陆象山的思想与程伊川不同,而与程明道相似。陆象山在面对时人的指责时,大方承认他的核心观点就是"先立乎其大者",此外别无他物。冯友兰认为,这种观点与程明道所说的"先识仁"是相同的。

两卷本《中国哲学史》在陆象山之后,介绍了杨慈湖。杨慈湖是陆象山的学生,冯友兰认为"象山学说中之主要见解,杨慈湖更为较详细的说明"。①冯友兰提出,杨慈湖的很多想法与陆象山一样,与程明道的思想是很接近的:

> 宇宙万物,皆吾心中之物,皆本与我为一体。孟子所谓"今人乍见孺子将入于井,皆有怵惕恻隐之心",此可见孺子本与我为一体也。能于此识本心,则可知吾人一切行为,但只任本心之自然,自无不得当而合宜。明道所谓"人之患在于自私而用智"。若不"自私用智",则明觉之心,自可显其用矣。慈湖亦注重此点。②

冯友兰认为杨慈湖继承心学的观点,认为宇宙万物与我为一体。而且,杨慈湖进一步明确了修养的方法,即"只任本心之自然",不要有其他私心念头掺杂其中,那么宇宙万物便为一体。这一修养方法,冯友兰认为与明道的摒弃"自私用智"而"明觉之心"可以自显其用的观点是一致的。

---

① 《三松堂全集》第三卷,第353页。
② 《三松堂全集》第三卷,第355页。

冯友兰于《中国哲学史（下）》描述宋明心学传承之时，先写了陆象山与杨慈湖，接着分析了"朱陆异同"，而非直接进入对明代心学家的分析。由此可见，他的哲学史撰写不仅重视学脉内部的思想史传承，也重视不同学派之间的横向比较，以这种方式构建更为立体的哲学史范式。冯友兰指出，一般学者认为朱子更加偏重"道问学"，陆象山偏重"尊德性"，把二者完全割裂开了。事实上，朱子也是注重"尊德性"的，他认为一般道学思想家的共同目的都是"明吾心之全体大用"。[①]他认为朱陆的不同不在此处，而在更加本质的地方。朱子认为"性即理"，象山认为"心即理"，虽然只有一个字的差别，但是却代表了二人哲学的重要差异。他们两人对于世界时空的看法根本上是不同的："盖朱子所见之实在，有二世界，一不在时空，一在时空。而象山所见之实在，则只有一世界，即在时空者。只有一世界，而此世界即与心为一体……"[②]冯友兰认为，这种本质上的差别在二程处就已经有了，他认为理学、心学在早期的传承与发展如下：

  吾人若注意此点，即可见朱陆之不同，实非只其为学或修养方法之不同；二人之哲学，根本上实有差异之处。此差异于二程之哲学中即已有之。伊川一派之学说，至朱子而得到完全的发展。明道一派之学说，则至象山、慈湖

---

① 《三松堂全集》第三卷，第356页。
② 《三松堂全集》第三卷，第357页。

而得到相当的发展。若以一二语以表示此二派差异之所在，则可谓朱子一派之学为理学，而象山一派之学则心学也。……此心学之一名，实可表示出象山一派之所以与朱子不同也。①

值得注意的是，冯友兰认为程伊川一脉的理学，到了朱子"得到完全的发展"；而程明道一脉的心学，到了陆象山与杨慈湖"得到相当的发展"。由此可见，冯友兰认为理学、心学的集大成者之间的比较并非朱陆之异。陆象山与杨慈湖的思想还不足以与朱子抗衡，他认为心学的集大成者是两个半世纪之后的王阳明。他说："不过所谓'心学'，象山、慈湖实只开其端。其大成则有待于王阳明。故与朱子对抗之人物，非陆象山、杨慈湖，而为二百五十年后之王阳明。"②陆象山在当时虽然可以在学术上与朱子进行对峙，但是朱陆以后的两百多年，二者的影响力不可同日而语。冯友兰认为陆象山的哲学系统不及朱子学的系统庞大。元代时期修《宋史》，认为朱子能够承接文王、周公、孔子与孟子，将朱子列入《道学传》中，而陆象山与杨慈湖仅仅被列入《儒林传》中。自朱子以降，历经宋、元，直到明代中叶，朱子学还持续盛行。

冯友兰的《中国哲学史》在讨论王阳明之前，还简要探讨了陈白沙与湛甘泉二人。陈白沙早年学习朱子学，后来自得于

---

① 《三松堂全集》第三卷，第356—357页。
② 《三松堂全集》第三卷，第361页。

陆学。冯友兰摘录了代表陈白沙心学思想的一段话：

> 此理干涉至大，无内外，无终始，无一处不到，无一息不运。会此则天地我立，万化我出，而宇宙在我矣。得此霸柄入手，更有何事。往古来今，四方上下，都一齐穿纽，一齐收拾。随时随处，无不是这个充塞。色色信他本来，何用尔脚劳手攘。①

冯友兰认为陈白沙的观点和程明道、陆象山是一致的：

> 此即明道所云"识得此理，以诚敬存之，不需用纤毫之力"之意，亦即象山所说"先立乎其大者"之意也。此虽亦言理，而其所谓理，正如象山所谓理，非朱子所谓理也。此所说理，无一息不运，随时随处，无不是这个充塞。朱子所谓理，乃形而上者，不能运，亦不能充塞也。此所谓理，实即是白沙所见隐然呈露之吾心之体，如上所引者。②

虽然陈白沙用的是"理"字，冯友兰认为他的思想与朱子的"理"是大不同的。相反，他的"理"与程明道、陆象山心学一脉的观点更加接近。这一点，在陈白沙的弟子湛甘泉那里

---

① 《三松堂全集》第三卷，第362页。
② 《三松堂全集》第三卷，第362—363页。

可以得到进一步的明确。湛甘泉认为：

> 心也者，包乎天地万物之外，而贯乎天地万物之中者也。中外非二也；天地无内外，心亦无内外，极言之而已。故谓内为本心，而外天地万物，以为心者，小之为心也甚矣。[1]

与老师陈白沙不同，湛甘泉直接运用了"心"这一心学的核心概念。他认为"心"是包罗天地万物的。冯友兰评价，湛甘泉所说的"心"，"正即白沙所谓理也"。[2]

冯友兰认为，朱子为理学的集大成者，而心学的集大成者是明代中叶的王阳明。在冯友兰看来，王阳明的心学是"自得"的。但是陈白沙比王阳明年长，湛甘泉与王阳明经常有辩论，冯友兰推测王阳明的心学多多少少应该有受到陈白沙与湛甘泉的影响。

王阳明年轻时听闻格物之学，认为圣人一定可以通过学习而达到，于是"遍读考亭遗书，思诸儒谓众物有表里精粗，一草一木，皆具至理"。[3]考亭是福建省南平市建阳区一个村，朱子晚年曾在此聚众讲学，因而"考亭遗书"也代指朱子的思想。朱子对《大学》中的"格物致知"有个注释：

---

[1] 《三松堂全集》第三卷，第363页。
[2] 《三松堂全集》第三卷，第363页。
[3] 《三松堂全集》第三卷，第363页。

所谓致知在格物者，言欲致吾之知，在即物而穷其理也。盖人心之灵莫不有知，而天下之物莫不有理，惟于理有未穷，故其知有不尽也。是以大学始教，必使学者即凡天下之物，莫不因其已知之理而益穷之，以求至乎其极。至于用力之久，而一旦豁然贯通焉，则众物之表里精粗无不到，而吾心之全体大用无不明矣。此谓物格，此谓知之至也。①

朱子认为天下有个理，要想穷理，必须通过"格物"的路径。"一旦豁然贯通"，那么"物之表里精粗无不到，而吾心之全体大用无不明"。青年时代的王阳明深受鼓舞，于是在庭前用格物的方法去格竹子，但是苦思不得。冯友兰对王阳明的亭前格竹有一段评价：

王阳明欲穷竹子之理，深思七日，不能成功，因以致病，遂以为圣人不可学。后始知朱子以理为在物而不在心之错误。朱子于此，诚有错误，但其错误，不在于以理为不在心，而正在其以理为亦在心。照我们的看法，事物之理，完全不在我们心中。我们依逻辑可知每一类之事物必有其理，但其内容若何，须另有学问以研究之，并不是专靠"思"所能知者。我们可知竹必有竹之所以为位者，即

---

① 《大学章句集注》，《朱子全书》第6册，第20页。

必有竹之理，但其内容如何则非专靠"思"所能知。王阳明于此见朱子之错误，但未见其所以错误。[1]

冯友兰指出，朱子固然有错，但是王阳明所认为的错并非朱子的错。王阳明的亭前格竹，用错了方法。有学者指出，王阳明此处犯了两个错误："第一种错误是，以为学为圣人，必须知各种事物之理的内容。第二种错误是，以为纯靠思可以知事物之理的内容。"[2]王阳明直到三十七岁在贵州龙场，才大悟"格物致知之旨"。[3]他认为："圣人之道，吾性自足，向之求理于事物者误也。"[4]关于王阳明的主要思想，冯友兰用了《陆象山、王阳明及明代之心学》这一章约三分之一的篇幅，对王阳明的思想进行了详细的分析。本节主要分析冯友兰对宋明心学发展史的构建脉络，至于冯友兰对王阳明思想的分析，待下节再展开讨论。

冯友兰认为，王阳明之后，他的弟子中，王龙溪与王心斋的学理更接近禅宗。

王龙溪的修养方法，在大体上"本与明道《定性书》及阳明动静合一之说，大端相同"，[5]但是王龙溪的根本立场发生

---

[1] 《三松堂全集》第四卷，第185页。
[2] 详细讨论见代玉民《正负方法与心学重构——论冯友兰新理学中的阳明学》，《孔子研究》2016年第4期。
[3] 《三松堂全集》第三卷，第364页。
[4] 《三松堂全集》第三卷，第364页。
[5] 《三松堂全集》第三卷，第381页。

了变化。以前的心学家,虽然思想上接近禅宗,但是讨论的仍然是儒家的范围,立场仍然是儒家的,但是王龙溪在某种程度上消除了儒家与禅宗根本立场的区别。王龙溪认为:

> 人之有生死轮回,念与识为之祟也。念有往来;念有二心之用,或之善,或之恶,往来不常,便是轮回种子。识有分别;识者发智之神,倏而起,倏而灭,起灭不停,便是生死根因。此是古今之通理,亦便是现在之实事。①

与心学前辈以及他老师王阳明不同,王龙溪引入了生死轮回的概念,认为通过心学的修养功夫,可以免于生死轮回。冯友兰认为这是"明道、阳明所不言者"。②冯友兰认为,宋明道学与佛学本来有根本的不同,而王龙溪将之混同,"不惟近禅,恐亦即是禅矣"。③冯友兰认为,在王龙溪心中,三教是没有差别的:

> 三教之说,其来尚矣。老氏曰虚,圣人之学亦曰虚。佛氏曰寂,圣人之学亦曰寂。孰从而辨之?世之儒者不揣其本,类以二氏为异端,亦未为通论也。④

---

① 《三松堂全集》第三卷,第380—381页。
② 《三松堂全集》第三卷,第381页。
③ 《三松堂全集》第三卷,第381页。
④ 《三松堂全集》第三卷,第381—382页。

在冯友兰看来，王龙溪的这种观点将宋明以来道学传统的根本立场取消了。

对于王心斋的分析，冯友兰所用的篇幅便少了，他认为"其学不惟近禅，且若为以后颜习斋之学作前驱者"。[①]颜习斋为王心斋后学，冯友兰也认为他"近禅"。

到了清代，学术的风尚转向了汉学。宋明以来的道学传统在清代则被称为宋学。不仅是心学，甚至理学在清代的传述者都不多。因此，冯友兰认为，清代的哲学，"须在汉学家中求之"。[②]可见，到了清代，心学已经不是主流了。

综上，冯友兰的两卷本《中国哲学史》对宋明以来的心学传统的构建是十分清晰的。从源头上讲，他认为程明道的思想开启了心学一脉，应与程伊川进行区别，不能简单概以"二程"。在宋明，心学为陆象山及其弟子杨慈湖发扬光大，此二人的基本思想与程明道《识仁篇》的观念是相同的。只不过，陆象山与杨慈湖的观念更加明确与细致了。程伊川开启了理学一脉，在宋代为朱子发扬光大。朱子不唯将理学发扬光大，更是理学的集大成者，当时同时代的陆象山虽可与之分庭抗礼，但是两人去世后，朱子学更具优势，影响了随后两百多年的历史。冯友兰认为陆象山与杨慈湖只是将心学推向了一个新的高度，但尚不是集大成者。心学到了明代，冯友兰认为有陈白沙与湛甘泉二人启心学之先，二人对王阳明应当有所影响。虽

---

① 《三松堂全集》第三卷，第 382 页。
② 《三松堂全集》第三卷，第 384 页。

然如此，王阳明的心学是自得的。王阳明是心学传统的集大成者，足与朱子分庭抗礼。王阳明之后，阳明后学中王龙溪与王心斋近禅，至清代，则没有突出的心学思想家。这是冯友兰对宋明以来心学传统构建的主要脉络。

撰写两卷本《中国哲学史》时期的冯友兰可以说是一位历史学家，只不过他整理历史的对象是中国哲学。而二十世纪三十年代末期到四十年代，冯友兰致力于构建新理学的体系，此时的他，更偏向于是一位哲学家。他认为中国哲学史、中国哲学、哲学三者之间是不一样的，许多人都对这个问题混淆了。他在1944年《中国哲学史》重新刊印的时候写了一篇短序，提到了自己此时的想法与《中国哲学史》写作时期已经大不相同：

> 在此十余年中，吾之思想有甚大改变。假使吾今日重写《中国哲学史》，必与此书，大不相同。然所以不即重写者，一因写历史书必须"无一字无来历"。战时播迁，需用书籍不备。再因近来兴趣，自中国哲学史转至中国哲学及哲学。此三者或多混为一谈，而实则并非一事。因此之故，改弦更张，势所不能。……又吾最近对于中国哲学之了解，见于最近写成之《新明道》（一名《中国哲学之精神》）一书，亦可备读此书者之参考。①

---

① 《三松堂全集》第三卷，第5页。

冯友兰认为，自己的思想与以前大不相同，此时他的学术兴趣已经由中国哲学史转变到中国哲学以及哲学之上。他认为可以参考《新原道》（《中国哲学之精神》），[①]这本书也对心学的传承有较大篇幅的分析。但是从哲学的角度与之前从哲学史的角度看，又有所不同。冯友兰的解释框架发生了变化，《新原道》是《贞元六书》的一部分，是冯友兰哲学建构的著作之一。两卷本《中国哲学史》主是以人物为单元，通过分析陆象山、杨慈湖、陈白沙、王阳明、王龙溪、王心斋等人物的思想，构建起宋明心学发展的大致脉络。分析方法也十分类似，主要引述该思想家具有代表性的论述若干段，而后进行分析；同时会对若干思想家进行比较。而在《新原道》，冯友兰的诠释模式发生了变化。首先，在章节设置上，冯友兰只设置了"道学"一章，而没有分为"理学"与"心学"二章。其次，虽然心学思想家依旧是重点，但是冯友兰在心学发展的呈现中偏向以哲学思想为主线。

在《新原道》中，杨慈湖、陈白沙、湛甘泉、王龙溪、王心斋等不再提及了。冯友兰以哲学问题为主线，仅分析了程明道、陆象山与王阳明，这是心学传承最主要的脉络。在《新原道》中，冯友兰许多核心的观点依然没有变化，他同样认为，二程思想开启了心学与理学两个流派：

[①] 上条引文为"新明道"，恐为"新原道"之误。

伊川与明道，旧日称为二程，旧日并以为二程的思想，是相同底。其实明道近于道家与禅宗，是道学中底心学一派的鼻祖。伊川是注重于《易传》所说的"道"，他重新发现了理世界，为道学中底理学一派的领袖。①

对于象山与阳明的分析，哲学的意味更加浓厚了，而且在具体观点上也有了细微的变化。例如他认为，明道之后的领袖是陆象山，这一点与两卷本《中国哲学史》无异，但是他认为陆象山"可以说是直接为禅宗下转语者。象山的哲学及修养的方法，是禅宗的方法，至少可以说是，最近乎禅宗的方法底方法"。②在两卷本《中国哲学史》中，冯友兰侧重强调陆象山的修养方法，在此处冯友兰的表述变成了"哲学及修养的方法"，可见在这本书中，冯友兰哲学的自觉更加凸显。此外，从哲学的角度去分析，冯友兰此时认为象山的修养方法是禅宗的方法或者说至少是最接近于禅宗的方法，这与《中国哲学史》的表述又有所不同。在两卷本《中国哲学史》中，冯友兰的态度是宋明以来的心学虽然近于禅，但不是禅，因为根本的立场是不同的，直到王阳明的后学王龙溪那里，才变成了禅。但是在《新原道》中，冯友兰直接认为从象山开始，便最接近于禅了。对于王阳明，冯友兰也认为阳明心学的一些观点"接

---

① 《三松堂全集》第五卷，第115页。
② 《三松堂全集》第五卷，第120页。

著禅宗"。①

无论是哲学史的叙述,还是哲学体系的建构,冯友兰都认为王阳明在心学的发展过程中具有十分重要的地位,是心学的集大成者。

二、对阳明心学核心思想的研究②

阳明先生的思想大致由三部分组成。第一,心外无物。这在哲学上属于本体论,构成了他对整个世界的基本看法,即世界观。第二,知行合一。在有了心外无物的世界观之后,阳明先生就需要依照其世界观来建立起自己的价值观和人生观,也就是说,要转向实践和行动。在此基础上,他进一步提出了知行合一说,认为知行本为一体,是相互包含的,这改变了此前思想家们把知与行进行分割、区别的做法。更为重要的是,王阳明将知与行由简单的人的行为的两个部分,合一上升到一个本体概念。也就是说,知行合一的本体不是手段性的东西,而是人的生命存在的本来样态和应然样态,这使得儒家的生命哲学在心的层面上得以展开。第三,致良知。知行合一强调知行是生命的本体,但并没有说清楚知什么、行什么的问题。所以,阳明先生在晚年明确提出知行的本体就是致良知。这使得

---

① 《三松堂全集》第五卷,第 123 页。
② 本节部分内容摘自何俊《知行合一的内涵与意义》,《光明日报》2017年9月10日。

知行合一的生命本体有了明确的内涵与方向。冯友兰对阳明心学的这三块内容都有着较为深入的研究与探讨，以下分论之。

心外无物。本书第一章曾提到王阳明"南镇观花"的案例。南镇是绍兴的一处景点，阳明的友人问他，既然"天下无心外之物"，难道深山中的花树就不存在吗？然而事实上是山中的花树"自开自落"，和我们的心并不相关。王阳明的回答是，在未看花之时，"此花与汝心同归于寂"，看花之时，"此花颜色一时明白起来"。因此，"心外无物"并非说人的心外没有事物，而是心外之物须要人与之发生联系，才产生互动；若无接触联系，则两者"同归于寂"，即都是处于潜伏、静默的状态，互相没有牵连。王阳明没有说同归于"无"。冯友兰认为："依阳明之系统，则在事实上与逻辑上，无心即无理。此点实理学与心学之根本不同也。"[①]此外，冯友兰还提出了一个创造性的哲学诠释模式。他认为理学与心学在根本上对世界的哲学性理解是不一样的。理学认为有形而上与形而下的世界之分，心学则认为只有一个世界，"无形上世界与形下世界之分"。[②]既然只有一个世界，那么"此世界即与心为一体"。心与世界是一体的，那么从逻辑上讲，"心"外面也便没有另一个宇宙了。

知行合一。知行合一是阳明心学的核心思想之一，也是他成己成物的基本指南，既为阳明心学的存在论哲学构筑了具

[①] 《三松堂全集》第三卷，第370页。
[②] 《三松堂全集》第三卷，第370页。

体路径，又使阳明心学充满了鲜明的实践本位特征。知行问题，自古以来都十分重要。这虽然是个哲学问题，但也切实存在于每个普通人的日常生活之中。商朝贤臣傅说曾对商王武丁说："非知之艰，行之惟艰。"在傅说看来，知道一个东西并不难，行动才难，即知易行难。这就较早地提出了知行的关系问题。《论语》以"学而时习之"开篇，这其实就包含了知与行两个方面，学就是知，习就是行。知行问题是孔子学说中的重要问题。他把知的过程分成了学与思两部分，子曰："学而不思则罔，思而不学则殆。"若一个人只学不思，就容易迷茫。可是，若只重视思而不重视学，同样也是很危险的。以上均表明孔子对知已有深刻分析。虽然知是成为仁者的前提，但在知与行的轻重问题上，孔子又突显了行的重要性，认为行重于知，主张敏行。子曰："君子欲讷于言而敏于行。"子曰："吾有知乎哉？无知也。有鄙夫问于我，空空如也，我叩其两端而竭焉。"子曰："由，诲汝知之乎？知之为知之，不知为不知，是知也。"子曰："弟子入则孝，出则弟，谨而信，泛爱众而亲仁，行有余力，则以学文。"换言之，知是前提，行是终端。若没有行，知仍是空的。

王阳明的心学是直接针对着朱熹的理学提出的，在知与行的关系问题上，朱熹强调"知行相须""知先行重"。"知行常相须，如目无足不行，足无目不见。论先后，知为先；论轻重，行为重。""致知、力行，用功不可偏。偏过一边，则一边受病。"王子充问："某在湖南，见一先生只教人践履。"曰:"义理不明,如何践履?"曰:"他说:'行得便见得。'"曰:"如人行路,不见,便如何行。今人多教人践履,皆是自立标致去教人。自有一般资质好底人,便不须穷理、格物、致知。圣人作个大学,便使人齐入于圣贤之域。若讲得道理明时,自是事亲不得不孝,事兄不得不悌,交朋友不得不信。"[1]这些话都反映了朱熹在知行问题上的看法。朱熹强调理性,十分重视知的问题,强调知识和读书的重要性。他强调读书,强调做学问,是要让人在学知识的过程中,训练、培养和确立自身的理性精神,进而成为圣贤。但读书人多以读书为敲门砖,拿做学问去猎取功名利禄,追求荣华富贵。可以说,这是朱熹重知的副作用。正是针对这样的时弊,阳明先生提出了知行合一说,强调知最后要落实到实践中去,知的目的不是猎取功名,而是要让自身成为真正的仁者,成为圣贤。所以,阳明的思想是因病下药,是针对朱子学的弊端提出的。当然,这个弊端并不是朱子学本身的弊端,而是朱子学的社会化运用所带来的问题。

冯友兰对王阳明的知行合一有着如下看法:

> 良知是知;致良知是行。吾人必致良知于行事,而后良知之知,方为完成。此阳明知行合一之说之主要意思也。……吾人之心之本体,在其不为私欲所蔽之时,知行

---

[1] 黎靖德编:《朱子语类》卷九,中华书局,1988,第152—153页。

只是一事。①

冯友兰认为，所谓的知，不是一般的知识或者一般的认知，而是专指良知，而致良知便是行。因此，在冯友兰看来，王阳明的知行合一与致良知这两个核心概念是相通的。

此外，冯友兰还引进了现代西方心理学的概念来说明，知行原本就是合一的：

> 依心理学说，知行本是一事。如人见可畏之物即奔避，此"知行本体"也。……阳明知行合一之说，在心理学上，实有依据。不过其所谓知，意多指良知，而良知之有无，则心理学不能定也。②

冯友兰的观点在当时是个很大的创造，他不仅从阳明心学的内在逻辑分析了知行合一的特征，也引用心理学的观点来证明。这很大程度上得益于他在哥伦比亚大学求学期间所阅读的大量包括心理学、哲学在内的书籍。冯友兰认为，根据心理学的学说，知行原本就是一件事，王阳明的说法是有心理学依据的。只不过良知的概念，心理学不能确定而已。

致良知。在王阳明看来，人之所以异于其他动物，就在于人有良知。良知是本体，致良知是功夫。冯友兰认为："良

---

① 《三松堂全集》第三卷，第366—367页。
② 《三松堂全集》第三卷，第367页。

知是人的明德的发现。所以致良知乃所以回复人的明德的本体，人的'天地万物一体之仁'。"①因此，"致良知就是明明德"。②冯友兰还点明《大学问》在阳明心学体系中的重要地位。冯友兰认为，阳明心学的核心思想主要见于《大学问》一篇。他指出"此《大学问》所说，实可谓系阳明之最后见解也"。③《大学问》回答了《大学》中的许多核心问题。冯友兰认为"此亦程明道《识仁篇》之意。但阳明言之较为明晰确切"。④通过指出《大学问》的重要意义，再次强调阳明在思想史上对程明道的继承与发展。同时，冯友兰通过阳明对于《大学问》的重视，将王阳明的"致良知"与《大学》的"明明德"相结合，指出阳明"致良知"思想的历史渊源。冯友兰对于阳明的"致良知"有个综合的评价：

良知是知，致良知是行，一心一意专注于致良知，即是用敬。真觉解良知是万物一体底明德的发现，而又一心一意专注于在行事上致良知，如此，则高明与中庸的对立立即统一起来。阳明的形上学，不如明道象山的空灵。用禅宗的话说，他的形上学是有点"拖泥带水"。用我们的话说，他的形上学对于实际，太多肯定。不过致良知三

---

① 《三松堂全集》第五卷，第122页。
② 《三松堂全集》第五卷，第122页。
③ 《三松堂全集》第五卷，第364页。
④ 《三松堂全集》第五卷，第365页。

字,把心学的修养方法,说得更确切,更清楚。①

无论是两卷本《中国哲学史》,还是《贞元六书》之《新原道》,冯友兰都十分重视分析阳明心学的修养方法。从程明道、陆象山到王阳明,冯友兰认为心学的主要思想没有改变,但是王阳明的"致良知"把心学的修养方法说得更加确切,更加清楚。这一点上是超越程明道与陆象山的。而且,根据王阳明的"致良知",儒家思想史上一个重大问题便得到了解决,即将"高明"与"中庸"的对立统一起来了,这是冯友兰对阳明心学在儒家思想史上巨大贡献的肯定。但是如果将阳明心学置于世界哲学视域来考察,则王阳明的形上学不够哲学,用冯友兰的话讲,即是对于实际肯定太多,不够空灵,从这个层面讲,王阳明的心学反不如程明道与陆象山。

第五节 冯友兰对阳明心学的批评

有学者认为,"冯友兰是中国当代最具方法论自觉的哲学家之一"。②冯友兰在《新知言》开篇便指出:"一门学问

---

① 《三松堂全集》第五卷,第123—124页。
② 李景林:《正负方法与人生境界——冯友兰哲学方法论引发之思考》,《中国社会科学》2010年第6期。

的性质，与它的方法，有密切底关系。"[1]冯友兰本着方法自觉，以"正底方法"与"负底方法"对中国哲学与西方哲学进行分析。他认为，好的哲学必须先进行"正底方法"的逻辑推演，而终于"负底方法"的空灵。他认为，中国哲学所长在"负底方法"，不足之处在"正底方法"。如此一来，在冯友兰的哲学体系中，阳明心学的处境则略显尴尬。从"正底方法"而言，阳明心学在逻辑推演等方面不及程朱理学，不能担当中国哲学融入世界哲学中强化"正底方法"的重任；从"负底方法"而言，阳明心学不及中国哲学中的禅宗、老庄，甚至不及程颢、陆九渊等哲学那般空灵。换言之，阳明心学一方面相对不重视逻辑推演、概念辨析与知识的构建；另一方面又太过执着于相，不及禅宗、老庄等空灵。因此，阳明心学既无法担任中国哲学现代化的重任，也无法代表中国哲学"负底方法"的最高水平。这并非说阳明心学对于中国哲学没有贡献，也不是说冯友兰对阳明心学是持完全否定态度的。而是冯友兰处于古今中西思想交汇的历史背景下，有着他的问题意识与哲学使命。在这种情况下，冯友兰一方面要发扬中国哲学传统中最具"负底方法"的一面，也要从中国哲学传统中承接最具"正底方法"的一面以完成中国哲学的现代化或未来哲学的构建问题。从这个问题意识出发，阳明心学显然不能发挥最重要的作用，因此冯友兰的哲学体系对阳明心学是批评的。

---

[1] 《三松堂全集》第五卷，第149页。

一、方法论的自觉:"正底方法"与"负底方法"

在冯友兰的哲学体系中,他强调了真正的形上学方法有两种,一种是"正底方法",一种是"负底方法"。

"正底方法"是以逻辑分析法讲形上学。冯友兰在《新知言》中讲:

> 正底方法,以逻辑分析法讲形上学,就是对于经验作逻辑底释义。其方法就是以理智对于经验作分析,综合及解释。这就是说以理智义释经验。这就是形上学与科学的不同。科学的目的,是对于经验,作积极底释义。形上学的目的,是对经验作逻辑底释义。[①]

冯友兰的时代,知识分子之间正在进行着一场对近代思想界影响深远的"科玄论战"。"科玄论战"也是科学与玄学的论战。所谓玄学,也就是形上学,当时两种译法都有。但是冯友兰认为,科学与玄学其实"没有论战的必要"。[②] 在冯友兰看来,科学与玄学之间其实本来就没有冲突,也永远不会冲突。对于"正底方法"而言,科学与形上学(或玄学)所面对的对象,都是"经验"。科学的目的,是对"经验"进行

[①] 《三松堂全集》第五卷,第150页。
[②] 《三松堂全集》第五卷,第146页。

一个"积极底"阐释；形上学的目的，是对"经验"进行一个"逻辑底"阐释。那么，什么是"积极底"阐释，什么是"逻辑底"阐释？冯友兰解释，"积极底"一词是相对于"逻辑底"而言的概念，不能用通常意义上的"消极底"或者"否定底"等概念的反面来理解。所谓"积极底"，也就是"实质底""有内容地"；所谓"逻辑底"，事实上是"形式底"，也就是"没有内容底""空底"的意思。①

冯友兰介绍了宋明理学中一个著名的案例，用以诠释"正底方法"：

> 邵康节与程伊川闻雷声，康节"谓伊川曰：'子知雷起处乎？'伊川曰：'某知之，尧夫不知也。'先生（康节）愕然曰：'何谓也？'曰：'既知之，安用数推之？以其不知，故待推而知。'先生曰：'子云知，以为何处起？'曰：'起于起处。'先生哑然。"②

北宋邵雍（1011—1077）与程颐两位思想家关于听闻雷声有个讨论。邵雍擅长《周易》与象数学，据说能用象数的方法推算出雷声的发生处，于是便问程颐是否知道雷声发生的地方。不料，程子回答说他知道，而邵雍不知道。这使邵雍感到很诧异。程子说如果邵雍真正知道雷声发生之处，就不用象数来推

---

① 参见《三松堂全集》第五卷，第150页。
② 《三松堂全集》第五卷，第150—151页。

算,正是因为不知道,才需要借助象数的工具来推算。邵雍似乎有些不服气,便问程颐雷声发生之处。程颐回答"起于起处",亦即从发生的地方发生。冯友兰认为,程颐的回答就是属于"空底","没有内容底"。①从程颐的答案中,我们并不能知道雷声的发生处。也就是说,程颐的答案并不能增加人们对于雷声的实际知识。这也是冯友兰所说的"形上学只作形式底肯定"。②冯友兰进一步指出:"形上学中底命题,除肯定其主辞外,对于实际底事物,不积极底说甚么,不作积极底肯定,不增加我们对于实际事物底知识。"③但是冯友兰认为,真正的形上学的命题,有着"一片空灵"的特征。"空是虚空,灵是灵活。"④他认为,根据学问空灵的程度,可以对它们进行判断。于是冯友兰对历史、科学、逻辑学、算学等都有一个评论。他认为,历史的命题是"实",而且是"死"的,既不算"空",也不算"灵"。因为历史的命题是既定的史实。科学的命题是"灵"的,但不是"空"的。科学的命题可以适用于一类事实,而不为一件事实所局限,所以是"灵"的。但是科学的命题对于经验作"积极的释义",是有内容的,因此不能算是"空"的。逻辑学、算学中的命题是"空"的,但却不是"灵"的。因为逻辑学的命题是"命题套子",

---

① 《三松堂全集》第五卷,第151页。
② 《三松堂全集》第五卷,第153页。
③ 《三松堂全集》第五卷,第154页。
④ 《三松堂全集》第五卷,第154页。

所以是"空"的，但是同时恰恰因为它只是个套子，因此是"死"的，不是"灵"的。同样，算学中的命题，都是分析概念的命题，因此是"空"的，但是只是一个分析概念的命题，因此是"死"的，不是"灵"的。在冯友兰看来，只有形上学的命题，是同时兼具"空"和"灵"两种特征的。形上学的命题，对于实际没有或者很少肯定，所以是"空"的；但是形上学的命题对于一切事实无不适用，所以是"灵"的。冯友兰认为，真正的形上学必须是同时兼具"空"和"灵"的特征，"一片空灵"。依照这个标准，可以去判断哲学史中哲学家的形上学。视其空灵的程度，来判断形上学的好坏。这个"空"与"灵"的标准，也为我们观察冯友兰对阳明心学的批判提供了有益的视角与有力的证据。

"负底方法"就是讲形上学所不能讲。冯友兰说：

> 负底方法是讲形上学不能讲，讲形上学不能讲，亦是一种讲形上学的方法。犹之乎不屑于教诲人，或不教诲人，亦是一种教诲人的方法。孟子说："不屑于教诲者，是亦教诲之而已矣。"①

冯友兰用"烘云托月"的例子进一步诠释了"负底方法"的内涵。"烘云托月"是画家画月亮的一种手法，指的在画云朵的

---

① 《三松堂全集》第五卷，第150页。

时候，留出一个圆形或者半圆形的空白，这个空白的地方就是月亮。用"正底方法"讲形上学，好比用线条或者颜料描绘一个月亮；而用"负底方法"讲形上学，就好比"烘云托月"，他所画的月亮，正好是他没有画的地方。因此，"讲其不讲亦是讲"，这就是"负底方法"。在《中国哲学简史》的最后，冯友兰专门讨论了"中国哲学在现代世界"一章。由此可见，他对中国哲学史的梳理，并非仅仅是照着宋明理学讲，而是要为中国哲学在世界哲学的视域下谋一地位。在这一章节中，冯友兰再次谈及他的形上学的方法论。他强调："负底方法的实质，则是不说它。"① 在冯友兰看来，虽然不去说它，但这也是一种说。"这样做，负的方法也就启示了它的性质的某些方面，这些方面是正的描写和分析无法说出的。"②

冯友兰赞同西方学者诺思罗普教授的观点，认为西方哲学以"假设的概念"作为出发点，中国哲学以"直觉的概念"为出发点。③ 因此，在两个哲学体系的发展进程中，"正底方法"在西方的哲学传统中占据了主流，"负底方法"在中国的哲学传统中占了主流。冯友兰认为，道家哲学是"负底方法"的一个显著的代表，在老庄的经典文本中，并没有看到"道"实际上是什么，却看到了"道"不是什么。"但若知道了它不是什么，也就明白了一些它是什么。"佛教引入中国后，冯友

---

① 《三松堂全集》第五卷，第 154 页。
② 《三松堂全集》第六卷，第 287 页。
③ 《三松堂全集》第六卷，第 287 页。

兰认为，佛家或者具体而言禅宗加强了这种"负底方法"。冯友兰认为，西方哲学史上也有对"负底方法"的应用，康德就是一个例子。他认为康德的《纯粹理性批判》中也讨论了"不可知者"，这就是本体。①冯友兰指出：

在康德和其他西方哲学家看来，不可知就是不可知，因而就不能对它说什么，所以最好是完全放弃形上学，只讲知识论。但是在习惯于负的方法的人们看来，正因为不可知是不可知，所以不应该对于它说什么，这是理所当然的。形上学的任务不在于，对于不可知者说些什么；而仅仅在于，对于不可知是不可知这个事实，说些什么。谁若知道了不可知是不可知，谁也就总算对于它有所知。②

冯友兰认为，在这一点上，康德还是做了许多工作，但是这个工作并没有形成体系。在康德和其他西方的哲学家看来，用"正底方法"对不可知的部分难以进行清晰的分析，于是干脆就放弃这部分的内容。这恰恰是西方哲学的不足，冯友兰认为在习惯于负的方法的人们看来，亦即暗指受过中国传统哲学训练的人们看来，对于不可知的态度是理所当然的。

对于"负底方法"，冯友兰进一步指出，就是"神秘主义的方法"。西方哲学史中，柏拉图、亚里士多德、斯宾诺莎都

---

① 《三松堂全集》第六卷，第287页。
② 《三松堂全集》第六卷，第287页。

是"正底方法"的代表,但是他们哲学系统的顶点也都有"神秘性质"。①这种"负底方法",也是直觉主义的方法,这个方法与"体验""境界"等相关,这是"建立在体验基础上的一种顿悟"。②神秘主义并不是不好的,神秘主义也不是站在理性的对立面反对理性的,在这点上,冯友兰对"正底方法"与"负底方法"有个完整的描述:

> 由此看来,正的方法与负的方法并不是矛盾的,倒是相辅相成的。一个完全的形上学系统,应当始于正的方法,而终于负的方法。如果它不终于负的方法,它就不能达到哲学的最后顶点。但是如果它不始于正的方法,它就缺少作为哲学的实质的清晰思想。神秘主义不是清晰思想的对立面,更不在清晰思想之下。毋宁说它在清晰思想之外。它不是反对理性的;它是超越理性的。③

冯友兰指出,中国哲学恰恰缺乏"正底方法",其长处在于"负底方法";而西方哲学恰恰缺少"负底方法",其长处在于"正底方法"。在西方哲学强势的姿态下,冯友兰对于中国哲学的态度是不卑不亢的。他客观指出两方哲学的优点,也

---

① 《三松堂全集》第六卷,第288页。
② 赵海燕:《"不可说的"还能"说"吗?——冯友兰与前期维特根斯坦之视域比较》,《哲学研究》2015年第2期。
③ 《三松堂全集》第六卷,第288页。

指出两方哲学的不足,并为将来哲学的发展方向指出了一条可能的路径。这种学术态度是很难得的。在那样一个古今中西交汇的时代,面对列强的炮火,一批哲学家变成了盲目的崇洋者,同时也有一批不太愿意面对西学的人成了盲目的民粹者,这都不是客观理性的态度。而冯友兰对哲学客观、理性、冷静的态度得益于他开放的学术视野与学术态度以及长期浸润于中国哲学与西方哲学之中。正因为如此,他才能对中国哲学和西方哲学有个客观的评价。冯友兰说:

> 在中国哲学史中,正的方法从未得到充分发展;事实上,对它太忽视了。因此,中国哲学历来缺乏清晰的思想,这也是中国哲学以单纯为特色的原因之一。由于缺乏清晰思想,其单纯性也就是非常朴素的。单纯性本身是值得发扬的;但是它的朴素性必须通过清晰思想的作用加以克服。清晰思想不是哲学的目的,但是它是每个哲学家需要的不可缺少的训练。它确实是中国哲学家所需要的。另一方面,在西方哲学史中从未见到充分发展的负的方法。只有两者相结合才能产生未来的哲学。①

冯友兰撰写《中国哲学简史》的问题意识已非常明晰,他认为只有将"正底方法"与"负底方法"结合起来,才能产生

---

① 《三松堂全集》第六卷,第288页。

"未来的哲学",亦即他心中完整的形上学体系。冯友兰认为中国哲学因为缺乏清晰的思想,必须要用"正底方法"对中国哲学进行审视。他说:"在使用负的方法之前,哲学家或学哲学的学生必须通过正的方法;在达到哲学的单纯性之前,他必须通过哲学的复杂性。"[1]因此,从冯友兰关切的问题意识来看,他不仅仅是一个中国哲学史家或中国哲学家,而且是一个具有世界哲学发展视野的哲学家和哲学史家。他不仅要为中国传统哲学在当代世界哲学的发展中寻找一个地位,并且要通过"正底方法"与"负底方法"为世界哲学的未来描述一种可能。中国哲学的理想人格是圣人,他认为圣人是"既入世而又出世的,中国哲学也是既入世而又出世的"。[2]他对未来的哲学有个预言:

> 随着未来的科学进步,我相信,宗教及其教条和迷信,必将让位于科学;可是人的对于超越人世的渴望,必将由未来的哲学来满足。未来的哲学很可能是既入世而又出世的。在这方面,中国哲学可能有所贡献。[3]

在冯友兰看来,中国哲学在"出世的""负底方面""神秘主义"已经非常成熟,从老庄算起也发展了两千多年。同

---

[1] 《三松堂全集》第六卷,第289页。
[2] 《三松堂全集》第六卷,第286页。
[3] 《三松堂全集》第六卷,第286页。

时，如果经过当代人将"正底方法"运用于中国哲学的不断努力，那么未来的中国哲学可以说是兼具两种特色，能够为未来的哲学体系作出贡献。这种努力在近代哲学史的发展过程中无疑是具有开创性意义的。从这个角度来讲，我们也更加清晰了解，为什么冯友兰在"接着讲"的时候，选择了程朱理学一脉，而非陆王心学或者史学及其他学问。在宋明道学的传统中，程朱理学一脉的思想成果更加符合"正底方法"的特征，更符合中国哲学的现代化之路。而阳明心学在"正底方法"上不足，难以担此大任。这并非说阳明心学不好，而是阳明心学所长在"负底方法"，这已经是中国哲学的优势了。中国哲学进行现代化之路，要去补全劣势的一面，也就是"正底方法"的一面。程朱理学虽然更富"正底方法"的特色，但是同样没有完整的、系统的"正底方法"。因此，如果冯友兰选择了传统学者"照着讲"的方法，则必将延续中国传统哲学的老路，无法完成完整的、现代化的哲学的构建。因此，冯友兰选择了"接着讲"，正是要将中国哲学中"正底方法"发扬光大。在程朱理学重视"正底方法"的基础上，进行完整的、形上学的构建。下文分别以"正底方法"和"负底方法"为视域，将冯友兰对阳明心学的批判作一梳理。

二、"正底方法"：阳明学逻辑分析的缺陷

冯友兰以"正底方法"与"负底方法"两个层面来构建他

的新理学体系。他认为中西方哲学各有所长，亦各有所不足。从源头上讲，中国哲学和西方哲学的出发点便不同：

> 西方哲学以他所谓"假设的概念"为出发点，中国哲学以他所谓"直觉的概念"为出发点。其结果，正的方法很自然地在西方哲学中占统治地位，负的方法很自然地在中国哲学中占统治地位。①

西方哲学从假设出发，必定要经过层层逻辑分析与论证，这种路径产生出来的哲学便以"正底方法"为主。中国哲学以直觉的概念为出发点，强调直觉体验，往往存在个体之间的差异性，"如人饮水，冷暖自知"，这种路径产生的哲学便以"负底方法"为主。冯友兰要进行的一个重要的工作便是对中国哲学传统进行"正底方法"的梳理。从这个角度讲，程朱理学对于"理""太极""气""道""性""心"等道学的核心概念都作过仔细的辨析，更重视知识与逻辑的构建。而陆王心学更加注重直觉，属于"负底方法"。

冯友兰认为，心学的一脉与禅宗相近。他认为程颢的《定性书》"有许多与禅宗的意思相同"。②同样地，冯友兰认为陆象山的哲学以及修养的方法"最近乎禅宗的方法底方法"。③冯

---

① 《三松堂全集》第六卷，第287页。
② 《三松堂全集》第五卷，第115页。
③ 《三松堂全集》第五卷，第120页。

友兰进一步发现,象山与阳明都有过觉解的体验,经过这个体验之后,"自信得及,一切放下"。①陆象山对他的觉解经验有个描述:

> 他日读古书,至宇宙二字,解者曰:"四方上下曰宇。古往来今曰宙。"忽大省曰:"宇宙内事,乃己分内事。己分内事,乃宇宙内事。"又尝曰:"宇宙便是吾心,吾心便是宇宙。"②

在心学家看来,这种直觉主义的体验显得尤为重要,有了这个体验之后,"正底方法"的思辨便没有那么重要了。事实上,早在程颢那里,便已经存在相似的观点,他在《识仁篇》中指出:"识得此理,以诚敬存之而已,不须防检,不须穷索。"③冯友兰对陆象山评价:"象山自以为他的方法是减,朱子的方法是添。"④从这条评论亦可看出冯友兰以为心学一脉更加接近"负底方法",理学一脉更加接近"正底方法"。冯友兰最后对陆象山的哲学路径有一个总结:

> 由上所说,我们可见,象山的哲学及修养方法,是最

---

① 《三松堂全集》第五卷,第121页。
② 《三松堂全集》第五卷,第120页。
③ 《三松堂全集》第五卷,第120页。
④ 《三松堂全集》第五卷,第120页。

近于禅宗底。说他的哲学及修养方法是"易简",是"直捷",是不错底。程朱一派,说象山是近禅,也是不错底。不过象山自己不承认他是近禅,这也是不错底。因为他是说:事父事君,也是人的性分内事,也是妙道。他下了这个转语,他所讲底,便是道学,不是禅宗。①

虽然程朱一派认为象山是"近禅",但是象山终究是道学,不是禅宗。象山之后,冯友兰认为心学最后的大师便是王阳明。他指出,王阳明的哲学以及修养的方法,同样也是注重直觉主义的"自信得及,一切放下"。冯友兰说:"自信得及是自信自己有知善知恶的良知。一切放下,是不拟议计较,只顺良知而行。"②我们知道,王阳明与象山一样,也有过神秘主义式的觉解体验,这段体悟的经验,被后人称为"龙场悟道"。由于受到刘瑾的迫害,王阳明被贬到贵州的龙场当驿丞。这时候王阳明思考一个问题,如果圣人处在这种境况下,有什么办法呢?《年谱》记载:"忽中夜大悟格物致知之旨,寤寐中若有人语之者,不觉呼跃,从者皆惊。始知圣人之道,吾性自足,向之求理于事物者误也。"③王阳明一天夜里突然"大悟格物致知之旨",而且心情十分激动,"不觉呼跃",这就是中国思想史上著名的"龙场悟道"。钱穆先生对于王阳

---

① 《三松堂全集》第五卷,第121页。
② 《三松堂全集》第五卷,第122页。
③ 《王阳明全集》,第1354页。

明的"龙场悟道"有一段十分精彩的描述：

> 龙场驿一幕，摧抑束缚，极风霜之严凝，虽还保存得他那种喷薄郁勃的活气，却不得不转换方向，使它敛藏闭蓄，反归自心；那时的他，才深刻而真切地认识了他自己的心与心之力。①

综上所述，冯友兰对于阳明心学的批评与他的问题意识有关。冯友兰并非不关注中国哲学传统心学一脉的直觉主义与神秘主义，而是在当时的大背景下，冯友兰的一个重要的工作便是用"正底方法"对中国哲学传统进行梳理，以回应、融入当代哲学。而阳明心学在"正底方法"方面，显然不及程朱。

三、"负底方法"：阳明学的"拖泥带水"

从"正底方法"而言，王阳明的心学偏向于神秘主义与直觉体验，缺少辩证逻辑，因此不足以承担中国哲学融入世界哲学的任务。那么冯友兰在"负底方法"方面是否对阳明心学赞赏有加呢？也不是。冯友兰认为，从"负底方法"一面讲，王阳明的心学又不够空灵，比不过禅宗，甚至没有程颢与象山空灵。下文对此详细展开讨论。

---

① 钱穆：《阳明学述要》，第50页。

冯友兰认为形上学的命题可以说是"一片空灵"。而"其不空灵者，即是坏底形上学。……此种形上学，用禅宗的话说，是'拖泥带水'底。沾滞于'拖泥带水'底形上学底人，禅宗谓为'披枷带锁'"。①冯友兰认为："负的方法的实质，则是不说它。这样做，负底方法也就启示了它的性质的某些方面，这些方面是正的描写和分析无法说出的。"②从负的方面来讲，冯友兰认为中国哲学以"道家"为开端。他提出：

> 道家尤其是如此，它的起点和重点都是浑沌的全体。在《老子》《庄子》里，并没有说"道"实际上是什么，却只说了它不是什么。但是若知道了它不是什么，也就明白了一些它是什么。③

《老子》《庄子》为道家代表著作，以"道"为核心概念展开讨论。我们可以发现，《老子》开篇便讲"道可道，非常（恒）道"，《庄子》中也有类似的描述方法，都是"负底方法"的体现。到了佛教传入中国后，尤其是中国式佛教禅宗兴起，冯友兰认为中国哲学在"负底方法"上进一步加强了。冯友兰认为，如果从禅宗的角度，抑或是从"负底方法"这个角度去观察，那么程朱理学便太过繁琐与支离。冯友兰说："若

---

① 《三松堂全集》第五卷，第155页。
② 《三松堂全集》第六卷，第287页。
③ 《三松堂全集》第六卷，第287页。

用禅宗的方法,则见程朱理学一派,所求太多,所说亦太多。这就是象山所谓'支离'。"①因此,冯友兰得出一个结论,认为道学家的哲学,并不是最高明的,距离他心目中"最哲学底哲学"还是有差距的:

> 由此我们可以说,宋明道学家的哲学,尚有禅宗所谓"拖泥带水"的毛病。因此,由他们的哲学所得到底人生,尚不能完全地"经虚涉旷",他们已统一了高明与中庸的对立。但他们所统一底高明,尚不是极高明。②

冯友兰虽同意与肯定宋明道学家在统一"高明"与"中庸"方面的努力与成就,但是认为这种努力与成就相对于禅宗有些"拖泥带水",对于现实或者事实肯定得太多,不够"经虚涉旷",亦即不符合他心中"空灵"的特点。更进一步,他直接点名批评在心学一脉中,王阳明尤甚。冯友兰说:

> 心学一派,受禅宗的影响多。心学虽受禅宗的影响,但他们亦只讲到禅宗的"是心是佛",没有讲到禅宗的"非心非佛"。这就是说,他们所讲底,还有一点著于形象。阳明尤其是如此。③

---

① 《三松堂全集》第五卷,第120页。
② 《三松堂全集》第五卷,第126页。
③ 《三松堂全集》第五卷,第125页。

相对于禅宗而言，冯友兰认为阳明学"还有一点著于形象"，即对于佛教哲学中所说的"相"太过于执着，以至于"拖泥带水"，没有办法达到十分"空灵"的地步。甚至在心学内部，冯友兰认为，阳明的心学也不及程颢与陆九渊的心学"空灵"。

冯友兰肯定了阳明心学对心学发展的贡献，将心学的修养方法推向了另一个高度。但是从哲学的角度讲，阳明心学的缺点显露无遗，有些"拖泥带水"，不及心学前辈程颢与陆九渊，更不及禅宗与老庄哲学。

第六节 结语

冯友兰出生于河南唐河的一个书香世家，父母均有较深的传统文化涵养。他父亲冯台异是光绪年间的进士，母亲亲自担任他的启蒙老师。同时，他父母又是具有现代视野的人，父亲编撰搜集西学材料，母亲于武昌起义后担任女学学监。这些都对冯友兰将来重视中西哲学比较的学术路径提供了良好的成长环境。青年时期，冯友兰在上海中国公学求学，因逻辑学引发了对哲学的兴趣，于是立志考取北京大学哲学系。在北京大学，他发现了学问的新天地，知道了八股文与策论等应试的工具之外，原来中国哲学别有天地；此外，他发现中国哲学之外，还有世界范围中的哲学。北京大学求学期间，冯友兰一生学术事业的问题意识慢慢形成，这便是古今新旧的问题。冯友兰带着这个问题前往美国哥伦比亚大学哲学系深造，并获得博士学位。学成归国后，冯友兰先后在中州大学、广东大学、燕京大学、北京大学、清华大学、西南联合大学任教。回国后的冯友兰，主要有两个方面的抱负，一个是事功，一个是学术。一方面，他有政治、教育等方面的理想；另一方面，他埋头于学术研究。二十世纪三十年代，冯友兰的主要工作就是写两卷本的《中国哲学史》；四十年代则主要构建了新理学体系；五十年代及以后，主要是编写《中国哲学史新编》以及写一些忏悔与反省的文章。

冯友兰出生与成长在一个不同文化矛盾和斗争的时期，怎样理解这个矛盾，一直是他想要解决的问题。冯友兰六十年的学术生涯，正是本着这样的问题意识而进行哲学建构与哲学史的梳理。冯友兰找到的出路是接着宋明理学讲。值得注意的是，他是"接着讲"，而不是"照着讲"。传统的学问范式大多是学者将自己的思想融入对经典文本的诠释。冯友兰进行的不是传统的注疏工作，而是一项现代化的工程。同时，他并没有抛开传统，而是接续传统，对话西学，面向未来。所谓"接着讲"，从学术渊源上来说，冯友兰的学术是承接传统而非凭空创作的。不过，这个传承是大体上的传承，而非照搬式的沿用，因此冯友兰用了"大体上"三个字来进一步补充说明他的传承。从形式上来说，冯友兰的学术并没有沿着传统解经讲经的模式，而是采取新的学术方法进行建构与梳理。从内容上来说，新理学不仅讨论了理气、太极、心性等传统宋明道学的范畴，同样也加入了对现代科学、西方哲学的关切与回应。因此，他的"接着讲"，并非仅仅中国传统哲学在时间上的承接与延续，更是将中国哲学置于更广泛的空间进行讨论的一种新的尝试。作为哲学史家与哲学家的冯友兰，本着这样的问题意识进行了哲学史的梳理与哲学的建构，他一生主要的学术成就被概括为"三史释古今，六书纪贞元"。所谓"三史"，即《中国哲学史》《中国哲学简史》和《中国哲学史新编》。《贞元六书》，分别是：《新理学》《新事论》《新世训》《新原人》《新原道》《新知言》。

冯友兰对阳明心学的研究主要有两个方面，一个是对宋明以来心学一脉的发展历史进行了梳理，另一个是对阳明本人及其核心思想进行研究。冯友兰并未将二程混为一谈，他认为在修养方法上，二程兄弟反而是两条不同的路径。程明道的修养方法开启了宋明心学一脉的传统，程伊川的修养方法在朱子处发扬光大，开启了理学一脉。区分二程的不同，是冯友兰对心学研究的一大贡献。冯友兰梳理了自程明道、陆象山到王阳明的宋明心学发展史，认为王阳明是宋明以来心学集大成者。王阳明的思想大致由三部分组成：心外无物、知行合一与致良知。作为一位哲学史家与哲学家，冯友兰对王阳明的主要思想进行了深入的分析。无论是两卷本《中国哲学史》，还是《贞元六书》之《新原道》，冯友兰都十分重视分析阳明心学的修养方法。从程明道、陆象山到王阳明，冯友兰认为心学的主要思想没有改变,但是王阳明的"致良知"把心学的修养方法说得更加确切,更加清楚,这一点是超越程明道与陆象山的。而且,根据王阳明的"致良知",儒家思想史上一个重大问题得到了解决,即将"高明"与"中庸"的对立统一了起来,这是冯友兰对阳明心学在儒家思想史上巨大贡献的肯定。但是如果将阳明心学置于世界哲学视域来考察,则王阳明的哲学对于实际肯定太多,不够空灵,从这个层面讲,王阳明的心学反不如程明道与陆象山。

冯友兰是最具有方法论自觉的哲学家之一,在冯友兰的哲学体系中,他强调了真正的形上学方法有两种,一种是"正底方法",一种是"负底方法"。"正底方法"是以逻辑分析法讲形上学,负底方法是讲形上学不能讲,在冯友兰看来不能讲也是一种方法。他认为,好的哲学必始于"正底方法"而终于"负底方法"。中国哲学所长在"负底方法",西方哲学所长在"正底方法"。但是"在使用负的方法之前,哲学家或学哲学的学生必须通过正的方法;在达到哲学的单纯性之前,他必须通过哲学的复杂性"。①因此他认为中国哲学遗留下来的一大任务便是强化中国哲学"正底方法"一面。正由于如此,他选择了接着宋明理学来讲。在中国哲学传统中,宋明理学的知识建构与逻辑分析要强于心学传统。在冯友兰的哲学体系中,阳明心学的处境略显尴尬。从"正底方法"而言,阳明心学不及程朱理学,不能担当中

---

① 《三松堂全集》第五卷,第289页。

国哲学融入世界哲学中强化"正底方法"的重任；从"负底方法"而言，阳明心学不及中国哲学中的禅宗、老庄，甚至不及程颢、陆九渊等哲学那般空灵。换言之，阳明心学一方面不重视逻辑推演、概念辨析与知识的构建；另一方面又太过执着于"相"，不及禅宗、老庄等"空灵"。因此，阳明心学既无法担任中国哲学现代化的重任，也无法代表中国哲学"负底方法"的最高水平。这并非说阳明心学对于中国哲学没有贡献，也不是说冯友兰对阳明心学是持完全否定态度的，而是冯友兰处于古今中西思想交汇的历史背景下，有着他的问题意识与哲学使命。在这种情况下，冯友兰一方面要发扬中国哲学传统中最具"负底方法"的一面，也要从中国哲学传统中承接最具"正底方法"的一面以完成中国哲学的现代化或未来哲学的构建问题。从这个问题意识出发，阳明心学显然不能发挥最重要的作用，因此冯友兰的哲学体系对阳明心学是批评的。这个批评是本着问题意识的批评，而非无端的指责。

洪德取

第五章
贺麟与阳明心学

第一节 贺麟的学术生平

贺麟（1902—1992），字自昭，四川金堂人。在第一代现代新儒家当中，贺麟跟梁漱溟、熊十力一样，也是致力于以"接着陆王心学讲"来重构儒学本体论。不过，与梁漱溟、熊十力偏向中国传统哲学的学术风格相比，在欧美顶级学府留学有年的贺麟受德国古典哲学的影响，更注重运用概念分析来处理陆王心学的范畴体系，并由此建立了被学界称为"新心学"[①]的哲学思想。在本章中，为了从整体上厘清贺麟与阳明心学之间的关系，笔者将重点对贺麟的学术生平进行梳理。

[①] 就贺麟而言，"新心学"一词最早出现在他于1938年12月撰成的论文《知行合一新论》中。他说："而知行问题，无论在中国的新理学或新心学中，在西洋的心理学或知识论中，均有重新提出讨论，重新加以批评研究的必要。"（贺麟：《知行合一新论》，收入氏著《五十年来的中国哲学》，第137—138页。）自此，学界便根据贺麟的学术主张，将他的哲学思想命名为"新心学"。

一、求学清华

贺麟，1902年9月20日出生于四川省金堂县五凤镇杨柳沟村的一个耕读之家。祖父上过私塾，虽读书不多，但十分关心贺麟的学业。①父讳松云，是晚清秀才，曾担任过金堂中学校长、县教育科长，在居家期间常亲自教贺麟读《朱子语类》和《传习录》。贺麟八岁入私塾启蒙识字，不久随着当先生的姑丈到镇里上小学。1917年，贺麟考入成都石室中学，主修宋明理学，并广泛阅读各种新学书籍。因为身处中国由传统走向现代的转型期，少年时代的贺麟既在旧式私塾中接受过国学训练，又在新式学校里扩大了知识视野。

1919年，贺麟以优异成绩考入清华学校（今清华大学）中等科二年级。在清华求学的七年，无疑是贺麟"一生中最愉快的时期"。②除了完成每日学校所规定的必修课，贺麟还自觉

---

① 据贺麟晚年回忆，"他受益于祖父甚多，祖父对他的学业十分关心，可能由于自己是私塾出身，所以对学校的事，表现出极大的兴趣。每日所学诗文，祖父都要背给他听"。（张学智：《回忆贺麟先生》，收入中国社会科学院哲学研究所西方哲学史研究室编《贺麟先生百年诞辰纪念文集》，中国社会科学出版社，2008，第281页。）

② 贺麟之女贺美英在纪念其父的文章中写道："他多次说起在清华求学的七年是他一生中最愉快的时期。"（贺美英：《纪念我的父亲贺麟教授》，收入中国社会科学院哲学研究所西方哲学史研究室编《贺麟先生百年诞辰纪念文集》，第161页。）

抽出时间研习自己感兴趣的科目。①值得一提的是,在清华园中,贺麟遇上了三位对其毕生学术取向产生深远影响的大师,他们分别是梁启超、梁漱溟和吴宓。

在清华,贺麟的第一位老师是梁启超。1920年春,彼时在思想上把"康德哲学与中国佛学、王阳明心学糅合一起,'相互印证','共相发明'"②的梁启超应聘到清华讲授"国学小史""中国近三百年学术史"等课程。起初慕名而来者达两百多人,但坚持到结课的听众只有寥寥五名,贺麟就是其中之一。一日,被梁启超"对学术研究浓厚的感情和兴趣"③所强烈吸引的贺麟拿着一张书单来到这位学界耆老的寓所,希望能得到名师教导。梁启超立即热情地接待了贺麟,并建议他多读清代朴学大师戴震的著作。此后,贺麟又多次执弟子礼拜谒梁启超。而梁启超也十分喜欢这位勤奋好学的学生,经常把私人藏书借给他。1923年秋,为纪念戴震诞辰200周年,贺麟在梁启超的亲自指点下,撰成其国学研究的处女作《戴东原研究指南》。

如果说梁启超为贺麟打开了国学研究的大门,那么,梁漱

---

① 据考证,贺麟在清华期间除了要学习主干课英语以外,还要"学习自然科学、社会科学及所谓'人文科学',其中包括数学、物理、化学、政治、经济、美国历史、英国文学、西方文化、第二外国语等课程"。(宋志明:《贺麟评传》,中国青年出版社,2018,第3页。)
② 贺麟:《康德、黑格尔哲学在中国的传播——兼论我对介绍康德、黑格尔哲学的回顾》,收入氏著《五十年来的中国哲学》,第98页。
③ 贺麟:《康德、黑格尔哲学在中国的传播——兼论我对介绍康德、黑格尔哲学的回顾》,收入氏著《五十年来的中国哲学》,第124页。

溟则进一步将他引入了阳明心学研究的殿堂。1924年，彼时客居清华的梁漱溟曾在学校短期讲学。贺麟抓住这一良机，经常向梁漱溟请教学术问题。有意思的是，"喜欢吃素、静坐、讲学，把心学与佛学、玄学以及柏格森的直觉主义相结合"①的梁漱溟并不像梁启超那样给学生开列长长的必读书单，反而认为"只有王阳明的《传习录》与王心斋的书可读，别的都不可读"。②显然，十余年后贺麟之所以创立"新心学"，是与二梁对阳明心学的极力推崇、精深疏解分不开的。

同样在1924年，文化保守派杂志《学衡》的主编吴宓来到清华，担任赫赫有名的"国学研究所"主任。1925年，精通西文的吴宓在清华为高年级学生首次开设"翻译"课程，讲授翻译原理与技巧，并辅导翻译练习。英文一向很好的贺麟与挚友张荫麟、陈铨是选修此门课最认真的学生，故被称为"吴门三杰"。受吴宓的提携，贺麟不仅翻译水平竿头日上，还决心"步吴宓先生介绍西方古典文学的后尘，以介绍和传播西方古典为自己终身的'志业'"。③1925年冬，贺麟在吴宓的言传身教下撰成《严复的翻译》④一文。临毕业时，吴宓赠予了贺

---

① 张祥龙：《贺麟传略》，载于《晋阳学刊》1985年第6期，第52页。
② 张祥龙：《贺麟传略》，载于《晋阳学刊》1985年第6期，第52页。
③ 贺麟：《康德、黑格尔哲学在中国的传播——兼论我对介绍康德、黑格尔哲学的回顾》，收入氏著《五十年来的中国哲学》，第124页。
④ 据学者研究，该文从翻译对象、翻译标准和译作文体这三个方面客观评价了严复的贡献，是自严氏去世后学界发表的第一篇系统研究其人之翻译实践与理论的论文。（参见王思隽、李肃东：《贺麟评传》，百花洲文艺出版社，2010，第11页。）

麟一首七言长诗，中有"学派渊源一统贯，真理剖析万事基"一句，贺麟将之奉为治学圭臬。①

1926年7月，贺麟毕业于清华学校高等科。按照清华惯例，贺麟的知己张荫麟在毕业前夕为他写了一份小传，刊登在毕业年刊上。该小传中，张荫麟中肯地评价贺麟为："生于诗人之乡，下笔而斐然成章。态度温和，宽厚有容，注重直觉，相信权威。"②朋友的认可让贺麟非常感动，而他本人在回首自己多年的求学生涯时更清醒地意识到："一个没有学问的民族，是要被别的民族轻视的。"③因此，立志重振中国学术事业的贺麟决定远涉重洋，赴美取经。是年8月，将满二十五周岁的贺麟告别亲友，毅然踏上西方问道之路。

二、负笈欧美

1926年9月，贺麟插入美国俄亥俄州奥柏林大学的三年级，攻读哲学学士学位。④尽管彼时奥柏林大学哲学系的老师大多信奉实用主义，但在与伦理学教授耶顿夫人交流后，从小深受宋明理学熏陶的贺麟反而对追求"情理合一"的斯宾诺莎和黑

---

① 参见张祥龙《贺麟传略》，载于《晋阳学刊》1985年第6期，第53页。
② 张祥龙：《贺麟传略》，载于《晋阳学刊》1985年第6期，第53页。
③ 彭华：《贺麟年谱新编》，载于《淮阴师范学院学报（哲学社会科学版）》2006年第1期，第79页。
④ 据考证，贺麟在奥柏林大学哲学系主要学习"拉丁文、心理学、哲学史、宗教哲学、伦理学以及圣经课等等"。（张祥龙：《贺麟传略》，载于《晋阳学刊》1985年第6期，第53页。）

格尔哲学产生了浓厚兴趣。对此，暮年的贺麟曾满怀深情地回忆道：

> 这位教师名耶顿夫人（Mrs.Yeaton），她在课外还给我们几个同学讲黑格尔和斯宾诺莎哲学。由于她的启发奠定了我后来研究黑格尔和斯宾诺莎哲学的方向和基础，所以她是我永生难忘、终身受益的老师。[1]

1928年2月，经耶顿夫人的指点，贺麟撰成学位论文《斯宾诺莎哲学的宗教方面》，以优异成绩提前半年从奥柏林大学毕业。[2]

1928年3月，贺麟考入芝加哥大学哲学系。在芝加哥大学，贺麟虽然对斯密士教授主讲的格林哲学十分感兴趣，[3]但因为不满于"偶尔碰见的那种在课上空谈经验的实用主义者"，

---

[1] 贺麟：《序言》，收入氏著《哲学与哲学史论文集》，商务印书馆，1990，第2页。

[2] 据贺麟晚年回忆，他之所以能提前半年毕业，是由于耶顿夫人在1927年一场纪念斯宾诺莎逝世250周年的读书会中，曾指点他道："我考虑到，你现在只缺少一个学分了。因此，你只需写一篇关于斯宾诺莎的论文，我便可以给你补上一个学分，你就可以提前半年毕业了。"而对斯宾诺莎哲学十分感兴趣的贺麟便遵照老师的叮嘱，以《斯宾诺莎哲学的宗教方面》一文顺利获得学士证书。（贺麟：《序言》，收入氏著《哲学与哲学史论文集》，第2—3页。）

[3] 不过，在经过慎重思考之后，贺麟不支持主讲"格林、布拉德雷、西吉微克、摩尔的伦理学"课程的斯密士教授对格林哲学的否定态度，却相反对"格林的哲学、政治态度以及他的为人是推崇备至"，并认为格林是"康德和黑格尔哲学在英国的继承人和先驱"。（贺麟：《托马斯·希尔·格林》，收入氏著《现代西方哲学讲演集》，上海人民出版社，2012，第163页。）

所以在同年9月便"转往哈佛大学，目的在进一步学习古典哲学家的哲学"。①在哈佛大学，贺麟选听了路易斯的"康德哲学"、霍金的"形而上学"、怀特海的"自然哲学"等课，除此之外，他还在课后潜心钻研新黑格尔主义者鲁一士的著作。经过近两年废寝忘食的学习，贺麟于1929年顺利毕业，获得哈佛大学哲学硕士学位。其间，颇为欣赏中国古代哲学的怀特海②曾在一场由其主持的可可茶会中，特意对困扰于"哲学是否要注重哲学史"问题的贺麟棒喝道：

  对于一个研究哲学的人，哲学史的研读决不可少，我自己也讲柏拉图、康德，我也常常读他们的书，只是我们应该小心，不要被传统所束缚，不让古人的陈言来支配我们今日的思想。我们要求的不过是教人把握现实罢了（他用了res vera两个拉丁字），这并不是叫人不念哲学史。③

---

① 贺麟：《托马斯·希尔·格林》，收入氏著《现代西方哲学讲演集》，第163页。
② 关于怀特海与中国古代哲学之关系，贺麟在其写于1948年的《怀特海》一文中回忆道："那是一个周末的晚上，我和沈有鼎、谢幼伟两同学，一道去拜访他（怀特海）。他首先问中国哲学界的情形……他对胡适全面抛弃中国传统文化的态度，觉得有些过火。他关心中国人现在是否还读老子和孔夫子这些他所谓中国古典的书籍。因为依他看来，文化是有连续性的，新文化的建立，是不能与古典的传统脱节的。他谈到了他的哲学著作，说是东方意味特别浓厚，也许中国人反而更容易了解，容易欣赏些。他说，他的著作里面就蕴有中国哲学里极其美妙的天道（Heavenly Order）观念。但当我们问他，他的天道观是道家的还是儒家的时候。他说这我却搞不清楚，只有一个总的印象。中国人的'天道观'很好。"（贺麟：《怀特海》，收入氏著《现代西方哲学讲演集》，第114页。）
③ 贺麟：《怀特海》，收入氏著《现代西方哲学讲演集》，第114页。

这次谈话对贺麟影响极大，诚如他在二十年后写给怀特海的悼文中所言：

> 笔者在这次谈话里，犹如在读他的书的时候一般，对于他的哲学思想和立场之兼容并包，不偏不倚，少门户之见的地方，得到深切的印象。①

1930年夏，贺麟主动放弃唾手可得的哈佛大学博士学位，②而选择远赴德国柏林大学专攻黑格尔哲学。③1930年8月，贺麟撰成在其学术生涯中具有里程碑意义的论文《朱熹与黑格尔太极说之比较观》。按照贺麟自己的说法，他的这篇文章"是想从对勘比较朱熹的太极和黑格尔的绝对理念的异同"入手，来开辟一条"中西哲学比较参证、融会贯通的道路"。④就此而言，该文可谓贺麟开始从事中西哲学比较研究的标志。

---

① 贺麟：《怀特海》，收入氏著《现代西方哲学讲演集》，第115页。
② 据《贺麟传略》记载，有感于贺麟的才华，哈佛大学斯宾诺莎哲学专家乌尔夫森曾挽留他道："我看你把斯宾诺莎的书翻成中文，再做一个英文长序，我们就可以给你博士学位。"但立意前往德国的贺麟谢绝道："这书我今后要译的，序也要写的，但我现在已决定到欧洲去留学了。"（张祥龙：《贺麟传略》，载于《晋阳学刊》1985年第6期，第56页。）
③ 据考证，贺麟在柏林大学"选修了迈尔的'哲学史'课，著名哲学家哈特曼教授的'历史哲学'课，研读了有关黑格尔生平及其学说的德文论著，如克朗纳的《从康德到黑格尔》、格罗克纳的《黑格尔》、哈特曼的《黑格尔》、狄尔泰的《青年黑格尔的历史》"。［彭华：《贺麟年谱新编》，载于《淮阴师范学院学报（哲学社会科学版）》2006年第1期，第80页。］
④ 贺麟：《康德、黑格尔哲学在中国的传播——兼论我对介绍康德、黑格尔哲学的回顾》，收入氏著《五十年来的中国哲学》，第126页。

1931年，考虑到在德国继续留学尚需获得清华学校的批准，阔别故土已五载的贺麟决定于秋季归国。启程前夕，经犹太裔斯宾诺莎哲学专家格布哈特引荐，贺麟顺利加入国际斯宾诺莎学会。

三、执教北大

1931年8月，贺麟从柏林出发，借由欧亚铁路返回了朝思暮想的中国。9月，经杨振宁的父亲、数学家杨武之引荐，贺麟受聘于北京大学，主讲"哲学问题""西方现代哲学""伦理学"等课。除此之外，受时任清华大学文学院院长兼哲学系主任的冯友兰邀请，贺麟又在清华开设了"西洋哲学史""斯宾诺莎哲学"等课。在任教时，贺麟从未把授课视角局限于西方哲学，而是跳出东西方文化间的藩篱，将"西方自柏拉图、亚里士多德到康德、黑格尔的理性派哲学及辩证的方法"与"中国哲学、特别是宋明理学相互贯穿"，[1]以此形成了一种汇通古今、融贯中西的独特教学风格。由于贺麟的讲演"极富启迪、充满新意、生动活泼"，[2]故逢他授课，教室里总是"济济一堂，却十分安静，鸦雀无声，只听见笔记的嚓嚓声"。[3]

---

[1] 张祥龙：《贺麟传略》，载于《晋阳学刊》1985年第6期，第57页。
[2] 杨祖陶：《一代宗师的赤子之心——忆贺师》，收入中国社会科学院哲学研究所西方哲学史研究室编《贺麟先生百年诞辰纪念文集》，第181页。
[3] 罗达仁：《我的哲学启蒙老师——贺麟先生》，收入宋祖良、范进编《会通集：贺麟生平与学术》，生活·读书·新知三联书店，1993，第43页。

当然，贺麟不仅授课有方，对其所有学生也都是关怀备至。①据杨祖陶回忆：

> 先生从1931年起即在北京大学任教。对于有志前来求学的人，先生都一律平等施教，给与同样的教诲和扶持。从先生数十年，从来没有见过他对求教者因天资悟性不同而有所偏爱的情况。不管是谁，当先生发现他有任何一点可资进一步琢玉的苗头时，就会有一种发自内心的喜悦油然而生。这种喜悦是那样的纯真，他甚至无须让受教者本人知晓。②

应当指出，此时的贺麟不甘愿只做绍述先贤的哲学史家，他更想做另开生面的哲学家。1934年3月，贺麟在《大公报·现代思潮》周刊上发表了论文《近代唯心论简释》。《近代唯心论简释》是贺麟"新心学"思想的宣言，"此后的许多文章，

---

① 据洪汉鼎回忆，贺麟门下共有五代弟子。他说："贺门最老的一代，应该是任继愈那一代，熊伟先生也说他是第一代。……贺门第一代大概都是二十世纪第二个十年出生的人，其中可能还有苗力田、齐良骥和王玖兴诸先生。贺门第二代是二十世纪二十年代出生的人，比较知名的有：王太庆、陈修斋、汪子嵩、杨宪邦、张世英，还有张岂之、陈世夫、杨祖陶以及台湾的劳思光诸先生等。……贺门的第三代，就是新中国成立后五十年代毕业的一批学生，包括叶秀山、梁存秀、李泽厚、王荫庭等人。……贺门第四代，是六十年代初毕业的学生，有王树人、薛华和我等。……最后还有一代，即第五代，就是宋祖良、杨君游和范进他们这一代。"（洪汉鼎：《贺门五代弟子》，《客居忆往》，中国人民大学出版社，2016，第182—186页。）
② 杨祖陶：《一代宗师的赤子之心——忆贺师》，收入中国社会科学院哲学研究所西方哲学史研究室编《贺麟先生百年诞辰纪念文集》，第182页。

都是此文所阐述的基本思想的扩充与引申"。①文章伊始,贺麟便开宗明义道:

> 心有二义:(1)心理意义的心;(2)逻辑意义的心。逻辑的心即理,所谓"心即理也"。心理的心是物,如心理经验中的感觉、幻想、梦呓、思虑、营为,以及喜怒哀乐爱恶欲之情皆是物,皆是可以用几何方法当作点线面积一样去研究的实物。……逻辑意义的心,乃一理想的超经验的精神原则,但为经验行为知识以及评价之主体。此心乃经验的统摄者,行为的主宰者,知识的组织者,价值的评判者。自然与人生之可以理解,之所以有意义、条理与价值皆出于此心即理也之心。故唯心论又尝称为精神哲学,所谓精神哲学,即注重心与理一,心负荷真理,理自觉于心的哲学。②

这里,贺麟不但揭示了陆王心学与德国古典哲学在精神上的同一性,而且已经隐然形成了"新心学"的理论范式。1937年7月,抗日战争全面爆发,贺麟随北京大学南迁昆明,在由北京大学、清华大学、南开大学所组成的西南联合大学

---

① 张学智:《前言》,收入张学智编《贺麟选集》,吉林人民出版社,2005,第4页。
② 贺麟:《近代唯心论简释》,收入氏著《近代唯心论简释》,上海人民出版社,2009,第3—4页。

中任教。①抗战时期，可谓"贺麟生命最为昂扬，思想最为活跃，因而也收获最为丰厚"②的一段岁月。其间，贺麟出于对冯友兰"只注重程朱理气之说，而忽视程朱心性之说，且讲程朱而排斥陆王，认为陆王之学为形而下之学，为有点'拖泥带水'"③的新理学的不满，遂撰写了大量试图进一步阐明其"新心学"思想的学术论文：在提倡"逻辑的心即理"的本体论方面，主要有《时空与超时空》（1940）、《答谢幼伟兄批评三点》（1943）等；在提倡"后理智的直觉"的认识论方面，主要有《辩证法与辩证观》（1943）、《五十年来的哲学》（1945）等；在提倡"自然的知行合一论"的知行论方面，主要有《知行合一新论》（1940）、《知难行易说的归宿是知行合一说》（1945）等；在提倡"儒化西洋文化"的中西文化观及"儒者气象"的人生观方面，主要有《文化的体与用》（1940）、《儒家思想的新开展》（1941）、④《论人的使命》（1941）、《西洋近代人生哲学的趋势》（1947）等。贺麟所写的这些文章，基本收入于他亲手整理的《近代唯心论

---

① 在1938年与1940年，贺麟曾两赴国民党中央政治大学任教。［彭华：《贺麟年谱新编》，载于《淮阴师范学院学报（哲学社会科学版）》2006年第1期，第82页。］
② 张学智：《前言》，收入张学智编《贺麟选集》，第4页。
③ 贺麟：《西方哲学的绍述与融会》，收入氏著《五十年来的中国哲学》，第46页。
④ 一般认为，《儒家思想的新开展》是现代新儒家的宣言书。在该文中，贺麟最先明确提出了"新儒家思想""新儒者""新儒学运动"等概念。他说："根据对于中国现代的文化动向和思想趋势的观察，我敢断言，广义的新儒家思想的发展或儒家思想的新开展，就是中国现代思潮的主流。我确切看到，

简释》(独立出版社，1943)、《当代中国哲学》(胜利出版公司，1945)和《文化与人生》(商务印书馆，1947)中。大体而言，《近代唯心论简释》集中阐述了他对"新心学"哲学体系的建构，《当代中国哲学》集中阐述了他对中国现代哲学思潮的剖析，《文化与人生》集中阐述了他对文化与人生问题的思考。毫无疑问，这三部著作确立了贺麟在中国现代哲学特别是现代新儒学思潮中的重要地位。

贺麟在进行哲学创作的同时，也不忘致力于译介西方哲学。1933年，贺麟发表了论文《斯宾诺莎的生平及其学说概要》《黑格尔之为人及其学说概要》。1936年，贺麟翻译的开尔德的《黑格尔》以及鲁一士的《黑格尔学述》由上海印书馆出版。自1937年起，贺麟开始担任中国哲学会西洋哲学名著翻译委员会主任，组织翻译、出版了一大批高质量的西方哲学著作。

需补充说明的是，寝馈于学术研究的贺麟虽然极其强调"学术的自由独立和尊严"，②但并未借此埋首故纸堆而"逃

无论政治、社会、学术、文化各方面的努力，大家都在那里争取建设新儒家思想，争取发挥新儒家思想。在生活方面，为人处事的态度，立身行己的准则，大家也莫不在那里争取完成一个新儒者的人格。大多数的人，具有儒家思想而不自知，不能自觉地发挥出来。有许多人，表面上好像在反对儒家思想，而骨子正代表了儒家思想，实际上反促进了儒家思想。自觉地、正式地发挥新儒家思想，蔚成新儒学运动，只是时间早迟、学力充分不充分的问题。"(贺麟：《儒家思想的新开展》，收入氏著《文化与人生》，上海人民出版社，2019，第11—12页。)

② 贺麟：《学术与政治》，收入氏著《文化与人生》，第245页。

避政治，惟恐怕政治妨碍了学术的清高"，①反而认为：

> 学术是"体"，政治是"用"。学术不能够推动政治，学术就无"用"，政治不能够植基于学术，政治就无"体"。……政治没有学术作体，就是没有灵魂的躯壳，学术没有政治作用，就是少数人支离空疏的玩物。②

1931年"九一八"事变之后，深切关注政局的贺麟便应时任《大公报·文学副刊》编辑吴宓的邀请，动笔写作长文《德国三大哲人处国难时之态度》，通过向读者介绍歌德、黑格尔与费希特这三位德国哲学家在普法战争时的爱国事迹，来唤醒同处山河破碎之境地的国人的救亡图存意识。自从1937年抗日战争全面爆发，贺麟更是在刻苦钻研将"王学之发为事功"③"并灌注之以近代精神，而应用之于革命事业者"④的孙中山思想之后，陆续发表了《新道德的动向》（1938）、《抗战建国与学术建国》（1938）、《乐观与悲观》（1941）、《战争与道德》（1944）等一系列文章，论述了以"振奋民族精神、弘扬学术文化、实行政治革新"为主旨的"学术救国"

---

① 贺麟：《学术与政治》，收入氏著《文化与人生》，第248页。
② 贺麟：《学术与政治》，收入氏著《文化与人生》，第246—247页。
③ 贺麟：《中国哲学的调整与发扬》，收入氏著《五十年来的中国哲学》，第31页。
④ 贺麟：《中国哲学的调整与发扬》，收入氏著《五十年来的中国哲学》，第32页。

理念。①

1945年9月，中国人民抗日战争胜利结束。1946年7月，完成战时使命的西南联合大学停止办学。是年10月，贺麟返回北平。解放战争期间，在北京大学担任训导长的贺麟顶住南京国民政府施加的重重压力，多次出面保护甚至营救思想进步的学生和老师。②北平解放前夕，在与中共地下党有关人员沟通之后，经过慎重思考的贺麟断然回绝蒋介石要他飞往台湾的通知。③1949年1月，北平和平解放，决心"跟着共产党走的"④贺麟迎来了新的学术与政治生命。

四、新中国成立之后

新中国成立初期，贺麟仍在北京大学哲学系任教。1950年

---

① 刘宗贤、蔡德贵：《阳明学与当代新儒学》，中国人民大学出版社，2009，第331页。
② 因此，当1948年12月北京大学举行50周年校庆时，学生会特地送给贺麟一面锦旗，上面绣有"我们的保姆"字样，以表示对贺麟的感谢与爱戴。（张祥龙：《贺麟传略》，载于《晋阳学刊》1985年第6期，第61页。）
③ 平实而论，贺麟与蒋介石在民国时期确有着较为亲密的关系［有关贺麟与蒋介石之私交，可参见黄克武《蒋介石与贺麟》，收入氏著《近代中国的思潮与人物（修订版）》，九州出版社，2016，第420—445页］。然而，诚如周辅成所言："贺先生与蒋介石之间的个人关系也无可指摘，他从未做过其它说不出来的事。"（范进：《贺麟学术思想讨论会发言纪要》，收入宋祖良、范进编《会通集：贺麟生平与学术》，第406页。）在北平围城时期，尽管南京国民政府曾3次派飞机前去接请贺麟，但经过与汪子嵩、袁翰青等中共地下党人的多次坦诚交流，不愿做白俄且扪心自问从未犯错的贺麟毅然选择留在大陆，并明确表示不再与国民党往来。
④ 宋志明：《贺麟评传》，第26页。

10月,贺麟翻译的黑格尔的《小逻辑》出版。该译本此后多次印刷和再版,"可谓现代哲学的思想启蒙,具有极大的读者群,深刻影响了几代中国人的哲学意识"。①从1950年底至1952年春,贺麟积极响应中国共产党的号召,奔赴陕西长安、江西泰和等地参加土地改革工作。有感于这一段走出书斋、投身社会、服务人民的特殊经历,贺麟在1951年4月2日发表了长文《参加土改改变了我的思想——启发了我对辩证唯物论的新理解和对唯心论的批判》。他诚恳地说道:

> 参加土改的经验使我否定了离开事实、离开群众、离开实践而改造思想、改造自我的唯心论观点,而真切体会到植基在辩证唯物论上面的改造思想与搞通思想的真实意义。……现在我才弄明白了,何以只有辩证法唯物论才是真正为无产阶级服务的哲学,何以无产阶级真正觉醒起来,必然会寻找到辩证法唯物论的哲学。②

自此,贺麟正式宣告放弃"新心学"思想,接受了从"唯

---

① 高全喜:《导言——回首百年看贺麟》,收入高全喜编《中国近代思想家文库贺麟卷》,中国人民大学出版社,2014,第7页。
② 贺麟:《参加土改改变了我的思想——启发了我对辩证唯物论的新理解和对唯心论的批判》,收入氏著《哲学与哲学史论文集》,第445—446页。

心论"到"辩证唯物论"的哲学信仰转变。①1955年,贺麟由北京大学调至中国科学院哲学社会科学部哲学研究所(今中国社会科学院哲学研究所),担任西方哲学史研究室主任。1957年起,受反右运动严重影响的贺麟不得不"远离哲学埋头于翻译工作"。②而在"文化大革命"中,被戴上"反动学术权威""反共老手"③等帽子的贺麟"家被抄三次,房屋多次被分占,东西被拿走,还被关起来近一年,后来发遣到河南两年,名为干校劳动,实际上毫无行动自由"。④令人敬佩的是,在1976年粉碎"四人帮"之后,平反昭雪的贺麟依然长期活跃在学术第一线,并以老病之躯"完成了几十万字的译作,编辑出版了自己的讲演集和论文集"。⑤暮年,贺麟"一再表示他的兴趣在中国哲学史,企盼回到中国哲学之重建和中国哲学史的研究中来,可惜时势所限,生也有涯,这位哲人的智慧未能得到充分的施展"。⑥

---

① 值得注意的是,在经历了中华人民共和国成立初期的知识分子思想改造运动之后,贺麟虽然采纳了辩证唯物论的基本立场,也参与了对梁漱溟、胡适的批判,但仍主张要有宣传唯心主义的自由。据贺麟回忆,他在1953年批判梁漱溟的时候曾直言道:"唯心主义有好、有坏,好的唯心主义都曾起过进步作用。"他在1955年批判胡适的时候曾直言道:"唯心主义中有好东西,不能一概抹杀。"(贺麟:《关于哲学史上唯心主义的评价问题》,收入氏著《哲学与哲学史论文集》,第554页。)
② 刘宗贤、蔡德贵:《阳明学与当代新儒学》,第331页。
③ 彭华:《贺麟年谱新编》,载于《淮阴师范学院学报(哲学社会科学版)》2006年第1期,第79页。
④ 张祥龙:《贺麟传略》,载于《晋阳学刊》1985年第6期,第64页。
⑤ 张学智:《前言》,收入张学智编《贺麟选集》,第13页。
⑥ 郭齐勇:《现当代新儒学思潮研究》,人民出版社,2017,第193页。

在学术研究之余，贺麟还兼任了全国政协委员、民盟中央委员、中华全国外国哲学史学会名誉会长等社会职务。1982年，耄耋之岁的贺麟被批准加入中国共产党。1992年9月23日上午8时半，贺麟因病逝于北京，享年九十周岁。

贺麟一生笔耕不辍，他的主要著作有《德国三大哲人处国难时之态度》、《近代唯心论简释》、《当代中国哲学》（今改名为《五十年来的中国哲学》）、《文化与人生》、《现代西方哲学讲演集》、《黑格尔哲学讲演集》、《哲学与哲学史论文集》等；主要译作有马克思的《马克思博士论文：黑格尔辩证法和哲学一般的批判》，开尔德的《黑格尔》，鲁一士的《黑格尔学述》，斯宾诺莎的《伦理学》《知性改进论》，黑格尔的《黑格尔早期神学著作》《小逻辑》《哲学史讲演录》（与王太庆等合译）、《精神现象学》（与王玖兴合译）等。贺麟的著述经其弟子整理，编订成《贺麟全集》，2008年始在上海人民出版社陆续出版。

五、余论

综上所述，关于"贺麟与阳明心学之间的关系"这一问题，我们可以借助历史分期法而梳理出如下脉络：第一，因家学渊源，贺麟自幼便对包含王阳明主要哲学思想的《传习录》略有了解；第二，受信奉陆王的梁启超与梁漱溟的影响，贺麟在清华读书期间对阳明心学已有了较为深入的研究；第三，在长达五年的欧美留学后，贺麟认同并接纳了德国古典哲学的思维形式，从而为他之后运用概念分析来处理中国哲学（特别是陆王心学）这一学术取向奠定了理论基础；第四，在二十世纪三四十年代，贺麟通过编撰《近代唯心论简释》《五十年来的中国哲学》《文化与人生》三部论文集，提揭了其"新心学"思想；第五，新中国成立后，出于种种原因，贺麟将主要学术精力投入到西方哲学的教学、翻译和研究中，最终也就未能彻底建构成体系的现代心学理论。

第二节 贺麟对阳明心学的研究

二十世纪三十年代初期，作为第一代现代新儒家中"新程朱"派的代表，冯友兰通过"就中国历史上各种学问中，将其可以西洋所谓哲学名之者，选出而叙述之"①的方法，从而撰成了被誉为"当时水平最高的一部中国哲学史"②的两卷本《中国哲学史》。在该著中，基于"'接着'宋明以来底理学

---

① 冯友兰：《中国哲学史·上册》，华东师范大学出版社，2015，第3页。
② 张岱年：《近百年来的中国哲学史研究》，载于《文史知识》1999年第3期，第5页。

讲"①的立场,冯友兰对"朱子之学多所发明",②对阳明心学却只进行了"语焉未详""较为简略"③的论述。是故贺麟在读完两卷本《中国哲学史》后,认为该著虽具有"摘录了不少的材料,极便参考之用""解释儒家的'礼'之富于诗味,说法似较新颖"以及"于公孙龙子的学说,他也有特殊研究"④等优点,但因其"对陆王学说太乏同情,斥之为形而下学,恐亦不甚平允。且与近来调和朱陆的趋势不相协和",⑤所以仍然存在不少更求改进的地方。为了纠正冯友兰的认知偏见,以"有我""有渊源""吸收西洋思想"⑥这三点为学术宗旨的贺麟自觉展开了对阳明心学的研究。

---

① 冯友兰:《绪论》,收入氏著《新理学》,生活·读书·新知三联书店,2007,第1页。
② 对于冯友兰在《中国哲学史》中的朱子学研究,陈寅恪曾点评道:"此书于朱子之学多所发明。……今此书作者取西洋哲学观念,以阐明紫阳之学,宜其成系统而多新解。"(陈寅恪:《审查报告三》,收入冯友兰《中国哲学史·下册》,第336页。)
③ 柴文华:《论冯友兰的阳明学》,载于《思想战线》2009年第5期,第100页。
④ 贺麟:《中国哲学的调整与发扬》,收入氏著《五十年来的中国哲学》,第33—34页。
⑤ 贺麟:《中国哲学的调整与发扬》,收入氏著《五十年来的中国哲学》,第34页。
⑥ 贺麟在撰写《文化与人生》的《序言》时,将"有我""有渊源""吸收西洋思想"这三点归纳为自己著书立说的宗旨,他对此解释道:"这书似乎多少可以展现出三个特点:(一)有我。书中绝少人云亦云地抄袭现成公式口号的地方。每一篇都是自己的思想见解和体验的自述,或自己读书有得有感的报告。……(二)有渊源。虽说有我,但并非狂妄自大,前无古人。我的思想都有其深远的来源,这就是中国传统的文化和儒家思想……

一、王阳明的哲学史地位

1930年,著名逻辑学家金岳霖在审查冯友兰的《中国哲学史》上册时,曾意味深长地说道:

> 哲学有实质也有形式,有问题也有方法。如果一种思想的实质与形式均与普遍哲学的实质与形式相同,那种思想当然是哲学。如果一种思想的实质与形式都异于普遍哲学,那种思想是否是一种哲学颇是一问题。有哲学的实质而无哲学的形式,或有哲学的形式而无哲学的实质的思想,都给哲学史家一种困难。"中国哲学",这名称就有这个困难问题。所谓中国哲学史是中国哲学的史呢?还是在中国的哲学史呢?如果一个人写一本英国物理学史,他所写的实在是在英国的物理学史,而不是英国物理学的史;因为严格的说起来,没有英国物理学。哲学没有进步到物理学的地步,所以这个问题比较复杂。写中国哲学史就有根本态度的问题。这根本态度至少有两个:一个态度是把中国哲学当作中国国学中之一种特别学问,与普遍哲

(三)吸收西洋思想。有渊源,发扬传统文化,却并不顽固守旧。对于西洋人的文化思想和哲学,由于作者多年来的寝馈其中,虚心以理会之,切己以体察之,期望将其根本精神,用自己的语言,解释给国人,使中国人感到并不陌生。"(贺麟:《序言》,收入氏著《文化与人生》,第9页。)

学不必发生异同的程度问题;另一态度是把中国哲学当作发现于中国的哲学。①

金岳霖的上述看法,可取之处在于明确了"哲学"与"思想""国学"等"非哲学"之间的边界。不过,只要细品金岳霖将西方哲学预设为"普遍哲学"的"根本态度",便可觉察到此段话的真实目的是表达他对中国哲学合法性的质疑。

应当指出,同样具有深厚西学素养的贺麟并不赞成金岳霖的观点。②他讲:

> 今后中国哲学的新发展,有赖于对于西洋哲学的吸收与融会,同时中国哲学家也有复兴中国文化、发扬中国哲学,以贡献于全世界人类的责任自不待言。并且我们要认识哲学只有一个,无论中国哲学西洋哲学都同是人性的最高表现,人类理性发挥其光辉以理解宇宙人生,提高人类精神生活的努力。无论中国哲学,甚或印度哲学,都是整个哲学的一支,代表整个哲学的一方面,我们都应该把它

---

① 金岳霖:《审查报告二》,收入冯友兰《中国哲学史·下册》,第334页。
② 出于种种原因,贺麟并没有在其公开发表的文章中指名道姓地驳斥金岳霖。不过,在《西方哲学的绍述与融会》一文中,贺麟还是借对金岳霖哲学思想的分析而隐晦地批评道:"金先生以独创的且习于'用英文想'的元学思想,而又多少采取了'旧瓶装新酒'的办法,用了一些宋明理学的旧名词以表达之。往往增加理解的困难,而未必能达到他所预期的感情的满足。"(贺麟:《西方哲学的绍述与融会》,收入氏著《五十年来的中国哲学》,第43页。)

第五章 贺麟与阳明心学

们视为人类的公共精神产业,我们都应该以同样虚心客观的态度去承受,去理会,去撷英咀华,去融会贯通,去发扬光大。中西哲学诚然有分别,有异同,有其偏颇陈旧而不适于现代生活之处,我们可以加以分辨,加以考察,加以批评,但如果对于两方均有深切了解的话,不能说中西哲学间有无法沟通的隔阂,有霄壤的差别。①

贺麟坚信,"哲学只有一个",凡是以"人类理性"去"理解宇宙人生""提高人类精神生活"的,都属于哲学的题中应有之义。因此,他虽然支持学界适当援引西方哲学的理论去解析、阐扬中国古代文化,但再三强调此方案能够实行的根本前提在于承认中国哲学作为"整个哲学的一支"而本身就具备的合法性。

既然中国有哲学,那么贺麟又是如何安顿王阳明在中国哲学史上的地位呢?一方面,将心学当作理论出发点的贺麟自然十分推崇王阳明。他称赞道:

> 我们知道中国哲学史上有几大柱石,如孔、孟、老、庄、程、朱、陆、王等;而同样的西洋哲学史上亦有其大柱石,亦有其孔、孟、老、庄、程、朱、陆、王。这些哲学史上的柱石便叫做古典的哲学家(classical philosophers)。所

---

① 贺麟:《中国哲学与西洋哲学(代序)》,收入氏著《近代唯心论简释》,第264页。

谓"古典的"哲学家,大概是指他们的著作不怕时间的淘汰,打破地域的阻隔,是比较有普遍性,不拘任何人在任何时间任何地域,翻开他们的著作来读,都可以有"深获我心的"感觉的。还有一层,"古典的"（classical）三字,有时又称为"典型的",意谓这些典型哲学家或他们的著作,与古典或古董有类似的性质。古典每每源远而流长,而古董的特色就是流传的时间愈久地域愈远,而价值有时反愈高。①

贺麟认为,在中国哲学史上,与孔子、孟子、老子、庄子、二程、朱熹、陆九渊等同享"柱石"地位的王阳明是一位超越了历史及地域的"古典的哲学家",其著作如"古董"般随时间的流逝而愈久弥珍。

身为一名宗主陆王的现代新儒家,贺麟却并不固守程朱、陆王之间的门户之见。他讲:

> 程朱陆王都同是要讲身心性命格物穷理之学,所不同者只是程朱主张先格物穷理,而后明心见性,先今日格一物,明日格一物,而后豁然贯通,吾心之全体大用无不明。陆王主张先发明本心,先立乎大者,先体认良知,然

---

① 贺麟:《康德名词的解释和学说的大旨》,收入氏著《近代唯心论简释》,第138页。

后致良知，然后致吾心之良知于事事物物。①

贺麟认为，尽管程朱、陆王在本体工夫论上确立的宗旨确有差异，但考虑到"性与天道"是宋明理学家们普遍关注的主题，故他们仍属于"身心性命格物穷理之学"。换言之，理学、心学这两派的学术分歧终归只是儒家内部的争辩，争辩的双方依然有着许多共通的价值理念。所以，他对那些只研究程朱或者只研究陆王的学说批判道：

> 讲程朱而不能发展至陆王，必失之支离；讲陆王而不能回复到程朱，必失之狂禅。②

尤为可贵的是，在对宋明理学展开"讲陆王且回复到程朱"的系统研究后，贺麟相当坦然地把程朱的学术地位排在了陆王之上。他讲：

> 西洋哲学上主要的派别，只有唯心论、唯物论二派。……唯物论者离心而言实在，离理而言实在，离价值而言实在。换言之，唯物论者以为真实之物，是离意识而独立存在，是不一定合理性合理想，有价值有意义的。唯

---

① 贺麟：《王安石的哲学思想》，收入氏著《文化与人生》，第282页。
② 贺麟：《西方哲学的绍述与融会》，收入氏著《五十年来的中国哲学》，第46页。

心论者则合心而言实在，合理而言实在，合意义价值而言实在。换言之，唯心论者认为心外无物，理外无物，不合理性，不合理想，未经过思考，未经过观念化的无意义无价值之物，均非真实可靠之物或实在。……唯心论亦可分为两派。一为主观的唯心论，注重心灵之自由创造，及自我之刚健本性。西洋以柏拉图、康德、费希特为代表。中国则可以孟子、陆象山、王阳明为代表。一为客观唯心论，注重宇宙秩序（天理或天道）之神圣性及自然与人生法则之协和性。宇宙与人生皆有其理想的精神意味和灵明的秩序法则，但又不偏于个人主观的愿望和私智。此派西洋哲学中比较缺乏，可以亚里士多德、斯宾诺莎及德国大诗人歌德及现代之怀特海为代表。黑格尔尝自称其哲学为客观唯心论，但亦不免稍偏主观。中国哲学中，则当以孔子及朱子为此最伟大高明的学派之代表。①

跟绝大多数的哲学家一样，贺麟将哲学划分为唯心、唯物两大派别。很明显，他并不讳言自己是一位主张"合心而言实在，合理而言实在，合意义价值而言实在"的唯心论者。而且，他还认为，如果按照西方哲学的观点，陆王心学和程朱理学就分别是唯心论中的"主观唯心论"和"客观唯心论"。在他看来，陆王心学借"发明本心""致良知"等本体工夫

---

① 贺麟：《中国哲学与西洋哲学（代序）》，收入氏著《近代唯心论简释》，第265—267页。

论，虽极大地突出了心体的内在完满性，可由此也产生了偏向个人主观意志的瑕疵；相形之下，还是借"格物穷理""主敬涵养"等平实方法以获得天人合一境界的程朱理学更"伟大高明"。质言之，贺麟的"新心学"思想表面上是绍述陆王，然而"骨子里心学、理学的对立，已经被他解除了，程朱陆王间的矛盾，已经被他消融了"。①

二、"心即理"问题

一般来说，在宋明理学史上之所以将陆王并称，是因为他们都坚持"心即理"的根本立场。在《陆象山集》中，有关"心即理"的论述仅见一处：

> 孟子曰："心之官则思，思则得之，不思则不得也。"又曰："存乎人者，岂无仁义之心哉？"又曰："至于心，独无所同然乎？"又曰："君子之所以异于人者，以其存心也。"又曰："非独贤者有是心也，人皆有之，贤者能勿丧耳。"又曰："人之所以异于禽兽者几希，庶民去之，君子存之。"去之者，去此心也，故曰"此之谓失其本心"。存之者，存此心也，故曰"大人者，不失其赤子之心"。四端者，即此心也；天之所以予

---

① 贺麟：《王船山的历史哲学》，收入氏著《文化与人生》，第256页。

我者，即此心也。人皆有是心，心皆具是理，心即理也，故曰"理义之悦我心，犹刍豢之悦我口"。①

陆九渊的这段话主要有三层含义：第一，从根本上讲，"心"不是具有认知能力的感觉器官，而是统摄仁、义、礼、智这"四端"的"本心"；第二，每个人都先天具有的"本心"的"去"与"存"，是衡量"庶民"与"君子"的道德标志；第三，既然"本心"乃道德准则和价值规范的根源，那么，此"本心"即是具有普遍意义的"理"。

从陆九渊的引证看，他的"心即理"说基本是"因读孟子而自得之"。②相对而言，王阳明则是在经历了对程朱理学的琢磨之后才体悟出"心即理"。据《传习录》记载，王阳明在一场与其弟子徐爱的对话中③首次④揭橥"心即理"：

爱问："'知止而后有定'，朱子以为'事事物物皆有定理'，似与先生之说相戾。"先生曰："于事事物

---

① 《与李宰·二》，《陆九渊集》卷十一，中华书局，1980，第149页。
② 《语录下》，《陆九渊集》，第471页。
③ 据《年谱》记载："七年壬申，先生四十一岁，在京师。……十二月，升南京太仆寺少卿，便道归省。与徐爱论学……今之传习录所载首卷是也。"（《年谱一》，《王阳明全集》，第1362页。）由此可见，这场师生对话大致发生在正德七年（1512），距王阳明离开龙场（正德五年，1510）约有两年。
④ 不同于在《陆象山集》中，"心即理"仅见一处；在《传习录》的记载中，"心即理"几乎成为王阳明的口头禅。（相关研究可参见吴震：《〈传习录〉精读》，复旦大学出版社，2011，第62—74页。）

物上求至善，却是义外也。至善是心之本体，只是'明明德'到'至精至一'处便是。然亦未尝离却事物，本注所谓'尽夫天理之极，而无一毫人欲之私'者得之。"爱问："至善只求诸心，恐于天下事理有不能尽。"先生曰："心即理也。天下又有心外之事，心外之理乎？"爱问："如事父之孝，事君之忠，交友之信，治民之仁，其间有许多理在，恐亦不可不察。"先生叹曰："此说之蔽久矣，岂一语所能悟！今姑就所问者言之：且如事父，不成去父上求个孝的理？事君，不成去君上求个忠的理？交友治民，不成去友上、民上求个信与仁的理？都只在此心，心即理也。此心无私欲之蔽，即是天理，不须外面添一分。以此纯乎天理之心，发之事父便是孝，发之事君便是忠，发之交友治民便是信与仁。只在此心去人欲、存天理上用功便是。"①

徐爱的问题在于：按照朱熹"事事物物皆有定理"的观点，如果只向自己心里去寻求"至善"原理，恐怕就无法穷尽天下众多事物之理。但是，王阳明斩钉截铁地回答道："心即理也。天下又有心外之事，心外之理乎？"他认为，诸如"孝""忠""信""仁"之类的"至善"原理都存在于行为者的"心之本体"中，而不存在于行为的对象上。这意味着，

---

① 《传习录》上，《王阳明全集》，第2—3页。

行为者只消保持此"纯乎天理"的"心之本体","无一毫人欲之私",其为人处事自然会合乎道德纲常。

那么,承袭陆王学脉的贺麟又是如何看待"心即理"这一命题的呢?对此,贺麟主要是通过梳理中国哲学史,从而将陆王二人对"心即理"的解读融会贯通。他讲:

> 总之,我的看法,以为"物者理也""性者理也""心者理也""天者理也"就是扩充哲学的领域,将物、性、心、天皆纳于哲学思考之内,使哲学正式成为理学的伟大见解。但这些见解,都已在先秦的儒家典籍中,隐约地、浑朴地、简贱地通通都具备了。到了宋儒才将这些伟大哲学识度重新提出来,显明地、系统地、精详地加以发挥。而朱子对于心与理的关系的问题,尤甚费踌躇,而陆象山直揭出"心即理也"一语,贡献尤伟。盖前此之言心者,皆不过注重(1)正心诚意的涵养问题,(2)以吾心之明去格物穷理的方法问题,(3)明心见性的禅观问题。自陆象山揭出"心即理也"一语以后,哲学乃根本掉一方向。心既是理,理既是在内而非在外,则无论认识物理也好,性理也好,天理也好,皆须从认识本心之理着手。不从反省心着手,一切都是支离鹜外。心既是理,则心外无理,心外无物。而宇宙万物,时空中的一切也成了此心之产业,而非心外之傥来物了。……所以由"物者理也""天者理也""性者理也"的意思,进而发展到"心

者理也"的思想,是先秦儒以及宋明儒的大趋势。①

据贺麟研究,"心即理"说的发展与中国哲学史的逻辑进程深相契合:早在先秦时期,儒学的开拓者们就已经"将物、性、心、天皆纳于哲学思考之内";及至宋朝,以程朱为代表的理学家们沿着先秦儒学的内在理路,"重新提出"了"物者理也""天者理也""性者理也"等"伟大哲学识度";不同于"朱子对于心与理的关系的问题,尤甚费踌躇",与朱熹身处一个时代的陆九渊则拈出"心即理也",开创了从理学到心学的儒学研究新方向;明儒王阳明在"龙场悟道"之后,始信心学,并最终成功构建起一套以"心即是理,则心外无理,心外无物"为主旨的哲学体系。

基于陆九渊的"东圣西圣,心同理同"说,②贺麟认为,在西方哲学史上必定同样存在着由"物者理也""天者理也""性者理也"进而发展到"心者理也"的演变轨迹。他讲:

---

① 贺麟:《时空与超时空》,收入氏著《近代唯心论简释》,第23页。
② "东圣西圣,心同理同"出自陆九渊所说的"东海有圣人出焉,此心同也,此理同也。西海有圣人出焉,此心同也,此理同也"这句话。(《谥议》,《陆九渊集》,第388页。)而在贺麟看来,"东圣西圣,心同理同"这一具有普遍主义意味的观念,是开展中西哲学之比较研究的前提。他说:"儒家的理学为中国的正宗哲学,亦应以西洋的正宗哲学发挥中国的正宗哲学。因东圣西圣,心同理同。苏格拉底、柏拉图、亚里士多德、康德、黑格尔的哲学与中国孔孟、老庄、程朱、陆王的哲学会合融贯,而能产生发扬民族精神的新哲学,解除民族文化的新危机,是即新儒家思想发展所必循的途径。"(贺麟:《儒家思想的新开展》,收入氏著《文化与人生》,第15页。)

中国哲学史如此发展，西方哲学史发展的次序也并无二致。……据我看来，"物者理也""性者理也""天者理也""心者理也"种种见解，已隐约地、浑朴地、平正地、美妙地、简赅地通通具于从苏格拉底到亚里士多德时期的正统哲学思想中了。近代哲学中，笛卡尔可以说是第一个正式提出物与理、性与理、天与理、心与理的关系的种种问题的人，他对这些问题虽辟开一条新路，且有不少的启示，但究竟未尝提出正当不二的答案。惟斯宾诺莎方才系统地、明白地、精密地达到"天者理也""物（自然）者理也""性者理也"的伟大形而上学见解，而加以有力的发挥。对于心与理的关系，斯宾诺莎亦有不少的启示，如认真观念为观念之观念（idea ideal），换言之即理，认心灵的一部分（即心与理之一部分）永恒不灭的，但究未直切明快提出心者理也之说。英国经验主义自洛克到休谟，真可以说是离理而言心的心学，对于性、天、物差不多都纯用原子式的心理经验中的观念的联合以解释之。但他们对于方法上有一伟大的贡献，为哲学开辟了一个新方向，即是须从意识现象、须从内心经验去研究物、性、天、理等哲学范畴。换言之，他们指出唯有考查意识历程，分析内心经验，才是了解外界自然的关键。康德崛起，一方面，把握住理性派的有普遍必然性的理，一方面又采取了经验派向内考察认识能力的方法，但先天逻辑的方法代替了心理学的方法，对于人类心灵的最高能力，纯理性,郑重地加以批评的考察,因而成立了他的即心即理亦心学亦理学的批导哲学或先天哲学。①

由此可见,贺麟是采用比较哲学的立场,考察了西方自苏格拉底、亚里士多德、笛卡尔、斯宾诺莎、洛克、休谟至康德的哲学史:早在古希腊时期,"物者理也""性者理也""天者理也""心者理也"种种观点便隐然出现;及至近代,唯理主义者和经验主义者从形而上学的角度,纷纷展开了关于"物、性、天、理等哲学范畴"的争辩;待康德出现,他通过"先天逻辑的方法",不但消弭了唯理主义者和经验主义者之间的分歧,而且成立了"即心即理亦心学亦理学的批导哲学或先天哲学"。显然,贺麟这里对"心即理"的理解,已经不再囿于伦理学的窠臼,而是选择了知识论的态度。换言之,兼具东西方学养的贺麟自发地把中国哲学的范畴体系与西方哲学的理性思维结合起来,以此重新诠释了陆王"心即理"的本体论。关于这个问题,笔者将在后文中展开更详细的讨论。

三、"知行合一"问题

"知行合一"是王阳明三十八岁时提出的哲学命题。②据

---

① 贺麟:《时空与超时空》,收入氏著《近代唯心论简释》,第23—24页。
② 据《年谱》记载:"四年己巳,先生三十八岁,在贵阳。提学副使席书聘主贵阳书院。是年先生始论知行合一。"(《年谱一》,《王阳明全集》,第1355页。)

贺麟研究，王阳明"对于知行合一说之发挥，颇得力于与他的第一个得意弟子，他的颜回——徐爱的问题切磋"，"及徐爱短命死后，他便很少谈知行合一问题"。①受此影响，不仅是王阳明的"各派门徒"对"知行合一"说"没有新的发挥，甚至连提也绝少提到"，②哪怕是他的批判者，"对知行合一说，有学理的发挥，有透彻的批评和考察的"，③似乎也很少。然而，贺麟却十分重视王阳明的"知行合一"说。在他看来，"知行合一说虽因表面上与常识抵触，而易招误解，但若加正当理解，实为有事实根据，有理论基础，且亦于学术上求知，道德上履践，均可应用有效的学说"。④贺麟对王阳明的"知行合一"说进行了系统阐明。

首先，贺麟介绍了王阳明提出"知行合一"说的学术背景。贺麟认为，知行问题是中国哲学的重要内容，而"中国哲学史上对知行问题作了多方面的讨论并有重大影响的哲学家当首推朱熹"。⑤依贺麟之见，朱熹知行观的基本思路是"把知行分出为两截，坚持知先行后"。⑥他引用朱熹的原话作为立论依据：

---

① 贺麟：《知行合一新论》，收入氏著《五十年来的中国哲学》，第137页。
② 贺麟：《知行合一新论》，收入氏著《五十年来的中国哲学》，第137页。
③ 贺麟：《知行合一新论》，收入氏著《五十年来的中国哲学》，第137页。
④ 贺麟：《知行合一新论》，收入氏著《五十年来的中国哲学》，第137页。
⑤ 贺麟：《知行合一问题——由朱熹、王阳明、王船山、孙中山到〈实践论〉》，收入氏著《五十年来的中国哲学》，第203页。
⑥ 贺麟：《知行合一问题——由朱熹、王阳明、王船山、孙中山到〈实践论〉》，收入氏著《五十年来的中国哲学》，第203页。

他的白鹿洞书院学规提出了有名的先"博学之、审问之、慎思之、明辨之",而后"笃行之"的步骤。他总认为学者应先格物穷理,后方能躬行实践。他生平所艰苦用力的工夫就在于"穷理以致其知,反躬以践其实"。他一再地说:"义理不明,如何履践?如人行路,不见便如何行?""万事皆在穷理后,经不正,理不明,看他如何履践?也只是空!"①

从上述之言的内在逻辑来看,贺麟认为朱熹"把知行截然分为二事,然后又去求两者的结合或兼而有之的作风"②并无大碍,且"他本人的确从他自己的生活里躬行实践了他自己的学说"。③不过,朱熹的"知先行后"说在之后的几百年里被封建统治阶级曲解成了"孤立地机械地分知行为二截,方法不辩证,没有看出知行的内在联系和知行之反复推移矛盾发展的关系",④故产生了使后学"根本忘掉了实践,甚至轻视实际工作""陷于教条主义和命令主义的错误"与"陷于缺乏原则

---

① 贺麟:《知行合一问题——由朱熹、王阳明、王船山、孙中山到〈实践论〉》,收入氏著《五十年来的中国哲学》,第203页。
② 贺麟:《知行合一问题——由朱熹、王阳明、王船山、孙中山到〈实践论〉》,收入氏著《五十年来的中国哲学》,第203页。
③ 贺麟:《知行合一问题——由朱熹、王阳明、王船山、孙中山到〈实践论〉》,收入氏著《五十年来的中国哲学》,第203—204页。
④ 贺麟:《知行合一问题——由朱熹、王阳明、王船山、孙中山到〈实践论〉》,收入氏著《五十年来的中国哲学》,第204页。

性和学理基础的经验主义的偏差"这三点坏处。① 贺麟指出，王阳明之所以倡导"知行合一"说，其目的正是想补救朱熹及其后学"知与行相脱离的偏向和弊病"。②

然后，贺麟深入分析了王阳明的"知行合一"说。贺麟认为，"阳明的知行合一说，本有两个含义"，③其中的第一个含义是"补偏救弊说的知行合一"。④他引用王阳明的原话作为立论依据：

> 行之明觉精察处，便是知；知之真切笃实处，便是行。若行而不能明觉精察，便是冥行，便是"学而不思则罔"，所以必须说个知；知而不能真切笃实，便是妄想，便是"思而不学则殆"，所以必须说个行：元来只是一个工夫。凡古人说知行，皆是就一个工夫上补偏救弊说，不似今人截然分作两件事做。某今说知行合一，虽亦是就今时补偏救弊说，然知行体段亦本来如是。⑤

王阳明主要是想表达这样一种观点：实践行为如果没有良知的明察监督，那么就是盲目的"冥行"；求知活动如果最终

---

① 贺麟：《知行合一问题——由朱熹、王阳明、王船山、孙中山到〈实践论〉》，收入氏著《五十年来的中国哲学》，第204—205页。
② 贺麟：《知行合一问题——由朱熹、王阳明、王船山、孙中山到〈实践论〉》，收入氏著《五十年来的中国哲学》，第205页。
③ 贺麟：《知行合一新论》，收入氏著《五十年来的中国哲学》，第152页。
④ 贺麟：《知行合一新论》，收入氏著《五十年来的中国哲学》，第152页。
⑤ 《文录三·答友人问》，《王阳明全集》，第232页。

没有付诸认真笃实的践行，那么就是虚幻的"妄想"。因而，贺麟认为，"补偏救弊说的知行合一"正是为治"冥行"或"妄想"才发明的。他讲：

> 所谓补偏救弊的说法，即是勉强将知行先分为二事，有人偏于冥行，便教之知以救其弊；有人偏向妄想，便教之行以救其弊。必使他达到明觉精察之行，真切笃实之知，或知行合一而后已。①

当然，"补偏救弊说的知行合一"只是一种"勉强将知行先分为二等事"的权宜之计，终究无法算作王阳明知行学说的真意。于是，贺麟拈出了"知行合一"的第二个含义，即"本来如是的知行合一，或知行本来的体段"。②他再次引用《传习录》的记载作为立论依据：

> 爱问："如今人尽有知得父当孝、兄当弟者，却不能孝、不能弟，便是知与行分明是两件事。"先生曰："此已被私欲隔断，不是知行的本体了。未有知而不行者，知而不行，只是未知。圣贤教人知行，正是要复那本体，不是着你只恁的便罢。故大学指个真知行与人看，说'如好好色，如恶恶臭'。见好色属知，好好色属行。只见那好

---

① 贺麟：《知行合一新论》，收入氏著《五十年来的中国哲学》，第152页。
② 贺麟：《知行合一新论》，收入氏著《五十年来的中国哲学》，第152页。

色时已自好了，不是见了后又立个心去好。闻恶臭属知，恶恶臭属行，只闻那恶臭时已自恶了，不是闻了后别立个心去恶。"①

借助人见好色时自能好、闻恶臭时自能恶的例子，王阳明断定"知行合一"乃知行本来如是、本该应有的状态，反之，如果"知而不行"，便是未能真正把握知行本体。对此，贺麟更进一步补充道：

> 他主张即知即行，知行之间没有长远的距离，当知道时直接即发为行为。一念之动就是行。学问思辨本身即是行为，不是在学问思辨之外或之后，另有所谓行为。同时孝父、事兄、从政的行为中本身即包含有学问思辨。他举例说，好好色，恶恶臭，皆是于见好色闻恶臭之时当下即发出好好色、恶恶臭的行为。犹如看见老虎当下即发出逃避的行为，推之见父自知孝，见兄自知敬，都是良知，也都是当下知行便是合一的。知行不合一，一定有了蒙蔽或阻碍，是我们须得克服的病态。②

贺麟认为，不同于将"知"和"行"打作两橛的"补偏救

---

① 《传习录》（上），《王阳明全集》，第4页。
② 贺麟：《知行合一问题——由朱熹、王阳明、王船山、孙中山到〈实践论〉》，收入氏著《五十年来的中国哲学》，第205页。

弊说的知行合一","本来如是的知行合一"则主张"当下知行便是合一",遂彻底贯通了学问思辨和笃实力行之间的隔阂。贺麟强调,这种见父自知孝、见兄自知悌的"即知即行"的"知行合一"说,"既非高远的理想,亦非自然的冲动,更非盲目的本能",而是道德主体"自动的、率真的、不假造作的自会如此的知行合一"。①

最后,贺麟客观评价了王阳明以"本来如是的知行合一"为主旨的"知行合一"说。一方面,贺麟给予了高度赞扬。他讲:

> 他的知行合一说使得一般平民均可在短期内受到感悟,使得满街的人均可以做圣人,使得人人相信他当下的直观、直感或内心的认识,因而敢于打击传统的风俗礼教、圣贤的权威和书本上的教条。换言之,使得在层层封建压迫下的人敢于发"狂"。对于在科举牢笼下的人也有相当解放的作用。他尝说:"不以不得第为耻,而以不得第动心为耻。"所以阳明学说向左发展便产生了接近唯物论的感觉主义者和浪漫的反抗礼教,敢于发狂,敢于打破男女、农夫与士大夫的界限的"猖狂末流"。它在当时有了一定的进步作用是可以肯定的。②

---

① 贺麟:《知行合一新论》,收入氏著《五十年来的中国哲学》,第155页。
② 贺麟:《知行合一问题——由朱熹、王阳明、王船山、孙中山到〈实践论〉》,收入氏著《五十年来的中国哲学》,第205—206页。

贺麟认为，相比于朱熹的"知先行后"说所造成的种种"知而不行"的流弊，王阳明的"知行合一"说因支持道德践履才是实现个人价值之最终因素的理念，从而在加速明代中晚期儒学世俗化进程的同时激发了思想界前所未有的自由风气。另一方面，贺麟也揭橥了该说仍存在的局限性。他讲：

> 不过阳明学说的基本观点虽对朱熹的知行二元论有了相当补救，但他仍坚持"知是行之始，行是知之成"的知先行后说或知主行从说，不过知行的距离比较短一点罢了。他所说的知行合一，不是唯物的，改造客观世界的，经过曲折反复，千锤百炼，矛盾发展，在社会实践中实现了的知与行，理论与实践的辩证结合，而只是主观上内心体验里"随感而应"，"寂然不动，感而遂通"，甚或由静坐方法得来的个人道德修养的境界。因此，他的知行合一说表面上好像注重实践，然而于改革社会、提高生产、研究自然的科学实践都没有什么裨益。①

贺麟的这段话主要有两层含义：第一，虽然王阳明的"知行合一"说"对朱熹的知行二元论有了相当补救"，但细审之，"知先行后说或知主行从说"依旧是贯穿王阳明知行观的基本原则；第二，考虑到王阳明设定的"知""行"范畴往往

---

① 贺麟：《知行合一问题——由朱熹、王阳明、王船山、孙中山到〈实践论〉》，收入氏著《五十年来的中国哲学》，第206页。

拘泥于对伦理道德的体认与践履，而不是知识论意义上的"知识""实践"，故他的"知行合一"说并不能成为除"个人道德修养"以外的其他一切行为的理论根据。所以，贺麟便尝试运用知识论的思维方式去重新诠释"知行合一"。关于这个问题，笔者将在后文中展开更详细的讨论。

四、"致良知"问题

"致良知"是王阳明五十岁时提出的哲学命题。① 王阳明尝说："吾平生讲学，只是'致良知'三字。"② 但事实上，即便是在暮年，王阳明也并未否定自己在龙场时所悟得的"知行合一"，反而非常自觉地从良知本体的角度来重新审视该说。他讲：

> 道心者，良知之谓也。君子之学，何尝离去事为而废论说？但其从事于事为论说者，要皆知行合一之功，正所以致其本心之良知，而非若世之徒事口耳谈说以为知者，分知行为两事，而果有节目先后之可言也。③

---

① 据《年谱》记载："十有六年辛巳，先生五十岁，在江西。正月，居南昌。是年先生始揭致良知之教。"（《年谱二》，《王阳明全集》，第1411页。）
② 《续编一·寄正宪男手墨二卷》，《王阳明全集》，第1091页。
③ 《传习录》（中），《王阳明全集》，第58页。

依王阳明之见,"知行合一"的目的乃"致其本心之良知"。换言之,"致良知"本身其实已经包含了"知行合一"的理论意义。对阳明心学中的这一转出,贺麟深有体会。他讲:

> 阳明初期倡知行合一之说,知行合一只是论知与行的关系的学说,对于知行关系之逻辑的分析和心理的研究虽有贡献,但既非本体论,亦非方法论,所以后来他才提出致良知之教,才算寻着了体用兼赅的学说。①

按照贺麟的观点,从"知行合一"到"致良知",在某种程度上也标志了王阳明哲学体系的最终形成。

那么,究竟要如何阐释此"体用兼赅"的"致良知"说呢?通过对《传习录》相关文本的反复推敲,贺麟讲:

> 阳明的良知,即是象山的本心。阳明的致良知,即是象山的回复本心或启发本心。前者是本体,后者是工夫或方法。……良知是本体,致良知是工夫,而他特别着重致良知的工夫。试看阳明下面一段话:"人心是天渊,心之本体无所不赅,原是一个天,只为私欲障碍,则天之本体失了。心之理无穷尽,原是一个渊,只为私欲窒塞,则渊之本体失了。如今念念致良知,则此障碍窒塞一齐去尽,

---

① 贺麟:《宋儒的思想方法》,收入氏著《近代唯心论简释》,第81—82页。

则本体已复，便是天渊了。"（《传习录》下）这已显然见得阳明的致良知即是象山的回复本心的工夫了。①

由这段话可以看出，贺麟视王阳明的"致良知"说为陆九渊的"回复本心"说的继承和发展。贺麟认为，在王阳明的哲学体系中，与象山所谓"本心"一样指代先验道德理性、具有普遍价值意义的"良知"是本体，与象山所谓"回复本心"一样旨在回复本然之性、剥落私欲意见的"致良知"是工夫。需要关注的是，相比于内在超越的"良知"本体，贺麟认为王阳明本人更推崇将此至善本体贯彻落实到日常道德践履中的"致良知"工夫。因此，贺麟曾在其撰写于1938年6月12日的一篇日记里面，对笃信"良知现成"的浙中王门、泰州王门批判道：

> 而龙溪、泰州则以猖狂乖僻之行径，豪放粗疏之才气著称，无补于学术真传也。②

据贺麟研究，自王阳明提出"致良知"说以后，他对《大学》便有了新的理解。贺麟讲：

> 他更进一步将《大学》上的"格物"解释成向内自致

---

① 贺麟：《宋儒的思想方法》，收入氏著《近代唯心论简释》，第81—82页。
② 贺麟：《唐君毅先生早期哲学思想》，收入氏著《哲学与哲学史论文集》，第206页。

良知的意思，以与朱子向外穷究物理的解释对抗，而发挥象山回复本心的说法。他说："格物如孟子'大人格君心'之格，格者正也。格物者是去其心之不正，以全其本体'良知'之正。"这样说来，不管他是否曲解原书，他所指格物，就是致良知，就是消极的克去此心之不正，积极的回复到本心之正。甚至于《大学》上的"止至善"一语，他也本六经注我的精神，解释成致良知以回复本然之性的意思："至善者性也，性元无一毫之恶，故曰至善。止之，是复其本原而已。"（《传习录》上）①

贺麟强调，不同于朱熹在《大学章句》中用"事理当然之极"②"穷至事物之理"③来诠释"至善""格物"，本着"六经注我"精神的王阳明则冥心独造地将这两者分别诠释为"良知""致良知"，以此显得更加圆融无碍。

别有意趣的是，贺麟还特意将"致良知"说与西方哲学进行比较。他讲：

于此足见象山之所谓本心，阳明所谓良知绝不是经验派的人如洛克所攻击的天赋观念（innate ideas），而洛克所谓由乳母之迷信，老妇之权威，邻居之喜怒赞否而积渐

---

① 贺麟：《宋儒的思想方法》，收入氏著《近代唯心论简释》，第82页。
② 《大学章句》，《四书章句集注》，第4页。
③ 《大学章句》，《四书章句集注》，第5页。

侵入儿童纯洁之头脑，及长，又加以风俗习惯的追认的外铄的道德观念，不惟不是陆王所谓本心或良知，恐正是象山所认为桎梏本心之物，须得剖剥磨切的，亦正是阳明所认为蒙蔽良知之物，须得格正扫除的。因此若谓陆王的本心或良知乃即是洛克所排斥的遵守传统观念，服从外界权威，使人作习俗之奴隶的天赋观念，实未免厚诬古人。若要勉强持陆王之说以与西洋思想相比拟，可说是略近于康德的道德律。康德所谓道德律即是我固有之，非由外铄，心与理一的良心或本心。要想认识这种道德律，不能向外钻究，只须向内反省。因为陆王的本心，既非经验所构成，故他们的方法不能采取向外研求的经验方法，而特别提出向内反省以回复本心的直觉法。①

受经验主义者洛克的"白板说"的启迪，贺麟认为王阳明提出的"良知"本体不能被反向格义成唯理派的"天赋观念"，而是"略近于康德的道德律"。在他看来，"良知"与"道德律"一样，都指代内在而又超越的先天道德法则；"致良知"与"直觉"一样，都注重用理智的同情向内反省体察。可以说，贺麟是现代新儒家当中最早注意到陆王心学与康德哲学具有共通点的学者，他的这一发现得到了基本上所有的现代新儒家的认同。②

----

① 贺麟：《宋儒的思想方法》，收入氏著《近代唯心论简释》，第82—83页。
② 参见宋志明《贺麟评传》，第122页。

五、陆王心学与中国现代哲学

1894年，中国在甲午战争中惨败于日本，帝国主义列强趁势掀起了瓜分中国的狂潮。客观来看，这场空前的灾难不仅使早已存在的民族危机变得愈发严重，同时也"迫逼"①着中国哲学不断推陈出新。对此，贺麟在其1945年发表的《中国哲学的调整与发扬》②一文中，有着相当明确的认识。他讲：

> 近五十年来，中国的哲学界即或没有别的可说，但至少有一点可以称道的好现象，就是人人都表现出一种强烈的"求知欲"，这种求知欲也就是哲学所要求的"爱智之忱"。……这五十年来特别使得国人求知欲强烈的主因，是由于大家认为哲学的知识或思想，不是空疏虚幻的玄想，不是太平盛世的点缀，不是博取科第的工具，不是个人智巧的卖弄，而是应付并调整个人以及民族生活上、文化上、精神上的危机和矛盾的利器。……大体上讲来，中国哲学在近五十年来是有了进步。这进步的来源，可以说

---

① 贺麟：《中国哲学的调整与发扬》，收入氏著《五十年来的中国哲学》，第15页。
② 本文原名为《五十年来的哲学》，乃贺麟应《五十年来的中国》（胜利出版公司，1945）一书的主编潘公展之约而写。同年，贺麟将《五十年来的哲学》改名为《中国哲学的调整与发扬》，并在此基础上写成《当代中国哲学》一书。新中国成立后，贺麟将《当代中国哲学》最终修订为《五十年来的中国哲学》。

是由于西学的刺激,清末革新运动的勃兴,从佛学的新研究里得到方法的训练和思想识度的提高与加深。我们试简单地结算一下,至少有了下列几点,可以值得我们大书特书:(一)在这几十年中,陆王之学得了盛大的发扬;(二)儒、佛的对立,得了新的调整;(三)理学中程朱与陆王两派的对立,也得了新的调解;(四)对于中国哲学史有了新的整理。①

贺麟指出,受民族危机、西学东渐、佛学复兴等多重因素的刺激,中国哲学在自甲午战败至二十世纪四十年代的这五十年中有了极大进步。而依他之见,这个进步的最显著标志,便是"陆王之学得了盛大的发扬"。基于此,贺麟在该文中着重评述了陆王心学与中国现代哲学的渊源。

贺麟认为,首位从旧有儒学传统中发展出现代心学思想的哲学家,当属康有为。他讲:

> 要叙述最近五十年来从旧传统里发展出来的哲学思想,似乎不能不从康有为(1858—1927)开始。康氏于五十年前(1891),开始讲学于广州长兴里之万木草堂,以一派宗师、思想政治礼教之大改革家自命。综他生平的思想,虽经过激变,由极激烈之改革家,变为极顽固之守

---

① 贺麟:《中国哲学的调整与发扬》,收入氏著《五十年来的中国哲学》,第15—17页。

旧派。然他生平用力较多，气味较合，前后比较一贯服膺的学派仍是陆王之学。①

贺麟这样说的理由主要有三点：第一，康有为在万木草堂授课时，"对于梁任公、陈千秋作学问的方针，仍'教以陆王心学'"；第二，康有为平时著书立说，"大多本'六经注我'的精神，摭拾经文以发挥他自己主观的意见"；第三，康有为在晚年之所以选用"不忍"二字来命名他所独办的刊物，是因为"不忍亦与孟子恻隐之心、阳明良知之说较接近"。②

继康有为之后，贺麟指出谭嗣同、梁启超这两位康门弟子也宗主陆王。对于谭嗣同，贺麟的看法是：

> 嗣同著《仁学》一书，他所谓仁，乃佛之慈悲，耶之博爱，阳明之良知糅合体。他主张"冲决网罗"，特别注重打破名教礼教世俗的束缚，以恢复仁，象山所谓本心，阳明所谓良知。……他大声疾呼地反对荀子，尊崇孟子，扬陆王抑程朱。……他认为惟黄梨洲及王船山二家比较能代表儒家的真面目，因为"黄出于陆王，陆王将缵庄之仿佛，王出于周张，周张亦缀孟之坠遗"。至于谭氏的性情

---

① 贺麟：《中国哲学的调整与发扬》，收入氏著《五十年来的中国哲学》，第17页。
② 贺麟：《中国哲学的调整与发扬》，收入氏著《五十年来的中国哲学》，第17页。

行径之近似王学中泰州、龙溪一派，更属显然。①

由此可见，贺麟认为谭嗣同无论是学术取向，抑或是立身行事，都汲取了"王学中泰州、龙溪一派"的理念。不过，贺麟对康有为、谭嗣同这组师徒也有所批评。在他看来，尽管康谭"皆以陆王之学为其中心思想"，但"两人皆以气盛，近于粗疏狂放，比较缺乏陆王之反本心性的精微穷理工夫"。②

梁启超是贺麟在清华读书时的老师，故贺麟对梁启超的研究可谓用力颇深。他讲：

> 梁任公（1873—1929）作学问的方面多，思想言论变迁甚速，影响亦甚大。然而他全部思想的主要骨干，仍为陆王。他最初受学于康有为，所传授者，据他三十自述，系以陆王之学为主。他也是当时"排荀运动"中一员大将。……他在湖南时务学堂时，亦以讲陆王修养论及公羊、孟子民权论为主。他曾选有《节本明儒学案》，其重心当然在揭示王学的精要。据作者的印象，任公先生谈义理之学的文字，以五四运动前后，在《时事新报》发表的几篇谈孟子要旨的文章，最为亲切感人。对于"先立乎其

---

① 贺麟：《中国哲学的调整与发扬》，收入氏著《五十年来的中国哲学》，第17—18页。
② 贺麟：《中国哲学的调整与发扬》，收入氏著《五十年来的中国哲学》，第18页。

大则小者不能夺"之旨,发挥得最透彻。他晚年专注于史学,但在他去世前三两年,我们尚曾读到他一篇斥朱子支离,发挥阳明良知之学的文章。①

平实而论,梁启超的思想尽管以多变著称,然其根底还是陆王心学。除此之外,在贺麟看来,梁启超之所以"终身精神发皇,元气淋漓,抱极健康乐观的态度,无论环境如何,均能不忧不惧,不为失望恐怖所侵扰。年老而好学弥笃,似亦得力"于"发扬阳明良知之学"。②

相比于康门师徒,贺麟更推崇章太炎在推动中国哲学现代化方面所做出的贡献。他称颂道:

> 章太炎(1869—1936)为一代国学大师,门弟子遍天下。然而他的哲学思想却没有什么传人,也很少有人注意到。据我看来,他的思想深刻缜密,均超出康梁,在哲学方面亦达到相当高的境界,其新颖独到的思想不惟其种族革命的思想,是当时革命党主要的哲学代言人,而且可以认作五四运动时期新思想的先驱。③

---

① 贺麟:《中国哲学的调整与发扬》,收入氏著《五十年来的中国哲学》,第18页。
② 贺麟:《中国哲学的调整与发扬》,收入氏著《五十年来的中国哲学》,第18页。
③ 贺麟:《中国哲学的调整与发扬》,收入氏著《五十年来的中国哲学》,第18页。

据贺麟研究，章太炎的哲学贡献主要有两点：第一，"在于提倡诸子之学的研究，表扬诸子，特别表扬老庄，以与儒家抗衡，使学者勿墨守儒家"，从而"开新文化运动时，打孔家店的潮流之先河"；① 第二，"在于发挥道家的自然主义，用佛学解释老庄"。② 当然，贺麟对章太炎在心学上的成就也有所关注。他认为，章太炎在其"比较留心政局，回复到儒家"的晚年阶段，"即谓其思想渐趋于接近陆王，亦无不可。他并且指出阳明之学的长处在'内断疑悔，外绝牵制'，确甚精要"。③

与当时"似乎多囿于成见"而拒绝"剀直承认孙中山在中国哲学上的贡献"的"学院的哲学家们"相反，④ 贺麟认为孙中山不惟对中国哲学颇有研究，且亦"能本陆王之学，发为伟大事功"。⑤ 他解释说：

中山先生倡知难行易之说。此说虽经哲学界的人士如胡适、傅铜、冯友兰诸先生的批评，然而仍颠扑不破，成

---

① 贺麟：《中国哲学的调整与发扬》，收入氏著《五十年来的中国哲学》，第18—19页。
② 贺麟：《中国哲学的调整与发扬》，收入氏著《五十年来的中国哲学》，第19页。
③ 贺麟：《中国哲学的调整与发扬》，收入氏著《五十年来的中国哲学》，第19—20页。
④ 贺麟：《中国哲学的调整与发扬》，收入氏著《五十年来的中国哲学》，第32页。
⑤ 贺麟：《中国哲学的调整与发扬》，收入氏著《五十年来的中国哲学》，第31页。

为鼓舞国人，为革命建国建立心理基础的一个力量。中山先生知难行易之说所推出两大结论，其一，能知必能行，即包含知行合一的道理。盖能知必能行，即真知必能与行为合一之意。如有人问能知而未必能行者，其故何在，则必须借阳明"知而不行，只是未知"之说以解答之。故能知必能行与"知而不行，只是未知"，皆是知行合一论的两种不同说法。又中山先生曾力言"以行而求知，因知以进行"的知行合一并进，为近代文明进化之特征。盖以行而求知，即由行以求与知合一。因知以进行，即由知进而求与行合一。且"因知以进行"即包含阳明"知是行之始，行是知之成"的精意。足见"知行合一"实是中山先生所特别注重而有新发挥者。又知难行易之旨，孔、孟、程、朱皆有提示。希腊精神尤重知难行易。皆不免有重知轻行的流弊。中山先生独提出"不知亦能行"的原则，遂使其学说富于近代精神。盖不知亦能行，非谓无知亦能安为，盲目亦能冥行，乃意在指出革命建国之事，急在眉睫，不能老沉耽于求知冥行，而延迟实行。①

贺麟的这段话主要有两层含义：第一，孙中山的"知难行易"说与王阳明的"知行合一"说不但不冲突，反而互相发明；第二，孙中山由"知难行易"推绎出来的"能知必能行"

---

① 贺麟：《中国哲学的调整与发扬》，收入氏著《五十年来的中国哲学》，第31—32页。

和"不知亦能行"这两条原则，意在将王学发为事功，并灌注以近代精神，从而鼓舞国人去积极参加由资产阶级领导的民主革命运动。

至于佛学大师欧阳竟无，贺麟不述其对佛学的贡献，而只讨论其发扬陆王之学的地方。他讲：

> 据说他早年因中日之战，感慨杂学无济，乃专治陆王，期以补救时弊。当时对阳明之学，见之至深，执之至坚，友人劝他学佛学，皆被严拒。……自"九一八"事变以后，忠义愤发，复转而以般若融贯孔学，表彰陆王。他与友人论孔学书，有"陆量宏而程量隘"的话。（陆指象山，程指伊川。）又他所刻的《〈中庸读〉叙》中，引象山《大人诗》而叹曰："嗟乎象山，天下大乱，孔学将亡，吾乌得其人而旦暮遇之！"他对于象山这样推尊景仰，想来不仅由于象山与他皆是江西人，有同乡关系罢。《〈论语读〉序》云："东海有圣人焉，此心同此理同也。西海有圣人焉，此心同此理同也。……般若直下明心，孔亦直下明心。盖墨子短丧薄葬，一切由事起，孔子食甘不甘，闻乐不乐，一切由心起。直下明心，不愿乎外，是之谓一，无入而不自得焉，是之谓贯也。"是他对于儒学的中心认识，也是以当下一念，心安理得，释孔子

一贯之道，也是他融贯儒佛，宗仰象山的所在。①

依贺麟之见，欧阳竟无"以般若融贯孔学"的哲学观点，无疑是效法于陆九渊"心同理同""直下明心"的理路。他甚至认为，陆王心学在一定程度上还影响了欧阳竟无的"人格气象、学问旨趣，与夫淑世苦心的表现"。②

贺麟宣称，在经历了"无选择地介绍西方的思想学术，并勇猛地攻击传统的文化和礼教"③的新文化运动之后，中国哲学界"提倡陆王心学最有力量的人，当然要推梁漱溟先生"。④他解释说：

> 在当时大家热烈批评中西文化的大潮流中，比较有系统，有独到的见解，自成一家言，代表儒家，代表东方文化说话的，要推梁漱溟先生在1921年所发表的《东西文化及其哲学》一书。……对于儒家思想的辩护和发挥，他坚决地站在陆王学派的立场，提出"敏锐的直觉"以发挥孔子的仁和阳明的良知。他特别着重敏锐的直觉是反功利

---

① 贺麟：《中国哲学的调整与发扬》，收入氏著《五十年来的中国哲学》，第21页。
② 贺麟：《中国哲学的调整与发扬》，收入氏著《五十年来的中国哲学》，第22页。
③ 贺麟：《中国哲学的调整与发扬》，收入氏著《五十年来的中国哲学》，第22页。
④ 贺麟：《中国哲学的调整与发扬》，收入氏著《五十年来的中国哲学》，第25页。

的，不算账的，不分别人我的，不计算利害得失，遇事不问为什么，而但求此心之所安的生活态度。这直觉是随感而应的，活泼而无拘滞的，刚健的，大无畏的行为的泉源。他对于西方文化中的功利成分和当时在中国很流行的实用主义，曾予以深切有力的排斥。①

依贺麟之见，梁漱溟基于心学立场而提出的"敏锐的直觉"说，通过"发挥孔子的仁和阳明的良知"，深切有力地反驳了彼时盛行的功利主义和实用主义，维护了儒家思想的合法性。并且，贺麟对梁漱溟就东西方文化问题而提出的"文化三路向"说也做了认真研究。在他看来，该说"根据经济、科学、哲学种种变迁的动态"，"预言着中国文化在最近的将来将复兴，印度文化在更远的未来将复兴"，"颇足以使人对整个东方文化的前途，有了无限的乐观和希望"。②值得注意的是，深受德国古典哲学熏陶而尤为注重构建逻辑体系的贺麟敏锐洞察到了"敏锐的直觉"及"三路向"两说所存在的理论缺陷。他直言不讳地批评道，"梁先生注重的是文化问题。他发挥儒家陆王一派思想，亦重在人生态度方面，很少涉及本体论

---

① 贺麟：《中国哲学的调整与发扬》，收入氏著《五十年来的中国哲学》，第22—23页。
② 贺麟：《中国哲学的调整与发扬》，收入氏著《五十年来的中国哲学》，第24页。

及宇宙论"，①更何况"他这种看法，不论对与不对，是基于综观世界文化演变的事实所得到的知识和态度，并不是逻辑的公式，亦不是基于文化哲学的普遍原理"。②

对于熊十力，贺麟则将其尊为"陆王心学之精微化系统化最独创之集大成者"。③他解释说：

> 黄冈熊十力（子真）先生，与梁先生为讲友，且深入支那内学院问学于欧阳先生，乃代之而起。得朱陆精意融会儒释，自造新唯识论。对陆王本心之学，发挥为绝对的本体，且本翕辟之说，而发展设施为宇宙论，用性智实证以发挥陆之反省本心，王之致良知。④

依贺麟之见，熊十力"新唯识论"的旨归，在于从本体论、宇宙论、认识论这三个角度着手，构建出一套以"得朱陆精意融会儒释"为内在逻辑的哲学体系。经过缜密的分析，贺麟充分意识到了"新唯识论"的学术价值：一是"明晰地指出

---

① 贺麟：《中国哲学的调整与发扬》，收入氏著《五十年来的中国哲学》，第 25 页。
② 贺麟：《中国哲学的调整与发扬》，收入氏著《五十年来的中国哲学》，第 24 页。
③ 贺麟：《中国哲学的调整与发扬》，收入氏著《五十年来的中国哲学》，第 25 页。
④ 贺麟：《中国哲学的调整与发扬》，收入氏著《五十年来的中国哲学》，第 25 页。

本心与习心的区别",①"是以他既能打破科学常识的拘束，亦不执着泛心论，而归于绝对先天之本心"；②二是"发挥王阳明'即知即行'的义蕴，提出体用不二，即流行见本体的说法"，"所以他提出的即用显体之说，实不啻为反本归寂、明心见性指出一下学上达简易平实的门径"。③一言以蔽之，贺麟认为熊十力不仅发扬了陆王心学的优长，同时也汲取了程朱理学与佛学的精华，从而把现代心学思想抬到了新的理论高度。

贺麟抵制割裂陆王心学和程朱理学的学术观点，在他对马一浮的评述中更加清晰。他讲：

> 马先生兼有中国正统儒者所应具备之诗教、礼教、理学三种学养，可谓为代表传统中国文化的仅存的硕果。其格物穷理，解释经典，讲学立教，一本程朱，而其返本心性，祛习复性则接近陆王之守约。……马先生注重条理，喜排比对称，极似朱子，然而不陷于支离，以其能得统归，达到圆融的一，故可了无滞碍。……至于他讲心与物及心与理的关系，尤能调和朱陆而得其汇通。他释朱子格物穷理之说，认朱子并未以理为在外："今明心外无物，

---

① 贺麟：《中国哲学的调整与发扬》，收入氏著《五十年来的中国哲学》，第27页。
② 贺麟：《中国哲学的调整与发扬》，收入氏著《五十年来的中国哲学》，第28页。
③ 贺麟：《中国哲学的调整与发扬》，收入氏著《五十年来的中国哲学》，第28页。

事外无理，即物而穷其理者，即此自心之物，而穷其本具之理也。此理周遍充塞，无乎不在，不可执有内外。"这是他挽救朱子向外穷理的支离的地方。他又归到心外无物、心外无理、心外无事的心学道："今明心外无物，事外无理。事虽万殊，不离一心。（佛法亦言，当知法界性一切惟心造，心生法生，心灭法灭。万行不离一心，一心不违万行。）一心贯万事，即一心具众理。即事即理，即理即心，心外无理，亦即心外无事。理事双融，一心所摄。然后知散之则为万殊，约之唯是一理。"（《讲录》一）这足以表现他以极深睿的识度于儒释和朱陆间灼然见其贯通一致的地方。[1]

贺麟认为，马一浮"兼有中国正统儒者所应具备之诗教、礼教、理学三种学养"，故能在"心与物及心与理"等问题上"调和朱陆而得其汇通"。从贺麟对马一浮的极力赞誉便可以看出，贺麟同样将"于儒释和朱陆间灼然见其贯通一致"视作中国现代哲学的前进方向。只不过马一浮在讲学立教时倾向于程朱一脉，而贺麟则倾向于陆王一脉。

综上所述，贺麟一针见血地指出，近五十年来的中国哲学的主流显然是"如何由粗疏狂诞的陆王之学，进而为精密系统的陆王之学，如何由反荀反程朱的陆王之学进而为程朱、陆王

---

[1] 贺麟：《中国哲学的调整与发扬》，收入氏著《五十年来的中国哲学》，第28—30页。

得一贯通调解的理学或心学"。①那么,陆王心学又缘何能在风起云涌的现代中国独得盛大发扬呢?在贺麟看来,其原因主要有以下两点:"(一)陆王注重自我意识,于个人自觉、民族自觉的新时代,较为契合。因为过去五十年,是反对传统权威的时代,提出自我意识,内心直觉,于反抗权威,解脱束缚,或较有帮助。(二)处于青黄不接的过渡时代,无旧传统可以遵循,无外来标准可资模拟。只有凡事自问良知,求内心之所安,提挈自己的精神,以应付瞬息万变的环境。庶我们的新人生观,新宇宙观,甚至于新的建国事业,皆建筑在心性的基础或精神的基础上面。"②简言之,贺麟认为,力倡主体性原则的陆王心学比其他哲学流派更契合当时中国社会的要求,更能做争取个人自由、民族独立与国家富强的理论武器,而"这大约也是贺先生的夫子自道,说明他所以选择陆王心学的理由"。③

第三节 贺麟的"新心学"思想

如所周知,贺麟在西方哲学方面有着极深的造诣,是国内

---

① 贺麟:《中国哲学的调整与发扬》,收入氏著《五十年来的中国哲学》,第30—31页。
② 贺麟:《中国哲学的调整与发扬》,收入氏著《五十年来的中国哲学》,第31页。
③ 汪子嵩:《贺麟先生的新儒家思想》,载于《学术月刊》2000年第4期,第29页。

研究斯宾诺莎和黑格尔哲学的专家。不过，对于贺麟来说，译介西方哲学本身并不是目的，而是"使儒家思想得到新发展的一大动力"。①因此，贺麟早在二十世纪三四十年代，便尝试运用西方哲学的理论与方法，以期"争取建设新儒家思想，争取发挥新儒家思想"，②即创构"新心学"。无可否认，由于历史的原因，贺麟尽管提挈了"新心学"的内在逻辑及基本内容，却最终未能完成"体系的著作"，其相关思想均散见于"一些长短不等深浅各异的论文"。③然而，诚如贺麟自己所言，这些论文虽没有"分章分节地作为系统的形式排列起来，但它们之间确是代表一个一致的态度，一个中心的思想，一个基本的立场或观点"，即"从学派的分野来看，似乎比较接近中国的儒家思想，和西洋康德、费希特、黑格尔所代表的理想主义"。④在本章中，笔者将通过梳理贺麟的"新心学"，进而来考察贺麟对阳明心学的扬弃。

一、"逻辑的心即理"

前已述及，"心即理"是陆王心学的第一命题，代表了陆王关于"心"与"理"关系的基本观点。可是，在贺麟看来，

---

① 贺麟：《儒家思想的新开展》，收入氏著《文化与人生》，第13页。
② 贺麟：《儒家思想的新开展》，收入氏著《文化与人生》，第11页。
③ 张学智：《贺麟的"新心学"》，载于《中国社会科学》1992年第5期，第177页。
④ 贺麟：《序言》，收入氏著《文化与人生》，第8页。

陆王对"心即理"的论证"非不玄妙而形上,但却疏于沟通有无、主客的逻辑桥梁,缺少一个从本体打入现象界的逻辑主体"。①有鉴于此,贺麟遂以陆王心学为基础,参以程朱理学及德国古典哲学,提出了"逻辑的心即理"的本体论。

首先,贺麟决定厘清"理"的内涵。他讲:

> 理是一个很概括的名词,包含有共相、原则、法则、范型、标准、尺度以及其他许多意义。就理之为普遍性的概念言,曰共相。就理之为解释经验中的事物之根本概念言,曰原理。其实理即是原理,理而不原始不根本即不能谓之为理。就理之为规定经验中事物的有必然性的秩序言,曰法则。就理之为理想的模型或规范言,曰范型或形式。就理之为经验中事物所必遵循的有效规则言,曰标准。就理之确定不易但又为规定衡量经验中变易无常的事物的准则言,曰尺度。②

由此可见,贺麟虽然表面上继承"理"这一宋明理学的旧观念,但实际上却采用西方哲学的概念分析方法对"理"进行了彻底的改造,改造的结果便是形成了自己的新"理",即一个"包含有共相、原则、法则、范型、标准、尺度以及其他许多意义"的"很概括的名词"。换言之,在"新心学"的语

---

① 张祥龙:《贺麟传略》,载于《晋阳学刊》1985年第6期,第58页。
② 贺麟:《时空与超时空》,收入氏著《近代唯心论简释》,第18—19页。

境下,"理"是普遍的、抽象的客体性范畴,已不止停留于伦理道德层面。不难看出,贺麟之所以选用"很概括的名词"来解释"理",是受到黑格尔"绝对理念"说的影响。事实上,贺麟在译介黑格尔哲学时,就经常将"绝对理念"格义为"理"。这样的例子信手拈来,比如:

> 而黑格尔所谓哲学,其主要部分就是"理则学"(Logik)。而他的理则学,乃是研究纯粹理念的本体论或道体论。我们也可称之为"理学"或"道学"。他的理则学(或理学)上的最高范畴(或本体),就是他所谓绝对理念或绝对精神,也就是他所谓"太极(das Absolute)"。①

然后,贺麟从科学与哲学的划界入手,重新审视了"心"的内涵。他讲:

> 心有二义:(1)心理意义的心;(2)逻辑意义的心。……心理的心是物,如心理经验中的感觉、幻想、梦呓、思虑、营为,以及喜怒哀乐爱恶欲之情皆是物,皆是可以用几何方法当作点线面积一样去研究的实物。普通人所谓"物",在唯心论者看来,其色相皆是意识所渲染

---

① 贺麟:《德国三大哲人处国难时之态度》,收入高全喜编《中国近现代思想家文库贺麟卷》,第220页。

而成，其意义、条理与价值，皆出于认识的或评价的主体。……逻辑意义的心，乃一理想的超经验的精神原则，但为经验、行为、知识以及评价之主体。此心乃经验的统摄者，行为的主宰者，知识的组织者，价值的评判者。①

贺麟认为，尽管"心"有"心理的心"与"逻辑的心"两层含义，然"心理的心"是具有广延性和可感性的"实物"，故哲学意义上的"心"只能是"逻辑的心"，即"一理想的超经验的精神原则，但为经验、行为、知识以及评价之主体"。很明显，"逻辑的心"是由宋明理学之"心"改造而得，且改造的关键是添补了"逻辑"。何谓"逻辑"？贺麟讲：

若没有逻辑——概念的次序、语言文字的理则，则人与人之间思想上无共同的方式或范畴，彼此不能以理相喻，彼此不能相互理解，换言之，精神上不能交通。②

究其实，贺麟所说的"逻辑"，即指一种旨在揭示思维规律的精神法则。因此，"逻辑的心"与宋明理学之"心"的区别，就在于"逻辑的心"不仅是道德实践及审美判断的主体，更是认知的主体。③不难看出，贺麟对"逻辑的心"的界说，

---

① 贺麟：《近代唯心论简释》，收入氏著《近代唯心论简释》，第3—4页。
② 贺麟：《怎样研究逻辑》，收入氏著《近代唯心论简释》，第94页。
③ 参见李翔海《现代新儒学论要》，南开大学出版社，2010，第162页。

是运用康德的先验哲学加以发挥的。诚如张学智所言:"这里的心,包括了康德的'三大批判'所含容的知、情、意三个方面:经验的统摄者,知识的组织者,即康德的纯粹理性;行为的主宰者即康德的实践理性;价值的评判者即康德的判断力。所以贺麟的'逻辑意义的心',是康德的精神原则、主体。知、情、意是其分而用之的表现。"[1]

那么,"理"与"逻辑的心"之间又是什么关系呢?一方面,受朱熹"心与理一"[2]说的影响,贺麟偶尔会先析"理"与"逻辑的心"为二,而后才统一起来。他讲:

> 理是心的一部分,理代表心之灵明部分。理是心的本质。[理既是心的本质,假如心而无理,即失其所以为心。譬如禽兽就是无有理性的动物,因此我们不说禽兽有心,只说禽兽有感觉。故理必在心中,而心之为心,即因其"聚众理而应万事"。因理聚心中,因心聚众理,故心是"一而不二,为主而不为客,命物而不命于物"的真纯之主动者。(所引皆朱子语)。]理即是本心而非心的偶然性,如感觉、意见、情欲等。换言之,理是心之性,而非心之情,而心是通性情的全体。[3]

---

[1] 张学智:《贺麟思想研究》,人民出版社,2016,第101页。
[2] 关于朱熹"心与理一"说的问题,可参见吴震《〈传习录〉精读》,第20—21页。
[3] 贺麟:《时空与超时空》,收入氏著《近代唯心论简释》,第19—20页。

另一方面，由于以陆王心学为学理依据，贺麟在绝大部分时间里仍然是将"逻辑的心"视作最高范畴，并再三强调"心即理""心外无理"。他讲：

> 心既是理，理既是在内而非在外，则无论认识物理也好，性理也好，天理也好，皆须从认识本心之理着手。不从反省心着手，一切都是支离鹜外。心既是理，则心外无理，心外无物。而宇宙万物，时空中的一切也成了此心之产业，而非心外之傥来物了。①

综上所述，贺麟认为，"逻辑的心即理，所谓'心即理也'"。②可以说，贺麟的这一命题，彰显了他力图用"逻辑的心"来推动主客体交融的理论意向。

贺麟从"逻辑的心即理"出发，对"新心学"的本体论体系展开了比较深入的研究，进而涉及心物、心性、时空诸问题。

在心物问题上，贺麟主张"心物一体"说。他讲：

> 简言之，第一，我认为心物交感说乃一般人的看法，也是合于健康常识的心理事实，可作心理学研究的对象，但既非科学假设，亦非哲学原则。第二，心物平行说，

---

① 贺麟：《时空与超时空》，收入氏著《近代唯心论简释》，第23页。
② 贺麟：《近代唯心论简释》，收入氏著《近代唯心论简释》，第3页。

应视为科学研究的前提。依心物平行之理,则心不影响物,物不决定心,如是则心为心因,物为物因,以心释心,以物释物,各自成为纯科学研究之系统。第三,心物一体说,或说"心物两面一体论"(two aspects of one thing),心体物用,心主物从说,乃唯心哲学的真正看法。盖科学研究上,自无可主从体用之分;任其平行而止,但哲学上不能不揭出心为体,物为用之旨。在斯宾诺莎系统中,心物统一于实体,无主从体用之分,自有其理由,唯心论者虽应接受其教训,但似无坚执不变之必要。至欲明体永远决定用,心永远决定物,心永远命物而不命于物之旨,则应说明"决定"之意义。决定计有三义,一为常识上之决定,乃影响之意。……二为因果的决定,如因决定果。体决定用,与因决定果,意思根本不同。……三为逻辑的决定,即认体为逻辑上的在先,较根本,而为用之所以为用之理。换言之,谓逻辑上物永远为心所决定,意即指物之意义、价值及理则均为心所决定。我认心物间无交互影响及因果关系,乃欲保持斯宾诺莎之识度,而只认心物间为体用关系。心逻辑上先于物,决定物,构成物之所以为物的本质,则思归入黑格尔"实体必须是主体"、主客统一的唯心论。①

---

① 贺麟:《答谢幼伟兄批评三点》,收入氏著《近代唯心论简释》,第296—297页。

贺麟的这段话表明，他所探讨的"物"，既不是可作心理学研究对象的心理事实，亦不是应视为科学研究前提的现实物体，而是在唯心哲学中象征"物之意义、价值及理则"的抽象范畴。所以，继吸收改造斯宾诺莎的"心物平行"说及黑格尔的"实体即主体"说之后，贺麟认为，若从认知过程的逻辑次第言之，"心逻辑上先于物，决定物，构成物之所以为物的本质"。也就是说，"逻辑的心"为"物"的本体，"物"为"逻辑的心"的表象，两者之间乃体用不二而究有分的。应当指出，贺麟的"心物一体"说如果仅就表述方式来看，不免有取于王阳明的"心外无物"说。事实上，据张学智回忆，"贺麟曾自言，他的这一思想，若套用中国哲学的话，就是'心外无物'"。①然而，这终归只是"套用"。换言之，"心物一体""心外无物"两说在义理层面是迥然不同的。《传习录》载：

心外无物。如吾心发一念孝亲，即孝亲便是物。②

由此可见，相比于"完全是扣紧道德问题出发"③的"心外无物"说，"心物一体"说则是站在知识论的立场，呈现了

---

① 张学智：《贺麟的"新心学"》，载于《中国社会科学》1992年第5期，第168页。
② 《传习录》（上），《王阳明全集》，第28页。
③ 吴震：《〈传习录〉精读》，第79页。

严密的逻辑性及高度的思辨性。

在心性问题上，贺麟主张"心即性"说。他讲：

> 要免除"唯心论"一名词之易被误解，可称唯心论为"唯性论"。性（essence）为物之精华。凡物有性则存，无性则亡。故研究一物，贵探讨其性。哲学家对于事物的了解，即可以认识其性，而对于名词下界说，即所以表明其性。……性为代表一物之所以然及其所当然的本质，性为支配一物之一切变化与发展的本则或范型。凡物无论怎样活动发展，终逃不出其性之范围。但性一方面是一物所已具的本质，一方面又是一物须得实现的理想或范型。……故本性（essence）是自整个的丰富的客观材料抽炼而出之共相或精蕴。因此本性是普遍的具体的，此种具体的共相即是"理"。如"人""物"之性各为支配其活动之原理。故唯心论即唯性论，而性即理，心学即理学，亦即性理之学。①

"性"是宋明理学中的重要范畴。一般认为，宋明理学家所谓"性"，"多指一事物之所以为此事物者，一事物区别于他事物的内在本质"。②贺麟对"性"的理解，与宋明理学家基本一致。依他之见，"性"主要有两层含义："一方面

---

① 贺麟：《近代唯心论简释》，收入氏著《近代唯心论简释》，第5—6页。
② 张学智：《贺麟思想研究》，人民出版社，2016，第105页。

是一物所已具的本质",即"所以然";"一方面又是一物须得实现的理想或范型",即"所当然"。贺麟这里的"所以然"和"所当然",无疑是出自朱熹所说的"至于天下之物,则必各有所以然之故,与所当然之则,所谓理也"①这句话。除此之外,他还借鉴了柏拉图的"理念"说与黑格尔的"具体共相"说,尝试以比较哲学的视角解读"性"既具体又普遍的特征。要之,在贺麟看来,作为"具体的共相"的"性""即是'理'"。当然,因为"性"是"理",且"逻辑的心"同样是"理",故贺麟在本体论意义上往往将"性"与"逻辑的心"两范畴一齐使用,并创造性地阐发了"心学即理学"的观点。需补充说明的是,贺麟的"心即性"说似乎也能在《传习录》中找到"套用"之处。比如,王阳明曰:

> 心之本体原自不动。心之本体即是性,性即是理,性元不动,理元不动。集义是复其心之本体。②

据吴震分析,"在王学,性即理,心即理,故性为心之体,此体非实体义而是本然义,心体即是性体,心性不是二物,两者是同一的"。③就此而言,主张"心即性"说的贺麟确不失为现代新儒家中新陆王派的重要代表。

---

① 朱熹:《四书或问·大学或问》,《朱子全书》第6册,第8页。
② 《传习录》(上),《王阳明全集》,第28页。
③ 吴震:《〈传习录〉精读》,第200页。

在时空问题上，贺麟主张"时空即心中之理"说。何谓"时空"？贺麟认为，若从科学的角度言之，"大概一般人的常识，多识时间或空间为实际可以捉摸的事物或东西"；但若从哲学的角度言之，"时空为先天的理则而非事物"，且"明白地指出时空是理的哲学家，当前首推康德"。①据贺麟研究，康德的"时空是理"说是一种"主观的时空观"，"可概括为三层意思"：第一，"时空的主观性，即等于时空的理想性，认时空非离意识而独立存在的实物或物自身"；第二，"时空的主观性是指时空是属于主体方面的认识功能或理性原则，而非属于客观对象方面的性质或关系"；第三，"所谓时空的主观性的学说，正是要为时空在经验方面之所以是必然普遍而有效准的原则奠立基础，而不是认时空为个人主观的无常的意见或幻想"。②受此启发，贺麟遂提出了自己的时空观，即"时空是自然知识和自然行为所以可能的心中之理或标准"这一命题。他讲：

> 我关于时空的思想，分开来说，可用四个命题表达；总起来说，可用一个命题表达。
>
> 1.时空是理。理是一个很概括的名词……但当我们说时空是理时，我们比较着重时空之为标准或尺度二义。……2.时空是心中之理。这句话实在是上句话的重

---

① 贺麟：《时空与超时空》，收入氏著《近代唯心论简释》，第11页。
② 贺麟：《时空与超时空》，收入氏著《近代唯心论简释》，第13页。

述。因为据界说，理即是心中之理。……3.时空是自然知识所以可能的心中之理或先天标准。前两条意谓时空如果是理的话，必是心中之理。此条则更确定指明如果时空是理的话，时空只是自然知识可能之理，而不是使别的知识，譬如价值知识可能之理。自然知识指感官知识，亦指关于吾人所经验到的自然界或现象界的知识。……4.时空是自然行为所以可能的心中之理或先天标准。……此处所谓自然行为包括三层意思，一是指基于本能要求自然欲望而产生的行为，一是指出于理智的计算为实用的目的而产生的足以适应生存且有经济实用价值的行为，一是指艺术化或美化的自然行为。盖自然本含有本能的、实用的、美的三层意思也。

总结上面四点，可以说"时空是自然知识和自然行为所以可能的心中之理或标准"。[①]

简言之，贺麟认为，时空乃"逻辑的心"整理感觉材料、规范"自然行为"的"心中之理"或"先天标准"。显然，贺麟对时空问题的思考，是融合康德的"时空是理"说及陆王的"心即理"说的结果。而贺麟之所以选择将"时空是理""心即理"两说聚为一体，是因为在他看来，陆王与康德一样，也主张"主观的时空观"。他以陆九渊的"宇宙即是吾心，吾心

---

① 贺麟：《时空与超时空》，收入氏著《近代唯心论简释》，第18—21页。

即是宇宙"这句话为例而分析道：

> 故象山有"宇宙即是吾心，吾心即是宇宙"之伟大见解，而为从认识吾心之本则以认识宇宙之本则的批导方法，奠一坚定基础，且代表世界哲学史上最显明坚决的主观的或理想的时空观。所谓"吾心即是宇宙"，乃孟子"万物皆备于我"之另一种说法。意谓吾心中具有宇宙（时空之事、物）之大经大法，吾心掌握着时空中事事物物的权衡：以理解自己的本心，作为理解时空事事物物的关键的先决问题。①

不过，就象山心学本身来说，"宇宙即是吾心，吾心即是宇宙"的着眼点"是儒学的主体精神、担当情怀，因而'宇宙'是'人文宇宙'或'人文世界，而不是客观的自然世界'"，②换言之，"宇宙即是吾心，吾心即是宇宙"的知识论色彩完全是贺麟赋予的。由此可见，贺麟的"时空即心中之理"说意在调和陆王心学和康德哲学，以从中国传统哲学中开出自然知识。他特别强调："无论中国或西洋哲学史的发展，由达到心者理也的思想，进而发挥为时空者心中之理也的思想，哲学的研究因而建筑在一个新的知识论的基础上，对于宇

---

① 贺麟：《时空与超时空》，收入氏著《近代唯心论简释》，第23页。
② 李承贵：《中国传统哲学开出科学知识之尝试——以贺麟"时空即理"为例》，载于《学术研究》2011年第5期，第13页。

宙万物的理解，因而另辟一条新的由内以知外的途径。"①

二、"后理智的直觉"

直觉是中国传统思维方法的主要特色。而据贺麟研究，第一代现代新儒家们也很重视直觉的作用：梁漱溟是中国现代"第一个倡导直觉说最有力量的人"，他从"研究东西文化问题出发，认为直觉是一种生活的态度，这种态度是反功利的、不算账的、不计较利害得失的、遇事不问为什么的，又是随感而应的、活泼而无拘滞的、刚健的、大无畏的、充满了浩然之气的修养境界"；②熊十力称"直觉"为"性智"，并"用性智实证以发挥陆之反省本心，王之致良知"；③冯友兰"在他的《中国哲学史》的'绪论'内"，"确认直觉是一种神秘经验，且有'甚高的价值'"。④贺麟概莫能外，他在认识论上提出了"所谓哲学或形上学的直觉法"，⑤即"后理智的直觉"。

首先，贺麟确定了"直觉"的内涵。他讲：

---

① 贺麟：《时空与超时空》，收入氏著《近代唯心论简释》，第25页。
② 贺麟：《宋儒的思想方法》，收入氏著《近代唯心论简释》，第69页。
③ 贺麟：《中国哲学的调整与发扬》，收入氏著《五十年来的中国哲学》，第25页。
④ 贺麟：《宋儒的思想方法》，收入氏著《近代唯心论简释》，第72页。
⑤ 贺麟：《宋儒的思想方法》，收入氏著《近代唯心论简释》，第69页。

但经过很久的考虑，我现时的意思仍以为直觉是一种经验，复是一种方法。所谓直觉是一种经验，广义言之，生活的态度，精神的境界，神契的经验，灵感的启示，知识方面突然的当下的顿悟或触机，均包括在内。所谓直觉是一种方法，意思是谓直觉是一种帮助我们认识真理，把握实在的功能或技术。①

依贺麟之见，"直觉"主要有两层含义：一是"一种经验"，即突发的生理心理活动；二是"一种方法"，即"认识真理，把握实在的功能或技术"。显然，"新心学"语境下的"直觉"多指"一种方法"。历史地看，彼时的哲学家普遍"认直觉是反理性的反理智的主观的现象的产物"。②不过，贺麟认为，"直觉"与"理智"之间不仅没有冲突，而且是相辅相成的。他讲：

直觉方法一方面是先理智的，一方面又是后理智的。先用直觉方法洞见其全，深入其微，然后以理智分析此全体，以阐明此隐微，此先理智之直觉也。先从事于局部的研究，琐屑的剖析，积久而渐能凭直觉的助力，以窥其全体，洞见其内蕴的意义，此后理智的直觉也。直觉与理智

---

① 贺麟：《宋儒的思想方法》，收入氏著《近代唯心论简释》，第73页。
② 贺麟：《宋儒的思想方法》，收入氏著《近代唯心论简释》，第72页。

各有其用而不相背。①

　　这里,贺麟借用了康德的先验哲学,从而将认识过程分为由浅入深的三个阶段:第一阶段是约略相当于康德所说之感性的"先理智的直觉",即"洞见其全,深入其微";第二阶段是约略相当于康德所说之知性的"理智",即"以理智分析此全体,以阐明此隐微";第三阶段是约略相当于康德所说之理性的"后理智的直觉",即"先从事于局部的研究,琐屑的剖析,积久而渐能凭直觉的助力,以窥其全体,洞见其内蕴的意义"。因此,贺麟认为,由"先理智的直觉"所形成的认识"只是一种混沌的经验而非知识",由"理智"所形成的认识"为科学知识",由"后理智的直觉"所形成的认识"方为哲学知识"。②换言之,"先理智的直觉"和"后理智的直觉"固然是同一"直觉"的不同阶段,但究其实,唯有经历了"理智"洗礼的"后理智的直觉"才是真正哲学意义上的"直觉"。综上所述,贺麟指出,作为哲学认识方法的"后理智的直觉"尽管保持着活泼泼的"直觉"状态,却并不是简便省事或者盲目的,相反,它是精密紧严且超越"理智"的。他讲:

　　　　总括起来,我上面这一长篇的主要意思在指出直觉是一种方法,并且要说明:第一,真正的哲学的直觉方法,

---

① 贺麟:《宋儒的思想方法》,收入氏著《近代唯心论简释》,第74—75页。
② 贺麟:《宋儒的思想方法》,收入氏著《近代唯心论简释》,第76页。

不是简便省事的捷径，而是精密紧严，须兼有先天的天才与后天的训练，须积理多、学术富、涵养醇，方可逐渐使之完善的方法或艺术。第二，我并要说明直觉不是盲目的感觉，同时又不是支离的理智，是后理智的认识全体的方法，而不是反理智反理性的方法。换言之，我要把直觉从狂诞的简捷的反理性主义救治过来，回复其正当的地位，发挥其应用的效能。①

然后，贺麟将"后理智的直觉"进一步细分为"向内反省式的直觉"和"向外透视式的直觉"。他讲：

直觉方法的意义很复杂，直觉方法的种类亦甚多，此处姑不具论。兹为方便计，可以简略地认直觉为用理智的同情以体察事物，用理智的爱以玩味事物的方法。但同一直觉方法可以向外观认，亦可以向内省察。直觉方法的一面，注重用理智的同情以观察外物，如自然、历史、书籍等。直觉方法的另一面，则注重向内反省体察，约略相当于柏格森所谓同情理解自我。一方面是向内反省，一方面是向外透视。认识自己的本心或本性，则有资于反省式的直觉。认识外界的物理或物性，则有资于透视式的直觉。②

---
① 贺麟：《宋儒的思想方法》，收入氏著《近代唯心论简释》，第77页。
② 贺麟：《宋儒的思想方法》，收入氏著《近代唯心论简释》，第77—78页。

所谓"向内反省式的直觉",即指"用理智的同情""向内省察"以"认识自己的本心或本性";所谓"向外透视式的直觉",即指"用理智的同情""向外观认"以"认识外界的物理或物性"。贺麟认为,若以宋儒言之,陆九渊的"回复本心"说是"向内反省式的直觉",朱熹的"格物穷理"说则是"向外透视式的直觉"。他讲:

> 朱子与陆象山的直觉方法,恰好每人代表一面。陆象山的直觉法注重向内反省以回复自己的本心,发现自己的真我。朱子的直觉法则注重向外体认物性,读书穷理。但根据宋儒所公认的"物我一理,才明彼,即晓此,合内外之道也"一原则,则用理智的同情向外穷究钻研,正所以了解自己的本性;同样,向内反省,回复本心,亦正所以了解物理。其结果亦归于达到心与理一,个人与宇宙合一的神契境界,则两者可谓殊途同归。①

基于"逻辑的心即理"的本体论,贺麟认为,代表了"向内反省式的直觉"的"回复本心"说和代表了"向外透视式的直觉"的"格物穷理"说虽偶有分歧,但终究是殊途同归。值得一提的是,在贺麟看来,因为陆九渊的"回复本心"说是"向内反省式的直觉",故与之思想极为接近的王阳明的"致

---

① 贺麟:《宋儒的思想方法》,收入氏著《近代唯心论简释》,第78页。

良知"说同样是"向内反省式的直觉"。他讲：

> 知道了象山的反省式的回复本心的直觉法，我们试再略说王阳明的直觉法以资印证。阳明的良知，即是象山的本心。阳明的致良知，即是象山的回复本心或启发本心。前者是本体，后者是工夫或方法。……陆王的本心，既非经验所构成，故他们的方法不能采取向外研求的经验方法，而特别提出向内反省以回复本心的直觉法。①

应当指出，贺麟在认识论上除了推崇"后理智的直觉"，还不忘兼顾同为认识方法的"形式逻辑"及"矛盾思辨"。他说："无一用直觉方法的哲学家而不兼采形式逻辑及矛盾思辨的。同时亦无一理智的哲学家而不兼用直觉方法及矛盾思辨的。……形式的分析与推论、矛盾思辨法、直觉三者实为任何哲学家所不可缺一，但个人之偏重略有不同罢了。"②

何谓"形式逻辑"？贺麟讲：

> 形式逻辑所研究的思想形式，实际上以思想内容为前提，但又不涉及思想内容。……形式逻辑的路线只是依常识的看法，认存在先于思想，思想先于逻辑。逻辑只是客观地将思想活动的形态加以整理描述。其结果自然会认为

---

① 贺麟：《宋儒的思想方法》，收入氏著《近代唯心论简释》，第81—83页。
② 贺麟：《宋儒的思想方法》，收入氏著《近代唯心论简释》，第75页。

> 思想之外有真实的存在，存在决定思想，非陷于实在论、唯物论不止。……形式逻辑的研究乃从事实的立场出发，只求描写思想的形式。①

由此可见，"形式逻辑"是一种"不涉及思想内容"而"只求描写思想的形式"的理智方法，"其结果自然会认为思想之外有真实的存在"而"陷于实在论、唯物论不止"。所以，主张不能"离开实际生活——文化生活、社会生活、日常生活而谈逻辑"且支持唯心论的贺麟对"形式逻辑"颇为不喜，在他看来，该法"离开符号的内容，而玩弄符号，不顾思想的全系统，而因袭中古经院学派的繁琐，支节于此一名词和彼一命题的咬文嚼字，这未免徒卖弄少数人的智巧而忘记逻辑的真正使命了"。②

何谓"矛盾思辨"？贺麟认为，"矛盾思辨"就是"辩证法"。他讲：

> 大概讲来，哲学家，特别是一元论的哲学家（一元论的一，乃统一之一，非单一之一，譬如，只重物不重心，或只重心不重物，都不是哲学上所谓唯心唯物的一元论。所谓一元系指对立的统一，复多的统一或辩证的全体言，

---

① 贺麟：《黑格尔理则学简述》，收入高全喜编《近代中国思想家文库贺麟卷》，第318—319页。
② 贺麟：《怎样研究逻辑》，收入氏著《近代唯心论简释》，第95页。

非于众多事物之中，任意标出一项，而偏执地推尊之，便可叫做一元论），当他思想、辩难、析理时，大都难免不用辩证的思想方法。严格讲来，可称为（矛盾思辨法）。辩证法就是思辨法，也就是思辨哲学的根本方法。①

而按照贺麟的分析，"辩证法"在哲学史上主要有四层含义："第一，辩证法最原始的意义，即是以子之矛攻子之盾的辩难法。是在双方辩论的时候，盘诘对方，使对方陷于自相矛盾因而推翻对方的论据的辩论方法"；②"第二，辩证法乃是教训道德的方法。这个意义的辩证法乃单指苏格拉底的辩证法而言"；③"第三，辩证法是求形而上学知识的方法。这是特别指柏拉图所谓辩证法而言"；④"第四，黑格尔的辩证法。辩证法到了黑格尔可以说是充实发展严密到了极峰"。⑤因此，贺麟最终认为，"矛盾思辨"即指黑格尔的辩证法，其"本身就是一个对立的统一：是形式与内容的统一；是天才的直观，谨严的系统的统一；是生活体验与逻辑法则的统一；是理性方法与经验方法的统一"。⑥耐人寻味的是，在贺麟看来，"矛盾思辨"与"后理智的直观"有着异曲同工之妙。

---

① 贺麟：《辩证法与辩证观》，收入氏著《近代唯心论简释》，第104页。
② 贺麟：《辩证法与辩证观》，收入氏著《近代唯心论简释》，第106页。
③ 贺麟：《辩证法与辩证观》，收入氏著《近代唯心论简释》，第107页。
④ 贺麟：《辩证法与辩证观》，收入氏著《近代唯心论简释》，第109页。
⑤ 贺麟：《辩证法与辩证观》，收入氏著《近代唯心论简释》，第111页。
⑥ 贺麟：《辩证法与辩证观》，收入氏著《近代唯心论简释》，第118页。

他讲：

> 辩证法自身就是一个矛盾的统一。辩证法一方面是方法，是思想的方法，是把握实在的方法。辩证法一方面又不是方法，而是一种直观，对于人事的矛盾、宇宙的过程的一种看法或直观。①

那么，贺麟又缘何要将"矛盾思辨"与"后理智的直觉"相提并论呢？据贺麟自己在新中国成立初期的"批梁""批胡"运动中回忆，他早年之所以这样做，不仅是为了回击梁漱溟的"敏锐的直觉"说，更是为了打破"理智"与"直觉"的简单对立。他讲：

> 梁先生认直觉与理智相对立，我打破了这种对立，提出有所谓"前理智的直觉"和"后理智的直觉"的区别，认为在后理智的直觉中一切对立得到了辩证的统一。于是我一方面把直觉辩证化，另一方面又把辩证法直觉化，神秘化。因此我得到了"辩证法一方面是思想方法，一方面又不是方法，而是一种直观"这样荒谬的结论（胡绳同志在他的《理性与自由》论文集中，有一篇文章对我这些唯

---

① 贺麟：《辩证法与辩证观》，收入氏著《近代唯心论简释》，第104页。

心论观点作过正确而严厉的批评,对我的帮助很大)。①

三、"自然的知行合一论"

前已述及,知行问题原是中国古代哲学的基本内容之一。不过,贺麟认为,知行问题在现代哲学思潮中同样占据着重要位置。他说:"而知行问题,无论在中国的新理学或新心学中,在西洋的心理学或知识论中,均有重新提出讨论,重新加以批评研究的必要。"②因此,贺麟在梳理完王阳明的"知行合一"说之后,便紧跟着提出了"新心学"的"知行合一新论",③即"自然的知行合一论"。

首先,贺麟对"知""行"的内涵加以明确界定。他讲:

> 要讨论知行问题,首先要将知行的概念界说清楚。也可以说是将知行二名词所指的范围划分清楚。"知"指一切意识的活动。"行"指一切生理的活动。任何意识的活动,如感觉、记忆、推理的活动,如学问思辨的活动,都属于知的范围。任何生理的动作,如五官四肢的运动固属于行,就是神经系的运动,脑髓的极细微的运动,或古希

---

① 贺麟:《两点批判,一点反省》,收入氏著《哲学与哲学史论文集》,第466页。
② 贺麟:《知行合一新论》,收入氏著《五十年来的中国哲学》,第137页。
③ 贺麟:《知行合一新论》,收入氏著《五十年来的中国哲学》,第137页。

腊哲学家所谓火的原子的细微运动,亦属于行的范围。①

一般而言,在中国古代哲学家那里,"知""行""几纯属于德行和涵养心性方面"。②但是,贺麟通过吸收西方哲学及科学,突破了中国古代知行观的这一狭隘性:他所说的"知",泛指主体的感性认识、知性认识和理性认识,即"一切意识的活动";他所说的"行",泛指主体的生理反应和物理运动,即"一切生理的活动"。不难看出,"知""行"虽性质不同,但均为一种活动。所以,贺麟不赞成前人"知静行动"的观点,而主张"知""行"皆有动静。他讲:

> 知行虽是两种性质不同的活动。但知与行皆同是活动。因此,我们不能说,行是动的,知是静的。只能说行有动静,知也有动静。但是我们承认任何学问思辨或意识心灵的活动都有生理的条件、物质的变化相伴随。③

然后,贺麟借用了心理学中的"显""隐"两个概念,来评断"知""行"的等级。他讲:

> 我们只需确认知与行都是有等级的事实即行。我现

---

① 贺麟:《知行合一新论》,收入氏著《五十年来的中国哲学》,第138页。
② 贺麟:《知行合一新论》,收入氏著《五十年来的中国哲学》,第157页。
③ 贺麟:《知行合一新论》,收入氏著《五十年来的中国哲学》,第138页。

在只提出"显"与"隐"(explicit and implicit)两个概念——从心理学借用的自然标准,来判知与行的等级。譬如,我们以最显著的生理动作,如动手动足的行为为显行;以最不显著或隐晦的生理动作,如静坐、思的行为为隐行。显行与隐行间只有量的程度或等级的不同,同是行为,而且同是生理或物理的行为。同样,我们以最显著的意识活动,如思、推理、研究学问为显知,以最不显著或隐晦的意识行动,如本能的知识、下意识的活动等为隐知。显知与隐知间亦只有量的程度的或等级的差别,而无根本的不同,或性质的不同。①

贺麟认为,尽管"知""行"内部皆有或显著或隐晦的差异,可"显知与隐知间""显行与隐行间"只是"量的程度或等级的不同",而非"根本的不同,或性质的不同"。据此,贺麟强调了"无知之知"及"无行之行"的特殊性。他讲:

"知""行"既有显隐等级的区别,则可以推知,最隐之行,差不多等于无行,如脑筋最轻微的一个运动,神经学家也无法研究,行为派的心理学家即用最精密的仪器,也无法观察。虽说几等于无行,但就理论上,我们也不能称之为生理动作。因此我们可以说,有所谓"无行之

---

① 贺麟:《知行合一新论》,收入氏著《五十年来的中国哲学》,第139页。

行"。同时,最隐之知,也差不多等于无知。如下等动物的意识活动和人的下意识活动,自己固不知其有知,他人也不觉其用知。但客观地讲来,此种"无知之知",也是一种知。只可谓为隐知,但不能谓为绝对无知。①

所谓"无知之知",即指最为隐晦的"知";所谓"无行之行",即指最为隐晦的"行"。在贺麟看来,"无知之知"往往跟"显行"表现为一回事,"无行之行"往往跟"显知"表现为一回事。也就是说,"知""行"之间并不存在绝对的界限。

那么,"知"与"行"究竟是什么关系?贺麟斩钉截铁地回答道:"知行永远合一。"②他对此展开了详尽的解释:

> 第一,就消极方面讲来,"合一"不是"混一"。……持知行合一说的人,既不一味说知行是合一的或混一的,亦不一味说知行是对立的,二元的;他要看出知行关系的分中之合,又要看出知行关系的合中之分。他的工作形成一个三部曲:(一)指出知行本来是合一的;(二)分析清楚,知与行如何又分而为二,彼此对立;(三)追溯出知与行如何最后复归于统一。第二,知行合一乃知行同时发动(coincident)之意。据界说,"知"

---

① 贺麟:《知行合一新论》,收入氏著《五十年来的中国哲学》,第139页。
② 贺麟:《知行合一新论》,收入氏著《五十年来的中国哲学》,第142页。

是意识的活动，"行"是生理的活动，所谓"知行合一"就是这两种活动同时产生或同时发动。在时间上，知行不能分先后。不能说知先行后，亦不能说知后行先。两者同时发动，同时静止。不能说今日知，明日行。更不能说，此时只有意识活动，他时另有生理活动。……第三，知行合一乃指与行为同一生理心理活动的两面（two aspects of the same psycho-physical activity）而言。……知行两面说，认知行合一构成一个整个活动。对此同一的活动，从心理方面看是知，从生理或物理方面看是行。也可以说用两个不同的名词，去形容一个活动的历程。第四，知行合一又是"知行平行"的意思。平行说与两面说是互相补充的。单抽出一个心理生理活动的孤例来看，加以横断面的解剖，则知行合一乃知行两面之意。就知行之在时间上进展言，就一串的意识活动与一串的生理活动之合一并进言，则知行合一即是知行平行。……任何一种行为皆含有意识作用，任何一种知识皆含有生理作用。①

简言之，贺麟所说的"知行合一"，即指"知""行"在逻辑上是对立统一的，在时间上是不分先后的，在同一心理生理活动上是互相"平行"的"两面"。贺麟认为，他发明的这种知行观，侧重从"是如此"的自然事实的层面去考察"知行

---

① 贺麟：《知行合一新论》，收入氏著《五十年来的中国哲学》，第139—142页。

合一"的普遍性,故可以被称作"普遍的知行合一论"或"自然的知行合一论"。他讲:

> 此种的知行合一观,我称为"普遍的知行合一论",亦可称为"自然的知行合一论"。一以表示凡有意识之论,举莫不有知行合一的事实,一以表示不假人为,自然而然即是知行合一的事实。①

基于"自然的知行合一论"的学理,贺麟认为,中国古代哲学里的"知行合一论"更侧重从"应如此"的价值的层面去考察"知行合一"的理想性,故该当被称作"价值的知行合一论"。在他看来,"价值的知行合一论"的具体内容包括以下三个方面:第一,"对于知行之界说","认显行隐知为行,认显知隐行为知";②第二,"就知行合一之意义言","则在不同的时间内,去寻显知隐行与显行隐知之合一";③第三,"知行可互相决定,互相解释"。④由此可见,"价值的知行合一论"的思路,就是主体先将"知""行"抽剥成"显知""显行",再使这两者于合乎伦理道德的过程中勉强合一。需补充说明的是,贺麟又将"价值的知行合一论"进一步

---

① 贺麟:《知行合一新论》,收入氏著《五十年来的中国哲学》,第143页。
② 贺麟:《知行合一新论》,收入氏著《五十年来的中国哲学》,第143页。
③ 贺麟:《知行合一新论》,收入氏著《五十年来的中国哲学》,第144页。
④ 贺麟:《知行合一新论》,收入氏著《五十年来的中国哲学》,第145页。

细分为"理想的知行合一"和"直觉的知行合一",并以此重估了朱熹和王阳明的知行观。他讲:

> 价值的知行合一说中又分两派:一派为理想的知行合一。此派以朱子为代表,他先将知行截分为二事,然后再求其合一或兼备,他说"行与知如车之两轮,鸟之两翼,缺一不可"。又说"知行常相须,如目无足不行,足无目不见"。这都是说明知行应合一之理。至于求知行合一的方法,他指出三个可行的途径:第一,知行交养并进。即是他有名的一面致知,一面涵养,进学在致知,涵养须用敬的说法。第二,他又主张知先行后,先博学审问,慎思明辨,然后笃行。这是他主持白鹿洞书院所提出的学规,这是最接近常识,但又为世所诟病,特别受王阳明的指责的说法。第三,有时他又主张,若自觉欠缺笃行工夫,则不妨先从力行着手,以求与知合一。所谓"行有未至,则从行上理会"。若自觉欠知的工夫,便多去格物穷理,以求与行合一。总之,无论走哪条路径,最后目的是要达到知行合一,无欠缺的圆满境界。朱子以知行合一为最高的理想,故可称之为理想的知行合一说。另一派为直觉的知行合一说,以王阳明为代表。主张即知即行,如好好色,如恶恶臭,即是直觉的当下的知行合一。盖见好色(知),同时即好好色(行),闻恶臭当下即恶恶臭,这乃基于人心之同然的本然的直觉,不假造作的。又如乍见

孺子将入于井而往救之一事,乍见属知,往救属行。知行本来合一,没有距离,人只须自致良知,回复本心,则知善知恶之良知,自可与为善去恶之力行合而为一了。不过朱子于不同时间中求知行合一,认知行合一是难于企及的理想。阳明即在当下直觉中求知行合一,认知行合一为人心本来之体段,为人的良知,认求知行合一的修养为致良知。故两派皆可统称为价值的知行合一论。①

所谓"理想的知行合一",即指"于不同时间中求知行合一,认知行合一是难于企及的理想"的"价值的知行合一论";所谓"直觉的知行合一",即指"在当下直觉中求知行合一,认知行合一为人心本来之体段,为人的良知"的"价值的知行合一论"。贺麟认为,朱熹的"知先行后"说因在价值层面仍"以知行合一为最高理想",故可归入"理想的知行合一";王阳明的"知行合一"说、"致良知"说因开显了"即知即行"的涵养法门,故可归入"直觉的知行合一"。

值得注意的是,贺麟指出,无论是"自然的知行合一论"还是"价值的知行合一论",在"知""行"的"主从

---

① 贺麟:《〈孙文学说〉的哲学意义——引言》,收入氏著《五十年来的中国哲学》,第198—199页。

关系"①问题上都恪守"知主行从"的原则。在他看来,"知主行从"主要有三层含义:第一,"知是行的本质(体),行是知的表现(用)";②第二,"'知'永远决定行为","'行'永远为知所决定";③第三,"'知'永远是目的,是被追求的主要目标,'行'永远是工具,是附从的、追求的过程"。④而据贺麟自己分析,他之所以主张"知主行从",很大程度上是为了印证孙中山的"知难行易"说的哲学价值。他讲:

> 照我们上面知主行从的说法看来,显知隐行永远决定显行隐知,较高级的知行合一体永远支配较低级的知行合一体,则显知隐行,较高级的知行合一体(即中山先生所谓科学研究及革命先觉的工作)当然难;而显行隐知,较低级的知行合一体(即中山先生所指的日常饮食的动作)当然容易。故照这样讲来,知难行易不惟是确定的真理,而且与知主行从之说互相发明。又从价值的知行合一论看来,亦系知难而行易。盖因显行易,显知难。由显行之行到显知之知难,由经验中得学问,由生活中见真理亦皆

---

① 何谓"主从关系"?贺麟说:"所谓主从关系,即是体用关系,亦即目的与手段关系,亦可谓为领导者与随从者的关系。"他认为,在任意的合一体中,都"可以辨别主从,亦应当辨别主从"。(贺麟:《知行合一新论》,收入氏著《五十年来的中国哲学》,第146页。)
② 贺麟:《知行合一新论》,收入氏著《五十年来的中国哲学》,第147页。
③ 贺麟:《知行合一新论》,收入氏著《五十年来的中国哲学》,第148页。
④ 贺麟:《知行合一新论》,收入氏著《五十年来的中国哲学》,第148页。

难。反之，由显知之知到显行之行，由知而行，由原理到应用，由本质到表现，由学术到事功，则皆易。……总之，难易是价值问题，主从是逻辑问题。既从逻辑上将知行主从问题解答，则价值上知行难易自可迎刃而解。①

综上所述，贺麟认为，"新心学"的"自然的知行合一论"，已经超越了过往专注于伦理道德的"价值的知行合一论"，从而把对"知行合一"问题的研究引入了追溯自然事实之真理的知识论领域。他说："由于对知行合一问题的重新讨论……认识了知行的真关系，对道德生活可得一较正确的理解。理解离开知外无行，离开学问外无涵养，离开真理的指导外无道德。由于指出行为的理智基础，可以帮助我们打破那不探究道德的知识基础的武断的道德学，打破那使由不使知的武断的道德命令，并打破那只就表面指责人，不追溯行为的知识背境的武断的道德判断。"②

四、"儒化西洋文化"

实现民族复兴，是近代以来中国人矢志不渝的奋斗目标。而在贺麟看来，实现民族复兴的关键必然是实现作为民族文化

---

① 贺麟：《知行合一新论》，收入氏著《五十年来的中国哲学》，第151—152页。
② 贺麟：《知行合一新论》，收入氏著《五十年来的中国哲学》，第161页。

之主流的儒家思想的复兴。他说：

> 民族复兴不仅是争抗战的胜利，不仅是争中华民族在国际政治中的自由、独立和平等，民族复兴本质上应该是民族文化的复兴。民族文化的复兴，其主要的潮流、根本的成份就是儒家思想的复兴，儒家文化的复兴。假如儒家思想没有新的前途，新的开展，则中华民族以及民族文化也就不会有新的前途、新的开展。①

那么，怎样才能让彼时"消沉、僵化、无生气"②的儒家思想得到复兴呢？贺麟认为，"西洋文化的输入，无疑亦将大大地促进儒家思想的新开展"。③因此，为使"儒家思想能够把握、吸收、融会、转化西洋文化"，④贺麟遂提出了"儒化西洋文化"的中西文化观。

首先，贺麟从"体用"出发，研究了"文化"的本质问题，从而为"儒化西洋文化"的形成提供了学理依据。何谓"体用"？贺麟认为，"体用"既不是常识上所说的主辅，也不是科学上所说的因果，而是近似于柏拉图所说的"本体"与"现象"或者亚里士多德所说的"范型"与"材料"。他讲：

---

① 贺麟：《儒家思想的新开展》，收入氏著《文化与人生》，第12页。
② 贺麟：《儒家思想的新开展》，收入氏著《文化与人生》，第12页。
③ 贺麟：《儒家思想的新开展》，收入氏著《文化与人生》，第13页。
④ 贺麟：《儒家思想的新开展》，收入氏著《文化与人生》，第13页。

至于哲学意义的体用须分两层来说。一为绝对的体用观。体指形而上的本体或本质（essence），用指形而下的现象（appearance）。体为形而上之理则，用为形而下之事物。体一用多。用有动静变化，体则超动静变化。此意义的体用约相当于柏拉图的范型世界与现象世界的分别，亦可称为柏拉图式的体用观。一为相对性或等级性的体用观。将许多不同等级的事物，以价值为准，依逻辑次序排列成宝塔式的层次（hierarchy）。最上层为真实无妄的纯体或纯范型，最下层为具可能性、可塑性的纯用或纯物质。中间各层则较上层以较下层为用，较下层以较上层为体。……依此种看法，则体与用的关系为范型（form）与材料（matter）的关系。由最低级的用——材料，到最高级的体——本体或纯范型，中间有一依序发展的层级的过程。这种看法可称为亚里士多德的体用观。①

由此可见，"哲学意义的体用须分两层来说"：一为"绝对的柏拉图式的体用观"，"体指形而上的本体或本质（essence），用指形而下的现象（appearance）"；一为"相对的亚里士多德式的体用观"，"体与用的关系为范型（form）与材料（matter）的关系"。也就是说，"绝对的柏拉图式的体用观"只以本体与现象言"体用"，而"相对的

---

① 贺麟：《文化的体与用》，收入氏著《近代唯心论简释》，第193页。

亚里士多德式的体用观"除以本体与现象言"体用"外,又以本体界的"纯范型"充当价值标准,去分别现象界个体事物之间的"体用"关系。按照"相对的亚里士多德式的体用观",贺麟对其文化观中的"道""精神""文化""自然"四个范畴,①作以下说明:第一,"道"是"纯体或纯范型而非用";第二,"精神"是"以道为体而以自然和文化为用的意识活动";第三,"文化"是"经过人类精神陶铸过的自然";第四,"自然"是"纯用或纯材料而非体"。②他还特别点明,这里所说的"精神",其实就是"聚众理而应万事的自主的心",③即"逻辑的心"。因而,贺麟断定,"精神"乃"文化"真正的体。他说:"严格讲来,文化只能说是精神的显现,也可以说,文化是道凭借人类的精神活动而显现出来的价值物,而非自然物。换言之,文化之体不仅是道,亦不仅是心,而乃是心与道的契合,意识与真理打成一片的精神。"④基于此,贺麟强调:"因精神中所蕴含的道或价值理念有真善美的不同,故由精神所显现出来的文化亦有不同的部门。"⑤他以分有"真"的"哲学"与"科学"、分有"善"的"宗教"与"道德"、分有"美"的"艺术"与"技术"等

---

① 据贺麟介绍,"道""文化"两个范畴是取于朱熹所说的"道之显者谓之文"这句话,而"精神""自然"两个范畴是取于黑格尔的精神现象学。(参见贺麟:《文化的体与用》,收入氏著《近代唯心论简释》,第194—196页。)
② 贺麟:《文化的体与用》,收入氏著《近代唯心论简释》,第196页。
③ 贺麟:《文化的体与用》,收入氏著《近代唯心论简释》,第201页。
④ 贺麟:《文化的体与用》,收入氏著《近代唯心论简释》,第196页。
⑤ 贺麟:《文化的体与用》,收入氏著《近代唯心论简释》,第196页。

为例，做了深入剖析：

> 譬如真理是一精神价值，哲学与科学皆同是真理之显现。但哲学追求价值的真理，科学追求自然的真理。哲学阐发关于宇宙人生之全体的真理，科学研究部分的真理。哲学寻求形而上的理则方面的真理，科学寻求形而下的事物方面的真理。因此虽就绝对的体用观说来，科学与哲学皆同是精神之用，精神兼为科学与哲学之体，但就相对的体用观说来，我们不能不说哲学为科学之体，科学为哲学之用。又宗教与道德皆同为善的价值之表现。但宗教所追求者为神圣之善，道德所追求者为人本之善，宗教以调整人与天的关系为目的，道德以调整人与人的关系为目的。在此意义下，我们不能不说，宗教为道德之本，道德为宗教之用。又如艺术与技术都同是代表美的价值的文化。但艺术是超实用的美的价值，而技术代表实用的美的价值。艺术是美的精神生活的直接产物，而技术只是实用智慧的产物。故只能说，艺术是技术之体，技术是艺术之用。至于政治、法律、实业、经济、军事等，距真美善之纯精神价值更远，乃科学、道德、技术之用，以科学、道德、技术为体，而直接以自然物质为用。①

---

① 贺麟：《文化的体与用》，收入氏著《近代唯心论简释》，第196—197页。

简言之，在"文化"的各部门中，"哲学为科学之体，科学为哲学之用"；"宗教为道德之本，道德为宗教之用"；"艺术是技术之体，技术是艺术之用"；"政治、法律、实业、经济、军事""以科学、道德、技术为体"，"以自然物质为用"。于是，贺麟揭橥了"规定各文化部门之三原则"："一为体用不可分离"；①"二为体用不可颠倒"；②三为"各部门文化皆有其有机统一性"。③综上所述，贺麟阐发了"对西洋文化应取的""三个指针"。他讲：

> 根据上面的一些理论和原则来讨论我们对西洋文化应取的态度的问题，我们可得下列三个指针：
> 第一，研究、介绍、采取任何部门的西洋文化，须得其体用之全，须见其集大成之处。必定对于一部门文化能见其全体，能得其整套，才算得对那种文化有深刻彻底的了解。……有了深刻彻底的了解后，不唯不致被动的受西化影响，学徒式的模仿，而且可以自觉地吸收、采用、融化、批评、创造。这样既算不得西化，更不能说是全盘西化。……第二，根据文化上体用合一的原则，便显见得"中学为体，西学为用"的说法不可通。……西洋的物质文明亦自有西洋的精神文明以为之体。而中国的旧道德、

---

① 贺麟：《文化的体与用》，收入氏著《近代唯心论简释》，第197页。
② 贺麟：《文化的体与用》，收入氏著《近代唯心论简释》，第197页。
③ 贺麟：《文化的体与用》，收入氏著《近代唯心论简释》，第198页。

旧思想、旧哲学，决不能为西洋近代科学及物质文明之体，亦不能以近代科学及物质文明为用。当中国有独立自得的新科学时，亦会有独立自得的新哲学以为之体。中国的新物质文明须中国人自力去建设创造。而作这新物质文明之体的新精神文明，亦须中国人自力去平行地建设创造。这叫做以体充实体，以用补助用。……第三，根据精神（聚众理而应万事的自主的心）为文化之体的原则，我愿意提出以精神或理性为体，而以古今中外的文化为用的说法。……因此我们无法赞成"中国本位文化"的说法。因为文化乃人类的公产，为人人所取之不尽用之不竭的宝藏，不能以狭义的国家作本位，应该以道，以精神，或理性作本位。换言之，应该以文化之体作为文化的本位。①

很明显，贺麟之所以阐发"得其体用之全，见其集大成之处""以体充实体，以用补助用""以精神为体，以古今中外的文化为用"这"三个指针"，是为了批判彼时盛行的诸如"西化""中体西用""中国本位文化"之类的中西文化优劣论。在他看来，既然中西文化的本体均为"精神"，就意味着此两者不仅是可以相互融合的，而且是完全平等的。值得注意的是，在上述的那些中西文化优劣论中，贺麟尤其反对"西化"，并针锋相对地提出了"化西"的说法。他讲：

---

① 贺麟：《文化的体与用》，收入氏著《近代唯心论简释》，第199—201页。

但假如中国人有选择与创造的能力,与西洋文化接触后,中国文化愈益发展,民族精神愈益发扬,这不能算是西洋化中国,只能说是中国化外来的一切文化。……又譬如宋明的理学,虽是与佛教接触很深很久的产物,但不能说是"佛化"的中国哲学,只能说是"化佛"的中国哲学。所谓"化佛"即是将外来的佛教,吸收融化,超越扬弃的意思。所以我根本反对被动的"西化",而赞成主动的"化西",所谓"化西",即是自动地自觉地吸收融化,超越扬弃西洋现在已有的文化。但须知这种"化西"的工作,是建筑在深刻彻底了解西洋各部门文化的整套的体用之全上面。①

所谓"化西",即正如宋明理学对佛教的"吸收融化"与"超越扬弃",是指中国文化要"在深刻彻底了解西洋各部门文化的整套的体用之全"的同时,自觉地统贯西洋文化。若从学理上看,贺麟"儒化西洋文化"的中西文化观,便是脱胎于这一"化西"之说。

然后,贺麟对"儒化西洋文化"的内涵及途径加以论述。何谓"儒化西洋文化"?贺麟讲:

> 就民族言,如中华民族是自由自主、有理性有精神的

---

① 贺麟:《文化的体与用》,收入氏著《近代唯心论简释》,第199—200页。

民族，是能够继承先人遗产，应付文化危机的民族，则儒化西洋文化，华化西洋文化也是可能的。如果中华民族不能以儒家思想或民族精神为主体去儒化或华化西洋文化，则中国将失掉文化上的自主权，而陷于文化上的殖民地。让五花八门的思想，不同国别、不同民族的文化，漫无标准地输入中国，各自寻找其倾销场，各自施展其征服力，而我们却不归本于儒家思想而对各种外来思想加以陶熔统贯，我们又如何能对治这些纷歧庞杂的思想，而达到殊途同归、共同合作以担负建设新国家新文化的责任呢？这个问题的关键，在于中国人是否能够真正彻底、原原本本地了解并把握西洋文化。因为认识就是超越，理解就是征服。真正认识了西洋文化便能超越西洋文化。能够理解西洋文化，自能吸收、转化、利用、陶熔西洋文化以形成新的儒家思想、新的民族文化。儒家思想的新开展，不是建立在排斥西洋文化上面，而是建立在彻底把握西洋文化上面。儒家思想的新开展，是在西洋文化大规模的输入后，要求一自主的文化，文化的自主，也就是要求收复文化上的失地，争取文化上的独立与自主。①

细审之，"儒化西洋文化"即指在西学东渐的时代背景下，身为中国文化核心的儒家思想须通过主动地"认识"并

---

① 贺麟：《儒家思想的新开展》，收入氏著《文化与人生》，第13—14页。

"理解"西洋文化来获得"新开展",进而捍卫中国人的文化自主。那么,"儒化西洋文化"要如何实现呢?依贺麟之见,由于儒家思想是合理学、礼教、诗教三者为一体的学养,①故"儒化西洋文化"将相应地循着"哲学化""宗教化""艺术化"的途径迈进,即"以西洋的哲学发挥儒家的理学""吸收基督教的精华以充实儒家的礼教""领略西洋的艺术以发扬儒家的诗教"。他对此展开了详尽的解释:

> 因儒家思想本来包含有三方面:有理学以格物穷理,寻求智慧。有礼教以磨练意志,规范行为。有诗教以陶养性灵,美化生活。故求儒家思想的新开展,第一,必须以西洋的哲学发挥儒家的理学。儒家的理学为中国的正宗哲学,亦应以西洋的正宗哲学发挥中国的正宗哲学。因东圣西圣,心同理同。苏格拉底、柏拉图、亚里士多德、康德、黑格尔的哲学与中国孔孟、老庄、程朱、陆王的哲学会合融贯,而能产生发扬民族精神的新哲学,解除民族文化的新危机,是即新儒家思想发展所必循的途径。使儒家的哲学内容更为丰富,体系更为严谨,条理更为清楚,不仅可作道德可能的理论基础,且可奠定科学可能的理论基础。第二,须吸收基督教的精华以充实儒家的礼教。儒家的礼教本富于宗教的仪

---

① 贺麟的原话是:"儒学是合诗教、礼教、理学三者为一体的学养,也即艺术、宗教、哲学三者的谐合体。"(贺麟:《儒家思想的新开展》,收入氏著《文化与人生》,第17页。)

式与精神，而究竟以人伦道德为中心。宗教则为道德之注以热情、鼓以勇气者。宗教有精诚信仰、坚贞不贰的精神；宗教有博爱慈悲、服务人类的精神；宗教有襟怀广大、超脱尘世的精神。基督教文明实为西方文明的骨干。其支配西洋人的精神生活，实深刻而周至，但每为浅见者所忽视。……第三，须领略西洋的艺术以发扬儒家的诗教。诗歌与音乐为艺术的最高者。儒家特别注重诗教、乐教，确具深识远见。惟凡各种艺术者皆所以表示本体界的义蕴，皆精神生活洋溢的具体表现，不过微有等差而已。建筑、雕刻、绘画、小说、戏剧，皆所以发扬无尽藏的美的价值，与诗歌、音乐亦皆系同一民族精神及时代精神的表现，似无须轩轾于其间。过去儒家因乐经佚失，乐教中衰，诗教亦式微。对其他艺术，亦殊少注重与发扬，几为道家所独占。故今后新儒家的兴起，与新诗教、新乐教、新艺术的兴起，应该是联合并进而不分离的。①

究其实，贺麟认为：之所以主张"哲学化"，是因为理学只能作"道德可能的理论基础"，而不能作"科学可能的理论基础"；②之所以主张"宗教化"，是因为礼教终归"以人伦

---

① 贺麟：《儒家思想的新开展》，收入氏著《文化与人生》，第15—16页。
② 据此，结合"哲学为科学之体，科学为哲学之用"这一命题，贺麟认为，经过"哲学化"的"新儒家思想不惟可以减少狭义道德意义的束缚，且反可以提高科学兴趣，而奠定新科学思想的精神基础"。（贺麟：《儒家思想的新开展》，收入氏著《文化与人生》，第18页。）

道德为中心",而缺乏像基督教一样的"知'天'"精神;之所以主张"艺术化",是因为诗教对除了"诗教、乐教"之外的艺术"殊少注重与发扬"。可以说,贺麟"儒化西洋文化"的中西文化观,彰显了他力图在充满道德理想主义色彩的儒家思想中开出"科学""宗教""艺术"等现代文化的旨趣。

最后,贺麟以儒家思想中的"仁""诚"两个概念为例,探讨了"儒化西洋文化"的具体运用。关于"仁",贺麟指出:"从哲学看来,仁乃仁体",换言之,"仁为天地之心,仁为天地生生不已之生机,仁为自然万物的本性";从宗教看来,"仁即是救世济物、民胞物与的宗教热诚";从艺术看来,"仁即温柔敦厚的诗教,仁亦诗三百篇之宗旨,所谓'思无邪'是也"。[①]关于"诚",贺麟指出:从哲学看来,"所谓诚,即是指实理、实体、实在或本体而言";从宗教看来,"诚不仅可以感动人,而且可以感动物,可以祀神,乃是贯通天人物的宗教精神";从艺术看来,"思无邪或无邪思的诗教即是诚",换言之,"诚亦即是诚挚纯真的感情"。[②]总之,贺麟认为,"儒化西洋文化"是儒家思想走向复兴的必由之路。他说:"今后儒家思想的新开展,大抵必向此方向努力,可以断言也。儒家思想循艺术化、宗教化、哲学化的方向开展,则狭义的人伦道德方面的思想,均可扩充提高而深

---

① 贺麟:《儒家思想的新开展》,收入氏著《文化与人生》,第16—17页。
② 贺麟:《儒家思想的新开展》,收入氏著《文化与人生》,第17页。

刻化。"①

五、"儒者气象"

毋庸置疑，人生问题始终是哲学研究中的焦点及难点。对此，贺麟有着相当明确的认识。他说："要探讨人生问题，就是要人自己研究自己，反省自己，大凡了解外物易，了解自己最困难。所以人生问题实在是最困难、最不容易研究的问题。也可以说是最重要、最大、最不易得解答的问题。谈此问题大都容易陷于宽泛空洞。"②所以，为了避免宽泛空洞地谈论人生问题，贺麟决定从"人的使命"这一人生哲学的基源问题入手，进而提出他的人生观，即"儒者气象"说。

首先，贺麟论述了"人的使命"。贺麟认为，人与禽兽的根本区别，在于人会主动去追求自身的使命。他说："人与禽兽不同，也许就是因为人有自觉的使命而禽兽没有自觉的使命。"③因此，在贺麟看来，研讨"人的使命"便理应是人生哲学的终极目的。他说："人既已在生活着，则人就已经不自觉地在执行某种人的使命，哲学思想的目的，就在使这种不自觉的使命经过研讨以后，正式成为自觉的使命。"④那么，

---

① 贺麟：《儒家思想的新开展》，收入氏著《文化与人生》，第17页。
② 贺麟：《论人的使命》，收入氏著《文化与人生》，第84页。
③ 贺麟：《论人的使命》，收入氏著《文化与人生》，第86页。
④ 贺麟：《论人的使命》，收入氏著《文化与人生》，第86页。

"人的使命"究竟是什么呢？一方面，贺麟决定厘清"使命"的内涵。他讲：

> 人的使命或天职，也可以叫做人生的理想。但是使命固是理想的，同时也是现实的，它是我们此时此地即在执行，即须执行的使命。理想是自由的，我可以自由地提出此理想或彼理想；使命是决定的，或几乎可以说是人不能自主、不能不遵从的天命。理想是主观建立的，使命是客观赋予的，是国家给予的，时代给予的，或是上司赋予的。人的使命，在某种意义下，即是人生的目的。使命是目的的内容，目的即包含在使命之内，也可以说人生的目的即在完成人的使命。使命比目的要具体些，切实些。做人有了做人的使命，人生就有目的、意义与价值。没有具体的、切实的、非执行不可的使命，而高谈人生目的，就嫌空洞不着边际了。并且使命含有命令式的意味，一个人所奉行的人的使命，就好像军人所奉的军令一样。①

所谓"使命"，即指合理想性与现实性为一体的客观责任，它不仅是"具体的、切实的、非执行不可的"，同时又"含有命令式的意味"。另一方面，贺麟根据超越人生而认识人生的思路，揭示了"欲知人不可以不知物""欲知人不可以

---

① 贺麟：《论人的使命》，收入氏著《文化与人生》，第85页。

不知天"两条原则,并由此得出了"人的真义",即"人是以天为体,以物为用的存在"。他讲:

> 有时要深入无人之境,才能知道什么是人。宇宙间天与物都是超人生、非人生的。如果我们用天人物三界的分法,也许可以看出人的真义,那就是说,欲知人不可以不知物,欲知人不可以不知天。何以欲知人不可以不知物呢?所谓物,有三种意义:第一种意义,物是自然。自然与人生是相反的。持自然与人生对比,更足以了解人生,人是自然的一部分,自然是全体,人受大自然一切律令的支配。了解了自然的全体,自可附带了解这部分的人或人生。这就是自然科学所研究的对象。第二种意义,物是实用之物,如实业经济上之物,是人类理智创造以为己用的工具。由工具的知识,即可进而了解支配此工具的主人翁。这就是社会工程科学所研究的对象。第三种意义,物是文化之物,文化之物如典章制度、文化产物等,乃是人类精神的表现与创造。由个人的精神创造品,可以了解个人的个性,由一民族的精神创造品,如典章制度、文物等,可以了解一民族的民族性或国民性。此为精神科学所研究的对象。……何以欲知人不可以不知天呢?这是《中庸》上就已经提出的。柏拉图也说:Things human cannot be understood without knowledge of the divine(在理解了神圣的事物之前,是不能理解人间的事物的)。实在

说来，知物与知天，相反相成，我们要知物，也要知天才行。天也有三义：第一，天指美化的自然，亦即有精神意义的非科学研究的自然。如《易经》上说："天行健，君子以自强不息。"《论语》上说："天言何哉，四时行焉，百物生焉。"这种由花木山水而悟天道人生，乃是艺术家直觉的知天。第二，天指天道，就是总天地万物之理，也就是宇宙之所以为宇宙，人生之所以为人生的基本法则，主宰宇宙人生之大经大法。这是哲学的理智的知天。第三，天指有人格的神，亦即最圆满的理想的人格，也是人人所欲企求的最高模范的人格，最高的价值。这是人类情意所寄托的无上的圆满的神，这是道德生活与宗教信仰的天。……自我发现，即发现自己的使命；自我实现，即实现自己的使命。这种知天知物的努力，即人的必然本性，即尽性，亦即发现自我，完成人的使命。到此，我们可以给人下一界说：人是以天为体，以物为用的存在。①

所谓"欲知人不可以不知物"，即指对于"人"而言，"物"有"自然""实用之物""文化之物"三层含义，这意味着，我们能够从"自然科学""社会工程科学""精神科学"的角度，来反向挖掘"人"的知识本性；所谓"欲知人

---

① 贺麟：《论人的使命》，收入氏著《文化与人生》，第86—88页。

不可以不知天"，即指对于"人"而言，"天"有"美化的自然""天道""有人格的神"三层含义，这意味着，我们能够从"艺术""哲学""道德生活与宗教信仰"的角度，来反向挖掘"人"的价值本性。总之，"知物""知天"不仅不与"人"无关，反而是"人"分别向外、向内实现自我本性的必然环节。①当然，受王阳明的"知行合一"说的影响，贺麟认为，"知物"其实还蕴藏着"用物"的意思，"知天"其实还蕴藏着"希天"的意思。他讲：

> 总结起来，知物与知天的历程，可用下图表示：
> 知物→用物→征服自然，创造文物 ⎫
> 知天→希天→与天为一，与神为侣 ⎬ 尽性或实现自我

所谓"用物"，即指"人"在"知物"的基础上"征服自然，创造文物"；所谓"希天"，即指"人"在"知天"的基础上"与天为一，与神为侣"。综上所述，贺麟指出，"人的使命"就是"知物用物""知天希天"。他讲：

> 所以，人之知天知物，人之希天用物，即是人的使命、人的天职。这种使命，乃基于人的本性之然。②

---

① 参见胡治洪《中国哲学通史·现代卷》，江苏人民出版社，2021，第618页。
② 贺麟：《论人的使命》，收入氏著《文化与人生》，第88页。

不过，在贺麟看来，"知物用物""知天希天""只谈到人的使命"，而尚未谈到"某事某地的特殊个人的特殊使命"。①也就是说，现实生活里的每一个人，仍需结合自身的实际情况，将"知物用物""知天希天"这种带有先验性的普遍使命，转化成更加具体的"个人的使命"。何谓"个人的使命"？贺麟认为："个人的使命就是个人在全体人类社会中的使命、位分、生平工作和最大可能的贡献，即为此人所作、所应作、所不能不作、所鞠躬尽瘁、用全副精力以从事的工作"。②依他之见，作为"工作"的"个人的使命"包括以下三大特性：第一，它"是有决定性的，它决定个人的命运，是个人无所逃避的，它是不能任意规避的命令、责任或任务"；第二，"它是有公共性的，不是个人的私事，而是公众的事业，是国家时代所赋予的"；第三，"它是有永久性的"，而有永久性的"必是好的有价值的"。③值得注意的是，鉴于"人的使命"与"个人的使命"的辩证关系，贺麟认为，如果对现代中国人的"性情、才能、环境、家庭、朋友、社会国家的需要、时代的趋势"等因素"加以通盘的考量和反省"，④则现代中国人的使命就是在新儒家思想的熏陶下养成"儒者气象"。他说："就生活修养而言，则新儒家思想目的在于使每

---

① 贺麟：《论人的使命》，收入氏著《文化与人生》，第88页。
② 贺麟：《论人的使命》，收入氏著《文化与人生》，第89页。
③ 贺麟：《论人的使命》，收入氏著《文化与人生》，第89页。
④ 贺麟：《论人的使命》，收入氏著《文化与人生》，第89页。

个中国人都具有典型的中国人气味,都能代表一点纯粹的中国文化,也就是希望每个人都有一点儒者气象,不仅军人皆有'儒将'的风度,医生皆有'儒医'的风度,亦不仅须有儒者的政治家(昔时叫做'儒臣'),亦须有儒者的农人(昔时所谓耕读传家之'儒农')。"①

然后,贺麟分析了"儒者气象"这一人生观。很明显,"儒者"是"儒者气象"说的逻辑起点。何谓"儒者"?传统上认为,"儒者""大都以耕读传家,农业者占绝大多数"。②但贺麟认为,这样的理解未免太过狭隘,已经无法适应现代中国的工业化进程,是故贺麟自觉站在现代新儒家的立场,重新界定了"儒者"。他讲:

> 最概括简单地说,凡有学问技能而又具有道德修养的人,即是儒者。儒者就是品学兼优的人。我们说,在工业化的社会中,须有多数的儒商、儒工以作柱石,就是希望今后新社会中的工人、商人,皆成为品学兼优之士。亦希望品学兼优之士,参加工商业的建设,使商人和工人的道德水准和知识水平皆大加提高,庶可进而造成现代化、工业化的新文明社会。儒者固需品学兼优,但因限于资质,无才能知识而卓有品德的人亦可谓为儒者,所谓"虽曰未学,我必谓之学矣"。唯有有学无品,有才无品,只有知

---

① 贺麟:《儒家思想的新开展》,收入氏著《文化与人生》,第18页。
② 贺麟:《物质建设与思想道德现代化》,收入氏著《文化与人生》,第48页。

识技能而无道德，甚或假借其知识技能以作恶者，方不得称为儒者，且为儒家所深恶痛绝之人。①

由此可见，贺麟所说的"儒者"主要有三层含义：第一，"儒者"不再专指耕读传家的士人，而是包括了各行各业的人，且其中当以工商业者为主；第二，"儒者"的评判标准是"品学兼优"；第三，"儒者"的底线在于严守儒家传统道德。另外，按照"新心学"的"心即性"命题，贺麟特别强调，"儒者"的本性是"自由自主，有理性、有精神"的，故"儒者"要"以自己的人格为主体，以中外古今的文化为用具，以发挥其本性，扩展其人格"。②综上所述，贺麟断定，"就意味或气象来讲"，凡是"儒者"，"皆可谓之有儒者气象"，即"诗礼风度"。③那么，将"儒者气象"形象化的"诗礼风度"又是什么呢？贺麟认为，"诗礼风度"即指"儒者"既不"丑俗"也不"暴乱"的"诗礼"之姿。他讲：

> 凡趣味低下，志在名利肉欲，不知美的欣赏，即是缺乏诗意。凡粗暴鲁莽，扰乱秩序，内无和悦的心情，外无整齐的品节，即是缺乏礼意。无诗意是丑俗，无礼意是暴

---

① 贺麟：《儒家思想的新开展》，收入氏著《文化与人生》，第18页。
② 贺麟：《儒家思想的新开展》，收入氏著《文化与人生》，第13页。
③ 贺麟：《儒家思想的新开展》，收入氏著《文化与人生》，第19页。

乱。……总之，以诗礼表达儒者气象是甚为切当的。①

需补充说明的是，贺麟认为，洋溢着"儒者气象"的"儒者"在履行"个人的使命"时，往往会秉持"合理性""合时代""合人情"三种"儒家的态度"："合理性即所谓'揆诸天理而顺'"，"合时代就是审时度势、因应得宜"，"合人情即求其'反诸吾心而安'"。②在他看来，"儒者"只要"对于每一时代问题"，"予以合理、合情、合时的新解答"，"便可谓为'曲践乎仁义'，'从容乎中道'"。③

最后，贺麟通过阐发孙中山思想中的儒家精神，不仅把孙中山成功塑造成了"儒者气象"的理想典范，而且借机表达了他对经济法制民主男女等时代问题的看法。贺麟认为，在现代中国，孙中山"无疑是有儒者气象"的"先行者"。④他对此展开了详尽的解释：

> 三民主义中的民生主义最根本，于将来最关重要。以民族主义于抗战建国，推翻异族，打倒帝国主义，影响最大。以民权主义体系最完整，思想最精颖，表现其生平学问经验与见解最多。他对于权与能的分别，对于自由平

---

① 贺麟：《儒家思想的新开展》，收入氏著《文化与人生》，第19页。
② 贺麟：《儒家思想的新开展》，收入氏著《文化与人生》，第19页。
③ 贺麟：《儒家思想的新开展》，收入氏著《文化与人生》，第19页。
④ 贺麟：《儒家思想的新开展》，收入氏著《文化与人生》，第22页。

等的真意义的注释，皆一扫西洋消极的民主主义和道家的自由放任的自然主义的弊病，而建立了符合儒家精神，足以为开国建国大法的民权主义。而且，他在创立主义、实行革命原则中，亦以合理性、合人情、合时代为标准，处处皆代表典型中国人的精神，符合儒家的规范。在《孙文学说》"有志竟成"一章，他说："夫事有顺乎天理，应乎人情，适乎世界之潮流，合乎人群之需要，而先知先觉者所决志行之，则断无不成者也。此古今之革命维新、兴邦建国之事业是也。""顺乎天理"即是理性，"应乎人情"即是合人情，"适乎世界潮流，合乎人群需要"即是合时代。足见他革命建国的事业，是符合儒家合理、合情、合时的态度的，而他所创立的主义亦是能站在儒家的立场而作出的能应付民族需要和世界局势的新解答。①

简言之，就孙中山来说，无论是他所创立的"三民主义"，抑或是他所实行的"顺乎天理，应乎人情，适乎世界之潮流，合乎人群之需要"的"革命原则"，均体现着浓郁的"儒者气象"。于是，私淑孙中山的贺麟决心效仿孙中山思想

---

① 贺麟：《儒家思想的新开展》，收入氏著《文化与人生》，第22页。

的品质，对"正困扰着国人"的几个"现代化"①问题"从儒家的立场给予解答"：在"经济"问题上，他主张"儒家的经济价值观"，即"经济或实业乃道德的收获"；②在"法制"问题上，他主张"儒家的法制"，即"法制与礼治、法律与道德、法律与人情相辅而行、兼顾并包"；③在"民主"问题上，他主张"儒家的民主主义"，即"政府有积极地教育人民、训练人民、组织人民，亦可谓为'强迫人民自由'的职责，以达到一种道德理想"；④在"男女"问题上，他主张"儒家的男女关系"，即"男女关系须受新诗教、新礼教的陶冶，且须对社会、国家负道德责任"。⑤不难看出，贺麟的这些建议既捍卫了儒学的正统地位，也推动了儒教中国的世俗转型。

六、结语

据实而论，素重道德理性的儒学在中国乃至整个东亚的哲学史上都曾占据着主导地位。但是，当它自清末与认知理性高

---

① 何谓"现代化"？据贺麟研究，"现代化"的含义包括两种：一种是以实业、军事、政治等为代表的物质建设现代化；另一种是思想道德现代化。在他看来，无论是物质建设现代化，还是思想道德现代化，都是"同一社会生活之两面，不能互为因果，互相决定"。（参见贺麟：《物质建设与思想道德现代化》，收入氏著《文化与人生》，第43—49页。）
② 贺麟：《经济与道德》，收入氏著《文化与人生》，第36页。
③ 贺麟：《儒家思想的新开展》，收入氏著《文化与人生》，第20页。
④ 贺麟：《儒家思想的新开展》，收入氏著《文化与人生》，第21页。
⑤ 贺麟：《儒家思想的新开展》，收入氏著《文化与人生》，第23页。

度发达的现代西方文明触碰之后，便日趋衰落。因此，如何从儒学的理论立场出发来处理道德理性和认知理性的关系，就成为现代新儒家亟待解决的问题。针对这一问题，现代新儒家分化成两大阵营："一以熊十力、牟宗三等为代表，在严格保守儒家传统的'德性优先性'的前提下，虽然也为认知理性在儒学中做了某种定位，但依然是将它置放在'第二义'的附属位置上"；"另外一些现代新儒家则力图对儒家传统的价值系统予以调适，真正赋予认知理性以独立地位，并在此基础上寻求道德理性与认知理性的整合统一"。① 显然，贺麟的哲学趣向属于后者：在构建"逻辑的心即理"的本体论时，他选择用"西方哲学表现得较为充分的逻辑理念法度、普遍规律和知识系统之'心'（主体）加强中国哲学表现得较为充分的道德行为、价值评价之'心'（主体）"，② 而这"代表了现代新儒家第一次真正尝试在哲学内容上扩展心学从而赋予认知理性以本体地位的理论努力"；③ 在构建"后理智的直觉"的认识论时，他通过论断"直觉"与"理智"的辩证互补，不但使得作为中国传统思维方法的"直觉具有了更丰富、更全面、更理性化的内涵"，④ 也给"第二代甚或第三代新儒家重视理智与

---

① 李翔海：《现代新儒学论要》，第162页。
② 郭齐勇：《现当代新儒学思潮研究》，第202页。
③ 方克立、李翔海：《现代新儒学发展的逻辑与趋向》，载于《中国社会科学院研究生院学报》1995年第3期，第46页。
④ 李维武：《二十世纪中国哲学本体论问题》，湖南教育出版社，1991，第240页。

直觉的统一提供了效法的典范";①在构建"自然的知行合一论"的知行论时,他根据西方近代哲学及心理学知识,从"是如此"的自然事实的层面重释了王阳明的"知行合一"说;在构建"儒化西洋文化"的中西文化观时,他明确指出,之所以"必须以西洋的哲学发挥儒家的理学",正是为了让"儒家的哲学内容更为丰富,体系更为严谨、条理更为清楚,不仅可作道德可能的理论基础,且可奠定科学可能的理论基础";②在构建"儒者气象"的人生观时,他大力批判轻工、抑商的传统观念,并将儒家的道德价值与西方的职业精神有效结合,以此来推动儒教中国的现代化发展。客观地说,由于贺麟开启了儒家心学研究的知识论进路,故他是当之无愧的现代新儒家代表人物。诚如陈修斋所言:"贺先生是在我国近现代哲学史上占有一席之地,对哲学发展作出了重要贡献的哲学家。在新中国成立之前,他曾努力把他所认为的西方哲学的精华和中国传统哲学的精华结合起来,建立起自己独特的哲学体系。他被许多人看作是那一时代的'新儒家'的代表人物之一。"③

当然,贺麟的"新心学"思想仍有其不足之处。例如,在构建"逻辑的心即理"的本体论时,贺麟主要是借助德国古典哲学来重释陆王的"心即理"说,这样做表面上看似乎一

---

① 李道湘:《现代新儒学与宋明理学》,辽宁大学出版社,1998,第235页。
② 贺麟:《儒家思想的新开展》,收入氏著《文化与人生》,第15页。
③ 陈修斋:《愿他的精神永垂千古!——沉痛悼念敬爱的老师贺麟先生》,收入中国社会科学院哲学研究所西方哲学史研究室编《贺麟先生百年诞辰纪念文集》,第176页。

下子达到了他所企盼的"现代与古代的交融,最新与最旧的统一",①但实际上却因为"中间缺少环节,缺少沟通的有效方式或手段,仅仅是简单的拼接和凑合",②所以难免掺杂过度诠释的痕迹。又如,在构建"后理智的直觉"的认识论时,为了凸显"后理智的直觉"的逻辑性,贺麟苦心孤诣地消解了"直觉"与情感、意志等非理性因素之间的关系,可这也"不能不说是过于注重直觉作为思维方法的严谨而带来的一种缺失,结果是失去了中国哲学的很多意味和特色"。③再如,在构建"自然的知行合一论"的知行论时,出于维护孙中山的"知难行易"说的考虑,贺麟最终只得将"知""行"确定为"主从关系",而这不仅违背了他一直秉持的"知行平行"的观点,更大大淡化了他的知行学说的社会价值。尤其令人遗憾的是,在1949年之后,受多重因素叠加影响,贺麟或主动或被动地选择了放弃唯心主义的立场,故他的"新心学"思想遂"成了永久性的'未完成体'"。④

综上所述,贺麟的"新心学"思想尽管存在着理论内部的些许紧张,但它欲融中西哲学为一体而促成阳明心学研究之知识论转向的问题意识,无疑给中国哲学的现代转型提供了一种

---

① 贺麟:《儒家思想的新开展》,收入氏著《文化与人生》,第11页。
② 李道湘:《现代新儒学与宋明理学》,第237页。
③ 陈永杰:《现代新儒家直觉观考察:以梁漱溟、冯友兰、熊十力、贺麟为中心》,东方出版中心,2015,第225页。
④ 周书城:《贺麟的体系、转变和辫子》,收入宋祖良、范进编《会通集:贺麟生平与学术》,第35页。

非常宝贵的镜鉴。换言之，在当今中国，贺麟对阳明心学的哲学拓展，依旧值得我们去批判地继承。

何泽昕

后　记

　　董平教授自创设与执掌浙江省稽山王阳明研究院以来，除了年度会议与日常活动外，别设项目，强劲地推进阳明学的研究。2020年10月，承董兄及研究院学术委员会垂青，嘱我主持"王阳明与现代新儒家"的课题。彼时，我刚完成国家社科重大项目的结项，一方面需要扫尾，将许多工作善始善终了结；另一方面需马上转入象山研究，因为自上一年夏陈来教授建议我考虑象山研究，我已拟启动。因此，完全独立来进行"王阳明与现代新儒家"的课题，显然既难以分心，又恐难按时完成。但我欣然接受此课题，除了此前我对马一浮已有些许研究心得外，新儒家的问题也的确不陌生，同时我亦有心借此培养年轻学者。

　　现代新儒家的研究在某种意义上，并不是一个纯学术的课题，而是一个与现当代中国的发展历程具有复杂关系的研究对象。为了避免过多的纠葛，我划定边界，将研究对象限定在1949年以前的马一浮、熊十力、梁漱溟，以及冯友兰、贺麟五人。我约请徐鹏、张亚军、洪德取、何泽昕四位学弟分别研究熊、梁、冯、贺，同时德取协助我梳理马一浮。课题组从2020年末组成后，我们从起初的每半月一次聚会，到后来的每个月一次，从汇集已有研究入手，同时研阅诸儒著作，逐渐形成思路，拟定纲目，进而分头撰写，彼此商讨。其间虽经疫情，但线上交流不辍。如此三年，稿成交四川人民出版社，收入"国学新知丛书"；我撰写的"引言"尝题以《王阳明心学与现代新儒学散论》，刊于《清华国学》第四辑（社会科学文献出版社，2023年12月）。

今书稿将付梓，略记其事，一则铭感董平、钱明二位老友学长与研究院学术委员会的各位同仁道友，以及研究院具体操持事务的潘承玉兄、潘建国兄、宋微女史；二则感谢张亚军、洪德取、何泽昕、徐鹏四位学弟，并欣感他们的成长；三则感谢四川人民出版社与封龙弟，以及《清华国学》；最后则感谢俞云和，他为课题组做了大量的后勤工作，时值他从杭州师范大学退休，我谨此对这位年轻时服役于海军，退伍到学校做行政工作，尤其是在清寂的国学院付出长达十年辛勤的老友，致以言轻意重的感谢。

甲辰中秋于西鱼巷
何　俊

壹卷
YE BOOK

洞 见 人 和 时 代

官方微博：@壹卷YeBook
官方豆瓣：壹卷YeBook
微信公众号：壹卷YeBook
媒体联系：yebook2019@163.com

壹卷工作室
微信公众号